建设工程审计管理理论与实践

王昭罡　胡　鹏　于海东　主编

中国石化出版社

图书在版编目（CIP）数据

建设工程审计管理理论与实践 / 王昭罡，胡鹏，于海东主编. — 北京 : 中国石化出版社, 2020.8
ISBN 978-7-5114-5907-7

Ⅰ. ①建…　Ⅱ. ①王…②胡…③于…　Ⅲ. ①建筑工程—审计—研究　Ⅳ. ①F239.63

中国版本图书馆CIP数据核字（2020）第140926号

中国石化出版社出版发行
地址：北京市东城区安定门外大街58号
邮编：100011　电话：（010）57512500
发行部电话：（010）57512575
http://www.sinopec.press.com
E-mail:press@sinopec.com
北京富泰印刷有限责任公司印刷
全国各地新华书店经销
*
787×1092毫米16开本26印张458千字
2020年8月第1版　2020年8月第1次印刷
定价：128.00元

《建设工程审计管理理论与实践》编委会

主　编：王昭罡　胡　鹏　于海东

副主编：齐云龙　刘　凯　陈选兰

编　委：吴鸿迪　王　蕊　程顺国　侯　琨　方增旗
喻　园　张淞俞

前言

建设工程项目具有周期长、投资额大、控制环节多等特点，任何一个环节出现问题，都可能导致重大的损失浪费。长期以来，我国建设工程审计主要是“秋后算账”式的工程竣工结算审计，没有或缺乏必要的事前预防和事中控制，因而难以从根本上遏制建设工程的损失浪费，审计机关也很难真正对工程建设项目发挥审计监督作用。纠正这种现象，审计机关必须前移审计“关口”，实行从前期准备、建设实施直至竣工投入使用的全过程跟踪审计，从而做到及时发现并纠正问题，实现“不等亡羊先补牢”，避免造成不可挽回的损失。

项目施工全过程跟踪造价审计相对于传统意义上的工程审计无论是从工作范围，工作内容，还是工作属性的角度上来看，都存在一定的差异。主要原因是：对于传统意义上的工程审核模式而言，通常是在工程竣工结算环节时才引入造价审计，造价审计的主要功效是对整个项目最终的工程价款进行核定，具有事后性、被动性以及静态性的特点。其产生于计划经济市场体制下，与当前工程造价管理体制的改革发展趋势之间存在相当大的差别。而对于全过程跟踪造价审计模式，则体现除了动态性、事先性以及主动性的特点。在这一过程当中，伴随着市场经济体制的改革发展以及工程造价管理体制改革的具体要求，其能够对造价审计的开展时间点进行延长，根据施工的不同阶段，化整为零地进行阶段性工程预算审核，分别出具阶段性工程造价成果文件。由于造价咨询的及时性，在施工期间就解决了有关造价方面的疑难问题，不仅能做到合理地确定和有效地控制整个工程造价，对施工阶段的工期、质量控制等都能起到促进和保证作用，使工程经济效益得到明显的提高，从而满足了建设方的需求。

与传统意义上的工程审核模式相比，虽然传统工程审核模式能够避免工程结算阶段中出现价款高估冒算的问题，但整体上仍然有较严重的滞后性与局限性，会对工程造价的最终确定与控制产生不良影响。而对于项目施工全过程跟踪审计而言，其越来越受到建设方的青睐。随着我国建筑业逐渐建立以市场决定价格为主的价格机制，施工全过程造价审计将会越来越显示其旺盛的生命力，成为造价审计的主流发展趋势。

全过程跟踪审计由于不再局限于工程竣工后对工程竣工决算资料进行审计，而是体现在全方位、 及时的全过程审计。全过程跟踪审计要求审计人员在施工现场工作，一旦发现质量问题能够及时改进，对工程质量控制起到“防微杜渐”的作用，并确保工程变更及签证的真实性、有效性。审计部门参与到整个建设过程中不仅可以促进相关法律法规的贯彻和实施，还有利于建设单位、设计单位、施工单位、监理单位加强内部管理，增强责任意识，提高工程建设的透明度。在全过程跟踪审计中的主体单位和主要审计内容如下：

（一）项目法人制

1996 年 3 月国家计委废止项目业主责任制，实行建设项目法人责任制。国有单位经营性基本建设大中型项目在建设阶段必须组建项目法人，实行项目法人责任制。由项目法人负责对项目的策划、资金筹措、建设实施、生产经营、债务偿还和资产的保值增值，实行全过程负责。审计单位负责审计项目是否在可研报告批准后按《公司法》的规定组建项目法人。审查是否有国家公务人员兼任项目法人的领导职务。审计项目法人在项目全过程经济责任进行审计。

（二）资本金制

1996 年 8 月国务院决定对固定资产投资项目试行资本金制度，在项目的总投资中必须由投资者按一定比例认缴出资额，可转让，但不得抽回。电力、机电、建材、化工、石油加工、有色、轻工、纺织、商贸及其他行业的项目，资本金比例为 20% 及以上。审计单位需要审查对各种经营性投资项目是否真正落实了资本金制度。审查项目法人是否按规定认缴一定比例的资本金，是否抽回。

（三）招投标制

2000 年 1 月 1 日《招标投标法》正式颁布。根据招标法条文规定，要求审计单位审计建设项目招标投标程序合法性、合规性，并审计中标单位资质的真实性、合法性。

（四）合同管理制

1999 年 10 月 1 日施行《合同法》，第十六章《建设工程合同》，是承包人进行工程建设和发包人支付价款的合同。合同及变更均要采取书面形式，包括：勘察、设计、施工合同。要求审计单位审计建设工程合同是否有效。

（五）工程监理制

1996 年实施《工程建设监理规定》规定：项目法人一般通过招标投标方式择优选定监理单位。监理内容如下：控制工程建设的投资、建设工期和工程质量；进行工程建设合同管理，协调有关单位间的工作关系。审计单位需要审计工程监理单位的资质、工作情况及收费情况。

（六）包干责任制

包干内容（五包）：1. 包投资； 2. 包工期；3. 包质量；4. 包主要材料用量；5. 包形成综合生产能力。审计单位负责审计：包工指标完成的真实性、包工节余分配的合规性。

（七）代建制

政府通过招标的方式，选择专业化的项目管理单位，负责项目的投资管理和建设实施。2004 年 2 月 11 日，深高速率先与深圳市交通局签下了南山区到龙岗区的南坪快速路一期工程项目的《工程建设委托管理合同》“绩效审计、契约审计”。

（八）BOT 投资

BOT 投资：build-operate-transfer 意为建设 - 运营 - 移交，指政府给私人公司特许投资项目，在一定时期内负责经营和获利，到期将项目移交政府所有和经营。

（九）核准制

企业投资建设实行核准制的项目，仅需向政府提交项目申请报告，不再经过批准项目建议书、可行性研究报告和开工报告的程序。政府对企业提交的项目申请报告，主要从维护经济安全、合理开发利用资源、保护生态环境、优化重大布局、保障公共利益、防止出现垄断等方面进行核准。

（十）备案制

备案制的具体实施办法由省级人民政府自行制定。国务院投资主管部门要对备案工作加强指导和监督，防止以备案的名义变相审批。

结合上述内容，本书以审计署颁布的《审计机关对国家建设项目审计准则》为基础，对建设工程全过程审计进行了全面细致的研究分析：第一部分对建设工程审计管理内容进行了总结研究；第二部分进行了建设工程投资主体行为审计，第三部分对建设工程投资决策情况进行了审计，并在此之后对建设项目全过程造价跟踪审计情况进行了深入的分析研究；第四部分以实际的公路建设工程审计管理为案例进行了深入探讨。

由于本书中内容大都涉及我国工程建设领域的多部法律、法规及不同部门或地方制定的各项规章制度，我们在编写的过程中也着重参考或推敲法律法规内容，但面对读者时仍不免惶恐，由于涉及知识点的广泛性及复杂性，仍会不免有与实际工作不符或矛盾之处，请广大读者谅解。在实际审计应用中还应该在以国家法律法规为准的前提下结合当地或不同专业领域内的规定执行。也恳请读者朋友们多提建议和意见，帮助我们改正本书中可能出现的错漏之处。

目录

第一篇

建设工程审计管理概述

第一章　建设工程审计管理

在新的经济发展形势下，加大投资力度成为各地区的选择，兴建大量的建筑工程基础设施，以服务大众，改善民生。政府投资的项目由于其建设单位一般信誉较高、建设资金来源可靠、市场需求量大，已成为不少单位和个人追逐的目标。因此，对建筑工程项目及时进行审计监督，对提高建设资金的使用效益是十分有必要的措施之一。

工程投资审计是国家审计机关依据国家相关法律法规和审计规则对项目建设主管部门（即建设单位）进行必要的审计监督与服务。审计内容主要涵盖了工程管理审计和工程造价审计两大部分。根据审计署颁布的《政府投资审计规定》等文件，审计机关在实施政府投资项目审计的过程中，由于某些相关审计人员并非本专业，存在局限的情况时，新规定可以考虑聘请中介机构相关专业的外部人员开展审计工作，参与审计项目。因此，在工程建设领域中，政府投资审计常常引入工程造价咨询公司、工程项目管理公司等为代表的社会中介从事专业化、职业化审计，或为投资审计工作提供必要的技术支持、专业咨询、专业核定，而这也是非常必要的且已经普遍推广开来的工作模式。

建筑工程审计管理研究主要目的在于：通过审计建设项目前期准备工作的情况，促进其规范执行建设程序；通过审计其内部控制制度设立和执行的情况，督促建设单位完善该制度，全面提升制度执行的力度；通过对施工、监理等项目部人员履职尽职及其成员到岗到位情况审计，促进相关施工项目部及其成员全面履行相关职责；通过对工程变更尤其是重大变更的审计，有效地控制工程造价等。上述内容都是跟踪审计及结算审计效能的有效体现。

随着建设资金的大幅投入，特别是国家对建筑工程的管理者和受益者，对建筑工程的质量以及建筑建设资金的使用、效益提出了更高的要求，同时也对审计机关提出了新的要求，加强建筑工程审计监督的要求也相应提高。面对国家新的发展机遇，在建筑工程审计管理中，要抓住工作的重点，及时解决过程中出现的各种问题，从而更好地为市场健康有序的发展而服务，并为上级领导科学分析、宏观决策提供有效保障，这也成为提升当前审计管理工作水平的课题之一。我国的审计工作已经走过了 近 40 年的辉煌历程（1983 年 9 月 15 日正式成立审计署），其伴随着中国改革开放和经济建设的步伐，不断地发展与完善。回顾我国审计管理研究的历程，审计管理是审计实践的科学总结，是通过审计实践将审计管理中的问题加以概括而形成的一个完整的对策体系。我国审计管理研究的现状：开始只是从国外引进一些先进的现代审计理论和方法，主要靠翻译国外的一些审计著作及审计理论，随着《中华人民共和国审计条例》的审议通过，我国的审计工作步入了新的发展阶段，从基础理论研究慢慢转移到审计管理体系中，并结合中国社会主义国家的特色，加入中国特色的审计管理理论，从只管实用的研究逐步转换到基础理论与实践运用并重的平衡性研究，总体上也从微观上的研究转向了宏观层面的研究。目前审计管理理论不断发展完善，审计管理又加入了审计创新的研究。各个审计局也相继成立审计协会，主攻审计基础管理的研究和运用，在多年审计管理的积累和沉淀下，我国包括审计署到下面基层审计局审计人员在不断总结审计实践的成功经验，同时也参考借鉴国外审计工作中优秀的做法与研究成果，目前已初步完成了审计管理体系的研究。但是，在审计管理研究方面仍存在许多不足，主要表现为审计管理研究的定位不准确，审计管理研究受现行制度、政策束缚，因此要有历史的紧迫感和使命感，不断汲取国内外审计管理实践的经验做法以及失败、错误的教训，不断地提升完善。

英美国家的审计部门一般依据法律赋予的权利独立行使审计权，采用一种叫做“立法模式”政府审计管理制度，这种制度下审计机关隶属于立法机关，向议会或国会报告审计工作情况，并直接对议会或国会（立法机构）负责。如在美国，其是联邦制国家，各级审计机关不存在上下级关系，该种制度下一般没有处理权，只有调查权和建议权，立法框架下的政府审计制度强调向议会或国会报告及预算的否决权，通过阅读一些已有的国外审计文献研究，例如，英国、美国和澳大利亚等一些以英语为母语的国家，审计报告一般只指出问题的存在及其产生的原因，但并不提出如何改进工作的具体措施。

审计是根据国家的法律法规、审计准则和条例，由国家进行授权或委托专职审计机构及人员，运用一定的审计方法，着重对被审计单位的财务收支、经营管理等活动及相应资料真实性、合法合规性、效益效率性进行审计监督，评价经济责任，维护国家的财经财务纪律，提高经济效益的一项独立的经济监督。审计对象为全部或部分政府投资的建设项目的审计称为工程审计。

根据《审计法》第二十二条的规定，审计机关对政府投资和以政府投资为主的建设项目进行审计监督，包括其预算执行审计和工程决算审计。根据我国《审计法》第二条之规定，政府审计的目标主要有三个，即真实性、合法性和效益性。

其中真实性主要是建设单位财务收支是否真实发生，有无虚假、舞弊行为等，各种经济信息数据是否客观、真实、全面，能否正确地反映实际项目投资的财政、财务收支情况，向社会及时公布的建设信息等是否真实，建设单位承诺是否真实得到兑现。其中合法性是指在建设项目投资建设过程中，各项财政、财务收支是否符合现行相关法律和规章制度的规定，其项目管理行为是否符合客观公正的特点。其中效益性包括经济效益和社会效益，具体包括三方面：经济性、效率性、效果性。投资审计职能核心是监督，一是发挥经济监督职能，即督促和检查被审计单位的项目管理经济活动，是否遵守各项规章制度，并在正常的轨道上运行。二是发挥经济评价职能，即通过对被审单位的经济管理活动、经济决策及经济效益是否科学合理、是否还具有提升的空间等进行评价，并提出针对建设单位的管理审计建议。三是发挥造价审核职能，即通过投资项目的造价审定，检查被审计单位的财务报表，检查有关经济资料的真实性、合法性、正确性，并作出书面审计报告。政府投资审计的作用有五个方面：一是维护国家经济建设的安全，维护基本经济秩序，防范社会经济等风险。二是通过跟踪审计与结算审计，规制政府经济管理行为。三是通过关注民生工程，促进社会和谐发展。四是通过提出审计建议，规范建设单位，提高经济运行效率。五是通过审计监督，保持国家干部队伍的廉洁从政，保障政府经济信息数据的公开、正确、透明。

第二章　建设工程审计管理的内涵及构成要素

建设工程项目一般具有政府主导、建设规模较大、专业技术性较强、施工工期长等特点，受社会关注度比较高。审计管理是“审计”和“管理”相结合的复合概念，随着审计事业的发展，审计项目管理体现了被审计单位与参建各方面的关系，以及被审计单位内部的关系。建设工程项目审计是一项专业性很强的工作，其内涵是国家审计机关通过各种审计方法对工程实施的全过程进行审计监督，提升使用建设资金的准确性、效益性，保障工程顺利推进，规范其建设管理，使工程建设达到改善民生的预期目标。

建设工程审计管理目标。审计管理目标主要是：通过对工程建设项目的审计监督及审计服务，规范建设项目的管理，提高投资经济、社会效益和管理水平，通过督促建设单位加强项目内控制度的管控，全面提升管理质效，同时加强对建设资金合理使用的管控。

建设工程审计风险管理。建设工程审计风险就是在建设工程审计管理中，应该发现的问题但未能发现，对于工程结算报表中的错误、财务决算报表中的重大错误未能发现，或发现了定性或处理不恰当。研究审计风险的目的就是通过分析审计风险的来源，尽最大努力减少审计风险，提升审计质量。

建设工程审计质量管理。加强审计质量管理是贯彻审计署“依法审计、服务大局、围绕中心、突出重点、求真务实”二十字工作方针的要求，审计质量管理一般遵循领导先行及全员参与原则，审计质量管理中审计组主审起着关键的作用，将审计质量管理职责落实到人，保证全体审计人员的积极参与，力争在审计质量管理中不出现遗漏。

建设工程审计项目质量控制目标简单点说就是防止建设资金的损失浪费，使建设资金使用效益最大化，防范建设资金使用过程中的违规操作，并促进建设单位改进自身的制度管理，发挥出审计部门的“免疫功能”。一是及时发现工程项目在施工过程中存在的管理漏洞，及时堵漏补缺，使建设单位的项目制度建设上一个新的台阶，即在跟踪及结算审计实施过程中，着重关注建设造价管理、工程质量管理、工程进度管理等三方面的内容，揭露存在的漏洞，提出针对性审计意见和建议，从而促进制度更加规范。二是若有重大违法违规问题，发现案件线索时及时进行汇报，积极预防工程领域中腐败问题的出现。

第三章　建设工程审计管理法规

《中华人民共和国审计法》

第十六条 审计机关对本级各部门（含直属单位）和下级政府预算的执行情况和决算以及其他财政收支情况，进行审计监督。

第二十二条 审计机关对政府投资和以政府投资为主的建设项目的预算执行情况和决算，进行审计监督。

《审计机关关于国家建设项目竣工决算审计实施办法》

第四条 建设项目的设计、施工、监理等单位与建设项目有关的财务收支，应当依法接受审计机关的审计。

审计机关对上述单位与建设项目有关的财务收支的审计，不受审计管辖范围的限制。

第十八条 审计机关按照审计程序进行审计监督。对建设项目及设计、施工、监理等单位的审计，要分别下达审计通知书、审计意见书和审计决定。对建设项目审计查出的违反国家规定的财政、财务收支行为，依照有关法律、法规和规章和规定进行处理。

《财政基本建设支出预算管理办法》

第二十七条 各级审计机关应当依照《中华人民共和国审计法》以及有关法律、行政法规的规定，对本级政府、本级各部门和下级政府基本建设支出预算的执行情况和决算进行审计监督。

第二类：处理的依据

《国家重点建设项目管理办法》

第二十三条 挪用、截留国家重点建设项目资金的，由审计机关、财政机关追还被挪用、截留的资金，予以通报批评，并提请有关主管部门对负有直接责任的主管人员和其他责任人员依法给予行政处分；构成犯罪的，依法追究刑事责任。

《建设项目审计处理暂行规定》

第三条 凡属国家规定必须进行开工前审计的建设项目，未取得审计机关出具开工前审计意见书而擅自开工建设的，应当建议有关主管部门责令其停工，并履行审计手续；不按规定时限履行审计手续的，视情节处以总投资 1% 以下的罚款，罚款由建设单位以自有资金支付。

第八条 建设单位违反有关批准文件规定，以合同形式要求设计单位扩大规模和提高标准而增加的概算投资，应由建设单位报原审批部门予以批准，否则应停止建设，并对建设单位处以超投资部分 5% 以下的罚款，罚款由建设单位以自有资金支付。设计单位未经批准，擅自扩大规模、提高标准或违反合同规定范围进行设计而增加的概算投资，对设计单位处以该部分设计费 50% 以下罚款；情节严重的，建议有关部门降低其资质等级，直至依法吊销营业执照。

第十条 国家建设项目实施过程中违反有关规定搞其它开发建设、非法进行房地产交易的，应予以制止，并没收非法所得。

第十一条 对转移、侵占和挪用的建设资金，应责令有关单位限期收回。进行经营活动的，收缴其经营收益。

第十二条 对建设项目的乱摊派、乱收费和乱集资等侵占建设资金行为，应予以制止，限期追回被侵占的资金，并按国家有关规定对责任单位做出处理。

第十三条 施工单位应按照国家有关规定和标准签定工程承包合同，在施工中，施工单位违反合同规定，造成国家建设资金的损失浪费、施工质量达不到国家规定标准的，应根据国家有关规定承担赔偿责任，并根据情况给予通报批评；情节严重的，应建议主管部门降低其资质等级，直至依法吊销营业执照。

第十四条 工程价款结算中多计少计的工程款应予调整；建设单位已签证多付工程款的，应予以收缴。施工单位偷工减料、虚报冒领工程款金额较大、情节严重的，除按违纪金额处以 20% 以下的罚款外，对质量低劣的工程项目，应由有关部门查明责任并由施工单位限期修复，费用由责任方承担。

第十五条 应计、应缴而未计缴的各种税费，应督促补计、补缴，超过法律规定期限的，应予以收缴，并按国家有关法规给予处罚。

第十六条 虚报投资完成、虚列建设成本、隐匿结余资金等，应按国家有关规定和现行会计制度作调账处理；情节严重的，建议主管部门对有关责任人员给予行政处理。

第十七条 基本建设收入按国家有关规定处理。隐瞒、截留的基本建设收入，应予以追回并收缴。

第十八条 虚报投资包干节余，应要求建设单位调账冲正；多提包干节余应予冲销；

已使用的包干节余，超过投资包干节余留成数的，应予以清退。

第二十条 已具备竣工验收条件的项目（工程），在规定期限内不办理竣工决算审计、验收投产和移交固定资产手续的，可视情节按国家有关规定处理。

第二十一条 因贪污受贿、收取回扣、倒买倒卖或因工作失误造成工程建设重大损失浪费的，应建议有关部门依法追究有关领导人和责任人的责任；构成犯罪的，移交司法机关处理。

一、建设项目开工前阶段，审计的主要内容应包括：

（1）审计建设项目的审批文件。包括项目建议书、可行性研究报告、环境影响评估报告、概算批复、建设用地批准、建设规划及施工许可、环保及消防批准、项目设计及设计图审核等文件是否齐全。

（2）施工准备阶段是项目建设的前期工作之一，主要把握好项目法人质量控制、监理工作、施工单位选择。项目法人质量控制包括是否通过资质审查，是否按法定的招投标程序选择了勘测、设计、施工、监理单位并实行合同管理，各种合同是否规范、合法有效，是否建立了质量管理制度，是否组织了设计与施工单位的设计交底；监理单位是否有相应资格等级证书，所派监理人员是否有岗位证书；审计设计单位是否有承担相应资质勘测设计能力，是否将经过会审后的资料做过技术交底，设计质量是否满足工程质量、安全需要的规范要求；审计施工单位是否有承揽相应施工任务的资质，施工单位是否制定了完善的质量责任制考核办法等。

（3）审计建设项目的资金来源是否落实到位、是否合理、是否专户存储，建设资金能否满足项目建设当年应完成工作量的需要；各种规费是否按规定及时缴纳；减、缓、免手续是否完备、是否符合有关规定；征地或拆迁补偿费是否符合有关规定，有关评估、计价是否合规、合理，有无擅自扩大拆迁范围、提高标准或者降低标准等问题。

二、建设项目施工阶段是一个非常关键的时期，关系到工程质量好坏、审计质量高低的问题，审计内容应包括：

（1）审计合同履行情况。审计与建设项目有关的单位是否认真履行合同条款，有无违法分包、转包工程。如有变更、增补、转让或终止情况，应检查其真实性、合法性。

（2）审计内控制度建立、执行情况。审计建设单位是否建立健全并执行了各项内控制度。如工程签证、验收制度；设备材料采购、价格控制、验收、领用、清点制度；费用支出报销制度等。应督促、指导建立完善的管理制度，保证项目建设规范运行、建设资金合法使用。

（3）审计工程设计变更、施工现场签证手续是否合理、合规、及时、完整、真实；

工程预算款及结算是否按合同办理。

（4）审计工程成本核算及账务处理是否符合《国有建设单位会计制度》的要求，是否有利于建设项目的管理及竣工决算的需要；建设资金到位情况是否与资金筹集计划或投资进度相衔接，有无大量资金闲置或因资金不到位而造成停工待料等损失浪费的现象。

（5）检查建设资金是否专款专用；是否按照工程进度付款；有无挤占、挪用建设项目资金等问题；对往来资金数额较大且长时间不结转的预付工程款、预付备料款要查明原因，防止出现超付工程款现象；审计建设单位管理费的计取范围和标准是否符合有关规定，费用支出是否符合“必须、节约”的原则，有无超出概算控制金额的情况。

（6）加强设备、材料价格控制，尤其要对建设单位关联企业所供设备、材料的价格进行检查，防止从中加价。对已购设备、材料因故不能使用的，要分析原因，分清责任，并督促建设单位及时处理，避免造成更大的损失。属政府采购的设备、材料是否按相应规定办理。

第二篇

建设工程投资主体行为审计

固定资产投资审计是指审计机关依据国家法律、法规和政策规定，对固定资产投资领域的资金运动和资产形成过程所进行的审查监督。其是国家对固定资产投资活动实行监控的一种重要手段，是我国审计监督体系的一个重要组成部分。主体工程土建投资指的是主体工程中土建工程的投资建设费用。建筑主体工程指基于地基基础之上，接受、承担和传递建设工程所有上部荷载，维持结构整体性、稳定性和安全性的承重结构体系。其组成部分包括：

（1）混凝土工程：①模板工程；②钢筋工程；③预应力工程；④混凝土工程；⑤现浇结构工程；⑥装配式结构工程；⑦混凝土结构子分部工程。

（2）砌体工程：①基本规定；②砌筑砂浆；③砖砌体工程；④混凝土小型空心砌块砌体工程；⑤石砌体工程；⑥配筋砌体工程；⑦填充墙体砌体工程；⑧冬期施工。

（3）钢结构工程：①基本规定；②原材料及成品进场；③钢结构焊接工程；④紧固件连接工程；⑤钢零件及钢部件加工工程；⑥钢构件组装工程；⑦钢构件预拼装工程；⑧单层钢结构安装工程；⑨多层及高层钢结构等。优质主体工程必须保证地基基础坚固、稳定，主体结构安全、耐久，是内坚外美的精品工程。

第一章　投资主体职责审计

工程质量管理是为了经济、高效地完成一项工程，使其质量符合规范标准、批准的设计文件并实现工程的效益，是工程参建各方对工程建设的各环节、各阶段所采取的组织协调、控制的系统管理方式。工程质量是工程建设的核心，是决定工程成败的关键，需要由建筑工程项目投资主体、监理以及承包商共同负责。

工程建设是指为了国民经济各部门的发展和人民物质文化生活水平的提高而进行的有组织有目的的投资兴建固定资产的经济活动，即建造、购置和安装固定资产的活动以及与之相联系的其他工作。现行的项目法人责任制、建设监理制和招标投标制这三项制度全面开展给我国建设工程管理带来了勃勃生机和活力，在节省投资、控制工期、保证质量、提高经济效益等方面都起到了积极的作用。我国工程建设监理全面开始实行以来，建立了政府监督、社会监理和承包商自我监督三结合的全面管理体系，工程监理制度完善为四级质量保证体系后，使工程建设在质量和管理上更上一层楼。然而由于诸多客观和主观上的因素，监理制度一直没有形成独立于建筑工程项目投资主体和承包商之外的、维护双方利益的完全意义上的“社会监理制”。每项工程建设都有若干个法人资格的主体参与，由于各个主体所处的立场、承担的工作和所负的责任不一样，其服务对象和相互关系也不尽一致。

业主，是工程建设的投资主体，在三大主体当中属主导地位，具体投资数额、建设项目的类型与功能都是由投资主体决定，其委托设计单位进行设计，委托监理进行工程建设的监督管理以及委托施工单位进行施工建设。投资主体的实力将直接决定工程进度和工程品质。

承包商，主要从事建设工程方面的新建、扩建、改建以及拆除等工作，是具有国家所规定的注册资本以及专业技术的人员。除此之外，技术装备与安全生产也是必不可少的条件，承包商应依法获得相应等级资质证书，并且在资质等级所许可的范围之内承揽工程。施工单位的主要负责人要依法对自身单位安全生产等工作做到全面负责，建立相对健全的安全生产规范以及安全生产的教育培训规范，修订安全生产的规章制度与操作规程，针对自身所承担的建设工程定期进行安全检查，完成安全检查的记录。要确保本单位的安全生产方面所需的资金投入，包括被列到工程概算安全作业环境和施工措施所需要费用、用于施工安全保防用具以及设施的采购与更新、施工安全措施的落实和安全生产所需条件的完善等方面，且资金不得擅自挪用。

工程监理以及监理工程师要依照法律法规以及工程建设的强制性标准来实施监理，并要对工程安全生产承担相应的监理责任。工程监理单位要审查施工的组织设计之中的安全技术措施或专项的施工方案符不符合工程建设的强制性标准。工程监理单位在监理实施的过程中，如果发现安全事故隐患，要及时对施工单位提出整改；当情况严重的时候，应该要求施工单位停止施工，并且及时地报告给建设单位。施工单位拒不整改或者不停止施工的，工程监理单位应当及时向有关主管部门报告。因此，工程质量监督单位与投资主体、监理单位和承包商之间的关系是监督与被监督的关系，而投资主体与监理单位的关系是委托与被委托关系、授权与被授权关系，与承包商之间的关系是一种经济合同关系。

一、建筑工程项目投资主体与承包商的关系

传统的观点总是认为承包商与建筑工程项目投资主体是利益上的对立关系，但作为工程建设的两个最主要的参与方，共同的目标是完成工程建设。在这一目标下，双方可以相互促进和推动，维护工程建设的良好状态，这就是说承包商要与建筑工程项目投资主体构建一种和谐关系。一般地，承包商享受的权利刚好是承包商应当尽的义务，同时承包商应当尽的义务刚好是建筑工程项目投资主体所受有的权利。承包商要想达到自己的目标，前提就是要通过履行合同使建筑工程项目投资主体按照计划得到一项合格的工程，达到投资的目的，也就是说承包商按照工期保质保量地将工程交付给建筑工程项目投资主体，要建筑工程项目投资主体提供保证合同实施的必要条件。若承包商能够与建筑工程项目投资主体建立起和谐的关系，承包商履行合同时就能够得到建筑工程项目投资主体的配合，项目在实施过程中会更为顺利，对于合同的争执会相应地减少，承包商不但可以完美地履行合同的责任，得到合理的利润，还可以赢得信誉，并与建筑工程项目投资主体建立起友好的合作关系。

二、建筑工程项目投资主体与监理单位的关系

建筑工程项目投资主体与监理单位的关系是委托与被委托关系、授权与被授权关系，从而规定了它们是合同关系，是需要与供给的关系，是委托与服务的关系，更是

相互依存、相互促进、共兴共荣的亲密关系。这种委托和授权方式说明在实施监理过程中，监理的权力主要是由作为建设项目管理主体的建筑工程项目投资主体通过接权而转移过来的，建筑工程项目投资主体始终是以建设项目管理身份掌握着工程项目建设的决策权，并承担着主要风险。监理单位受建筑工程项目投资主体委托，在监理过程中代表建筑工程项目投资主体利益，服务于建筑工程项目投资主体，而不是中立的，但必须独立和公正。应当承认建筑工程项目投资主体的主导地位，但并不是受建筑工程项目投资主体的委托就成为了建筑工程项目投资主体的代言人，其必须受法律、法规和监理合同的约束。从事工程建设监理活动，应当遵循守法诚信、公正、科学的准则，独立自主地开展工程监理工作，公平地维护建筑工程项目投资主体和承包商的合法权益。一方面，监理人员在建设工程的监理过程中，认真行使自己的职责，维护建筑工程项目投资主体的合法权益；另一方面，建筑工程项目投资主体也授予监理人员充分的权力，使其在工程建设中独立、公正地进行合法监理，这样就能使双方建立良好的合作关系。

三、监理单位与承包商的关系

监理单位与承包商之间的关系是平等的关系，是监理与被监理的关系。监理单位依据建筑工程项目投资主体的授权，监督管理承包商履行工程建设承发包合同。承包商接受监理单位对自己进行工程建设活动的监督管理，为此在监理工作中应体现独立性和公正性。建设监理制要求监理单位应该、也必须作为独立于建筑工程项目投资主体和承包商的第三方，站在公正的立场上维护合同双方的合法利益。监理单位接受建筑工程项目投资主体的委托，为建筑工程项目投资主体提供服务，代表建筑工程项目投资主体的利益，但并不否定维护承包商的合法利益。监理单位应根据有关合同文件、法规、惯例，以合理的技能和经验，促使建筑工程项目投资主体与承包商受到损害的利益得到补偿，以便顺利实现三大目标。另外，只有行为公正才能使承包商信服，也才能得到承包商的理解和支持。监理单位在履行合同赋予的职责时，一方面要监督检查承包商正确履行合同，并按合同规定的要求完成工程建设任务；另一方面要按照合同条款的规定，公正地处理有关工程变更、费用调整、索赔和工程价款支付等问题，维护合同双方的合法权益。

第二章　建设项目前期运作程序审计

跟踪审计的最终目的不仅仅是真实地反映建设工程项目的实际情况，而且要求能够控制实际投资、工程质量和建设工期，维护建设合同双方的合法权益，完善建设工程项目管理体制制度，提升建设工程的整体投资效益。目前，国内政府投资建设工程项目的跟踪审计方式主要有三种，分别是全过程跟踪审计、阶段性跟踪审计和关键控制点跟踪审计，实际应用以全过程跟踪审计和关键控制点跟踪审计为主。建设工程项目全过程跟踪审计是从项目立项开始一直到竣工完成，边建设边审计，其通过在设计阶段优化程序、在建设阶段控制风险等方法，把成本控制在投资之内，并协助参建各主体合理配置有限资源，提高投资资金的使用效率。建设项目关键控制点跟踪审计则是在建设工程项目施工过程中的关键节点，比如隐蔽工程项目施工进行时即进行单项审计，审计完成形成报告和资料记录后再进入下一道工序。

（1）项目决策阶段跟踪审计关键内容主要包括：审查可行性研究是否严格按照法律法规进行了项目论证，论证依据是否完整、真实、具体、有效，论证逻辑是否严密。

（2）规划设计阶段跟踪审计关键内容主要包括：①审查规划是否符合总规和相关法律法规；②审查规划设计质量是否满足居民需求；③审查施工图深度是否符合要求。

（3）招投标阶段跟踪审计关键内容主要包括：①审查招投标程序的合法性及操作实施过程的规范性；②审查招标书评标办法的有效性和评标过程的真实性、准确性；③审查建设工程项目标底的合理性；④审查各投标单位资质的真实性，防止出现陪标、围标、串标、买标的现象；⑤审查中标单位报价的合理性，要对报价取费标准等严格把关。

（4）合同签订阶段跟踪审计关键内容主要包括：①审查费用计取、材料质量、工期进度、安全施工、质量保证、款项支付、违约责任等主要条款是否表述清晰、明白、准确，是否存在准入壁垒；②审查合同是否明确规定主体工程项目不得分包、转包，是否对工程分包、转包等行为明确规定了严厉的处罚及改正措施。

（5）施工阶段跟踪审计关键内容主要包括：①审查施工单位是否存在实质性行为

将工程分包或者转包；②审查施工组织设计是否存在与投标文件不符部分，若存在是否明确规定了处罚及改正措施；③审查是否按照计划执行工程施工进度；④审查是否制定隐蔽工程验收程序和制度，隐蔽工程完工后是否执行该程序和制度；⑤现场审查隐蔽工程，核实隐蔽工程现场记录、签证和手续是否完备、真实、准确；⑥审查是否建立工程变更管理制度；⑦审查工程变更的必要性、合理性和真实性；⑧审查变更手续的完备性和真实性；⑨审查变更签证的真实性和实效性；⑩审查变更价款的合理性；审查合同执行过程中监理单位是否履行职责。

（6）竣工阶段跟踪审计关键内容主要包括：①审查工程项目建设内容是否与规划设计、招投标文件相符，是否存在擅自变更工程项目的现象，是否存在购进非合同项目或者超量购进合同项目的现象；②审查完工项目质量是否符合设计、招标文件和施工图纸的标准和要求，地下管网等隐蔽工程试运行是否良好；③审查项目结算是否超出概预算；④审查决算资料是否齐全、真实。

一、开工前审计阶段

（一）风险承担者为业主

1. 预计风险事项。项目立项、可行性研究论证、审批不合规。表现形式：项目立项尚未批复或者甚至未立项就开始进行勘察设计；可行性研究论证只是走形式，未进行深入探讨；报审尚未批复即开始先行施工。拟采取措施：严格落实主管部门制定的报批程序。

2. 预计风险事项。投资估算没有依据。表现形式：没有依据类似工程造价信息和充分论证过的可行性研究报告。拟采取措施：投资估算要求提供计算书。

3. 预计风险事项。招标代理机构选择不符合规定。表现形式：没有按照规定选择招标代理机构。拟采取措施：集体研究选择招标代理机构。

4. 预计风险事项。招标过程不合规。表现形式：要求必须进行公开招标的或者邀标的工程项目没有按照规定程序公开招标或者邀标；中标单位参与买标、围标等违法行为，一个投标人拿多个资质进行投标；中标合同条款不完备、不合规定，存在未说明事项，可能导致工程价款大幅度变动或合同中有明显胁迫、欺诈施工单位的行为。拟采取措施：按规定组织进行招标，对于违法违规行为采取废标处理。

（二）风险承担者为规划设计单位

1. 预计风险事项。修建性规划不符合总规和相关法律法规。表现形式：修建性规划没有依据相关法律法规和控制性规划，出现了与之相违背的情况。拟采取措施：要求规划设计单位重新设计。

2. 预计风险事项。规划设计质量没有满足居民需求。表现形式：规划设计单位没有深入建设项目所在地进行实地调研和居民论证，仅凭一己之念空想设计。拟采取措施：要求规划设计单位深入建设项目所在地进行实地调研，并由业主组织居民论证。

（三）风险承担者为勘察单位

预计风险事项：勘察不详细、不完备。表现形式：勘察设计单位没有深入现场勘察或者没有在施工现场进行取样实验，或者仅对现场部分区域进行取样，而未对建设工程所有区域范围均进行勘察。拟采取措施：要求勘察设计单位深入现场勘察并对建设工程现场所有范围均进行勘察，进行多点全面取样。

（四）风险承担者为设计单位

1. 预计风险事项。设计不详细或者不符合规定。表现形式：设计单位部分设计违反相关法规或者没有进行详细设计，设计要求达不到业主要求的深度。拟采取措施：要求设计单位补充设计或者修改设计，并进行重新审查。

2. 预计风险事项。设计概算没有依据，没有详尽包括所有的设计内容。表现形式：设计单位在设计时没有做到详细、认真，导致设计概算依据不详尽。拟采取措施：设计概算要求设计单位提供计算书。

（五）风险承担者为招标代理机构

1. 预计风险事项。招标文件内容及标底编制程序不符合规定。表现形式：招标文件未按规定程序编制，格式不符合法律法规规定，招标文件内容有意列出特殊条件，设置竞标壁垒。拟采取措施：责令修改。

2. 预计风险事项。公开招标或者邀标现场开标程序不合规定。表现形式：投标人超时投标仍被接受、评标评委人数不足三人、评委未按招标文件规定进行评标，任意评标。拟采取措施：废标，重新按流程组织招标。

（六）风险承担者为工程造价机构

1. 预计风险事项。工程量计价清单没有与设计图纸保持一致。表现形式：工程量计价清单实质工程量多于（少于）设计图纸。拟采取措施：核实工程量计价清单工程量与设计图纸工程量，对于不同之处提出修改意见，责令修改。

2. 预计风险事项。标底无效。表现形式：标底低于建筑工程成本价。拟采取措施：重新编制标底。

（七）风险承担者为施工单位

1. 预计风险事项。施工图纸设计不合法合规、设计深度不符合要求。表现形式：施工图纸设计不符合法律法规或没有按照合同约定工程范围进行设计，导致设计深度不够。拟采取措施：重新设计，重新审查。

2. 预计风险事项。施工图纸审查手续不完备。表现形式：没有进行施工图纸审查或者施工图纸尚在审查，施工单位已经开始施工。拟采取措施：严格落实主管部门制定建设工程项目施工图纸审查程序。

二、建设施工过程审计阶段

（一）风险承担者为业主

预计风险事项：施工单位与中标单位不一致或工程项目存在肢解发包的现象。表现形式：施工单位存在买标行为或中标单位中标后将工程肢解分包，不承担主体工程施工。拟采取措施：废标，重新按流程组织招标。

（二）风险承担者为施工单位

1. 预计风险事项。内部控制制度（隐蔽工程验收制度、工程变更签证制度、施工进度报告制度等）不完备、真实、可靠。表现形式：没有内部控制制度或制度不完全。拟采取措施：责令整改，要求制定并落实内部控制制度。

2. 预计风险事项。建设工期和施工进度不明确及资金、材料没有到位。表现形式：没有按规定将横道图上墙，没有带资施工，材料现要现买。拟采取措施：责令整改。

3. 预计风险事项。施工组织设计存在与投标文件不符的情况。表现形式：没有按照招标文件组织施工或者没有进行施工组织设计。拟采取措施：要求按照招标文件组织施工。

4. 预计风险事项。设计、技术、材料变更不符合程序、不真实，手续不完备或价格不合理。表现形式：没有按规定申请变更或者根本没有申请变更。拟采取措施：要求停工，责令整改。

5. 预计风险事项。主要设备材料订购、保管、使用等管理记录不完整。表现形式：主要设备材料订购、保管、使用等管理记录不完整甚至是没有记录。拟采取措施：要求配备专职资料员，责令整改。

三、竣工结算审计阶段

（一）风险承担者为业主

预计风险事项：建设资金存在挪用情况。表现形式：建设工程项目资金被挪用于其他项目。拟采取措施：责令整改。

（二）风险承担者为施工单位

1. 预计风险事项。工程没有按合同约定完成或没有按工程量计价清单执行。表现形式：没有完成约定的工程量，或者擅自超约定完成其他工程项目。拟采取措施：约定范围内没有完成的工程量要求施工单位完成，如果不按约定完成，要求施工单位按照约定方式承担违约责任，超过约定范围的工程量由施工单位自行承担成本。

2. 预计风险事项。地下管网等隐蔽工程试运行存在问题。表现形式：施工单位技术水平较差，隐蔽工程施工时未进行自检，也没有向监理工程师和业主申请进行隐蔽工程验收。拟采取措施：要求停工，责令整改。

3. 预计风险事项。工程变更计价没有依据。表现形式：施工单位申请工程变更，计价单价没有依照时点市场价格，仅靠估算。拟采取措施：要求提供时点市场价。

4. 预计风险事项。工程验收没有验收程序和制度，资料不完整，真实性、可靠性不能把握。表现形式：施工单位没有通知监理单位和业主进行工程验收，且施工过程没有专职资料员，资料不完整。拟采取措施：要求停工，责令整改。

5. 预计风险事项。工程结算计量及编制没有依据。表现形式：工程量及主要材料用量、价格、人工费、材料费、机械使用费、定额套用没有按照现行标准和市场价格采用，各项综合取费基数、取费率不符合规定或施工单位的材料、设备价格控制没有按约定或者按规定执行，存在超标准采购的情况。拟采取措施：责令整改，补充资料，超过合同约定标准价格的采购成本由施工单位自行承担。

四、竣工结算审计阶段

（一）风险承担者为业主

1. 预计风险事项。竣工验收和遗留问题没有按规定处置。表现形式：施工单位通知监理和业主进行竣工验收，但是业主没有在规定的时间内验收。拟采取措施：立即组织竣工验收。

2. 预计风险事项。竣工结算报表不规范、不完整。表现形式：施工单位和监理单位提供的施工资料不完整导致竣工结算不完整，竣工结算未按规定编制，或者只编制了一部分。拟采取措施：要求施工单位和监理单位提供完整的施工资料，按照规定编制竣工结算。

（二）风险承担者为施工单位

预计风险事项：设计方案工程量和实际竣工工程量不一致。表现形式：设计工程量多于实际竣工工程量。拟采取措施：核实设计方案工程量和实际竣工工程量，出现合同约定的未完成工程，要求施工单位完成。

实施跟踪审计的根本目的在于对建设工程项目进行有效的监督和管理，希望通过第四方——跟踪审计人员的参与，打破业主方、施工方和监理方“三足鼎立”的格局，解决存在于三方之间的博弈问题，打破施工方和监理方潜在的利益合谋的可能性，使工程建设过程公开透明、使资金使用效率最大、使建设工程项目社会效益最优。虽然全过程的跟踪审计能够控制政府投资建设工程项目的资金使用，但是对于小型工程项目而言，却不是一种划算的做法。另外，由于跟踪审计对于工作人员的职业技术水平要求较高，至少需要了解懂得审计和工程建设两个专业的知识，因此，能够胜任者少之又少。因此，依据建设工程项目各个阶段可能存在的风险点和建设工程项目跟踪审计流程，本书提出了政府小型工程项目全过程关键节点跟踪审计的一般流程，如图 2-2-1 所示。

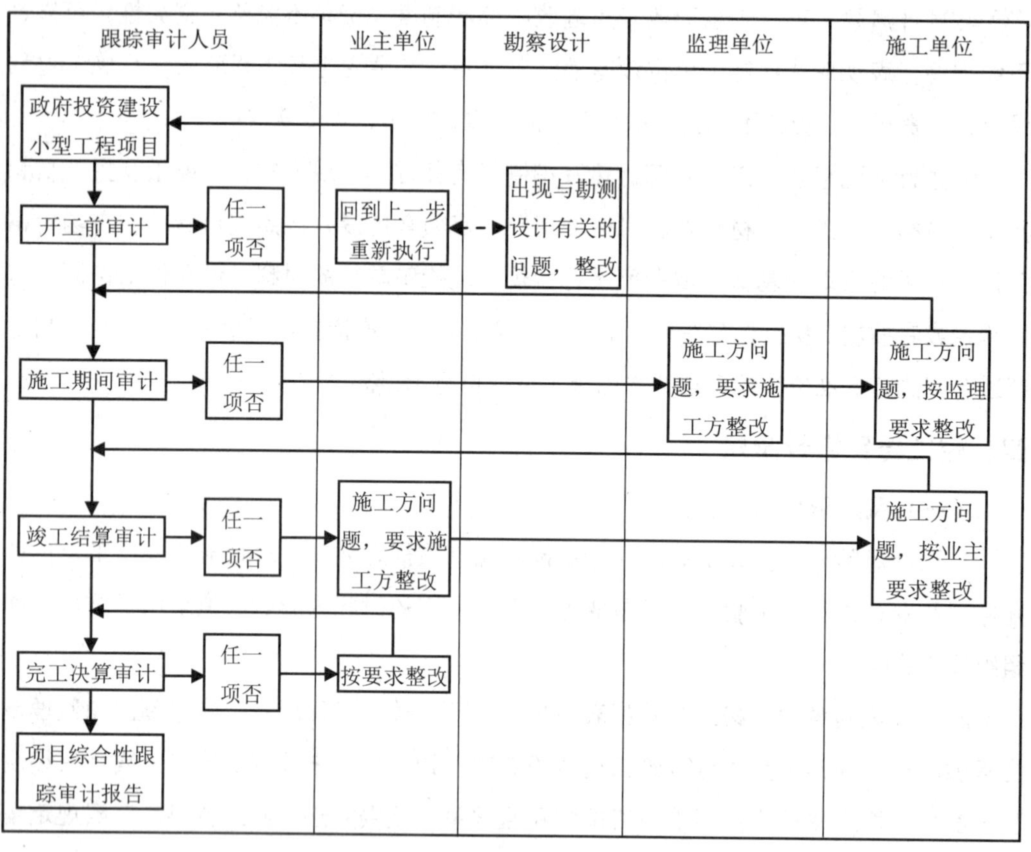

图 2-2-1 政府投资建设小型工程项目跟踪审计流程图

第三章　建设项目管理模式审计

随着我国经济的快速发展，建设项目投资的日益增多，特别是我国加入 WTO 后，面临越来越激烈的市场竞争环境，加强对建设项目的审计工作也显得越来越重要。建设项目审计是现代建设项目管理的一种基本手段和方法，强化建设项目审计工作，对于加强建设项目投资的监督、管理和控制，提高建设项目的投资效益等均具有重要的现实意义。

一、建设项目全过程跟踪审计的定义

建设项目全过程跟踪审计，指审计机构或造价咨询机构依据有关法律、法规和制度规范，按照规定程序，对建设项目从立项至项目竣工验收全过程实施的审计监督与造价咨询服务，包括项目可行性研究、投资估算、项目决策阶段、设计阶段、招投标阶段、施工阶段与竣工结算阶段。通过对建设项目实施的事前、事中、事后全过程跟踪审计，及时发现和纠正建设项目的问题，促进建设项目规范、有序运行，目的是控制和真实反映工程造价，完善建设项目管理，提高投资效益。

二、建设项目全过程跟踪审计的优点

建设项目全过程跟踪审计作为工程审计的一种创新手段，在实践中已彰显出其优越性和广阔的应用前景，具有以下优点：

（一）从静态向动态转化

一方面，传统审计模式是在工程竣工后集中进行一次结算审计，这时要面对在施工阶段各个施工程序中发生的大量签证。而跟踪审计可以分时段分内容地进行动态审计，使审核思路更清晰，可缓解短时间内处理大量数据的压力。另一方面，跟踪审计可以分析前后阶段互相影响的关联因素，可以动态地监督全过程各阶段的运作。

（二）从事后审计向与事前、事中相结合审计转变

在传统的事后审计时，因隐蔽工程或多次变更部位的一些细节记录不详，很难区

分清楚、判定正确。跟踪审计可从源头上防止此类现象的发生，如在施工阶段审计人员已及时深入现场，在隐蔽工程掩盖前或变更过程中做好记录取证，准确掌握工程过程中各种信息，减少与施工方的矛盾与纠纷，为后期确认签证、审核结算作好准备。

（三）减少时耗，提高工效

如在施工阶段跟踪审计人员在施工现场会同建设方、监理方、施工方签字认可了实测记录后，可立即计算出相应的工程数据，避免了推诿和以往长期不签证、大量积压的弊病，将较长的传统审计周期提前压缩消化在事中阶段，使过去过于集中的量尽可能均匀分散在施工阶段，从而加快了结算审核速度，加大了审核力度，提高了经济效益。

（四）以施工阶段的审计为重点

向前期决策阶段、设计阶段和招投标阶段延伸。传统审计模式以建设项目竣工阶段为审计重点。跟踪审计是对建设项目从筹建时起至竣工验收时为止所发生的技术经济活动过程进行的审计与监督，其不但强调施工阶段的造价控制，而且也注重对前期决策工作的跟踪审计，深入开展对设计质量的跟踪审计，积极介入招投标阶段的跟踪审计，使审计工作向多元化发展。

三、建设项目全过程跟踪审计的局限性

建设项目全过程跟踪审计具有广泛性、全面性、过程性等特性，其在实践过程中也不可避免地反映出一些局限性，具体表现有以下几个方面：

（一）跟踪审计深度难以把握，审计目标偏离

跟踪审计是对建设项目全过程的审计，需要审计人员在项目建设过程中频繁介入进行审计，提出审计建议，供建设单位纠正和改进，很容易使审计人员偏离监督咨询建议的目标，介入到建设项目管理的职能范围中，这样容易造成各方利益的冲突，破坏跟踪审计所建立的权力制衡机制。

（二）跟踪审计时间介入点模糊，审计效果不明显

工程建设项目一般要经历投资决策、设计、招标投标、施工、竣工结算等阶段。那么跟踪审计从不同阶段介入进行实时跟踪，审计效果就有所不同，而跟踪审计的时间介入点没有一个明确的规定，理论上讲，越早介入审计越好，但一方面由于审计人员在评价前期决策是否科学方面缺乏专业能力，无法承担这个审计重任，另一方面也因为投资方认为跟踪审计只是在施工阶段防止施工单位高估冒算，因而在跟踪审计实践中，绝大多数是在施工和竣工结算阶段才介入跟踪审计，那么在前期决策、设计和招投标阶段所影响的造价便无法控制，跟踪审计的效果就不充分、不明显。

（三）跟踪审计的法律、法规和执业规程滞后或不够完善

跟踪审计是在建设全过程实时进行的一种动态审计，作为一种全新的审计模式，审计人员承担着重大的责任和风险，这就需要相关的法律、法规和执业规程作为支撑，不仅为建设单位制定项目管理制度提供遵循的依据，也为跟踪审计部门提供衡量的标准。然而目前这方面的法规政策相对滞后，使得审计人员在跟踪审计的实践中没有统一的规范，审计风险增大、审计质量难以提高，导致跟踪审计模式一直处于被动局面。

（四）跟踪审计力量有限，审计风险增大

跟踪审计是对建设项目贯穿始终的全过程审计，涉及项目建设的方方面面，所以需要充足的审计力量，以满足跟踪审计内容的广泛性和大量性。另外，跟踪审计也对审计人员的自身素质提出了更高的要求，要求进行跟踪审计的审计人员不仅要有精湛的专业技术和较宽的业务知识面，同时还要具备良好的协调沟通能力，了解掌握最新的方法和技术手段。因此，能否合理配置审计资源、提升审计能力，是影响跟踪审计效果、降低审计风险的重要因素。

四、建设项目全过程跟踪审计模式的思考

（一）合理定位跟踪审计介入深度

审计是以堵塞项目建设漏洞、完善项目管理机制为目的，其作为第三者参与项目建设的过程，而不是建设项目负责人。审计机构不是从事建设管理、施工、监理方面的具体工作，而是履行对上述工作的监督职能，实现促进这些工作规范、有效运行的目标。跟踪审计中发现的问题，应及时与项目建设单位取得联系并以书面形式反映，而不应直接干涉相关建设单位的工作。在跟踪审计工作中，应把握好监督者的角色定位，努力做到到位而不越位，不偏离定位成为管理者，同时，强调依法独立开展监督。

（二）准确把握跟踪审计介入时间

跟踪审计作为一种绩效审计的一种模式，应综合考虑被审计项目的建设规模、建设周期、建设要求、审计资源和审计成本等多方面要素后，研究确定审计介入的时间，是从立项时介入，还是从开工时介入，是从概算编制后跟踪资金运行路线，还是从施工合同签订后跟踪合同的履行情况，建设项目情况不同，选择的方式也就不同。但不论采取何种方式，审计都应贯穿于建设的全过程，保证其应有的连续性。此外，在审计过程中，要体现跟踪的实时性，对项目建设的重要环节、重大活动以及建设单位的要求要及时跟进。

（三）健全和完善跟踪审计的法律法规

跟踪审计是建设项目审计模式的重大创新，为了使跟踪审计能健康运行，确保跟踪审计依法实施，有法可依，使这一模式能更好地为工程建设项目服务，应建立一整套跟踪审计的规章制度，制定跟踪审计实施办法，健全审计程序和审计规范，以及与此相衔接的项目管理制度、财务管理制度等，为跟踪审计人员、项目管理人员、财务管理人员提供具体的指导，使各部门各司其职，工作到位而不越位，相互配合，协调运转，使跟踪审计逐步进入程序化、规范化、制度化的轨道中。

（四）把握跟踪审计的重点关键环节

跟踪审计实际上就是跟踪建设项目建设全过程的工作，沿着项目的建设周期这条主轴展开全过程审计。目前在审计力量有限、降低审计成本的情况下，要把全天候的跟踪变为“重点关键环节”的跟踪，才能达到事半功倍的效果。建设项目的重点关键环节一般表现在以下几个方面：前期决策、设计、招标投标、隐蔽工程验收、重要材料与设备的采购、重大变更、进度款审核等。同时，积极探索建设项目效益审计的新方法，重点揭露管理不善和决策失误造成的严重损失浪费、效益低下等问题，客观公正评价项目的经济效益、社会效益和环境效益。

（五）创新跟踪审计方式方法

一是坚持全面跟踪。以建设单位为主体实施审计，把审计视野扩展到建设项目涉及的各个环节，采取阶段审计、不定期审计等方式，对建设资金的筹集、管理、使用情况及有关事项进行跟踪审计，做到资金运行到哪里，审计就跟踪到哪里。二是突出审计重点。重点审计隐蔽工程、重大设计变更、大宗材料设备采购、工程造价结算等重点控制环节。三是延伸审计不放松。依法对与项目有关的勘察、设计、施工、监理、采购、供货等单位进行延伸审计监督，及时发现各个环节存在的漏洞和不合规的问题。四是利用先进仪器设备。发挥好照相、录像、GPS 等技术装备的作用，做好对项目原始地理地貌的测量取证，对隐蔽工程及其他重要环节等进行现场取证，为竣工结算提供可靠依据。五是利用计算机辅助审计。科学采集数据，利用好工程造价审计软件，提高审计效率和质量。

（六）创新跟踪审计理念

一是树立跟踪审计“免疫系统”理念。以科学发展观作为统领，努力做好“两个转变”，即：实现传统的查错纠弊决算审计到跟踪审计的转变，从揭示和查处违法违纪问题到实现预防为主的免疫系统转变。二是坚持服务与监督并举。从投资管理体制、机制、制度、效益着眼，从各个细微环节着手，实现真实性、合法性审计与经济性、效益性以及效果性审计的有机结合。三是建立事前预防、事中控制、事后监督的“三统一”跟踪审计监督体系。前移审计“关口”，加强项目的前期准备、实施过程、预算执行和决算等重要环节的审计，及时发现和纠正问题，发挥审计监督的“预警”作用。四是树立“人才强审”的理念。搞好全过程审计人才的培养教育，建立人才成长的激励机制，适当引进工程技术、计算机、法律等短缺的复合型审计人才，全面提高审计队伍的综合素质，促进建设项目跟踪审计事业健康发展。

第四章　建设项目内控制度审计

我国政府审计历来非常重视审计人员对国家建设项目内部控制制度的审计与评价，并在各相关建设项目审计工作方案中都作出了从内控制度入手，查案件线索的要求，但在审计过程中，由于建设项目本身内部管理不完善，及国家对建设项目内控制度审计的内容要求，执行标准一直未作出规定，加上审计人员的执业水平和判断能力的限制，很难对建设项目的内控制度进行全面审计和评价。因此，大多审计组或审计人员都采用了敷衍方式，没有按审计抽样等审计理论描述的规范方式和审计组的要求进行，只做一些形式上的工作底稿，以应付复核和审计档案管理的要求。这种审计工作方案要求和实际审计工作所形成的差距，已使审计工作方案在这方面的要求形成“摆设”，严重干扰了建设项目审计工作开展，加大了审计风险。本章拟就此问题谈些观点。

一、目前国家建设项目内控制度方面存在的主要问题

（一）项目建设管理方式陈旧，内部控制环境弱化

建设项目内控制度是建设单位保证项目建设各项活动有序进行，达到已确定的目标和质量要求，保证项目顺利建成而制定的具有以控制建设人员行为为目的的措施、办法。目前，世界上对企业管理、项目建设都很注重过程管理和内控制度建设，并以国家或行业名义制订了许多相关制度，而在我国相当一部分建设项目中都重视项目的立项，轻视项目建设过程中的管理活动，盲目指挥、行政命令、家长式的管理方式在建设过程中随处可见。有的建设项目虽然制定了一些内控制度，但不是不系统、不全面、不配套就是各相关部门不衔接，并且制度制定后就万事大吉，挂在墙上应付外部检查，建设中既不按章执行，执行后也不进行跟踪检查，给审计人员在审计中发现问题线索带来很多困难，使实现预定审计目标、保证审计质量、规避审计风险的设想难以实现，也使得审计组和审计机关对审计成果和效果的完整性、权威性产生怀疑。为了尽量回避这些缺陷，就不得不增加更多的审计内容来弥补，耗费了过多的人力和财力，加大了审计成本，降低了审计工作效率。

（二）部分重点环节内控制度不完善，资料不健全

建设项目的核心控制是对招投标、材料采购、质量控制及会计核算等环节的控制。这些环节控制的效果直接影响建设项目的造价、质量，关系到廉政建设的大问题。

近年来，国家先后出台了《建筑法》《招投标法》《合同法》《建筑工程质量管理条例》和新会计制度等法规和制度。但各建设项目的内控制度的制定却相对滞后，没有做到与国家颁布的相关法规制度相结合。每一个建设项目这些环节的内控制度与国家规定相比不仅缺胳膊少腿，而且还五花八门，各不相同，使审计人员难以对其做出具有共性的判断和评价。

由于受“利益”驱动和建设单位多为临时机构的影响，诸多建设项目的招投标和会计控制制度不健全，难以满足项目建设实际需要和审计人员判断评价的需要。如：在对某机场扩建项目审计时，审计人员对其招投标部分的内控制度进行测评，发现该建设单位仅对招投标做了规定，而对中标后的施工单位转分包环节没有进一步的明确，造成个别已中标的施工企业不得不违心地再安排转分包，接受建设单位安排的其他施工单位。

建设单位多为临时搭建机构，人员也来自四面八方，素质差参不齐，从领导到基层人员都有临时思想，给人员素质、机构设置和业务处理程序等方面的控制带来很大困难，不能制定科学的用人政策和后续教育规定；单位负责人与会计机构和会计人员的制约关系不明确，授意、指使、强令会计机构和会计人员违法办理会计事项的现象时有发生；支付工程款项缺少凭据，重视日记账，忽视总账和备查账簿，只重视会计报表，缺少财务情况分析和报表说明，更没有财务成果的利用与研究。

（三）建设项目内控制度审计评价没有具体指标，缺乏统一标准

建设项目可以区分不同地点、不同行业，还可以分为新建、续建、更新改造等类型。但就其具体的建设内容无外乎就是土建、设备安装、装饰装修等，受项目划分为大中小型、技术含量和质量要求高低不同等因素影响，其内控制度要求的具体指标和标准也不一样。就像不能把对“三峡水库”内控制度的审计标准当作一个机场扩建项目的内控制度审计标准一样，因为重大投资和资产处置的决策程序将更加复杂，更加慎重。由于没有一个具有权威性和可信度高的统一衡量和评价标准，所以审计成果很难让建设单位和社会所承认，很难确定谁对谁错，谁合理谁不合理。同样都是建设项目，但新建和更新改造所履行的程序和对内控制度的要求在方法和手段上是有区别的，如果审计人员将所有的建设项目的内控制度都按自己掌握的审计标准去操作，判定的结果就会有误，得到的信息就会失真，势必产生审计风险，而且也没有项目自身的特点。

二、解决建设项目内控制度审计问题的几点建议

（一）国家有关部门应进一步加强建设项目内控制度体系建设，完善管理考核办法

建设项目内控制度建设是我国加入 WTO 后进一步规范固定资产投资行为、提高建设项目管理水平的一项新举措，需要借助于国家政策的引导。在固定资产投资领域不仅要出台《建筑法》《招投标法》《建筑工程质量管理条例》等外部控制法规制度，而且还需要其他相关行业部门出台一些内部控制的规章制度，分别对各地区、各行业、大中小型、新建扩建、更新改造等类型的建设项目制定明确的、可操作性强的内控制度的指导性意见，既为建设单位制定本项目内控制度提供可遵循的依据，也为外部检查提供了衡量标准。

在制定指导性意见时，要针对不同地区、不同行业、不同类型的建设项目的特点，突出项目前期工作、招投标、会计基础工作、材料采购、单项工程结算、费用报销等重点环节，明确控制程序，加强督促检查，区分责任。

（二）进一步提高对建设项目内控制度审计的目的意义认识，加大审计力度

目前，我国建设项目与国外相比，普遍存在投资行为不规范、成本高、经济效益差、违法违纪现象较多等问题。造成这些问题的根本原因就是内控制度不完善。作为国家审计机关和审计人员一定要认真贯彻“全面审计、突出重点”的方针，从内控制度的审计入手，一方面在搞好审前调查基础上，加大人员投入力度，通过分析找出建设项目管理的薄弱环节，发现案件线索。另一方面督促建设单位重视建立内控制度，推动建设项目的管理水平提高。

（三）应尽快制定建设项目内控制度的审计准则，规范审计行为

近年来，审计署出台了《审计机关国家建设项目审计准则》，对国家建设项目审计的范围、内容、程序等作出了规定，但是由于国家相关部门没有颁布建设项目实施内控制度的办法、措施，故国家建设项目审计准则也没有将内控制度审计作为审计内容的一部分列进去。因此，只有国家对建设项目内控制度的实施、评价作出统一规定，审计机关和审计人员对建设项目的内控制度审计才具有可操作性，才能进一步规范其审计行为，得出客观公正的、符合实际的审计结果，促进建设项目加强管理。

第三篇

建设工程投资决策审计

项目建设的资金使用主要出现在从施工开始到竣工结算的时间段内，所以传统建设项目审计以概预算执行和竣工决算为重点内容开展审计工作。然而，传统审计的效果并不理想，审计风险较大，政府投资效率低下，无法满足造价控制以及审计工作的需要。相关人员都忽视了建设项目施工前的各阶段对造价的影响是最大的，因此，对建设项目进行全过程跟踪审计将成为造价控制的发展趋势。

考虑到建设项目投资额、周期长的特点，分阶段对造价进行控制，可以保证造价完整、准确。多次计价可以对造价进行细化并不断接近实际造价。因此，全过程造价控制要先进行建设阶段划分，按照工程建设程序，建设阶段划分如下：

项目建议书→可行性研究报告→勘察阶段→设计阶段→建设准备→建设实施→生产准备→竣工验收→交付使用→生产运营→后评价。

考虑到建设项目跟踪审计的特点，结合建设各阶段对造价控制的不同影响，本书将建设阶段汇总划分为：

决策阶段→勘察设计阶段→招投标阶段→项目施工阶段→竣工验收阶段。

第一章　建设工程立项决策审计

一、概述

（一）建设项目决策的概念

建设项目决策阶段是对拟建项目的必要性、合理性和可行性进行技术、经济等各方面论证，对多种建设方案进行技术经济评价，比选最佳建设方案的过程，项目决策是否正确，直接关系到项目建设资金投入量和投资的效益，决策阶段对工程造价的影响最大，直接决定工程造价的高低。建设项目决策阶段的工作是表示一个建设项目从无到有、不断深入的过程。决策阶段主要有提出项目建议书、编制可行性研究报告两方面的工作，之后依据这两方面的内容做出正确的投资决策。

（二）目前决策阶段造价控制存在的主要问题

近年来决策失误的现象屡见不鲜，建设项目决策阶段的各项工作已经作为法定内容受到政府有关部门和建设单位的重视，但这项内容在发展上不均衡，目前项目决策阶段工作的现状仍不容乐观，主要问题如下：

1. 项目决策工作的程序性、客观性不足。违背先评估论证后决策建设的原则。先建设后论证，决策工作流于形式，甚至不进行可行性研究，或是决策阶段的各项工作不为投资决策提供数据和方案依据，而是为已经做出的投资决策提供数据和方案支持，存在着大量人为因素的干扰，结果使可行性研究变为可批性研究，成为应付规定的工具，很有可能导致项目的最终失败。

2. 基础数据搜集不足，决策工作不够深入。不重视基础数据的搜集、整理工作，数据来源有限，可靠性不高，使决策工作具有较大的随意性。可行性研究的时间较短，并且仅对唯一方案进行可行性研究工作，缺乏多种投资方案的比选，容易出现决策失误。

3. 投资估算的质量不高。我国对于完成详细可行性研究工作后的投资估算精度要求为 ±10% 以内，但能够达到这个精度要求的很少，决策阶段各项工作不到位，导致投资估算失去应有的意义。

（三）建设项目决策阶段跟踪审计的特点

建设项目决策阶段跟踪审计主要是对项目建议书和可行性研究报告这两方面的内容的真实性、完整性和科学性进行审查和评价，还包括征地拆迁、前期审批程序等内容的审查。为建设项目投资决策正确提供服务，尽量减少甚至避免上述各种问题的发生，真正做到在决策阶段就对造价进行把控。

1. 跟踪审计内容庞杂。决策阶段涉及的内容贯穿了建设期间和投产后的运行，审计人员应能对决策阶段的工作做出正确的评价。因此，对审计工作提出的要求是，审计机构应投入较多的精力和较高素质的人员进行审计，必要时聘请工程技术经济方面的专家进行评审，力争做出准确的审计结论。

2. 工作程序复杂。项目决策阶段审计毕竟不同于决策工作，不需要也不可能由审计机构重做决策研究工作，但是审计的职责又要对决策研究的主要内容进行审查，并且要保持工作的独立性和结论的权威性。因此，跟踪审计工作程序的统筹安排是很大的难题。

（四）建设项目决策阶段跟踪审计的意义

1. 促使建设单位做出正确的投资决策。建设项目决策阶段跟踪审计过程中，对是否按规定进行各项决策工作，信息和数据的真实性、完整性以及决策判断的准确性予以确认。对于不做前期工作或前期工作做的不全面的，故意弄虚作假的，不按规章制度办事的投资决策给予否认，并通报相关部门追究和处理。因此，决策阶段审计是对投资决策的把关，为建设项目奠定良好的基础，促使决策单位做出正确的投资决策。

2. 对建设单位做好决策阶段的工作起到示范作用。当项目决策阶段有了审计单位的监督后，建设单位为了防止受到行政处罚，就会认真对待决策阶段的工作，并将其努力做好。由于前期准备工作充分，整个建设也会相对较快且质量可靠。其他建设单位看到先前的建设项目决策阶段工作做到位带来的好处，对相关工作也会起到一定的示范作用，相应地促使本建设单位做好决策阶段的工作。

3. 对建设项目的造价从决策阶段开始把控建设项目。“三超”现象经常发生，其中一个主要原因就是投资估算做的不准确，未能真正起到造价控制的作用。而使得投资估算不准确的原因主要是决策阶段各项工作不到位。当有了审计单位的介入后，对于投资估算的形成过程进行监督，发现问题及时纠正，保证投资估算计算的合理、准确，真正起到对造价的制约作用，实现限额目标。

二、项目建议书阶段跟踪审计

（一）项目建议书概述

项目建议书，指建设单位根据国民经济和社会发展长远规划、经济发展及相关产业政策等，有机结合环境、资源、气候等条件，在进行深入调查分析的基础上，着重对提出的某个建设方案进行必要性的论述，初步分析项目建设的可行性和合理性，从而为有关机构进行可行性研究奠定基础的建议性文件。主要内容有：

（1）项目名称；

（2）项目建设的依据和必要性；

（3）拟建规模和建设方案的初步设想；

（4）资源、水电、交通和环境条件、设备和技术引进的初步分析；

（5）项目资金筹措方案的设想和投资估算额；

（6）项目进度安排计划；

（7）项目绩效的初步分析；

（8）环境保护相关内容。

（二）项目建议书审计的重点

（1）项目建议书阶段的工作程序；

（2）项目建设的必要性是否充分；

（3）对建设条件的调查和资料收集工作是否全面。

（三）项目建议书审计内容

1. 审查前期准备工作是否充分，是否编制了项目建议书对于政府投资项目，审查前期的调研和资料收集工作是否充分，并应从备案部门查询建设项目是否有项目建议书。

2. 审查编制依据是否可靠。审查建设项目是否符合国民经济发展的需求以及地方发展规划的要求，防止低效、重复建设。

3. 审查编制和审批程序是否正确。相应的行政主管部门是否给出意见并经相关主管部门审批。

4. 审查编制单位是否具备相应资质，审批单位是否具有审批权限。

5. 审查项目建议书的各项内容。

审查项目建设的必要性：建设依据是否充分可靠，是否建立在客观实际的基础上。对此可以通过实地查看、走访当地群众等方法来审查。

审查建设规模和建设地点：建设规模是否符合实际需要，有无为了容易审批将项目拆分的现象。建设地点的选择是否合适，有无不合理的重复建设。

审查建设协作条件和初步的施工方案：建设所需的资源、交通、水电等条件以及施工方案是否与建设规模相符合。

环境影响的审查：项目对环境影响的分析是否充分可靠，有无低估对环境的影响；

资金筹措、建设效益的审查：投资主体的组成及其合法性，资金的来源渠道是否符合法律法规的规定及其真实性、可靠性，融资方案是否经过多方案比选。投资总额、经济效益的估算是否合理，是否满足工程项目的实际。

当审查出不符合规定的工作程序时，责令被审计单位整改并视具体情况分别进行相应处理。

（四）项目建议书审计程序

项目建议书跟踪审计的基本程序如下：

1. 建设单位组织相关部门和单位召开项目建议书编制前及审前会议，建设单位介绍项目前期的基本情况，审计机关对于本阶段的审计内容和重点进行说明，成立项目建议书编制协调工作组，确定各方负责人员和工作目标。

2. 编制单位进行项目建议书的编制，跟踪审计中介咨询机构（后面简称“审计中介机构”）定期收集项目建议书的相关进展资料，进行审查并形成审计工作底稿。

3. 建设单位和审计中介机构定期向审计机关汇报项目建议书的编制和审计情况，审计机关对双方汇报的资料、信息进行对比、分析后，向建设单位出具审计意见。

4. 当项目建议书编制完成后，审计中介机构对其进行综合审查，由审计机关出具项目建议书审计意见。项目建议书审批时须有审计机关出具的审计意见，否则不得批准立项。

第二章　建设工程可行性研究报告及投资估算审计

一、可行性研究审计

（一）可行性研究概述

可行性研究，指在项目建议书的基础上进行详细分析、研究，对与该项目有关的技术、经济、资源、社会、环境等各方面进行深入调查研究，对项目的多种建设方案进行技术经济论证，对项目建成投产后的经济效益、社会效益等进行科学的预测和判断，最终确定该项目是否应该建设，并选定最佳建设方案。主要内容有：

（1）总论，描述项目概况和可行性研究的具体内容；

（2）项目背景及建设必要性；

（3）场址概况和建设条件；

（4）建设规模和建筑方案；

（5）环境保护、消防安全与节能；

（6）地震安全性评价；

（7）项目招标方案；

（8）项目实施进度计划；

（9）投资估算和资金筹措；

（10）财务评价及社会效益评价；

（11）风险分析。

（二）可行性研究审计的重点

（1）可行性研究阶段的工作程序；

（2）项目规模、建设方案等是否经过多方案比选；

（3）各项基础工作深度是否足够，数据是否齐全可靠；

（4）对于投资估算进行详细分析考核；

（5）绩效分析的全面合理性；

（6）风险评估是否到位。

（三）可行性研究审计内容

审计机构应从决策阶段审计开始建立起系统的审计档案，以便于将决策阶段的审计资料与后续阶段的审计资料进行对照、比较，控制后续阶段的审计工作，提高跟踪审计的质量。

1. 审查可行性研究的准备工作是否齐备。对于政府投资项目，工程项目必须由有关部门和单位在调查研究的基础上，编制并上报需要进行可行性研究的项目建议书，经主管部门批准后，才可以进行可行性研究。如果项目建议书未经批准，则审计机构应通知其补办手续或停止可行性研究。

对于企业投资项目实行核准制的，审查在提交项目申请报告前的各项准备工作是否完成，申请报告是否经过论证，是否满足规定的内容和深度要求；实行备案制的，审查是否在地方投资主管部门进行了备案。

2. 审查建设项目是否进行了可行性研究，是否存在先建设后论证的情形。

3. 可行性研究单位资质审查。审查可行性研究单位是否具有相应资质，建设单位是否和可行性研究委托机构签订合同。

4. 审查可行性研究报告各项内容。可行性研究报告内各项内容的审计与项目建议书审计类似，下面只针对项目建议书中未列的内容进行阐述。

地震安全性评价的审查：比如，河南省 2008 年 12 月 1 日起实施的《地震安全性评价管理条例》，已将抗震设防列为可行性研究的必要内容之一。因此，应首先审查是否进行了地震安全性评价，进行评价的单位是否具有相应的资质。其次，审查对建设工程场地及周围的地震活动的分析内容的全面性、可靠性。最后分析抗震设防准则是否恰当，地震动参数是否正确。

招投标方案的审查：审查拟采用的招标方式、招标范围、招标程序是否符合相关法规的规定。审计单位应将经审批的招投标方案列入审计档案，在后期进行招投标工作时审查前后方案的一致性。

风险分析的审查：首先审查建设单位是否进行了风险分析工作，强调风险分析的重要性，其次审查风险识别是否完整合理，针对风险因素采取的措施是否恰当合适并及时出具审计意见。

（四）可行性研究审计程序

可行性研究跟踪审计的基本程序如下：

1. 建设单位组织相关各单位召开可行性研究前及审前会议，建设单位介绍可行性研究的目标和要求，审计机关对于本阶段的审计内容和重点进行说明，成立可行性研究协调工作组，确定各方负责人员。

2. 可行性研究单位结合项目建议书及建设单位的要求，详细收集相关资料，之后开始可行性研究，深入分析每项研究的相关资料，审计中介机构在每项研究工作结束后，对其进行审查并形成审计工作底稿。

3. 建设单位和审计中介机构定期向审计机关汇报可行性研究的进展和审计情况，审计机关对双方汇报的资料、信息进行对比、分析汇总后，向建设单位出具审计意见。

4. 各项基本内容研究结束后，拟定多种可行的工程方案并对其进行各方面评估，审计中介机构对各方案的内容进行综合审查，由审计机关出具方案审计意见。

5. 经过综合分析评价或方案评审后，确定最优方案。对于最优方案进行进一步全面的论证，审计机关监督论证过程并出具审计意见。

6. 可行性研究报告完成后，建设单位组织有关部门或委托具有相应资质的咨询单位进行评审，提出评审意见。审计机关监督评审过程并出具审计意见。建议可行性研究报告审批时须有审计机关出具的审计意见，否则不得批准。

二、投资估算审计

（一）投资估算概述

投资估算是指投资决策过程中，在建设规模、建设方案、机械设备基本确定的基础上，估算项目所需资金总额，并列出资金的使用计划，其是项目建议书和可行性研究报告的重要组成部分。投资估算的准确性直接影响项目决策和后期概预算的编制，是建设项目进行造价控制的前提。因此，投资估算审计是决策阶段的重要审计内容之一。

（二）投资估算的内容

投资估算主要有两种情况：一是在明确的建设方案的基础上计算资金需要量；二是在资金限制的条件下确定项目的最大建设规模。计算出投资估算总额后，还应当相应列出资金的年度使用计划。

（三）投资估算审计的内容

1. 审查工程费用：工程费用所选用的计算方法或计算指标是否合理、正确，内容是否全面，相关计算依据是否符合相应建设规模和相关行业内容的要求，是否达到规定的深度。例如，各主管部门规定的各种指标和收费标准只适用于各专业工程，各地区的指标和收费标准只在该地区范围内使用。

2. 审查工程建设其他费用：根据建设项目的特点，工程建设其他费用的分项划分是否清晰，考虑是否全面完整或多列其他费用项目，各项费用的取费依据是否正确、合理，特别注意应采用现行的新规定进行计算。

3. 其他各项费用和资金年度使用计划的审查：审查预备费和流动资金的计算中对于各项不确定因素考虑是否充分、全面，预备费和流动资金能否满足相应建设规模的需要。审查资金使用计划能否满足各年度的需要，建设单位是否具有满足资金使用计划需求的可靠的资金来源。

三、决策阶段审计评价指标体系的建立

决策失误原因分析：对于政府投资项目，决策失误是决策阶段最大的问题，引起决策失误的原因很多，其中固有风险是无法避免的，但可以通过决策各方主动的预防来降低发生概率。所以，造成决策失误最重要的原因就是决策各方的主观原因，而决策各方能否进行科学的决策工作关键在于决策体制。因此，决策体制的评价是此阶段跟踪审计的重点。

决策体制审计评价指标：决策体制评价的首要工作是对决策体制中所有可能引起决策失误的因素进行分析、汇总、筛选，并参考有关文献，结合相关专家的意见，建立起决策体制的评价指标体系，A 层为目标层，B 层准则层，C 层为基本指标层。

B 层内容分析如下：项目决策可靠度（B_1）是指从项目设想到决策的整个过程中，决策各方均按照规定的程序，科学合理地完成各自的工作内容，不会受到其他因素干扰的可靠程度。监督机制可靠度（B_2）是指项目决策过程中各种监督机制发挥监督作用的可靠程度。咨询业务可靠度（B_3）是指委托编制或评估可行性研究报告的咨询公司能够科学、准确地完成相应任务的可靠程度。

C 层指标分析如下：决策管理规范性（C_1）：建设项目是否有合适的管理班子、管理制度，是否严格执行相应的法律法规、规章制度，管理人员的素质能否胜任相应的工作。项目决策民主度（C_2）：项目决策工作是否民主科学，按既定的程序和制度进行。项目决策透明度（C_3）：决策的程序和过程等的公开程度，是否有暗箱操作行为。审批机制有效性（C_4）：审批部门按照相关法律法规规定的程序和权限进行审批，是否有越权审批、审批不严格、不进行审批等现象。职能部门监督机制有效性（C_5）：纪检、监察、环保等职能部门是否对建设项目进行了监督，是否有监督不力或不进行监督的现象。决策结果奖惩度（C_6）：随着政府绩效评价制度的不断健全，建设项目决策结果的绩效评估成为政府绩效评价的内容之一。审计时审查是否对决策结果进行绩效评估并对责任人进行了相应的奖惩。委托咨询的合法性（C_7）：编制和评估可行

性研究报告的咨询公司的委托过程是否按照规定的程序进行。委托合同的合理性（C_8）：委托合同的签订是否真实、有效，合同条款是否合理。咨询业务行政干预度（C_9）：咨询单位是否受到行政机关的压力，而完全按照行政机关的要求编制和评估可行性研究报告。

第三章　建设资金来源及到位审计

一、概述

（一）施工阶段的主要内容

施工阶段是项目具体建设的过程，是投资活动的最高峰，这个阶段的主要管理工作是保证施工安全和控制工程质量、造价、进度。此阶段节约投资的可能性很小，由于工程建设的周期长，受到客观条件和自然因素的影响很大，导致增加投资的可能性很大，本章将主要针对施工阶段跟踪审计的造价控制进行探讨。

施工阶段造价控制的跟踪审计以施工合同为中心实施审计，合同中的相关内容是造价变动的依据。审计人员要详细了解合同内容，并且经常深入施工现场了解工程建设情况，收集与造价相关的第一手资料，严格审计预付款支付、工程计量和支付、工程变更和签证、工程索赔等环节。

（二）目前施工阶段造价控制存在的问题

1. 施工现场管理混乱。建设单位缺乏与实际相适应的管理制度，各部门职责划分不清，相互间缺乏沟通和协调。施工单位组织管理方法不当，资源无法进行合理配置，加上各种材料和机具无序堆放，浪费现象严重。监理单位人员专业素质普遍较低，无法起到协调各方工作、平衡各方利益的作用。

2. 工程变更管理混乱。除设计深度不足的变更外，施工单位为了赚取更多的利润弄虚作假提出工程变更的情况也屡见不鲜。

3. 现场签证管理混乱。关于现场工程量的计量不经调查和核实便直接签证；监理工程师不熟悉合同内容及工程预算随意签证；施工单位巧立名目骗取签证，甚至将签证肢解，蒙混过关。

（三）建设项目施工阶段跟踪审计的意义

施工阶段跟踪审计可以促使建设各方规范自身的行为，提高建设各方的专业化水平，更加有效地控制工程进度和质量。提高建设各方对于造价控制的重视程度，尽可能地减少工程变更和索赔，将工程造价控制在既定的目标中。最终提高项目管理水平，规范建筑市场秩序。

二、工程预付款跟踪审计

（一）预付款概述

对于包工包料的建设工程，建设单位在开工前按照合同约定的比例拨给施工单位主要用于备料，其次用于组织人员、完成临时设施工程的一定数额的资金称为预付款。随着工程建设的进行，所需的材料储备逐步减少，通过抵扣工程款的方式陆续将预付款扣还。

（二）预付款管理中存在的问题

1. 预付款的支付不合规，未按约定的时间和比例支付预付款。

2. 预付款保函的有效期与合同约定不符。

（三）预付款审计内容

1. 审查工程预付款的支付比例、支付时间是否符合合同的约定。

2. 审查建设单位付款时，施工单位是否提供预付款保函，保函的担保金额是否与预付款一致，保函的有效期是否符合合同约定。

3. 审查预付款是否在施工进行中按照合同约定的方式陆续扣还，并且预付款保函的担保金额也随之减少。

三、工程计量与支付跟踪审计

（一）工程计量与支付概述

工程计量与支付是指建设和监理单位对于施工单位上报的完成工程量进行确认，并依据此工程量和合同价格，由建设单位按照合同约定的方式和时间支付给施工单位工程款的行为。在工程量的计量中对于质量不合格的部分不得确认工程量，重点关注隐蔽工程隐蔽前的工程量确认。没有工程量确认和工程款支付手续，不得给施工单位支付工程款。

（二）计量与支付管理中存在的问题

1. 虚报工程量。将未完成或未达到支付条件的工作计入已完工程量，造成多付工程进度款。

2. 工程进度款支付不及时，影响正常施工。

（三）工程量计量审计内容

1. 工程量清单内的工程量审计时，在监理单位对已完工程的工程量核算后，再进行审核。对于实际完成的工程量与清单中工程量不符的情况，根据施工合同、招标文件、监理合同、设计合同等确定责任归属，提出审计处理意见。

2. 工程量清单外的工程量审计时，需先判断责任归属确定是否予以计量，若为应当予以确认的工程量，审核工程量确认的手续是否齐全、程序是否合理，之后审查工程量计算方法和依据是否正确。

3. 隐蔽工程的工程量审计：驻场审计人员要及时跟进工程进展情况。隐蔽工程验收时，应通知现场审计人员，收集与工程量计量相关的各种信息。对于不通知审计人员就进行覆盖的隐蔽工程，审计人员可进行揭开检验。在验收程序和资料正确完整的前提下，以先前收集的信息为依据审核工程量的准确性，出具审计意见。

（四）工程款支付审计内容

当已完工程的工程量确认后，施工单位提交的进度款支付申请被监理核算完毕后，审计人员根据情况审查综合单价的组价是否合理，现场签证和变更记录的真实合法性。并根据合同审查签证、变更、索赔、计日工中取费的合理性。之后审查本期应当支付的工程价款计算的准确性，应当增加项目和扣减项目是否考虑完整，防止进度款超付现象，并出具审计意见。最后审查建设单位是否严格执行工程进度款支付的审批程序，未经审计单位审核建设单位不得向施工单位支付工程款。

四、工程变更和签证跟踪审计

（一）工程变更和签证概述

工程变更指任何一项工作关于建设项目形式的、质量的、数量的变动，同时包含了合同文件内容的某些改动。各参建方均可以提出工程变更，但变更指示只能由监理单位发出，监理单位经建设单位同意后，可以按约定的变更程序向承包人作出变更指示，承包人遵照执行。工程变更作为合同文件的组成部分，实际上是对合同文件的补充完善。现场签证是指在施工中遇到临时发生、合同之外的一些特殊工作，由于报批需要一段时间可能会影响正常施工，在施工现场有各参建方共同签署的证实特殊施工活动的书面手续。为了更好地发挥签证的作用，需要按照一定的原则进行，能签事实不签解决结果，能签实际情况不签工程量，能签工程量不签单价，能签单价不签总价。而且签证是进行工程结算、工程款支付以及索赔的重要依据。

（二）变更与签证管理中存在的问题

1. 变更中存在的问题：

（1）设计变更频繁，加大造价控制的难度。

（2）变更不及时，导致重复多次施工。

（3）变更不合理。变更只增加造价，对于建筑功能和使用无任何作用。

2. 签证中存在的问题：

（1）签证不合理。签证内容和实际不符，未经审核直接签证；施工单位弄虚作假，提出与实际不符的费用；各参建方相互串通提出签证；签证不规范，缺少建设单位、施工单位、监理单位任何一方或多方的签认。

（2）签证办理不及时以及应当办理签证的未办理签证，造成工程计量和支付困难。

（三）工程变更审计内容

1. 审查工程变更的必要性、真实性，理由是否充分，例如能提高建设项目某项功能、利于项目建设或节约造价等。防止出现只增加造价无其他意义、施工单位为提高造价或各参建方相互串通提出的变更。

2. 审查工程变更的责任归属，审查人员在详细了解工程情况的基础上，按照合同约定分析变更的责任方，控制资金合理使用。

3. 审查变更的工程量增减计算是否正确，涉及的综合单价、措施项目费用等取价是否符合合同约定以及相关法律法规的规定。

4. 审查工程变更的程序是否符合合同约定和相关规定，各项手续是否齐全。未经审计单位审查工程变更不得执行。

（四）现场签证审计内容

驻场审计人员要及时审查需要签证的工作的真实性、必要性，若此项工作不合理，则无需进行签证：若此项工作必须进行，则要审查签证内容的合理性，涉及的工程量和造价计算的准确性，套用的计算规则和定额的合理性。之后审查现场签证的工作程序是否符合合同约定和有关文件规定，手续是否完整、及时。

五、工程索赔跟踪审计

（一）工程索赔概述

工程索赔是指在各项合同履行过程中，合同一方因为非自身原因而造成权利或经济受到损害时，在合理的时间内通过规定的程序向另一方提出补偿损失的要求，工程中常见的是工期和费用索赔。造成索赔发生的原因是由于建设项目复杂，会有很多在签订合同前未考虑到或考虑不完整的情况发生，而在施工过程中造成费用的增加，遭受损失一方依据工程项目资料和其他相关证据向对方提出赔偿损失的要求。索赔的实质是建设单位和施工单位在工程风险承担上的重新分配，所以一定要严格按照合同规定的程序处理每一项索赔事件。

（二）索赔管理中存在的问题

1. 索赔不及时，造成计量和结算纠纷。

2. 索赔证据不真实、不合理，无法充分证明索赔事项的成立。

3. 索赔费用计算不准确。

（三）工程索赔审计内容

1. 审查产生索赔的原因，弄清索赔事件的责任归属，索赔事件发生时施工单位是否采取了有效的措施，防止事件扩大造成更大的损失。

2. 进一步审查索赔理由是否符合合同条款和相关法规的规定，支持索赔的证据是否合理有效、充分完整。

3. 审查索赔意向、索赔报告等提出的时间是否在规定的期限内，索赔事件处理的程序是否符合合同的规定。

4. 索赔事件成立的条件下，分析判断是否应进行费用或工期索赔，进一步审查索赔的工期计算是否正确，索赔的费用取费项目是否合理、计算是否正确，并出具审计意见。

（四）工程索赔审计程序

1. 索赔事件发生后，施工单位提出索赔意向，监理单位和驻场审计人员收集索赔事件相关信息，施工单位提交索赔文件后，监理单位进行审核，审计人员监督索赔时间和索赔程序。

2. 监理工程师确认索赔事件并提出初审意见后，报送建设单位和审计中介机构分别进行审核。

3. 建设单位和审计中介分别审核后整理索赔事件相关文件，分别报送审计机关，审计机关对比分析向建设单位出具审计意见。

总而言之，现在我国对建设项目全过程跟踪审计的研究刚刚起步，现有的研究资料只是从理念上进行探讨，缺乏系统性和深度。本书针对项目审计和造价控制的现状，研究跟踪审计在建设项目造价控制中的应用。首先，对全过程跟踪审计进行深入的理论分析；然后，对跟踪审计在建设项目各阶段的运用进行重点研究，得出了以下结论：

（1）本书从传统项目审计的不足入手，对建设项目跟踪审计的概念、特点、现状、风险、实施程序等各方面内容进行阐述，完善了建设项目跟踪审计的理论体系。

（2）分析了决策阶段造价控制存在的问题和跟踪审计的意义；提出项目建议书、可行性研究和投资估算建议性的审计内容、程序和方法；运用项目管理和系统工程理论，探讨了决策失误的原因，建立了决策体制的评价指标体系，通过计算得出各个指标对项目决策的影响程度，其中监督机制对于项目决策的影响最大，应成为跟踪审计的重点。

（3）对设计阶段存在的问题和跟踪审计的意义进行探讨，提出设计、概预算、限额设计建议性的审计内容、程序和方法。

（4）分析了招投标阶段存在的问题和跟踪审计的意义，并提出招投标跟踪审计建议性的审计内容、程序和方法；建立了招投标体制的评价指标体系，通过计算得出招标过程透明度、监督机制以及资格预审对于招投标的影响最大，应成为跟踪审计的重点。

（5）对施工阶段造价控制存在的问题和跟踪审计的意义进行了阐述；提出工程预付款、工程计量与支付、工程变更和签证、工程索赔建议性的审计内容、程序和方法。

第四篇

建设项目全过程造价跟踪审计

第一章　工程造价审计概论

随着改革开放政策方针的确定和实施，经济建设迅速发展，固定资产投资不断增加，政府投资项目规模不断增大，数量不断增多。政府投资项目所使用的资金往往来源于财政资金，或者财政资金占主要部分，但是由于所占立场和角度等诸多原因，资金使用者和管理者很多时候并不能代表政府和公民大众的利益。为了解决这个问题，就要适时和适度加强审计监督的力度。政府投资项目工程造价审计工作日益繁重、难度也越来越大，传统审计模式过时，审计风险日益凸显，已经不能满足当前审计工作的需求。新的审计方式方法还不成熟，政府投资项目工程造价审计迫切需要新理论、新方法、新模式的支持。政府投资项目的实施阶段的工程造价审计是审计的主要阶段，也是各级政府固定资产投资审计中的主要组成部分。工程造价审计是一项专业性较强的活动，只有采取科学的方法，运用计算机辅助软件，保持良好的职业道德，才能确保工程造价审计的质量。将不同领域的科技方法和理论拓展到政府投资项目工程造价审计的研究中，对审计的方法和理论的发展有极其重要的意义，不仅拓宽了审计研究的理论范围，还使得审计与其他领域的融合有了新的进展，同时其在降低审计风险、保证审计质量等方面有了新一阶段的提高。本章以信息论、博弈论、协同理论为基础，分析了政府投资项目实施阶段工程造价审计中的相关问题。从信息不对称理论出发，揭示了政府项目在工程造价审计中的不对称，指出不同参建方信息优势和信息弱势，指出由于这种不对称信息（私有信息）的存在，审计的真实性、准确性无法得到保证，引发审计风险。

从博弈论的基本观点出发，揭示了政府投资项目实施阶段工程造价审计中博弈模型各个局中人的博弈行为，在博弈前提假定条件下，定量计算了局中人选择同谋行动的条件，并分析了影响各个局中人行为选择的不同因素，建议从设计惩罚规则等方面，改变局中人所处的环境，从而降低同谋的可能性。通过三方同谋、四方博弈模型的定量分析，得出三方同谋成功的条件，并得出结论：随着审计力度的投入不断加大，建设单位、施工单位、监理单位同谋被发现的主观概率也不断加大，同谋总收益的下限增大，而上限减小，同谋成功的条件区间不断缩小。在跟踪审计模式下，监理的独立性不断强化，监理单位就会退出同谋团体，最终博弈主体变为：审计、施工、建设单位。从协同理论出发，以政府投资项目的整体绩效为目标，工程造价审计的评定标准不再是单一的投资或成本的增加或减少，而是基于协同度指标的建设项目整体目标。建设项目审计作为固定资产投资审计的一部分，是随着固定资产投资审计这一专业的经济活动的发展而不断完善的。而对建设项目而言，审计与项目的各个参建方之间存在着无法消除的信息不对称，这种现象会直接或间接地对审计监督的质量造成影响，审计风险随之而来。因此，从审计关系看，审计监督的过程实际上也就转化为一个审计方与被审计方之间博弈的过程。

自新中国成立以来，政府机关对建设项目尤为重视，尤其是政府投资项目的审计工作，但是改革开放以前，政府投资项目的规模相对较小，数量也不多，国家一直未设立专门的政府审计机构。当时建设项目的监督和审计任务就交给国家财政和国有银行的相关部门，在这种形式下，无法形成一套完整的审计体系。随着改革开放政策方针的确定和实施，经济建设迅速发展，固定资产投资不断增多，政府投资项目的规模不断增大，数量不断增多，基础建设迅猛发展，急切要求成立一个完善的审计系统。审计署的成立和《审计法》的颁布，意味着审计系统的初步建立，我国的国家审计步入了一个崭新的阶段。审计在法律政策的支撑下，运行的机制和环境有了长远的发展，审计在建设程序合理化、控制建设成本、规范资金管理、规避建设风险等方面有了更加有力的法律支持。

但是，审计环境的改善，并没有使得我国的政府项目审计得到实质性的转变，审计重点依然放在概预算执行情况审计、竣工结算审计。在这种事后审计后评价的模式下，建设项目工程造价审计中发现一些普遍存在的问题，如送审结算资料不完整，现场变更签证文字表述不清或虚假，工程量计算误差多，高报材料价格，送审工程造价水分比较大、高估冒算，审减率过高，建设单位、施工单位、监理单位组成利益共同体牟取非法利益，这些现象充分说明目前政府投资项目造价方面存在较多不规范和人为因素，这些问题的产生大多是由于政府投资项目工程造价审计主体与客体之间的信息不对称性造成的，因而加强建设项目工程造价审计，保证项目造价的正确性、合法性显得愈加重要。

近些年来，审计机关也在摸索新的审计方式。在国内，跟踪审计理念的引进时间还较短，审计机关对国家项目进行跟踪审计是在边摸索边操作边实践的状况下进行的，并总结和归纳各种经验，不断完善跟踪审计理论体系框架。我国工程建设及审计领域内的专家和行业人员对审计模式的改革和创新进行了不断的研究。《关于建设项目实施跟踪审计的探讨》一文指出，利用踏勘等技术和方法获取第一手真实数据和资料，对于有实质性价值的现场资料等予以审计确认后，实时给出审计意见，在正常情况下，最后竣工后工程结算审计中审减额会很小，接近于零。《国家建设项目跟踪审计的组织与实施》一文对组织实施跟踪审计给出了实用建议，并指出在实践中需要注意的几个问题：提高审计人员的综合素质、稳定跟踪审计队伍、健全建设单位内部审计、严禁审计人员知法犯法。《绩效审计视野下的政府投资项目全过程跟踪审计》一文，建议将跟踪审计列入年度计划，加速审计专业人才培训，完善责任追究制度、创新评价方式，增加决策过程的透明度，引入公众参与的决策机制，探索政府投资项目质量管理有效机制和成本效益评价机制，加强绩效审计立法，借鉴西方先进绩效审计理念。并提出责任政府的建成，对于当前形势下展开建设项目的绩效审计和跟踪审计将创造更有利的条件。《建设工程项目全过程跟踪审计系统模型的建立与研究》一文，以建设工程投资控制理论为基础，以工程计价方法为工具，以全周期造价控制为对象，以事前预防和事中防控为关注点，建立了造价控制的理论模型、可行条件、工作流程、评价方式。彭红涛等在《建设项目工程造价跟踪审计运行模式研究》中，从多次计价过程分析发现，跟踪审计对工程的造价控制和提高资金利用效率更加有利。黄治高在《工程量清单计价模式下工程造价全过程审计研究》一文中，指出应加强对审计信息的审查，应特别重视工程量的审核，有必要对清单量重新计算全部复核，这样可以减少腐败现象的产生，更好地保障项目的施工建设。李蔚在《国家审计视角的政府投资项目跟踪审计》一文中，提出了一系列跟踪审计的措施，如重视人才培养、完善审计操作准则、改变审计费用支付方式。程书萍、葛秋东等在《跟踪审计模式下大型工程合谋博弈分析》一文中，通过定性分析和定量条件计算相结合解释了当前大型工程建设中参与方合谋难题。在跟踪审计模式下，审计机构能够深入现场，及时获取审计信息和审计证据，降低了大型工程建设委托代理形成的信息不对称程度，切实保证了监理的独立性。《建设项目跟踪审计路径选择》一文，剖析了审计方式选取的背景后，指出跟踪审计模式是建设项目审计未来发展的主流趋势。《浅析建设工程项目全程跟踪审计》一文，对跟踪审计方式的事前预防、事中协调、事后评价的审计控制进行了分析，力求通过跟踪审计监控建设过程。

在国外，尤其是美、英国等西方发达国家采用一系列科学管理的先进方法，使建设工程审计监督控制得到迅速发展并取得一定成果。在 20 世纪 90 年代国外已出现跟踪审计（Foollow-up Audit）。在跟踪审计的发展阶段，Newmark、Henr R 将建设项目生命周期分为项目的定义阶段、规划阶段、实施阶段和竣工阶段等四个基本阶段。KatsushigeOnodera 论证了可以运用于项目的整个生命周期的实效模式和效果分析方法，即在初步设计、开发、生产、建设和使用等阶段运用。Hecht 指出，审计建议可操作性需要特别注意，审计问题的整改要加强事后调查。Alexia A、Nalewalk 认为政府投资建设项目的审计不仅要审核建设项目费用的准确性，还要与优秀的工程作相比。Jergeas 通过对大型工业建筑施工效率问题进行分析，提出了成本造价跟踪系统等一套工程效益审计和测算的方法。Cashell 指出建设项目合同审计有利于建设单位获得即时收益，同时探讨了合同条款的制定和审查对工程造价的重要性。Hsiao-Chi Chen and Shi-Miin Liu 通过建立模型，分析了三个没有保证的处罚制度，研究了任意阶段跟踪审计的动态激励合同。韩国政府审计机构从审查设计文件的合理性入手，重点审查建设项目的经济适用性、配套设施的完整性、工程款支付的合规性等。

第一节　概述

一、信息不对称理论及博弈论概述

（一）信息不对称概念及分类

1. 信息不对称概念。从信息论来讲，信息不对称所导致的投机主义行为是导致信用风险的主要原因。所谓信息不对称，是指市场交易中参与交易双方所掌握的信息不对等，其中掌握较多信息的一方处于信息的优势地位，从而采取欺骗隐瞒等投机行为。信息不对称理论的发展已经取得了很大的成就，学术界广大专家学者分析研究了各种领域的信息不对称现象，并将理论运用到实践中去，在各个领域中获得广泛认可和发展。信息不对称理论两次取得诺贝尔经济学奖，使得该理论取得了奠基性的发展阶段。

2. 信息不对称分类。信息的不对称可以从不同角度进行分类：从发生的时间看，可以将信息不对称划分为事前不对称和事后不对称；从不对称的内容看，将信息不对称划分为行为人的行动不对称和知识不对称，相对应的研究模型称为隐藏行动模型和隐藏知识模型。

（二）信息不对称在工程承发包中的表现分析

国内外各种工程承发包方式及建筑市场上各实体信息关系纷繁复杂，建筑产品交易行为的主体是发包方和承包商。由于政府在宏观调控中发挥作用的强化，政府能够采用信用信息公开的方式，利用相关信息调控承发包之间的关系和行为，减小建设活动中政府、发包方、承包商、监理等单位的不对称现象。建筑市场各主体相互拥有不同的信息，由于信息不对称能够产生投机利益，进而导致整个市场的信用缺失，使得建筑市场在多重关系运行中充满了未知的风险与选择的不确定性。

（三）建设工程市场信息不对称引发的风险分析

1. 信用风险的表现形式。在建设市场中，承发包双方所拥有的资源和掌握的信息往往是不同的，双方对自身的软条件信息（如技术条件，专业知识、管理水平等）和硬条件信息（如资金配置、合同条件、财务状况、人员装备等）有较好的认识，但是对对方这些方面的信息很难掌握，信息不对称产生在承发包双方形成合同关系前后，这就形成了建筑市场逆向选择和道德风险。

（1）逆向选择。逆向选择，表现为交易双方在未实现交易前的对主体的选择。建设市场中存在的逆向选择在几个阶段都有所表现。在招投标过程中，投标方有可能存在违约行为，但招标方可能并不知情，招标方有可能建设资金不到位，投标方可能不了解，再加上信用机制不完善，很可能导致一些拥有先进技术和较高管理水平的企业在招投标中处于价格劣势，竞争不过其他劣质的企业，招标方有可能选择劣质企业，使得工程质量难以得到保证。

（2）道德风险。道德风险在表现方式上有所不同。隐藏知识的道德风险主要表现为信息披露的不完全，交易双方为了自身利益，不去揭示或不完全揭示不利于自己的信息。比如，由于投资行为涉及商业机密，投资者可能发布的信息不完全或者造假。发包方在隐瞒某些对承包方不利的施工因素，而承包商在工程实施过程中也有可能隐瞒某些工程事故和质量问题，监理工程师为了谋取利益与承包商相互勾结，故意隐瞒工程质量问题和不可见的检测缺陷。隐藏行动的风险主要是指违背道德采取的行动，比如投标行为中不平衡报价；在建设过程中采取以次充好、偷工减料等手段完成任务，故意采取拖延和技术手段履约不力，迫使投资者调整工程投资；在接受监理单位的监督时，采取行贿、寻租和隐瞒等方式获得监理单位的帮助；监理单位为了获得项目监理合同或者不正当利益，有意迎合投资方和发包方的要求，置监理职责和法律法规于不顾，在资料不齐全的情况下仍签字审批，向发包方和主管部门上报虚假信息，违规推动项目的进展。

2. 信用风险导致的后果。信用风险所产生的危害不但影响建筑市场的稳步发展，对国民经济的正常运行也会产生严重的破坏作用。政府代表公众权力的利益，行使建筑市场监管和调控职能，其信用风险会导致工程建设领域腐败案件的产生，影响工程建设按正常程序进行。发包方信用风险导致的后果是不能按时支付工程款、工程停工和经济纠纷。承包方信用风险导致的后果是工程质量难以保证，工程不能按期完成，多报和虚报工程款。监理单位等服务机构违规办事、收费标准不一，出具虚假证明，不认真履行服务义务，违背职业道德等行为，使建筑市场更加混乱。近几年，每年全社会固定资产投资在 5 万亿元左右且不断增长，固定资产投资膨胀，经济过热，其中就有信用风险带来的泡沫成分，是诱发金融危机的原因之一。

（四）博弈论概述

1. 博弈论含义。博弈论，是研究主体相互作用的行为选择以及这种行动组合的均衡问题的方法论，包括两方面的内容：第一，决策主体所采取的策略是相互制约的，一方采取某种策略，会影响到另一方的抉择，反过来，选择某个策略时，还要考虑前者所采取的策略的影响；第二，博弈双方所采取的策略集构成了一个战略组合，存在一个帕累托最优的均衡解，成为参与人的最优战略组合。

2. 博弈分类。博弈可以从多个角度进行划分[14]。

（1）按照行动的先后。静态博弈是指在博弈开始时参与人同时选择行动策略，或者后行动者无法得知先行动者所作出的行动策略。动态博弈是指在博弈开始时参与人的行动有先后之分，先下行动者作出选择之后，后行动者能够得知或观察到先行动者所选择的策略。

（2）按照参与人持有信息量。完全信息博弈是指在博弈过程中，局中人对其他参与人的策略空间、收益函数及相关特征能够获取准确的信息。不完全信息博弈是指在博弈过程中，局中人对其他参与人的策略空间、收益函数及相关特征不能获取准确的信息。

（3）按照假定条件的不同。合作博弈与非合作博弈的不同主要在博弈规则制定时，局中人是否可以达成一个产生约束力的协议，如果能就是合作博弈，如果不能就是非合作博弈。大多数情况下谈到的博弈，一般指的是非合作博弈，即局中人在给定的前提假设条件下追求个人自身的利益最大化，最后达到均衡。

3. 博弈论研究现状。“田忌赛马”的故事是众所周知的典型博弈行为，这虽然只是一个简单的策略组合问题，但足以证明我国的博弈研究可以追溯到古代战国时期。约翰·纳什、瑞思哈德·泽尔藤和约翰·海萨尼三位博弈论方面的专家在非合作博弈领域所作出的杰出贡献，使得其获得诺贝尔经济学奖。这使得博弈论的研究和应用得到空前的关注，直到这时，我国的学者专家才意识到对博弈论研究的重要性，博弈论开始在我国传播发展。北京大学张维迎教授从中国的具体实际出发，将博弈论引入到中国的发展实践中，其他学者也开始纷纷探索，取得了较大成就。将博弈论与当代经济和企业经营管理相结合，很好地诠释了企业经营管理和社会经济中的一些经济行为；将博弈论与地区经济合作、城市规划相结合，解决了城市经济发展和地区经济发展中的问题。在建设领域，尤其是在招投标及合同条款的设计中，博弈论都得到了较好的应用和发展。这些事实表明，博弈论正在发挥作用的同时不断丰富和完善。

二、政府投资项目工程造价审计概述

（一）工程造价审计的概念及内容

从市场交易的角度讲，工程造价是指将建设工程项目作为商品，通过招投标、承发包等多种交易方式，在不同阶段进行多次计价，最终由市场形成的交易价格。建设工程项目因其特殊性，其建设程序应分阶段进行，各方主体分别计价，在不同阶段多次计价，并随建设工程项目进展情况逐步形成和细化。建设项目工程造价审计是指审计机构依据国家法律、法规、方针、政策、审计准则和办法，运用多种审计方法，对工程建设中的技术经济活动进行审计监督，对固定资产形成过程中的工程造价等全部投资进行审核和评价，以维护国家和工程建设其他各方的合法权益，保证建设项目全部成本的真实性、准确性及合规性、合法性，促进建设资金高效使用，促进工程管理水平的提高和廉政建设。

（二）政府投资项目的含义、特点及作用

1. 政府投资项目的概念。政府投资项目的概念是在实践中形成的，通常理解成其字面意思，并没有形成专门的理论定义，法律对此也没有严格的界定。政府职能部门和一些学者在实践中，将政府投资项目总结为：为了实现公众利益，促进国民经济发展，全部或部分利用财政资金的固定资产投资项目。从狭义上来讲，是指政府投入到建设工程中的固定资产的投资；从广义上来讲，是指政府利用其宏观调控手段，为满足社会再生产及扩大再生产各个环节的需要，而投入财政资金建设的项目。有的学者给出了通俗易懂的定义，政府投资项目是以国有资金投资或者融资为主的基础建设项目或技术更新改造项目。上述几种概念揭示了政府投资项目的主要方面，但缺乏系统性和理论性。本书将政府投资项目概念总结为：以各级政府部门作为投资主体，以实现公众利益目的，以公共设施和基础设施为建设内容，以国有资产投资或者融资方式，建设的具有公有性、公用性、基础性、行政性的项目。

2. 政府投资项目的特点。政府投资项目不同于其他建设项目，在很多方面都有着特定的功能。其既能调节社会供需关系，又能引导公众投资的方向，是调节经济发展速度和结构的重要推动力量。

（1）调整资源配置。对于那些无法由市场机制实现资源优化配置的项目，政府提供参政投资以保证市场的结构平衡发展，如基础设施、公益项目、交通运输、环境保

护等项目。

（2）公益性。政府投资项目追求的是社会效益，侧重于对大型公共设施建设和公益事业的建设，对环境卫生的保护，加快落后地区经济的发展，以及先进技术的发展。

（3）以政府为实施主体。政府投资项目资金来源主要是税收、发行国债或贷款，政府掌握财政资金的管理，对项目投资的数量、结构拥有决策权。

3. 政府投资项目的分类。根据政府投资项目独有的特点，可以分成以下四种：

（1）公益性投资项目。主要是指对科技、文教、环境卫生的投资项目，属于公共性质的产品，这些投资项目所提供公共的产品和服务通常是免费或折扣的，在公共项目建成后的维修及保养费用需要财政资金负担。

（2）基础设施项目。基础设施包括港口、道路、桥梁、交通设施等公共设施，是满足生活和经济长远发展的基础性项目，这些项目往往建设周期长、建设规模大、投资回收慢，这些项目的资金投入直接制约着国民经济的发展。

（3）农业投资项目。农业，是关系国计民生的基础性产业，农产品供需弹性比较弱，依靠市场经济的作用难以获得平均利润，需要政府的力量投入财政资金进行农业建设。

（4）垄断行业投资项目。在电力、供热等公用服务业垄断领域，需要较大的人力、物力、财力集中投入进行运营，具有明显的规模经济效应，这些条件限制造成了这些行业的天然垄断。为解决市场配置产生的效率低下的难题，这些行业通常由政府投资和国有化经营，是政府投资项目主要的生产经营性领域。由于财政资金相对有限，政府可以采用多种方式吸引民间资本，鼓励其参与到基础设施建设、经营性垄断等行业，并通过各种政策，鼓励个人和私有企业介入到科教文卫等公益性项目，缓解财政资金不足的问题。

4. 政府投资项目的作用。政府投资项目是社会总投资的重要内容，是国家进行宏观调控的重要手段，在弥补市场失灵、调节社会投资中具有宏观导向作用。

（1）在公益事业和国家重点扶持行业，政府通过财政补贴、税费抵免、投资贷款贴息等手段，鼓励社会资本的流入，发挥调节投资结构、引导社会投资方向的作用。

（2）在市场经济条件下，政府根据各行各业以及社会经济运行情况，有计划、有节奏、及时对社会投资总量进行宏观调控。

（3）人们的日常生活离不开公共基础设施和文教环境的建设，投资更加需要良好的社会经济环境。这些公共产品大部分无法实现商品化经营，或者商品化程度较低，这些没有经济价值的产品是政府必须承担的责任和义务。政府有条件也有义务，为公民提供这些社会价值高的公共产品，政府投资项目将资金投入到公用设施和社会基础设施，提供了社会投资的经济基础，改善了公民的生活环境，实现政府投资项目的经济职能。

（4）在一些没有利润可得的领域，保证其正常运行，提供必须的物品与服务。

（三）政府投资项目工程造价审计概述

1. 政府投资项目工程造价审计的主客体。

（1）审计主体。政府投资项目审计属于国家审计，主体为国家审计机关。审计机关审计人员既要有造价专业技术知识和丰富的工程建设实践经验，又要有财务经济管理知识和相关的法律知识。

（2）审计客体。审计的客体是建设中的经济活动和经济成果，还包括被审计的延伸对象（项目的建设单位、设计、施工、金融服务机构、监理以及参与建设与管理的所有部门或单位）。

（3）主客体关系。审计主体出具的报告、做出决议具有一定约束力，被审计单位和有关部门应当接受执行。在国家工程项目审计中涉及审计机关、建设单位（被审计单位）、承包商等多个参与方，存在行政关系（审计机关与建设单位）、民事关系（建设单位与施工方）两种法定关系。

2. 政府投资项目工程造价审计的特点。工程造价审计主要针对工程项目建设过程中及竣工后，建设单位与施工单位结算工程款时进行。工程造价审计作为投资审计的一部分，具有强制性、独立性、审查范围的广泛性这些特征。

（1）审计对象众多。由于工程项目涉及面广，不同行业的工程项目投资具有不同的形式，同时项目建设参与者众多，因此工程造价审计涉及面广，工作量大。

（2）审计过程程序性强。由于政府投资项目具有周期长、程序性强的特点，其工程造价审计也应根据建设程序和建设周期分阶段进行。

（3）审计内容复杂。工程造价审计涉及工程项目建设中所有技术经济活动，包括决策、设计、合同签订、项目实施、竣工验收各阶段的工作。

（4）审计职能的特殊性。审计职能不仅要求对建设过程进行审计监督，而且还要求对建设项目的效益进行评价，对项目过程的管理提出有价值的建议，既有行政权利、又有服务的义务。

（5）审计方法灵活多样。建设过程是资金、人员、资源、管理和工艺相互协作的过程。为达到审计目标，审计人员要掌握管理、财务、经济、计量、工程技术的知识，采用现代审计方法进行审计，这是一项庞大的系统工程。

3. 政府投资项目工程造价审计的目的。工程造价审计的目的在于促进投资项目“质量、效率、效益”目标的实现，提高管理水平，规范建设程序，保证建设质量，保证工期进度，节省成本，发挥资金最大潜力。

（1）通过对财务收支情况的审计，审查其合法性，从而判断建设项目所列各项成本的真实性、可靠性，是否存在随意扩大建设规模、挪用专项资金、铺张浪费的情况。

（2）从项目立项开始，审查项目法人的资格条件、立项、勘察设计、施工、验收等各项手续是否齐全、建设程序是否合法。

（3）促使建设单位完善内控制度、工作业务程序、管理协调流程、关键部位控制的职责制度。

（4）审计预警。就是通过事前审计，判断发展趋势，对违规问题进行预警，提出审计建议，监督被审计单位及时弥补缺陷和不足，完善管理制度，纠正违规问题，提高建设质量，防范项目建设风险。

（5）绩效审计。这是审计工作的一项内容，绩效审计又包括效率审计和效益审计。效率审计就是监督建设活动按照计划工期、进度安排、设计标准、图纸要求和功能要求提前竣工使用，尽快发挥生产能力，加快资金流动和回收速度，实现各方的效益最大化；效益审计是指按照一定的标准，以提高建设项目的效果性为目的的经济评价，确保建设活动实现预期的“质量、效率、效益”三目标。

（四）政府投资项目工程造价审计模式

1. 审计模式分类。政府投资项目工程造价审计模式包括传统的结算审计模式和跟踪审计模式。所谓跟踪审计，是指在建设工程实施中对政府投资项目的经济活动进行监督、检查、鉴证和反馈的一种审计模式，在政府投资项目审计时较多采用这种模式。

2. 两种审计模式对比分析。传统审计主要针对项目完工后的结算造价，由于传统审计缺陷的不断突显，跟踪审计模式也得到发展和完善，其要求从项目立项、资金筹集、勘察设计、征地拆迁、合同签订、施工建设、设备采购、竣工验收等整个周期进行审计监督、评价和建议，实现建设整体最大效益。从两种模式的本质和内涵来讲，跟踪审计和传统审计有着很大的不同，主要表现在如下几个方面：

（1）审计目标、内容及其作用方面。传统审计，审计的目标是通过对工程内容的审查，发现工程结算中与工程实际不相符或违背工程实际的内容，并加以修正，审计工程结算的造价文件是否符合国家和地区的法律规范和规章，对规费、建设工程安全文明费用等强制规定费用是否符合国家及当地政府关于政府投资项目审计的办法及相关文件规范，审核结算造价的调整是否与合同及变更签证等资料相一致，审计内容的中心是通过重新计算工程量，查询施工阶段材料价格、定额或清单单价的准确计算，消除虚假成分，使最终的工程价格尽量接近真实造价。但是实际工作中发现，反复变更导致施工细节或工序过程多次变化，变化过程中无法查实，致使争议焦点没有资料可查，只能凭借工程现场参与管理和施工人员的记忆作为依据去结算，人为因素造成的失真失实的工程造价不可避免。

而对于跟踪审计而言，单一的降低工程造价并不是跟踪审计的唯一目标，而是更加注重整体性效果，其目标是实现整个建设项目的效益的绩效审计。跟踪审计方式下的结算审核，要深入到施工一线，审查项目实体形成的相关管理和造价的情况，揭示出问题并分析改正，避免问题进一步恶化致使建设资金的浪费扩大，从而节约资金。除了建设过程中的造价问题，还要监督建设项目的管理情况，对工程管理问题加以分析，提出审计建议，从而敦促项目的管理者规范管理，节约建设资金。所以，对项目建设全过程的跟踪审计所确定的审计结论，往往比传统的竣工后一次性的结算审计更加严谨、合理、风险低，而且可以得到更低的结算价格。跟踪审计模式不仅可以控制工程造价，而且在规范建筑市场秩序、保证施工质量、提高资金利用率、提高投资效益等绩效审计的范畴发挥作用。

（2）审计开始介入的时点。传统的结算审计的方式，在审计之前不关注审计计划之外的项目，项目完工后，被审项目的建设单位将审计所需资料报送到审计单位，项目的审计才开始进行，这时项目已经竣工，建设过程中的质量检验已经完成，隐蔽项目已经覆盖，经过多次设计变更的结构只能看到最终外观效果，经济或技术签证已经无从考证。建设单位所报送的资料是在工程实施各个结算形成的过程性和结果性的文件，包括各个阶段的程序性文件、图纸、招投标资料、合同、形象进度、隐蔽性工程及关键工序的验收，工程预付款、施工中的材料询价、实体变化技术签证、合同价的调整、最终的结算价款等资料。这些资料需要在竣工结算阶段有限的时间内审核完成，审计的时间紧张，而且建设过程当中形成的结果性资料的可靠性很难把握，给审计带来困难。

而对于跟踪审计这种模式，在工程决策立项阶段就可以介入到建设项目，或者在工程实施的某个节点开始介入，并随着工程的进展实时跟进，与工程的管理者和实施者同步获取现场资料。比如，在项目的施工阶段，随着工程进展，对工程项目的分部分项工程完成一部分，审计一部分，在“可见”的条件下进行审计，保证了资料与现场的一致。比如在地基处理时，审计人员实时跟进审计，对地基处理的范围、深度、材料、压实度、平整度等全面把握，不仅保证了工程审计过程中的工程实体可视性，保证了数据的真实性和完整性，而且把结算审计时遇到的问题在跟踪过程中予以解决。

而且，在工程施工过程中，审计能够清楚地掌握施工人员的行为，对施工当中的质量问题、责任问题有初步认定，不仅仅是对施工实体的监督，还是对施工人员和监理人员的监督。时间上从一个点扩大到整个施工期，甚至从工程立项就开始跟踪项目。整个建设项目是一个有机的系统，每一个环节对项目整体效果都会产生作用，审计工作要渗透到工程的每一个环节之中，把整个项目的审计压力和审计难题分散在持续的审计进程中，将复杂的问题逐一化解，还可以细化审计过程。将每个阶段的实施过程的管理效益相关联，从而在整个项目完成后实现项目系统整体效益最大化。

（3）审计的方式方法。传统的审计模式采用的是送达审计的方式，大部分的工作是在审计机关的办公室内完成，审计报送的结果资料，通过审阅施工资料将施工过程在想象中进行还原，进行一次性的审计，对于某些需要而且可以在竣工后现场进行鉴证的内容，才会进入到现场环境进行测量和确认。送达审计方式主要是审查被审计单位送来的书面资料，一般适用于业务往来不多和业务类型较单一的行政事业财政金融单位的财务收支审计，传统的审计必定会导致问题审不深、内容审不透、范围审不全的结果。

而对于跟踪审计来说，主要采用的是现场审计，审计人员亲临到项目施工一线，将审计办公地点转移到项目施工的现场，收集一手资料，快速了解情况，深入调查研究问题，得出阶段性或专项的审计结论，并且针对性地提出审计意见。从审计介入开始，审计工作按照施工过程的先后顺序，对工程项目每个单位工程下的各分部分项工程进行分阶段、分时点、分过程的审计，也就是将形成结算文件的资料随项目的进展而分解消化，打破了结算审计滞后的弊端，跟踪审计以现场审计的方式将建设项目进行分解细化，阶段性进行整合总结，将事前、事中和事后审计相结合和统一把控。就地审计适用于较大造价的项目，跟踪就是参与项目实施的各个阶段，分阶段分程序地进行就地审计，这种模式适应建设项目的特点，符合审计的严谨性和防范风险的作用。比如，对于变更项目，在变更前和变更后，审计人员现场进行变更记录及影像资料，并现场测量，留存数据，即时计算影响造价的相关工程量，并要求建设、施工及监理单位现场签字确认，实现即变即签，审计依据资料单独存档，分清变更中的相关责任，杜绝了签证不及时或扯皮现象，这种审计模式解决了签证滞后、责任划分不清等问题。与此同时，为结算审计做好准备工作，甚至提前完成，提高了审计效率和审计质量。

（4）审计依据方面。在传统结算审计模式下，由于受时间、基础性证据及其他相关条件限制，审计人员对报送的结算资料的真实性、准确性较难作出合理性的判断。对于审计机构来讲，只要结算资料本身不出现问题，资料之间没有矛盾，就只能将技术签证、隐蔽验收资料等本应审查的文件作为审计依据，从而进行审计推理和分析，作出审计决定强制要求审计对象接受审计处理，或者提出审计建议采取非强制性的审计处理方式。这些难以鉴证是否真实的基础性依据，是新的审计模式所应审查的重点。

对于跟踪审计模式，除了条文性和法律性的依据外，审计依据的来源主要是施工现场的第一手资料，对于隐蔽项目在掩盖之前就做好记录以及影像等取证资料，隐蔽完成后，对隐蔽工程验收合格的项目予以计量，对不合格项目及时处理，各方书面确认后存档，这样可以在最终的结算审计时有据可依，避免审计时事实不清引起的争议，为结算审计做好充分准备。跟踪审计模式下，除了现场获取的第一手资料外，还可以同步收集与施工期对应的信息价、市场价和技术指标等更加实用性的资料，与建设参与方沟通确认并签字后作为审计依据，增强了审计的可操作性。

（5）审计环境和地位方面。传统的竣工结算审计模式，施工单位利用自身的优势，报审结算时人为地多报工程量、虚列工程项目，使施工过程模糊化或难以清晰地展现。审计人员在审计时，由于无法还原施工过程，对虚列工程项目审核不仔细或未被发现时，被审计单位自然存在获取超额利润的侥幸心理；若审计人员审查出不符合常理的地方，怀疑其真实性并要求被审计单位进一步提供证据时，往往会与被审计单位发生争论，尤其是施工单位在无法进一步提供证据时，更会与审计单位辩论竭力争取，甚至产生矛盾，致使审计无法继续进行，阻碍审计工作的开展，形成不利的审计环境。

对于跟踪审计模式，审计的过程环境得到进一步改善，审计的细节质量得到进一步提升。审计人员深入到施工项目的各个阶段，对于不合理和模糊的内容，可以将资料和现场进行实时对比，施工单位想要在工程施工和资料形成的阶段采取虚列高报费用的方式来获取不正当的利润是很困难的，一旦施工方采取这种方式，审计人员就会很容易发现并将不合理的费用审减掉，施工单位对这种无法质疑的审减也没有抗辩的理由，并且还会受到警告或者惩罚。从施工单位的心理来说，由于此时还未获得这种超额利润，对于不属于自己的应得利润，也不会感到可惜，肯定会同意审计人员的审减，与审计人员和谐相处。对于建设单位和项目的管理方，审计人员在审计时对于发现的问题可以给出审计建议，协助项目中的参建方利用审计给出的结果提高水平，使得实际环境更加和谐，审计地位得到提高。

（6）审计风险方面。传统的竣工结算审计模式，由于在审计目标、内容及其作用、审计开始介入的时点、审计的方式方法、审计依据、审计环境和地位等方面的约束，尤其是审计依据方面，不得已假定竣工资料的真实性，并在此基础上进行现场取证、咨询、认证以获取更加实用的证据，认定审计内容，得出审计结论，作出审计决定，给出审计建议，最终出具审计报告。审计结论风险的根源在于作为基础性审计依据的竣工资料的可靠性。在证据不能完全把控的条件下，必然给审计单位带来未知的风险。

跟踪审计模式很好地解决了竣工资料可靠性的问题，对于这些基础性的依据，跟踪审计通过在竣工资料形成的不同阶段同步验证，从而消除或降低审计风险。在项目的决策阶段，对于需要决策的问题，先要审查论证论据的充分性，而后将重点放在审批流程的规范性、资金来源的可靠性、政策法规所要求的许可手续的齐全，从源头上预防决策失误所带来的投资失败的巨大风险。在设计阶段，设计方案是否合理直接影响项目的整体造价，设计文件一旦经过审查通过，就不会轻易地变更，对工程造价具有决定性影响。相关统计显示，设计费非常少，而设计方案的合理性对工程费用的增加可能达到70%~80%，优选设计方案，弥补设计缺陷，使用价值工程等理论方法对多种方案进行选择，采用限额设计的理念方法，实现投资的控制。在项目的施工阶段，将审计的精力应放在工程材料质量、安装设备质量检查及价格的合理性，隐蔽工程及变更签证的真实性和数据的可靠性、准确性等方面，从而控制项目实施过程中资料不清楚、不完整的风险。竣工审计阶段，审计应把之前的所有审计资料进行整合、分析，使最终的工程结算价格趋近于真实合理，利用绩效审计的思维方法对整个过程进行综合评价，给出科学合理的审计建议，防范因为片面追求造价的审减，或者其他某一方面的效率，而影响项目整体的综合绩效所带来的风险。

第二节　工程造价构成

目前，我国建设项目结算超预算、预算超概算、概算超估算的现象十分普遍。而“三超”现象的产生，除了会加大企业或者开发商的自有资金的投入，还可能会加大国有资金的投入。建设项目是一个复杂的、不确定性较多、受多方面影响的项目。如果想顺利实现项目的控制目标，首要控制的就是工程造价。而如果项目在进行后评价阶段，工程造价也是最为重要的评价指标之一。因此，建设项目的工程造价控制就显得尤为重要。同时，为了实现我国节约型经济社会的建设，我们应当对建设项目的工程造价要加以有效的控制。如果想控制好建设项目的工程造价，需要针对在建设项目全过程各个不同的阶段可能存在的各种问题的具体分析，同时也应当注重该项目建设中工程造价设计方案的合理计划，以便能够把项目建设中的工程造价控制问题掌控住。

目前在我国，尤其是建设领域，技术与经济脱节的情况十分严重。很多技术人员不会关心工程造价控制，认为那是预算员及财务人员需要考虑的事情，跟技术员无关。

但是在建设项目进行过程中，如果技术人员只关心质量和进度的控制，完全不理造价控制，或者根本不懂得工程技术对工程造价控制的影响，则对工程造价控制十分不利。

质量控制、进度控制和造价控制是建设工程项目管理中的三大目标。而工程造价又是相对更为敏感也直接关系到投资效益实现的工程指标。建设项目较其他项目有其明显的特点，如投资金额大，时序时间长，在项目实施过程中不可预见的因素相对较多，建设单位会不可避免地面临各种各样的问题的影响工程造价。从最初的项目决策到项目建成并投入使用，是一个极为复杂的过程。这一过程涉及大量不同专业不同单位人员的参与，并涉及对一系列既相互独立又相互联系的工作的协调，同时还受到不可预见的因素影响。建设项目的造价控制不仅直接影响是否能够实现项目控制目标，同时也是建设项目后评价重要指标之一。因此，建设项目工程造价控制就显得尤为重要。

美国、日本和英联邦的造价管理体系是国际上比较公认、起步较早、也较为成熟的三大建设项目工程造价管理体系。三大体系的共性就是，体系内均有不依赖其他部门而独立客观存在的机构，即工程造价咨询机构。该机构对于工程造价的控制起到至关重要的作用。对比这三大体系，既有类似之处，也兼有各自特点。英国造价管理体系是将造价控制分为合同签订前与合同签订后两个阶段，即以合同签订为分界线。但在这两大阶段中，也分为若干不同小阶段，在各个阶段中，都有不同的造价控制工作，造价管理人员也都有着详细的工作要做。英国的造价管理体系，是按照项目的投资人性质划分为政府项目和个人项目。政府项目是由政府的相关部门进行管理；对于个人项目，则由投资人自己管理。但为了控制好工程造价，投资人均会委托工程造价咨询机构，对工程造价控制负责。

一、英国造价管理体系

英国造价工程师协会（又称皇家测量师协会）要负责搜集和整理国内外相关建设项目造价相关情况和资料。经过分析后，形成了专业的数据库，并且定期出版国内发行。这样的数据库对行业来说可以被视为专业的行业标准和走向动态分析。造价工程师在项目前期策划决策阶段即参与到项目中，对决策提供造价支持。在设计阶段需要提醒设计师按照投资人确定的投资估算和设计概算进行项目设计。而造价工程师在设计时，就对工程造价进行计算。这样可以及时修正设计偏差。同时，造价工程师在招投标阶段也要对招标文件和合同文件进行编写，尤其对商务条款等进行仔细研究和编制。结算中，也要对各工程结算审核进行把关。因此，造价工程师在工程各阶段对造价控制都起着非常重要的作用。美国造价管理体系与英国类似之处，其也以项目投资者性质进行划分，分为政府项目和个人项目。政府相关部门主要对政府项目进行参与和控制管理，而对于个人项目主要对项目的质量安全和对周围环境影响等进行干预和控制，对于工程造价则不过多干预。

二、美国造价管理体系

美国的造价管理体系起步也相对较早，世界通行的众多控制理论也出自这里。美国造价管理体系具体的特点如下：

（一）投资人自主负责

美国的造价管理体系以投资人身份区分为政府项目和个人项目。投资控制则以投资人主体为主进行控制，也就是说，业主需要对项目的投资造价负责。政府不会干预个人项目的造价控制，投资人需要对项目的造价控制负责。政府对于项目的投资首先要确定投资估算，然后委托设计单位进行施工图设计，但要求也不能超过设计概算。投资人对设计进行认可，如果超过设计概算，投资人有权对设计进行调整，如：缩小建设规模、降低建设标准或者对设计进行修改等。

（二）社会服务功能主管职能

社会服务功能在美国十分普遍和发达，即便政府项目，在建设期，政府也只是行使业主职能。项目的主管职能仍然被社会服务功能所主导。也就是说，在项目工程造价控制中，不同阶段均有不同的造价工程师起着对造价控制的角色。例如，在决策阶段，会有投资顾问，协助业主进行决策前的造价支持工作；在设计阶段，有专门的设计估算师，对设计概算及设计成果进行工程造价的计算，以免投资额的超出；在项目实施阶段，则会有专门的造价咨询机构对工程造价进行控制。

在实施阶段，造价工程师除了对招标文件进行编制外，还要对标底的编制负责，还要进行评标、合同文件的编制、进度款对的支付，变更报价的审核、索赔的处理、合同管理、结算审核等工作。在美国的造价控制体系中，技术被认为是非常容易控制的环节，而造价的控制则是多方面的，需要专业的人员从各个方面和各个环节进行控制。因此，为了达到项目预期的投资效果，其对造价控制非常重视。

（三）建设费用的“软硬兼施”

这里所说的“硬”是指与工程直接费，包括人工费、材料费、机械费、设备租赁费等等。这些费用是设计部门能够掌握的，由造价工程师负责。而所说的“软”是由业主为了完成项目支出的具他相关费用，包括：土地出让金、建设期贷款利息费、管理费、运行准备费等。这些费用具有很多不确定性因素，但对工程造价的投入也有较大的影响。因此，如果想控制好工程造价，除了对工程直接费，对于其他费用也要充分重视。

三、日本造价管理体系

日本造价管理体系较前两个国家相比有相似之处，也有不同之处。相似之处是，项目也是根据投资人的性质不同，可以划分为个人工程与政府公共工程。日本设有专门负责项目建设之部门叫做建设省。建设省在地方设有分支部门，专门负责地方的工程建设事项。日本政府对于公共项目的造价控制非常严格，每个阶段都有对应的计算。而在工程不同阶段例如设计初步阶段也有类似设计概算之类的控制，详细设计阶段也有类似施工图预算的控制。但与前两个国家一样，政府对于个人项目的造价控制并不参与管理。

四、国内研究现状

中国是一个文明古国，在科学技术和文化发展等诸多方面有着光荣历史，这当中也包括工程造价相关内容。据《辑古篡经》的记载，我国最早的用工定额出现在唐朝。当时是用于夯筑城台的用工定额，叫做功；公元 1103 年，更为详细的定额出现了。宋朝李诫所著的《营造法式》，其中阐述了五个概念，分别是功限、料例、释名、工作制度、图样等。而“功限”也就是现在定额中所说的人工消耗量定额，“料例”就是现在定额中所说的材料消耗量。它体现了北宋以前的技术精华，并从造价考虑，对与工料消耗的控制，因此一直被沿用到明清时期。

而新中国的工程造价管理起步较晚，都是随着生产力的逐渐发展而随之发展的。1949 年以后，国民经济刚刚起步，国家基础建设随之有了很大的推进和发展，工程造价管理也有了较大发展，但没有形成完善的体系，对于工程造价的控制和合理分配也缺乏经验和可以借鉴的例子。因此，当时最先是从前苏联引进建设工程概预算制度体系。这对于我国的造价控制发展有了纲领性的支撑，但对日后的发展也有了较大的束缚。前苏联的这套制度，是计划经济时代的产物，政府需要对建设项目的经济造价控制都直接参与管理。制度中明确了各阶段政府所扮演的角色，具体预算编制的原则和方法，审批的内容和办法，以及概预算价格的编制、审批等。

20 世纪 50 年代，才是我国真正整套概预算制度建立和健全的时期。改革开放以来，随着我国经济改革的深入，开放的力度加大，造价管理也越来越正规。随后在 1985 年成立了中国工程建设概预算定额委员会，1990 年成立了中国建设工程造价管理协会，1996 年人事部和建设部已经确认并建立注册造价工程师制度。2003 年又第一次实行了工程量清单规范，使得我国的工程造价越来越与世界接轨，吸取更多的世界先进管理经验。

五、我国建设项目工程造价控制存在的问题

首先，我国建设项目投资的“三超”情况是我国固定资产投资领域中非常普遍的现象。所谓“三超”，就是指工程概算超估算，预算超概算，结算超预算。“三超”现象产生以后，很多建设单位没有引起重视。往往会觉得提升了项目的使用功能和档次，造价上升点也没什么，但是这其中往往容易滋生腐败，也会使国有资金流失。随着国家加大对建设项目审计力度，建设单位也认识到了问题的严重性，也尽量避免三超现象。

其次，我国在实行建设项目管理中，往往还存在错误的观念，那就是重技术，轻造价。很多人都认为，只要安全地把项目建设完成，造价多花点无所谓。但是其实质量、进度和造价三大因素是息息相关的。三者之间互相影响，也互相制约。因此，在造价管理的研究中，也要注重提升技术水平；反之，在提升技术水平的同时，也应该注重节约项目的投资。我国目前建设项目存在的一些问题就是，私人建设项目注重造价，轻质量；而国有项目更注重质量，容易忽视造价控制。其实这两者应该统一来控制。

再次，我国工程造价控制体系形成较晚，缺乏系统性和全过程造价控制理念。而参与工程造价管理人员水平有高有低，文化素质也参差不齐。如果想整体提升水平，比较困难。这样也影响了工程造价控制水平的提高。建设项目工程造价控制的理念从国外传入我国也有较长时间了，但诸多项目没有重视全过程的概念。通常是投资人把精力都放在项目的实施阶段，但不去注重决策阶段。就算施工阶段控制做的再完善，也无法弥补决策失误带来的巨大经济损失。工程估算和设计概算的编制也相对较为粗糙，无法在日后实际施工中形成有效的限额控制。决策阶段的时间不及整个项目生命周期的 1%，但其对工程造价的影响却达到 70% 以上。竣工决算和项目的后评价往往也被建设者所忽视，但其实这个阶段的积累往往会对以后项目实施提供很好的借鉴和经验。另外，在我国建设领域的从业人员素质通常不高，而造价管理人才发展尚属起步阶段，导致了工程造价管理人员素质和专业能力的参差不齐。因此，如果想控制好造价，除了要学习国外先进控制理论，也需要注重从业人员的素质以及专业水平的提高。

我国是发展中国家，国家资源相对缺乏。因此，我国一直提倡建立节约型社会，尤其自 2013 年以来，中央加大对新建和改建“楼堂馆所”的控制以后，投资人越来越谨慎应对固定资产投资。即便政府投资项目，造价的审核也更为严苛。因此，建设项目造价的控制在我国将被越来越重视。

六、建设项目全过程造价控制

（一）建设项目全过程造价控制概念的提出

1991 年，在美国西雅图的 AACE 年会上，会长理查德威斯特尼第一次提出了全面

造价控制的概念。全过程造价管理就是全面造价控制的其中最为重要的环节和方面。因为全过程造价管理就会涉及诸多参与项目建设的多个要素，包括但不限于投资人、开发商和承包人、业主工程师等等。参与建设的多个单位也要有相互的来往关系，例如建设单位、设计院和造价咨询机构、承包商等也要投入全过程造价控制当中。建设工程是受多因素影响的项目，因此，工程造价也受到很多方面影响导致不确定性较强。那么，我们只有对造价进行全过程的管理，才能更好地控制工程造价。理查德威斯特尼提出的这个概念，无疑是工程造价管理领域一个非常创新的思路和概念。众多该领域专家对此进行了研究，并试图对全面造价管理的概念和方式方法进行进一步定义和研究。逐步地形成了现在的定义：全面造价管理就是有效地使用专业知识和专门技术去计划和控制资源、造价、盈利和风险。这个概念提出以后，使得财务人员与造价人员以及施工管理人员包括安全生产管理人员等等都有了联系，让造价管理全过程的同时，也从侧面反映出其他方面的管理。这确实是造价领域的一大创新。中国随后也逐步引入了这个先进概念，也逐步学习全过程造价控制的方法理论并运用到实践当中。应该说，这对于我们国家发展造价管理具有很大的推动作用。

（二）建设项目全过程造价管理的概念

工程造价是指工程从始至终所花费的所有费用的综合，这就包括了项目开始运作就要发生的很多前期费用、勘察现场费用、设计费用（包括扩初概念设计和施工设计）、建安费用、建设管理费、建设期贷款利息和其他建设费用等。这里提到的全过程造价管理的概念，包括了如何确定上述造价内容，以及如何管理和控制好造价。全过程造价管理，首先需要确定一个合理的造价，根据确定的造价目标来控制造价，两者的关系是相辅相成的。这就要求从项目的开始，便进入到造价管理工作中，而不是待项目实施阶段才开始。参与到项目造价管理的人员和机构也直接关系到造价控制的效果，首先要求投资者或者建设单位要对造价控制引起足够的重视，然后需要专门委托有经验的人员和咨询机构全程负责好造价管理工作，同时应引进国际先进的工程造价确定方式和方法，以及先进控制理论，只有这样才能达到造价控制的既定目标。

（三）建设项目各阶段的造价管理

既然说到建设项目的全过程造价管理，就要将建设项目分为几个阶段进行对应的造价管理。根据项目的自然进展阶段，可将全过程造价控制分为：决策阶段造价控制、设计阶段造价控制、招投标合同签订阶段造价控制、项目实施阶段造价控制和竣工结算阶段工程造价控制。每个不同的阶段都有对应的工程造价控制方法，我们也要尽量在每个阶段都能把造价控制在既定目标范围内，这样才可以减少和避免“三超”现象的发生。在以上的各造价控制阶段，占用时间最短的就是决策阶段，但是它对项目造价影响是最为直接和巨大的，资料显示决策阶段对工程造价的影响可达到 30% 以上。设计阶段更要注重设计师对于图纸的设计可能对工程造价的影响。而在漫长的项目实施阶段，对造价影响的比例仅占 5%~25%。因此，我们更应该重视决策阶段和设计阶段的造价管理。

造价控制首先要确定一个目标限额，然后控制工程造价不可以突破限额。在起初设定的投资估算就应该是项目造价的最高上限，任何造价均不应超过此限额。设计概算也是设计的最高上限，工程预算是施工阶段的上限，但应考虑设计变更和现场签证的因素，考虑风险等因素合理确定。实施阶段，应合理对人力、财力和物力做好统筹调配才能获得最好的经济回报。控制工程造价首先要防止投资突破限额；其次要加强建设、施工、设计单位各自阶段的工程造价管理，合理使用人力、物力、财力，取得最佳的经济效益和社会效益。因此做好建设项目工程造全过程控制工作，对保证工程造价控制目标的实现具有更重要的意义。限额设定好以后，就要在实施阶段严格控制，如果发生偏差，就要动态地控制和调整，防止超过投资限额。

（四）建设项目全过程造价控制的特点

回顾本节所介绍的全过程造价管理，应该具备如下特点：首先，应明确项目的三大控制目标是投资控制、质量控制和进度控制，而工程造价管理也是紧紧围绕这三大目标而进行的，是相互影响和制约的；其次，工程造价的控制必须是全过程的，从项目可行性研究开始，一直到项目竣工交付使用并且项目后评价完成为止的工程造价管理，这个周期是完整漫长的；最后，我们要注意到工程造价的控制是动态的，不是静态的。工程从决策到竣工交付使用，本身就是一个动态发展过程，受多方面影响，而造价也是跟随其动态发展的，因此如果想控制好造价必须使用动态的控制方法去控制造价。

（五）建设项目决策阶段工程造价的控制

上一节说过，工程造价的控制是伴随项目全过程并且动态的，因此，作出任何一个决策，都会对造价造成影响。例如，确定一个建设项目的建设标准和档次，直接影响工程造价的投入；一个具体项目的施工工艺和做法，也直接影响工程造价；项目的选址，更加会影响工程造价和经济效益。众多的前期决策和实施过程的决策都会对工程造价产生影响，这就要求工程项目的决策层在决策前要充分考虑可能对造价造成的影响。简单地说，正确的决策是合理确定与控制工程造价的根本前提，所以说，决策阶段的造价控制是最为重要的，要从源头上进行有效合理的管理和控制。这阶段的主要内容是：寻找项目、市场调查和投资评估和项目决策。

由于工程造价是一项贯穿于工程全过程的控制模式，因此其在工程规划决策开始就已经开始实施了。但是在这个过程中，由于各项技术性指标要求较高，因此要注重技术经济相结合，不仅要明确建设标准和建设地点，还要明确部分重要的施工工艺，因为这些都对造价控制存在着较大的影响。一般情况下，建设施工地点、建设标准、施工工艺及设备选用等多个方面的管理控制都需要进行深入严格的规划和确定，避免由于这些因素对于工程项目整体造价带来的不确定影响。决策阶段作为整个工程项目的基础，其决策水平直接关系着整个工程的施工基础和标准，也关系到方法是否科学，合理。在这个阶段，建设项目最为常见的辅助决策依据有可行性研究报告、建设项目投资估算和建设项目财务评价。

（六）可行性研究报告

可行性研究报告对于投资决策是非常重要的一个参考，其主要对项目进行综合系统的分析，供决策者决策时参考。其从项目的客观内容及其配套条件入手研究，并会以技术经济结合的方式对项目进行综合分析，然后对项目最终竣工投入使用后从财务和经济回报角度以及社会环境等的影响进行预测，然后得出结论，是否值得投资或者实施。可行性研究报告本身应具有如下特点：科学性、公正性、严肃性、真实性、可靠性、预见性。但目前很多人为了项目的顺利实施，编制出表面很好看的可行性研究报告，但实际这样会给决策者带来很大影响，可能导致严重误判从而直接影响投资效益。

（七）建设项目投资估算（略）

（八）建设项目财务评价（略）

第三节　工程计价依据

随着我国经济体制改革全面推进，建筑业在改革开放后迎来了快速的发展，在此期间行业产值和规模不断增加，已经发展成为我国国民经济支柱产业之一，在社会经济发展中占有重要地位。建筑业的蓬勃发展不仅吸引了国内各行业资源持续注入，国内各类建筑企业数量持续增加、企业规模不断扩大，同时也吸引了大量国外的建筑企业进入国内建筑市场竞争。在国内市场竞争逐渐激烈的情况下，部分有能力的建筑企业开始逐渐走向国际市场，承担国外建筑工程项目，为了保持建筑业的可持续发展，我国在建筑业“十三五”规划中指出，企业应在下一个五年中做好转型定位的规划，向多元化和专业化发展，扩大企业在激烈市场竞争下的生存空间。在国内建筑业市场快速发展，逐步与国际接轨的过程中，企业发展的需求、市场竞争的程度、管理和技术的进步等因素都在不断刺激着我国建筑行业，尤其是建筑市场从资源配置效率低的计划性向资源配置高效率的市场性转变。这种转变推动着建筑行业生产效率不断提升，集中体现在建筑产品市场价格的激烈竞争中。

不论是在国内还是国际建筑市场竞争，建筑产品价格是建筑企业争取市场份额、拓展业务范围的关键因素，也是企业技术和管理水平的体现。工程计价模式作为我国建设工程价格确定的最主要方法，从新中国成立初期到现在不断调整和适应我国经济体制与建筑市场变化。随着社会主义市场经济的不断深化以及工程造价管理市场化改革的逐步推进，清单计价模式正在渐渐取代计划经济体制下适用的定额计价模式，成为我国建设工程最主要的价格形成方式。住建部于 2014 年发布的《关于推进建筑业发展和改革的若干意见》（建标〔2014〕92 号文）和《关于进一步推进工程造价管理改革的指导意见》（建标〔2014〕142 号文）明确了建筑业和工程造价管理要紧跟国家改革方向，不断优化工程计价模式和市场交易方式，并在文件中提出了“到 2020 年，健全市场决定工程造价机制，与市场经济相适应的工程造价管理制度基本定型并完善”的改革目标，这表明了我国目前的工程计价模式需要根据建筑业的发展进一步完善和优化。因此，本节将深入分析现阶段我国工程计价模式的现状和问题，为工程计价模式更好地适应我国社会主义市场经济体制提出建议，进一步提高我国建筑业资源配置效率。

一、国内外研究现状

（一）国内研究现状

随着我国社会主义市场经济制度的建立，建筑业开始逐步推向市场化改革，目的是实现建筑业资源的合理配置。工程价格作为影响建筑市场机制运转的主要因素，成为政府、业内人员、专家学者和社会各界关注的重点。对市场经济下工程价格形成的研究在清单计价模式推广之前就已经开始，随着工程量清单计价模式的确定实施，关于计价模式和工程价格形成开始逐渐丰富，以下整理了关于市场经济下工程价格形成方式和现有计价模式价格实践情况的研究。

1. 市场经济下工程价格形成方式的研究。市场经济下工程价格形成方式的研究始于我国社会主义市场经济建立后，在我国计划经济体制下的工程计价模式的基础上，通过研究市场经济下工程价格形成本质、政府与市场在价格形成中的作用以及市场经济下工程价格形成所需环境与条件等方面，通过国外市场经济理论和经验的分析和借鉴，结合我国现状提出市场经济下工程价格形成方式的相关建议和方法。关于市场经济下工程价格形成本质，王长酉认为在社会主义市场经济体制下，建筑产品与其他工业品相同具有商品性质，其价值是物化在建筑产品中社会必要劳动时间。武震结合我国社会主义市场经济与建筑业的特点，提出了市场经济下建筑业资源配置方式的五类原则：市场中心化、互利性等价交换、资源主体的自主性、反垄断的自由竞争和崇尚优势的优胜劣汰原则。陈光研究了建筑产品价格的三种特点，并分别分析了经济因素、供需关系、政策因素、自身因素对建筑产品价格的影响。张洪波通过研究英国工程计价模式、美国工程计价模式，总结了市场较成熟国家的计价模式具有符合市场计价需要、价格形成事前控制、内容详细明确、配套体系完整、灵活广泛适用等特点。关于市场经济下政府对价格干预程度方面，刘国通过研究不同经济体制下的商品价格定价权和价格管理方式，指出了在社会主义市场经济下价格形成是由政府宏观调控范围下的有序市场竞争中形成的，实现市场经济下市场形成价格的机制需要改变政府以定价调价为主的管理方式，建立“企业自主定价、市场形成价格、政府宏观管控、社会全面监督”的市场价格体制。梁前明提出了市场形成价格下政府、经济组织、企业及司法机构的合理定位和相互关系，政府对市场进行宏观调控和监督管理，引导咨询机构和行业组织的发展，业主和承包商之间进行自由的工程交易。丁文琦、刘应宗、孟俊娜讨论了社会主义市场经济下政府与市场在工程价格中的管理界限，提出了我国工程造价管理中政府的角色是形成造价信息服务和对市场价格活动的监督检查。关于市场经济下工程价格形成条件，尚梅和周明从建筑工程产品作为商品的角度，分析了我国建筑工程价格形成中违背商品价格运动规律的问题，认为企业定额、建筑市场的准入制度、资质审查制度等是问题根源所在。何红峰与何伯洲分析了我国市场机制下工程价格形成的障碍因素，认为实现建筑产品价格市场化形成，必须先完善我国建设工程招投标管理、合同管理以及担保保险等制度。张毅研究了建筑市场竞争中承包商报价的影响因素，并提出建立工程数据库和造价信息网来提高工程报价准确性。

2. 现有工程计价模式价格实践情况的研究。对现有工程计价模式实践情况的研究主要从工程计价模式自身、价格形成依据及配套措施这三个方面分析我国市场经济下工程价格形成方法的科学性和合理性。关于工程计价模式自身的适应性，高文兴认为清单计价模式应以完全单价形式确定工程造价，将措施费、规费、税金计入分部分项工程费各单项价格中，简化计价程序，直观反映工程造价。孔庆立阐述了我国清单计价模式在招投标阶段和合同签订阶段存在的问题，并分析其原因主要是工程建设市场各方对清单计价模式的重视和理解不足。金浩分析了 2003 年推出的工程量清单计价模式在实践中可能出现的问题和对计价相关各方的影响，并从博弈论的角度提出了清单计价模式下应采用“无标底招标，合理低价中标”的方法来确定清单计价模式下的工程价格。贺超越分析了我国目前工程造价管理实践现状，提出当前工程计价模式的工程量计算存在不合理之处阻碍市场竞争、计价定额编制和发布难以满足市场需求、税率计算方法导致竞争不公平等问题，认为我国工程计价模式市场化改革需要进一步推进。关于工程计价模式下价格形成依据，张凌梅指出多数建设主体自主定价的意识薄弱，过度依赖建设工程造价管理机构发布的材料信息。然而，建设工程造价管理机构发布的材料价格信息由于材料品种不均衡、型号规格不规范、采集渠道有限等问题还不能满足工程交易双方对造价信息的需求。刘崇明认为我国正处于快速发展的过程中，技术更新和管理水平提高速度较快，建筑结构和建筑材料也在不断进步，计价定额的更新速度无法满足我国建筑业发展的需要。丁丛芳认为工程造价编制依赖定额，而建筑市场的价格机制未能发挥作用，导致企业依靠计价定额消耗量的"保障"，既没有为企业技术改造投入资源的动力，也没有组建稳定的高素质施工队伍和设备的需要。郝宽胜分析了英国、美国和日本三个国家的工程计价模式下的价格形成依据，并总结对比我国与国外工程价格形成依据的异同，认为我国在初步建立与市场经济相适应的工程计价依据体系的基础上，在造价信息收集、整理、发布以及数据库建设方面应加快建设步伐，进一步完善工程计价依据体系。关于工程计价模式实践的配套措施，李玉琴认为工程造价相关的法制建设尚不完善，导致清单计价模式在市场形成价格中存在诸多不规范行为，干扰了市场的公平竞争。田瑞琴分析了我国清单计价模式的相关配套措施仍存在漏洞，需要不断对已有配套措施运行情况进行跟踪和完善。马楠对如何有效发挥工程量清单计价模式的作用进行了研究，从计价模式实施的配套环境的角度出发，提出了建立企业定额、加快信息化建设、改善评标办法、建立造价管理机构、加强合同管理、提高人员素质等建议，以保障我国工程计价模式的改革。我国建设工程造价计价模式与我国的经济体制、市场开放程度等息息相关。虽然符合市场经济价格形成方式的清单计价模式自 2003 年开始推行，但清单计价模式在实践过程中依然未能脱离计划经济下价格形成方式的影响，没有充分体现市场经济下价格形成的科学性和合理性，无法通过工程价格正确引导建筑市场资源的配置。

目前我国建筑业正在面临转型升级，市场在工程造价的确定中已由主导性作用逐渐转变为决定性作用。在建筑行业市场化程度进一步推进的背景下，研究适应建筑业转型、市场决定的工程造价确定方式具有重要的意义。而现阶段关于清单计价模式的研究较多地集中于价格形成的实践板块，如招投标和合同阶段的价格管控策略，工程价格形成中的问题等；较少研究适应市场经济下工程价格形成方式的特点。现有的研究多集中在工程价格在市场竞争中的博弈策略研究，大多研究都忽略了计价模式作为价格形成基础是否适应市场经济价格形成规律。而且在多数关于工程计价模式研究中给出的建议多倾向于希望政府通过行政命令干预价格形成，进而规范市场竞争和工程计价，较少讨论市场应在规范和调节建筑交易市场中的作用。综上所述，国内关于工程价格形成的研究重实践研究和政府调控，轻理论研究和市场调节，反映到工程计价模式实践中，表现为政府与市场的管理界限模糊，多数企业在计价过程中机械按照政府规定的模式和方法，而忽略了市场价格规律和企业报价特色。

（二）国外研究现状

不同于我国工程计价模式经历了计划经济时期的定额计价模式逐渐向市场经济的清单计价模式转变的过程，国外工程价格的形成起源于市场经济，计价模式是市场经济下在交易过程中自然形成。因此，国外关于工程价格形成的研究主要集中在招投标过程价格的形成以及工程价格形成影响因素。

1. 招投标阶段工程价格形成。Azman M A， Abdul-Samad Z 通过研究公共项目工程造价估算的准确性，发现影响工程估价准确性因素主要是项目规模、项目特征、投标人数量、项目类型及合同期限等因素，而且作者还提出足够的设计信息、适当的成本计划以及完善的造价数据可以提高工程估价精度，而政府的指令会影响工程估算的准确性，可能造成工程价格估算结果过高。Bee - Lan Oo， Derek S. Drew， Goran Runeson 研究了承包商在市场形成价格中影响投标决策的因素，并分析项目规模、项目类型、工程性质和投标人数量对投标人投标策略的影响，建立了线性模型来帮助承包商识别关键竞争对手，为承包商制定投标策略。

MAS Hiyassat 为了避免最低价中标中低于成本价的不良竞争，通过对报价评审、报价竞争、承包商资质、合同监管、报价管理等方面的综合考虑，通过建立统计承包商前述信息的统计模型，对承包商资质、报价进行综合分析，尽量排除低于成本价的投标报价。Carr P G 研究市场形成工程价格过程中，分析参与工程投标者人数对投标价格影响，通过定量分析公开招标的公共项目竞争程度对投标价格的影响，作者发现通过业主的制约减少投标人数将提高平均投标价格。JL Gordon 分析了清单综合单价在不同合同下的优缺点，并以设计 - 建造合同为例，对比一般综合单价合同和设计 - 建造合同下业主和承包商额外成本的风险承担方式的差异，表明单价合同更适用于业主不改变设计布局的工程价格形成。

2. 承包商工程价格估算。Son（2013）在传统成本估算的基础上提出了基于承包商视角的初期工程综合单价估算模型，该模型充分考虑市场价格的波动，提高工程价格形成的可靠性和准确性。Shrestha P P，Pradhananga N，Mani N 分析了设计 - 招标 -

建造项目下承包商投标价格测算的影响因素，并提出了一类基于工程量清单项目预测未来投标单价的方法，以减少工程师测算价格与实际中标价格之间的差异，提高工程报价的准确性。Al-Hasan M，Ross A，Kirkham R. 通过调查专业建筑承包商形成工程价格的过程，发现其计算工程价格主要使用的方法有工程单价法，同时揭示了近一半的承包商不使用经验数据主要原因包括每个项目特点不同、对经验数据准确性信息不足、以往信息对未来估价的不兼容等。Martin Skitmore，John Wilcock 通过研究小型承包商在一般清单项目中常用价格形成方法，发现多数小型承包商在计算工程量清单价格中，近一半的清单项目是按承包商自有的价格计算方式和价格数据计算，其他清单项目定价仅仅是承包商按经验估算得出的。

Eamon Fitzgerald，Akintola Akintoye 通过定量的方法评估英国建筑工程价格指数预测的准确性，指出建设工程成本信息服务（BCIS）的预测中含有系统误差，并提出了现行校正价格预测的方法。Akintoye A， Fitzgerald E 调查了英国大中小规模承包商公司在工程价格估算过程中对价格准确度的影响因素，调查发现影响工程成本估算准确度并非取决于承包商对劳动力、材料等资源的利用方式，而主要受承包商实践过程中成本数据的积累、价格估算时间、招标文件的完整性和分包商的价格变化等因素影响。

从近年来国外工程计价模式的相关研究可以看出，如英国、美国等发达国家，成熟的市场经济体制下的工程计价模式已经基本完善，私人项目的建筑工程价格的计算和确定完全由市场参与者决定，但国外关于工程计价模式的研究仍致力于进一步提高工程价格形成的准确性和自主性，完善工程计价模式中的价格计算方法和计价依据等。

二、市场经济与工程计价模式研究理论概述

（一）相关概念

1. 工程价格含义。价格是商品、服务及资产在流通过程中交换价值的货币表现，主要由价值规律所支配。马克思主义劳动价值理论指出，价值取决于该商品生产、服务中的社会必要劳动时间，即现有的社会正常生产条件下，以社会平均劳动熟练程度和强度下达成某种具备使用价值的商品、服务所需的劳动时间。建设工程在市场交易中既可以作为一项商品进行价值交换，即建设工程完成的具有一定使用功能的建筑产品；也可以作为一项服务参与交易，即完成工程所需的设计、施工、安装等一系列劳动服务。工程价格可以理解为完成该项工程建设所花费的社会必要劳动时间的价值体现。随着我国经济体制的变化，工程价格在不同时期所代表的含义和内容不同。在我国计划经济时期，建筑业尚未成为具备产品经济特征的物质生产部门，而是依附于基本建设管理。此时的建设工程产品价格形成以国家指令性定价为主，国家作为投资主体，

直接将建设工程作为任务分配给公有制单位的施工企业，以达到以投资效益为主导的造价管理目标。这一阶段的建设工程价格主要体现为根据国家计价定额和费用定额确定的、指令性的工程概预算价格。在意识到商品经济和价值规律对生产力和经济发展的重要性之后，我国经济体制由完全的计划经济开始逐步引入市场作用，这段时期工程价格的确定也由指令性渐渐转变为指导性。建设工程价格开始向商品价格形成规律靠拢，从完全依据国家发布的计价定额和费用定额的传统预算定额计价模式开始向指导性价格确定方式转变，主要体现在“控制量、放开价、引入竞争”的预算定额计价模式改革。该时期的工程价格虽然是计价定额下形成的指导性价格，但是已经参与到建筑市场交易中，部分引入市场经济体制下的竞争机制，具备了一般商品的使用价值和交换价值属性。随着我国社会主义市场经济体制的逐步完善，建设工程价格形成方法开始由定额计价模式向清单计价模式转变，以促进企业自主报价，鼓励市场竞争为目的，进一步赋予建筑工程产品更为完备的商品属性，工程价格也逐步从指令性价格变为受商品经济规律支配和制约的市场交易价格。

结合“价格”这一名词的基本定义和我国经济制度改革进程中各阶段工程价格的具体表现，在社会主义商品经济和市场经济体制下，工程价格可以理解为工程这类特殊商品在市场交易过程中，预计或实际在劳务市场、设备市场、材料市场等消耗的资源，并经过市场经济下商品价值规律约束和支配而形成的建设工程总价。

2. 工程计价模式的含义。模式是作为一类科学操作和科学思维的方法，是为解决特定问题，从生产经验和生活经验通过一定的抽象、简化或升华提炼出的核心知识体系，通过观察和分析不断重复出现的事件进而总结和抽象出的规律。模式的建立需要以实践、矛盾和过程为基础，即建立模式的过程要从实际出发，把握客观原型或现实问题，抓住主要矛盾和本质因素并且关注实践中变化过程，制定相应的操作程序和方法。模式作为理论和实践的中介，是实践经过总结、归纳和升华形成的方法论，不仅可以在实践操作中再现原型客体的某种本质特性，还可以从理论的角度更好地认识和改造原型客体。

从模式的基本定义出发，工程计价模式是解决工程价格形成的一类科学的方法论；该模式是根据工程生产经验和工程造价组成经验总结和提炼出的价格形成方法和规律，包括计量计价指导、费用分类、计价步骤、计价依据等。模式产生的基础是实践、矛盾和过程，工程计价模式也是在工程生产实际和价格形成过程的基础上建立起来的，目的是解决实践中工程价格形成问题，通过关注工程价格形成中的主要影响因素如要素消耗量、价格、工序工艺等，将其简化或抽象成为易于计算的步骤或程序，尽可能精确简便地计算出工程价格。工程价格形成通过工程计价模式的使用，计价人员不仅可以凭借计价模式内的价格形成规律和经验数据简化原本需要实际测量工料和现场观测工程生产的过程，在工程生产开始前较为精确地测算工程的价格，还可以从价格形成的角度在一定程度上优化工程生产过程，提高工程生产效率。工程计价模式并非固定不变，而是随着建筑行业环境、工程生产过程、工程材料等的变化而不断调整，提高计价模式在不同时期、对不同环境的适应性，使之得出的工程价格能够满足实践需要。

3. 市场经济的含义。市场经济是一种由完全自由市场的自由价格机制引导产品和服务的生产及销售的经济体系。市场经济作为资源配置方式之一，其理论上的运作方式是市场通过产品和服务的供给与需求之间复杂的相互作用达到资源在市场中自我组织的效果。由于社会在不断的发展变化，长久以来市场经济及其相关的理论和思想在众多经济学家的研究和讨论中不断被创新和完善，形成了丰富多样的理论和思想流派来解释和预测社会发展中各个时期的经济状态。美国著名经济学家索尔斯坦·凡勃伦认为经济学是“进化论的经济学”，是以进化过程本身为基准，记述经济制度累积变迁序列的理论；经济制度是变化的，经济学主题也在变化且应该变化，只有与变化保持步调一致时才能对其理解。

我国市场经济萌芽于封建社会时期，发展较为缓慢，未形成完整的制度和思想理论体系。新中国成立后，随着全球经济的不断发展，为了进一步解放生产力，我国开始重视市场在资源配置中发挥的作用，逐步引导经济制度由计划经济向市场经济进行过渡，不断深化改革，形成具有中国特色的社会主义市场经济体制。在社会主义市场经济体制下，充分考虑到市场的非均衡性和自由缺陷，合理安排市场和计划作用于经济的方式和界限，将市场和计划结合起来，一方面解决了计划经济僵滞、低效的问题，保留其从宏观上协调经济发展的优势；另一方面弥补了市场配置资源自发性、盲目性和滞后性的缺点，发挥了市场通过价格、竞争和供求机制优化资源配置的优点。

目前，我国正在不断深化市场化改革，社会主义市场经济体制在改革中不断完善，适应当前国家发展和经济发展的需要。建筑业作为我国国民经济支柱产业之一，需要紧跟我国社会主义市场经济体制改革方向，根据目前国家市场化改革进程，探究行业内计划和市场、微观与宏观的关系，通过价格、供求和竞争机制有效、有序地提高资源配置效率。

（二）相关理论基础

1. 资源配置理论。资源配置理论是指社会把有限的资源配置到社会需要的众多领域、部门、产品和生产中去，而且配置得最有效或较有效，进而产生最佳的效益，最大限度地满足社会的需求。其中，资源是指可以受人掌握支配利用的人力、物力、财力和土地等经济资源。

在现代化社会生产中，资源配置一般有两种方式：市场方式和计划方式。计划配置资源方式是按照行政指令，按照事先制定的计划通过指标的分解、调拨由政府来配置资源。计划方式适用于经济发展水平较低、经济结构和产业结构较简单、发展目标较为单纯和集中、建设规模较小的时期，政府通过集中社会资源，保证把资源运用在重点领域发展、平衡总体经济等。但随着社会和经济的发展，经济结构和市场关系更加复杂，计划制定和决策人员由于在信息掌握和认知能力上的局限性以及环境和利益相关等原因，计划配置就难免产生不均衡、僵化和滞后等问题，限制了经济活力和资源配置效率。市场配置资源的方式一般是遵从价值规律的引导，使商品价值凭借在市场中表现出的货币价格调节商品的需求量和供应量，进而通过竞争机制的功能来实现资源配置。而在这个过程中，市场通过灵敏的价格信号和持续的竞争压力促进市场的优胜劣汰，调节商品的供求关系。将有限的资源配置到最优环节组合中。然而，市场配置方式也存在不足之处，即市场调节的自发性、事后性和盲目性等特点使其在平衡经济总量，防止经济剧烈波动，合理调整重大经济结构，防止贫富两极化，保护生态环境和自然资源等方面捉襟见肘。两种资源配置方式各有利弊，而面对现在复杂的经济形势和市场变化，仅计划或市场单一资源配置方式已难以满足国家在经济管理中的需求。我国也由单一的计划方式逐渐引入市场方式，建立社会主义市场经济体制，将计划和市场有机结合起来，相辅相成。

2. 工程价格形成理论。工程作为一类商品，其价格形成方式应遵循商品价格制定原则。这里描述的工程价格是指工程作为一种建设工程服务商品而在承发包交易市场的价值体现，而非工程建设完成的建筑产品。

首先，商品价格制定应符合价值规律的要求，即商品价值是生产商品所花费的社会必要劳动，生产经营者应遵循价值规律，在商品交易中根据社会必要劳动时间来确定商品价格。其次，应符合价格构成规律。一般来说，商品价格是由生产成本和利润两大要素构成。生产成本是生产商品过程中使用的原材料、能源、设备折旧以及劳动力费用等，一般按照消耗要素的社会平均成本或行业平均成本考虑。商品利润主要表现为劳动者为社会创造价值对应的货币值。商品价格形成中生产经营者要结合当时市场要素价格和技术管理水平等因素综合考虑。最后，商品价格需要结合市场上该商品的供求状况、竞争激烈程度和货币价值走势来调整。工程作为商品在市场交易中表现出不同的价格形式。工程价格的形式取决于工程的定价主体、工程交易方式以及当时的价格机制和工程建设管理体制等因素。

三、我国工程计价模式实践现状

（一）我国工程计价模式发展历程

我国社会主义市场经济制度确立以来，建筑业发展迅速，工程计价作为建筑工程生产必不可少的环节，也在不断适应市场和企业的需求快速成长。随着我国市场化程度逐步推进，工程计价经历了几次重大的变革，对我国建筑业和建筑工程交易市场产生了巨大的影响。

1. 计划经济下的工程计价模式。建国初期到改革开放以前，我国处于传统计划经济时代，为了完成国内各地区和行业的恢复重建需求，国家主管部门对国内的建设工程进行统一规划，工程作为一项生产任务而非产品，由国家按计划决策，并没有真正参与市场交易。计划经济时期的计价模式工程价格形成过程中，国家对市场和价格占有完全主导的地位。政府通过统一发布指令性的计价定额来控制全国各地建筑工程价格，市场上的主要资源均由政府管理分配，此时的计价模式与其说是一种工程价格形成方式，不如说是政府管理建筑业和工程资金计划的手段之一。虽然预算加签证的定额计价模式价格形成方式下几乎完全限制了市场机制的作用，但是对当时市场价格较为稳定、建设目标基本按计划的行业背景下，定额计价模式能够较好地满足政府管理的需要。

2. 社会主义市场经济确立初期的工程计价模式。改革开放之后，我国逐步增加市场在经济发展中的作用，先后提出了“计划经济为主、市场经济为辅”“有计划的商品经济”“计划经济与市场经济相结合”以及“社会主义市场经济”的发展方式。随着经济体制逐渐改进，我国建筑业相对于国家计划下的行业成为独立物质生产部门，迎来了快速的发展。建筑业的活跃大大提升了行业整体生产力和建设需求，而计划经济下预算加签证的计价模式已不能有效地控制建设成本和配置市场资源，难以满足行业复杂多样的价格管理需求，工程计价模式也逐步开始了市场化改革的进程。1992 年，党的十四大报告提出“建设有中国特色的社会主义市场经济，转换建筑企业经营机制，使建筑企业成为以市场导向的资源配置主体”的发展方向，我国建筑工程价格形成由政府决策逐渐向由市场和企业决策转变，将政府宏观管理和市场微观调节相结合。这个时期的计价模式以“控制量、指导价、竞争费”为主要方向进行市场化改革，政府仍然对建筑工程计价定额中的消耗量进行统一管理，但各地区可以根据当地实际情况编制计价定额。政府及工程造价相关管理部门会定期发布每月工程要素市场价格信息，企业按照该价格信息和市场变化可以适度调整要素价格。企业可根据自身技术管理水平竞争工程措施费、间接费和利润，但政府规定缴纳费用和税金不在企业可竞争范围内。这种计价模式虽然允许费用和价格的适度调整，但由于工程要素消耗量的固化使得市场难以真正在分配工程要素资源中起到作用，工程价格仍然难以真实反映企业实际工程消耗。企业使用政府统一发布的定额计价，一方面在消耗量上无法体现出企业的技术管理优势，另一方面企业也缺乏进一步提高自身生产力的动力。

3. 社会主义市场经济体制完善过程中的工程计价模式。随着我国市场经济改革的不断深化，我国建筑市场也向着更为开放和成熟的方向发展，在接受国外优秀建筑企业参与我国工程建设的同时，政府也在不断鼓励有能力的企业探索国际建筑市场。而在这个过程中，定额计价模式显然不能适应国际成熟市场经济环境下的工程价格竞争，为了使我国工程计价模式能够尽快与国际市场接轨，工程量清单计价模式在经过试行之后于 2003 年 7 月正式在全国范围内推广，这标志着我国建筑业开始建立起符合市场经济下价格形成机制的工程计价模式和造价管理体制，同时从定额计价模式下“量价合一”逐渐向清单计价模式下“量价分离”的价格形成方式转变，开始将市场竞争和企业生产水平引入工程价格形成过程，增强了企业报价的自主性和竞争性。但由于我国在市场经济下价格形成和监管方面经验不足，而且建筑业和工程交易市场发展较快，使得工程量清单计价模式在推行过程中遇到了一些问题和障碍。03 版清单计价模式在经过 5 年实践后暴露出了与我国市场经济不适应的问题，结合建筑市场发展和招投标竞争情况，建设部于 2008 年 7 月发布了新一版的《建设工程工程量清单计价规范》，修正和调整了 2003 版清单规范实践中的问题和不足，在工程量清单编制、招标控制价确定、投标报价形成等方面给出了详细的操作指引，同时对于 03 版清单规范中合约板块不足之处，加强了工程合同价款约定、支付、调整、工程索赔以及争议处理等方面的内容。2008 版清单规范的实施为建筑市场提供了一个公平公正的竞争平台，规范了建设工程承发包双方的计价行为。2008 版清单规范经过四年的运行，逐步暴露出一些缺陷，如甲乙双方风险分担不够明确、部分条款界定不清、综合单价调整规则不明确、招标控制价的订立准则滞后、部分条款可操作性不够等问题。为了进一步完善工程量清单规范，促进工程量清单计价模式更好地应用于市场，在对实践不断总结的基础上，住建部、国家质监总局于 2012 年 12 月共同发布了《建设工程工程量清单计价规范》（GB 50500—2013）、《房屋建筑与装饰工程工程量计算规范》（GB 500854—2013）以及《通用安装工程计量规范》（GB 500854—2013）等 9 个计量规范，自 2013 年 7 月 1 日起实施。相比 2008 版清单规范，2013 版清单规范的修订规范了承发包双方在建设过程中的风险分担方式、加强了清单与合同的互动、细化了措施项目费用的计算、优化了清单计价模式下计量计价的可操作性。经过2008版清单规范和2013版清单规范以及期间发布的对工程价格形成调整的各类文件，清单计价模式对我国建筑业及工程交易市场的适应性在不断提高，各项工程价格和费用计算标准、规范都在逐渐完善，同时计价规范也提升了我国工程交易双方的计价能力和合同管理能力，加强了工程交易市场的契约精神，规范了企业的工程计价行为。随着我国市场经济改革的进一步深化，我国建筑业正在面临转型升级，同时市场在工程价格形成中的作用再次被强调，工程价格形成方式越来越多样化。在此背景下，行业和企业对工程计价模式提出了更高的要求，计价模式需要及时跟上我国市场经济改革进程，向着更科学、合理的方向发展。

（二）我国工程计价模式实践现状

我国工程价格形成是以工程计价模式为价格形成基础，根据计价模式中工程量、价、费计算的指引，结合各类价格形成依据如工程消耗量、要素价格、费用指标等而形成的。工程价格市场下形成不仅需要工程价格计算方法和价格形成依据，同时，工程价格管理方式、价格形成的市场环境和相关配套制度是市场经济下工程价格形成的重要支撑和保障。

1. 工程计价模式现状。

（1）清单计价模式是我国工程计价模式市场化改革的重要转折。清单计价模式改变了我国定额计价模式下根据政府发布的计价定额通过“预算加签证”形成工程价格的方式，逐渐将工程价格从政府指导转变为市场和企业自主决定。清单计价模式下工程价格是基于招投标阶段的工程量清单为基础，投标人根据企业实力、市场供求、要素价格等信息进行自主报价，自由竞争。招标人经过对投标报价、技术方案、企业资质的综合评价后确定中标人，双方依据投标价格订立合同，后期依据合同条款进行价款支付和核算。清单计价模式下，工程价格的形成以合同和工程量清单为基础，遵循了市场价格规律，形成了工程前期预算可控、中期支付变更有据、后期结算有条理的全过程精细化管理。

（2）清单计价模式与定额计价模式并存。工程量清单计价模式推行已经近17年，但清单计价模式的应用和价格形成思维还没有完全渗透到我国建筑工程价格形成各个方面，具体表现为以下两个方面。其一，在我国工程计价过程中，清单计价模式与定额计价模式并存。虽然政府在2013版清单规范中明确规定了使用国有资金投资的建设项目承发包必须采用工程量清单计价，并鼓励各类工程项目优先使用工程量清单计价模式报价，然而，目前仍存在部分非国有投资、规模小或特殊要求的工程，出于简化计价过程的目的，仍然在继续使用定额计价模式。其二，虽然清单计价模式在我国实践多年，多数企业都要求达到一定金额或条件的建设工程需要使用清单计价模式进行招投标，但在实际报价和价格审核过程中，企业还在沿用定额计价模式的思路，根据政府发布的预算定额编制投标报价。

（3）清单计价模式存在许多争议。从 2003 版清单规范开始推行以来，经过 2008 版清单规范和 2013 版清单规范对实践期间出现问题的调整和修正，我国清单计价模式在不断适应我国建筑工程交易市场和实际的工程价格形成需求。但我国市场经济改革进程在持续推进，建筑工程交易市场和企业对工程价格需求在不断更新，目前清单计价模式在实践中再次遇到阻碍，如工程计量不准确、工程价格形成中难以体现企业报价特殊、部分清单项目划分不符合生产实际、工程措施费计量不客观、清单计价模式难以充分体现竞争等问题，这些问题从一定程度上阻碍了清单计价模式发挥其鼓励市场合理竞争、完善工程交易市场价格机制、合理配置建筑市场资源的作用。而这些问题和争议的背后可能存在清单计价规范本身的不合理、与清单计价模式配套的造价文件冲突、市场环境尚不完善、计价主体造价管理能力难以适应清单计价模式等原因。

2. 工程计价依据的现状。

（1）计价定额的地位和作用发生了变化。不同于计划经济下定额计价模式，清单计价模式的推广和应用逐渐改变了政府发布的工程定额的地位和作用。清单计价在推广之初，我国建筑市场刚刚形成，对于如何进行自主报价，多数企业仍在积极探索中，尚未完成企业自身造价数据积累，企业还未完全具备自主报价的能力。为了防止工程价格形成的混乱，政府发布的工程定额在初期作为报价的指导性文件，帮助市场和企业确定合理的工程消耗量水平，引导工程价格的正确形成。随着企业对清单计价模式下价格形成方式的适应性逐渐提高，承发包双方在经过一段时间的计价和工程交易中逐渐积累了造价管理经验，建筑市场价格机制和竞争机制初步形成。在市场和企业进一步适应清单计价模式的基础上，住建部和各地区造价管理部门都在各类计价管理文件中明确了政府造价管理部门发布定额的作用和使用范围，并鼓励企业定额参与投标报价，如住建部于 2015 年发布的《建设工程定额管理办法》（建标 [2015]230 号）中明确指出“定额是国有资金投资工程编制投资估算、设计概算和最高投标限价的依据，对其他工程仅供参考”，浙江省政府在 2012 年发布的《浙江省建设工程造价管理办法》（省政府令 296 号）中提到“建设工程造价行政主管部门应当建立指导性计价依据动态管理机制和市场调研机制”，重庆市政府 2016 年发布《重庆市建设工程造价管理规定》（重庆市人民政府令第 307 号）第十条中指出“鼓励企业编制能反映本企业技术及管理水平的企业定额，用于投标报价和成本核算”等。政府造价管理部门发布的工程定额地位和作用的转变可以体现出我国大部分建筑企业的自主报价能力在清单计价模式的实践中不断提高，企业自身的造价数据经验体系和报价方式正在逐步形成，这为我国工程计价模式市场化改革的进一步推进奠定了稳固的基础。

（2）要素价格更贴近市场。在我国互联网和信息化发展的推动下，建筑行业中工程信息的流通和交换也发生了极大的变化。以往纸质版的工程要素价格发行刊物在信息收集、整理和发布方面出现了明显的滞后性，已经不能满足企业在计价过程中实时掌握要素价格信息的需要。各地区政府造价管理部门正在积极改变要素价格信息的发布形式，多数地区建立了网上信息发布平台，以提高信息发布的时效性和准确性。同时，市场上也涌现出各类工程要素信息发布者，部分造价咨询企业、信息服务商等通过高效的数据处理技术，广泛收集和整理行业内各类材料供应商的要素价格，通过购买、咨询等有偿服务的形式为工程价格形成相关参与方提供及时、准确的工程要素价格信息。相较于定额计价模式下的固定要素价格和每月发布的工程要素价格期刊，目前开放共享的网络化工程要素价格获取方式极大地提高了企业在价格形成中与市场价格变动的吻合程度，降低了因价格信息滞后带来的价格风险，使工程价格的形成更贴近市场。

3. 与工程计价模式相关其他方面现状。工程计价模式的市场化改革的改革核心是工程计价模式和计价依据，然而我国市场经济的建立和发展是基于计划经济为背景，计价模式的改革需要带动与工程价格形成相关其他方面的发展和改变，建立以工程计价模式为核心，价格管理、市场环境和配套制度互相支持和协调、完整的市场经济下的工程计价体系。作为工程计价模式实践的重要支持和保障，工程价格管理方式、市场环境和配套制度在计价模式发展过程中也发生了较大的变化。

（1）工程价格管理方式。工程价格管理方式逐渐由政府计划、主导向市场竞争和企业自主方向转变。在计价模式市场化进程中，政府对价格的管理方式从计划经济时期对所有项目的投资管控，逐渐过渡到严格管理政府投资项目造价管理、监督指导私人投资项目价格形成，转变到目前取消私人投资项目的审批、备案制度，工程价格由市场和企业自主决定的方式。而且各地区政府造价管理部门可以根据本地区市场竞争和工程价格形成情况来制定适应本地区发展的工程造价管理方式，大大增加了政府在价格管理方面的灵活性。市场和企业在工程价格形成中的作用不断增强。随着工程计价模式市场化改革的推进，我国工程交易过程中的招投标制度向着市场经济下的商品竞争方式发展，“无标底招标”、“最低价中标法”等招标制度和评标办法强化了市场竞争在工程价格形成中的作用。在市场竞争过程中，企业自主报价的优势逐渐凸显，依靠政府发布的工程定额计算投标价已经无法在激烈的市场竞争中取得价格优势，企业开始注重报价体系的建立，提高自身造价管理水平和技术创新能力，并将其技术管理特点充分体现在投标报价中。

（2）建筑市场环境。建筑市场竞争逐渐激烈。市场经济下工程价格的形成离不开市场竞争，企业在意识到自主报价在竞争中的优势后，开始逐渐摆脱政府发布计价定额的约束，根据自身技术管理水平进行报价。然而，我国市场经济体制改革 20 多年，建筑市场内的竞争机制初步建立，各类企业的竞争还比较混乱，竞争层次还未明显拉开，不同规模、不同专业的施工企业在竞争中还未找到与企业相适应的生存空间，导致目前建筑市场竞争程度激烈，存在竞争混乱的现象，影响工程价格的合理形成。建设工程合同体系与工程计价模式相互支撑。随着我国计价模式的改革，住建部和各地区政府发布了一系列与之相匹配的建设工程合同示范文本及法律文件，以保障我国市场经济下工程价格的确定、计量和支付，维护市场竞争中承发包双方合理权益。建筑行业的不断发展促进了我国建筑市场的进一步开放，随着我国建筑市场与国际建筑市场的接轨，建设工程项目在项目管理、承发包方式等方面不断学习国外先进模式，EPC、DBB 等工程项目承包模式的创新给工程计价模式和工程合同体系带来了新的挑战，需要不断探索和研究适应行业和市场发展的建设工程合同体系，保障各类工程项目价格的合理形成和确定。

工程担保保险制度保障工程价格的形成和支付。为了确保在市场交易中确定的工程价款顺利支付，规范承发包双方的交易行为，合理控制工程风险，建设部于 1999 年在《关于深化建设市场改革的若干意见》中提出要“建立以工程担保和保险制度为主要内容的工程风险管理制度作为我国今后改革政府监督管理建设活动的方式、以经济手段强化工程质量管理的重要措施”，随后政府通过合约条款规定和工程担保合同来强化工程担保保险在实际价格形成中的执行情况。目前工程担保和保险制度已经在我国工程交易和合同签订中普及，配合行业信用体系的建立，为建筑市场价格竞争提供可靠的保障，规范了承发包双方在价格形成和价款支付等方面的行为，维护了建筑市场参与方的合法权益。

四、我国工程计价模式与市场经济的适应性分析

（一）市场经济下工程价格形成特点

建筑市场机制实现资源配置的核心是工程价格机制，工程价格通过对市场变化的灵敏反映来引导建筑业资源配置，合理调节市场结构，激励企业提升自身技术管理水平。分析市场经济下工程价格的属性和形成方式对于研究我国社会主义市场经济下的工程计价模式具有重要的参考价值。

1. 工程价格的属性。价格属性主要包括其社会属性和自然属性，建设工程在建筑市场上作为一种商品，其价格符合一般价格规律，也有其作为建设工程产品的特殊性。建设工程价格是指按照建设工程承包商完成一个建设项目所消耗的资源总量以及平均利润换算成当时市场货币的价格，其在建筑业和建筑市场中具有非常重要的地位，通过分析其属性可以更深入地了解价格与资源之间的关系。

（1）建设工程作为一般商品的价格属性。建筑工程作为参与市场交易的一类商品，符合商品价格的一般属性。从价格的社会属性角度来看，工程价格反映了建筑工程市场承发包双方交易时的交换关系和物质利益关系。工程价格在一定程度上反映了建筑业市场的资源配置情况。在建筑业内，虽然普遍存在建设服务提供方多于建设服务需求方，建筑市场承包商在获得工程过程中竞争激烈，但工程价格仍然可以反映出业主在招标中选择承包商的要求或偏好，即市场内资源的稀缺程度。对于业主来说，“优秀的承包商是市场的一种稀缺资源”这一现状也充分反映在工程价格中，相对于以低价将工程发包给技术水平一般的承包商，业主愿意以更高的价格将工程发包给服务质量好的承包商。工程价格作为一种激励因素，在将资源配置给建筑市场的各类需求过程中，无形中向企业传达市场进入退出时机、是否扩展服务范围、是否需要提升企业技术管理水平等信号，以便调节市场生产力水平和竞争程度，优化市场结构。建筑工程产品价格在工程交易市场中形成，表现了市场中供给和需求相互作用的结果，同时又反过来调节市场内的供给和需求的平衡，形成良性运转的市场机制和价格机制。

（2）建设工程的特殊价格属性。

①工程价格的单件性。与一般工业产品固定设计、批量生产、连续可复制的特点不同，建筑工程几乎每个产品在建筑设计、结构、使用功能、平面布置等方面都不相同，而且其生产地点的自然条件和周边环境的差异也可能造成两个具有相同使用功能和建筑设计的建筑工程产品价格相去甚远。

②工程价格的内涵丰富。一般市场内产品价格主要代表了该产品的使用价值，而建筑市场内建筑工程产品的工程价格代表的是完成该建筑产品的企业综合能力的价值，包括建筑企业的专业技术水平、组织管理能力、企业从业人数、施工机械性能和数量、采购管理能力、企业以往业绩、社会影响力等。

③工程价格的前置性。业主需要在建筑产品生产前确定承包商，建筑工程产品生产过程是在交易后进行的，从而导致了工程交易市场中承发包双方约定的工程价格是生产前对建筑工程产品的预估价，其实际生产成本发生在建设工程完成后，因此前期的工程价格还存在较大的不确定性。

④工程价格的预估性。工程价格的预估性是基于建筑工程交易前根据图纸、招标文件等可以大致计算出工程价格，即工程在实际生产之前价格可预期。建筑工程在施工前期按照设计图纸可以确定建筑产品的基本组成要素消耗量，如指定规格和强度等级的钢筋和混凝土消耗量、砌筑砖墙体积等等，这些实际生产要素消耗基本不会随着企业的不同而产生较大的变动。而且在一段时间内建筑业施工企业的技术管理水平的提升不会造成要素消耗量的巨大改变，同时社会平均劳动生产率水平基本没有大的波动。

⑤工程价格的多次性。工程价格并非一般产品价格在一次交易中确定，而是在建筑工程生产过程中按实、多次确定。建筑工程产品生产过程时间较长，期间由于工程施工环境、业主设计更新、市场要素价格波动、周边社会因素、不可抗力等因素的影响，在实际生产过程中会产生较多变更、索赔等费用。工程完工时的结算费用很可能与工程交易确定时的工程价格相差较多，而这些费用均需要承发包双方在工程施工的各个阶段及时进行确认核算并按时支付。

2. 市场经济下工程价格形成方式。

（1）工程计价模式下价格形成的核心。工程价格计算方式是工程计价模式指引价格形成的基础。建筑工程价格主要是企业根据工程计价模式的指引，按照计价模式下工程计量规则、工程计价规则、费用组成方式、技术规范以及其他工程价格形成的相关文件和制度计算工程量、价、费。因此，从工程计价过程中价格构成方式可以将工程价格计算方式分为工程量的计算方式、工程价格计算方式和工程费用计算方式这三类。工程价格形成依据是企业和市场形成价格的关键因素。工程单价作为组成工程总价的主要内容，在单价形成过程中需要工程价格计算依据的支持，企业根据自身技术管理能力确定完成工程必要的人、材、机消耗量、管理费以及其他费用，再按照市场变化确定要素价格及风险因素，最后根据企业竞争策略确定利润水平。其中工程价格形成消耗量主要是靠工程计价定额确定，价格计算中人工、材料、机械的使用费是根据各类要素价格确定的，而工程价格指标虽未直接参与到工程价格形成中，但在企业价格形成和确定中起着重要的参考和指导作用，因此，本书将工程价格形成依据按照其在价格形成中的作用分为工程计价定额、要素价格信息和工程造价指标。

（2）工程计价模式下价格形成的支撑。工程计价模式正确引导工程价格科学合理地形成，离不开与价格相关的管理方式、配套制度的保障和市场环境的良好发展。工程价格管理方式是市场经济下工程价格形成的必要条件。市场经济下工程价格的形成需要政府、企业和市场的合理分工，政府通过对计价模式的调整、市场的宏观调控和企业的监管等方式来为工程价格形成提供良好的环境和保障。市场各类机制的相互作用最终影响工程交易中价格的确定。而企业作为价格形成主体，其自主报价能力和造价管理水平决定了工程价格能否合理形成。比例分布适当的市场结构给建筑市场中各类企业提供合适的生存空间，良好的市场环境可以为工程计价提供有序的竞争机制，使得企业有能力、有机会按照自身生产水平和发展战略进行合理报价。配套制度通过建立市场竞争中工程价格选择机制，制定价格确定、支付和结算相关条款，关联企业资金、背景、信誉等其他条件，来确保工程计价模式形成的价格能够有效地参与市场竞争，在工程建设中规范工程交易双方的建设和支付行为。工程计价模式下价格的形成是通过计价模式内部的工程价格形成方式、形成依据两者相互配合，以及计价模式外部合理的价格管理方式、完善的配套制度和良好的市场环境保障共同作用下完成的。

3. 市场经济较成熟的国家和地区的工程计价模式特点分析。工程价格形成方式主要受政府价格管理体制的影响，不同国家的管理体制、行政手段、经济制度等各有特点，研究国外市场化程度高的国家的工程计价体系对我国完善市场经济下的计价模式有借鉴意义。通过文献研究和总结，目前国外工程计价较为典型的模式大致是美国为代表的完全由市场自由形成价格的方式，英国为代表的政府间接管理工程价格形成的方式和日本为代表的政府计价依据指导价格形成的方式。三种方式均出自不同的行政背景和经济发展模式下，为研究适应我国社会主义市场经济的工程计价模式提供参考依据和经验。以下主要从工程价格计算方式、计价依据、价格管理方式和配套制度这四个方面来总结国外市场经济下的工程价格形成特点。

从各国家工程价格计算方式和计价依据可以看出，市场化程度最高的美国，政府不统一制定工程计价规则和计价依据，其工程价格计算方法和依据完全从市场中选择，在工程计价依据和价格信息的发布中引入了市场竞争；英国是按照统一的计算规则完成工程量清单后，工料测量师再根据经验和市场信息进行价格测算；日本与我国比较相似，都有统一的计算规则和计价依据，但日本执行严格的“量价分离”，行业协会统一发布计价规范和依据，而工程要素价格信息贴近市场。美国、英国和日本的工程价格形成方式表现出了市场发展不同程度下工程计价模式运行方式，考虑到我国市场经济制度正在发展和完善过程中，在探索与我国市场经济相适应的工程计价模式时，可以借鉴性地参考上述三个国家的工程价格形成方式，分阶段在工程价格形成中引入市场的作用，逐步完善市场在资源配置中起主要作用的工程计价模式。

从工程造价的管理方式上来看，美国政府对市场价格干预程度最低，在完全竞争性市场经济体制下，美国的工程价格形成没有统一的概预算定额和工程量计算规则，业主和承包商可以自主选择市场上由各咨询企业、研究机构等提供的计价依据和价格信息。英国政府对市场形成工程价格没有直接的干预形式，主要通过工料测量师协会进行间接管理，行业内部有统一的工程量计算规则。日本是政府导向型的市场经济体制，政府仅从宏观层面利用经济、法律、规划等手段引导企业工程建设项目投资。从政府和非政府投资项目的分类管理来看，三个国家对非政府投资项目干预较少，比较重视政府投资项目的监管，形成了全过程、多阶段的价格管理手段和健全的监管机制。政府对于不同投资来源的工程价格管理界限明确，不仅可以充分发挥建筑工程交易市场的价格机制和竞争机制，提高市场配置资源的效率，而且也能使政府自身从微观层面的价格管理事务中抽离，更好地履行其宏观管理职能，起到引导和监督市场的作用。

从配套制度来看，在建设工程合同体系上，上述三个国家都有较完善的工程合同示范文本体系，各类合同体系下都根据不同工程类型和专业内容制定了适用于该类型的建设工程项目的价款确定和合同管理的合同范本。在造价信息发布方面，英国、美国和日本经过传统造价信息发布到互联网、大数据造价信息处理的发展过程，形成了以政府、行业协会、企业为发布主体的三个层次的信息发布来源，为企业计算工程价格提供了丰富的工程造价信息。在工程担保和保险体系方面，上述三个国家都形成了各具特色的担保体系，美国作为工程担保的起源，形成了以保险公司和专业担保公司为主体的成熟的工程担保行业；英国则是以银行为担保主体，形成了贯穿工程施工全过程的工程担保体系；日本较为特殊的是其工程担保承担者主要来自于同等或较高资信的大型承包商。我国可以充分借鉴各国在配套措施体制建设方面的经验，丰富我国建设工程合同示范文本体系，建立多元化的造价信息发布来源，在市场中形成符合各类工程和承发包双方的工程担保保险体系。

4. 市场经济下工程价格形成特点。建筑工程作为一类参与市场交易的产品，其价格的形成需要遵循市场供求关系、价值规律、竞争机制。在市场短期内一定的供求关系、竞争环境等因素的作用下，工程价格的形成反映着该时期内建筑市场资源配置的基本情况以及承发包双方的供求关系。工程价格在市场各类因素影响下形成，反过来也作用于市场，通过自主形成的价格竞争，引导着市场的资源配置。通过上述对市场经济下工程价格属性、价格形成方式和市场经济成熟国家的工程计价模式分析，总结出市场经济下工程价格形成有以下主要特点。

（1）以市场为中心。市场作为资源配置的中心，主要通过市场机制下的价格机制、竞争机制和供求机制之间的相互影响、相互作用，共同调节市场资源分配。市场经济下的工程价格机制是调节建筑业资源配置的主要方式之一，工程价格的形成必须遵循市场规律才能发挥其调节市场内部资源的作用。

①供求机制对工程价格的影响。在市场经济下，建筑业市场内供求机制影响着工程价格以建筑工程产品价值为轴心上下波动。在一段时间内，建筑工程产品的需求量主要表现为对建筑市场内施工企业生产能力的需求，是由市场上建设工程投资规模决定的，取决于当时的社会经济发展水平和能力；而建筑市场的总供给量是该时期内进入建筑市场的建筑施工企业数量、专业人员数量、劳务人员数量、建筑材料和建筑机械数量等生产要素总量及企业、人员的总生产能力。建筑市场中要素总量、生产力的变化会引起要素价格、消耗量、相关费用的波动，市场中建设工程投资规模的调整也会影响业主对建筑施工企业生产服务的需求。建筑业发展较快、形式较好的时期，建筑市场内工程投资规模增加，对建筑生产能力的需求增加，建筑施工企业生存条件宽松，相应的费用标准、消耗量、要素价格、利润率等都会上涨，工程价格相对提高；当建筑市场内工程投资规模减少，行业处于下行区时，随着企业生存处境艰难，企业利润率下降，工程相关费用紧缩，行业内劳动力、要素和专业人员贬值或流出，工程价格相应会降低。

②竞争机制对工程价格的影响。竞争机制对工程价格的影响是通过建筑市场竞争程度体现的，主要作用在以下三种关系中：承包方之间的竞争关系、发包方之间的竞争关系和承包方与发包双方之间的竞争关系。承包方的竞争关系对工程价格的影响主要体现在承包方企业自身的技术管理水平在自主报价中的竞争力，具备更优秀技术管理水平的企业通过提供价格低、质量高的工程建设服务而获得工程。而发包方之间的竞争主要体现在对优质承包方的选择上，在建筑工程企业施工生产力水平良莠不齐的市场中，发包方需要用合理的价格选择符合企业要求的承包方完成工程，这样的选择倾向会导致工程价格的适度上涨。承发包双方之间的竞争指的是双方在交易过程中的博弈，双方根据市场供求状况、企业战略和造价管理能力在工程价格形成中进行拉锯，以此抬高或压低工程价格。

（2）企业的自主性。市场经济下，在工程交易中企业必须符合自主形成价格和选择交易的原则。市场经济下工程价格形成强调企业的自主性，其一是为了企业能够从自身利益角度出发在建筑工程市场交易中通过自主报价参与竞争，进而通过工程产品在市场交易中的信息交换实现市场资源配置的作用；其二是从企业的责权利出发，企业需要为自己在市场交易中的价格和竞争行为负责，通过自主选择和支配市场信息、要素等资源，实现企业利益，推动市场的资源流动；其三是将工程价格形成中政府管理与企业责任清晰地剥离，明确企业和市场在工程价格形成中的主导作用，以企业的自主性和市场机制的运作来实现建筑市场内资源的配置。因此，市场经济下的工程价格形成需要企业根据自身的技术管理水平、信息掌握程度和生存战略等因素自主选择、自主报价。

（3）工程价格形成以互利性为基础。市场经济体制下激发市场活力和带动生产力快速发展的主要工具就是市场交易中个体之间的互利等价交换原则，交易中的互利性打破了计划经济下集中无偿分配资源造成的市场缺乏活力、生产效率不高、价格缺乏弹性等市场僵滞的情况。市场经济下，建筑施工企业在生产和交易中以“互利性”原则为基础，不仅能够鼓励企业积极提高自身生产能力来争取更多利益，而且能够促进市场中的企业在竞争和交易中充分尊重对方利益，约束自身竞争行为合理报价，减少恶性竞争和不平等合约，保障市场机制的有序运行，同时还可以优化建筑市场结构，为不同工程需求层次的发包方匹配与之相适应的承包方，提高市场资源配置效率。

（4）政府、市场和企业权责清晰。虽然市场价格机制可以在一定程度上促进社会生产力发展，优化资源配置，但是不可否认的是完全自由市场经济下价格机制存在无法避免且自身无法克服的缺陷。关于如何弥补价格机制自身缺陷，马克思曾指出，政府可以而且应该在克服市场缺陷、纠正市场不足方面发挥极其重要的作用，因此市场经济下的工程价格形成离不开政府管理。市场、政府和企业三方在市场形成价格过程中缺一不可，且必须有清晰的权责界限，否则政府对价格的管理超出一定限度可能会限制市场经济活力和资源配置效率，企业会因权责不明而造成竞争失序、市场混乱，过度依赖市场调节价格和资源配置可能会造成垄断、市场失灵等问题。通过研究分析市场经济较为成熟的国家工程价格形成方式，政府、市场和企业涉及工程价格、市场竞争、工程交易等活动时按照国家实际情况均设定了明确的管理界限，市场发展程度较高的国家政府对建筑市场交易活动和价格形成的干预较少，市场条件不够成熟的国家政府通过相关配套体系和市场管理制度的建设间接规范工程计价和市场竞争行为。因此，市场经济下工程价格形成需要将市场、政府和企业的力量通过恰当的权责分配机制相结合，把握各方适当的管理界限，保障工程价格在市场经济下合理形成。

（二）我国工程计价模式与市场经济的适应性分析

随着我国工程计价模式市场化改革在不断深化，市场对工程价格的影响逐渐在市场竞争和企业自主报价中凸显。虽然工程计价模式市场化改革在市场形成价格方面取得了明显的成效，但是其在实践中也出现了各种问题，表现出了与我国市场经济发展的不适应之处。

同时，建筑业正面临转型升级，建设工程交易市场不断发展，企业对计价的要求也在不断更新，工程计价模式的市场化改革将进一步推进，因此需要分析现行工程计价模式与市场经济下工程价格形成的不适应之处并找出其原因，为后续构建与市场经济相适应的工程计价模式提供改革依据和方向。

1. 工程价格计算方式与市场经济的适应性分析。工程价格计算方式是工程计价模式价格形成的基础，指导企业工程价格计算与形成。本节将从工程计量、工程计价和工程取费这三个方面分析我国工程计价模式的价格计算方式与市场经济的适应性。

（1）工程计量。我国的工程量清单的计算规范属于国家统一制定标准并由地方对部分条款进行补充，主要规定了工程计量中的项目划分、计量方法和计量范围等内容，是工程计量、计价的基本依据。作为工程价格形成基础，工程计量过程应以实际工程生产为原则对整个工程项目进行合理的划分，并考虑到工程价格形成的多次性，制定便于后期变更、支付的计量方法，为工程价格的形成、确定和支付提供公平、准确的价格形成基础。目前我国工程计价模式在计量方面出现了以下不适应市场经济下工程量计算的问题。

①工程量计算规范不统一。随着国内建筑市场的开放统一，工程计算规范作为工程量计算的主要指导文件，应为企业计量和计价提供公平的竞争基础。我国住建部于2013 年发布《建设工程工程量清单价规范》（GB 50500—2013）及《房屋建筑与装饰工程工程量计算规范》（GB 50584—2013）等 9 个本工程量计算规范作为全国建筑市场统一的计量规范。部分地区存在的计算规则造成了市场内在工程计量方法上的不统一，企业在工程量计算时依据不同的规则可能会造成工程量的偏差，外地企业在不了解工程量计算的特殊规则下参与市场竞争，可能会导致工程价格和工程项目划分不符合建设工程产品价格形成规律。现行的清单项目划分体系部分沿用了预算定额的项目划分形式，定额计价模式下的工程项目划分以工程成本形成为目的，按照工程生产过程对工程项目进行拆解，进而计算出每道工序工程量价格；与市场经济相符的工程清单计量表现的是市场交易下完成工程各单元产品数量和价格。而目前清单项目按照建筑、安装、装饰、市政、园林等五个专业大类进行分类计量、计价。而这种专业划分方式导致了部分相同的工作内容在不同专业下重复出现，而且各个专业的计量方式、计量单位也存在差异；同一专业项目按构件、尺寸、部位等划分，导致同类项目被人为拆分成多个名称不同、实质内容相同或类似项目的情况，如现浇混凝土在实际过程中作为独立一项工作，在项目划分中按照构件拆分成不同的分项工程，造成计量的繁琐和增加了后期结算的难度，从而间接导致区域内市场竞争壁垒的出现。导致计量和计价过程与工程生产实际不符，进而造成工程市场价格与实际生产费用的差距，企业实际生产费用不能体现在工程价格形成中，长期下去会导致市场在调节和确定工程价

格中出现偏差，扰乱建筑市场价格机制。

②项目特征描述的计量范围不清晰。目前我国清单计价模式的项目划分部分参考国外清单项目划分设置而部分项目沿用了定额计价模式下的项目划分思路，这导致项目工作界限划分较为复杂。在工程量清单形成中，项目特征是明确各项工程的最主要依据，但实际项目特征描述设置较为简单，特征多为图纸可以直接反映的尺寸、形状等内容，关于分部项目所用材质、品牌、型号、规格等描述较简单，对业主在该项目的特殊要求体现不足。业主的需求不能在工程量清单中实际反映，而在工程施工中业主会向承包商提出不同于项目特征描述的额外要求，造成实际生产与投标报价不一致，不利于承发包双方市场交易契约精神的形成。

（2）工程计价。工程计价作为工程价格形成的核心工作，需要企业根据市场要素价格和竞争情况、基于企业自身技术管理水平和承发包双方的互利基础进行自主报价，是市场在工程价格形成中的集中体现。清单计价模式是我国工程价格市场化改革的重要一步，也是市场形成工程价格的核心。然而由于改革尚未完善、企业自主性不强、市场竞争混乱等原因，在清单计价模式下的工程计价环节出现了违背市场经济形成价格原则的现象，具体表现如下。

①清单计价模式下自主报价的理念仍然受定额组价的干扰。清单计价模式下，企业应根据自身技术管理水平、市场要素价格、工程价格经验和报价策略计算工程价格。多数企业在清单计价过程中仍然在使用政府编制的定额进行组价，根据造价管理部门发布的价格信息形成要素价格，并在部分清单项目单价进行一定的上下浮动，形成企业的最终报价。而造成这一现状的原因，从业主方面来说，为了方便造价控制或价格审核选择采用政府发布的计价定额和造价信息作为价格形成主要依据。从承包商方面来说，一则可以简化计价过程，符合业主招标要求，免去测定和建立企业消耗量的过程；二则政府造价相关部门发布的计价定额代表了社会平均水平，也使承包商有利可图；三则我国长期使用定额计价模式，造价人员在工程计价过程中产生了对计价定额的依赖，部分造价文件仍沿用之前的标准，如2012年发布的《北京市建设工程计价依据——预算定额》中指出“清单综合单价可由一个或几个定额综合单价组成”“分部分项工程和按分部分项计价的措施项目应采用定额综合单价计价”以及“投标人应根据企业定额或参照2012年预算定额进行报价，定额综合单价中应考虑风险费用”。清单综合单价计算表格的价格计算方式干扰了企业的自主报价。除了主观上对计价定额的依赖，清单计价表格在客观上也从一定程度上限制了企业的自主报价，引导企业使用计价定额来进行报价。2013版清单规范要求投标报价文件中要包含分部分项综合单价分析表

是基于定额组价的思路设置的，包括定额项目、价差调整、费率和费用计算等。套取定额时，计价人员不能改变定额消耗量只能改变要素价格，这种方式引导企业使用计价定额，不利于消耗量的竞争，也不利于企业定额的编制，也并非全面市场化竞争的清单计价模式。

②现行清单计价模式面对多种多样的工程价格形成需求的适用性不足。我国清单计价模式主要适用于施工图较为明确、工程各分项内容清晰、由承发包双方签订的单价合同。但随着工程管理模式发展创新，部分工程业主期望采用 EPC、PMC、D-B 等项目管理模式将前期、设计和工程共同发包，有时招标开始时设计尚未完成或仅停留在方案设计阶段，难以按照一般工程招标制度采用清单计价模式进行投标报价。虽然我国仅国有资金投资项目强制使用清单计价模式，但由于缺少关于此类工程发包类型的价格形成和管理方式，大部分企业在实际过程中会有意避免此类项目管理模式，这从一定程度上限制了此类发包模式在我国的应用，约束了我国建筑交易方式的多元化发展。

③清单计价模式在价格形成方式上限制了市场价格自主形成。与国外清单计价模式相比，我国清单计价模式是继计划经济体制下的定额计价模式之后市场化改革的创新产物，在我国市场经济体制还未完善的背景下，政府为了规范建筑市场计价行为，维护竞争秩序，清单计价模式在价格编制和形成中工程分项、计量、价格形成等方面都有比较清晰、单一的规定，避免造成计价过程中的混乱和纠纷。对于工程可能存在的独特性、工程交易双方的特殊需求以及不同的承包商结构等方面，现行清单计价模式无法为业主和承包商在计价中提供更多选择性，从而导致了清单计价模式约束市场形成价格的问题。

（3）工程取费。工程取费这里主要指的是措施费的计算。措施费是指为了完成工程施工，施工单位在工程前期和施工期间所进行的非工程实体项目而产生的费用，包括技术措施费和组织措施费，在措施项目的设置和估算上基于企业不同情况有较大的灵活性和差别性，也是体现企业竞争力、影响企业最终能否获得工程的重要因素之一。现行的清单计价模式下工程取费主要问题在于措施费计取不客观和措施费的列项范围难以满足业主在工程措施中其他需求。

工程措施费计算与实际脱节。清单计价模式下的工程措施费的计取与施工方案、施工组织设计脱节，部分措施项目费计算是以取费基数 × 费率，部分省市还发布了关于措施项目取费的费率标准，如浙江省建设工程造价管理总站发布了《浙江省建设工程施工取费费率》，其中规定了各项措施费的费率范围。这类计算方式使本应根据企业施工技术、管理水平计算的措施费不够客观，不能反映企业真实能力以及竞争费的特点，不利于措施费的计量与检查。

清单计价规范在措施项目的设置上不够全面。我国清单规范中列出的“措施项目一览表”未将工程中可能发生的所有措施考虑，可能带给编制人员措施费需按照规范计取的误导，而忽略了其他可能发生的措施费。另外，由于清单计价模式在措施项目设置时无法预见不同工程、不同业主的具体需求，规范中列出的措施项目也难以全面反映业主需要承包商提供的各类服务。

2. 工程价格形成依据与市场经济的适应性分析。如前述，工程价格形成依据主要包括工程计价定额、要素价格和工程造价指标，三者作为造价信息在编制、发布和使用等方面具有共同的特点，因此下面将从工程价格形成依据不适应市场经济的共性问题上进行分析。

（1）政府发布的工程价格形成依据难以适应市场需求。我国的定额是计划经济时期定额计价模式下的产物，由于其在工程价格形成中便于施工企业计算价格，同时政府通过发布定额来指导工程市场价格。清单计价模式下企业需要根据自身的技术管理水平组建企业定额，但由于目前多数企业暂时没有企业定额，政府发布的定额、造价信息被企业作为计价依据进行组价。为了提高定额对市场经济体制的适应性，政府和建设工程造价管理机构不断对定额进行改良和完善。无论是作为发布者的政府还是使用者的企业均对计价定额的时效性和准确性提出了诸多意见，主要体现在两个方面。一方面，定额虽然在不断改善，但其本质仍然是政府测定的、在正常施工条件、合理组织管理下完成建设工程单位产品的社会平均资源消耗量。其本应是政府管理政府建设工程投资和造价的依据，是带有计划经济色彩的政府管理工具，是引导市场下工程价格形成的参考依据，并不能代表企业个体生产和消耗水平，不能被用来衡量企业报价是否低于企业实际成本。另一方面，政府发布的计价定额作为目前清单计价模式下企业计价依据，其编制和调整节奏无法跟上市场发展。如今建筑市场处于动态变化中，建筑企业施工技术管理发展速度较快，工程要素价格也常常随市场供求产生较大的波动，政府发布的定额更新速度赶不上市场变化速度，定额的消耗量依据不能代表建筑业社会生产的平均水平，限制了价格机制在建筑市场中的调节作用，导致价格机制无法在建筑市场资源配置中发挥主要作用。因此，定额作为计划经济时代的产物，注定无法适应市场和企业多种多样的需求，应回归其作为政府管理投资项目造价工具的本位，同时企业需要认识到企业定额建立的重要性。

（2）工程价格形成依据较为单一。在我国工程计价模式市场化改革的进程中，政府发布的定额和造价信息在工程价格形成中的地位逐渐从“指令性”向“指导性”过渡，政府和造价管理相关部门在努力提高定额和造价信息的动态性和准确性。但在市场变化速度较快的现状下，及时完成对市场各类计价信息的整理和发布这项工作仅凭政府造价管理部门是难以实现的，需要多种定额和造价信息的发布来弥补政府发布定额和造价信息的不足。然而，目前建筑市场中的计价定额和造价信息种类较少，除政府发布的定额和造价信息外，几乎没有其他计价定额和造价信息的来源。

建筑施工企业尚未建立企业定额。清单计价模式下工程价格形成的主要理念是“企业自主报价”，是建筑施工企业根据其技术管理水平、生产能力、以往造价经验等形成的企业定额来编制投标价格。因此，企业定额不仅仅是企业内部成本控制的技术工具，而且还是企业在招投标竞争中优势和竞争力体现，是自主报价的基础。然而，由于我国建筑施工企业普遍缺少自主报价意识，又碍于企业定额的编制成本、编制方法和编制投入等因素，多数企业并没有形成具有自身生产管理特点的企业定额，在投标报价中仍在使用政府发布的定额，进而导致了我国清单计价模式仍无法摆脱定额计价的思路。

建筑市场内计价定额和要素价格来源较少。随着我国工程计价模式市场化改革的不断推进，计价定额和要素价格的发布也开始逐渐向市场化方向转变。虽然我国政府发布的工程计价定额和要素价格在市场价格形成中由“指令性”转变为“指导性”，同时我国住房和城乡建设部标准定额司和建设工程造价管理协会等机构都建立了工程计价信息的相关网站，但从网站内计价定额和造价信息的发布情况来看，计价定额基本是由各地区相关造价管理部门发布，要素价格分为政府发布信息和市场信息，其中市场信息的发布情况并不理想。以中国工程造价管理协会主办的“工程计价信息网”为例，网站内要素价格主要是工程材料价格信息，材料价格信息按照地区分类，网站主要发布不同地区主要城市的要素价格。网站中各地区的市场材料信息价格发布存在差异，且不符合各个省市的工程计价信息实际需求量。其中以网站发布的重庆市市场材料价格信息为例，2014—2016 年期间网站材料价格信息“重庆市”分类栏下共发布 148 条价格信息，材料种类不足 50 种；以材料信息条目最多的“镀锌钢管”为例，去除重复发布的造价信息，两年中网站内发布的镀锌钢管信息条目共 14 条，材料品牌仅 3 类，信息来源主要是广材网、建材在线。从目前计价定额和造价信息发布和使用现状可以看出，我国建筑市场上与造价信息相关的提供和发布来源较为单一，难以满足企业市场询价和自主报价的需求。虽然政府在积极推动造价信息市场化，鼓励建筑施工企业和信息服务机构发布和使用除政府发布来源外的其他计价定额和造价信息，但政府作为计价定额和造价信息发布者权威性地位的改变并非一日之功，施工企业自主报价的意识和其他信息服务机构发布造价信息的意愿也需要一个循序渐进的培养和建立过程。

3. 工程价格管理方式与市场经济的适应性分析。从市场经济下工程价格形成的特点和市场经济发达地区的工程价格管理方式来看，政府、市场和企业在工程计价和市场竞争过程中均有自己负责管理的板块，三者各司其职，共同形成动静集合、从微观到宏观完整的市场机制和监管系统。而目前我国在工程价格形成过程中，政府、市场和企业三者出现了管理交叉和权责划分不合理的情况。

（1）政府对工程计价和建筑市场的微观管理和宏观管理失调。从政府角度来看，政府在管理工程价格形成中对微观市场干预较多。为了规范工程计价行为，维持建筑市场秩序，保证建筑工程生产正常进行，政府对建筑业实行监管的过程中过多地干预了微观层面的工程价格形成和市场竞争，具体表现在以下两点：一是由于政府发布的工程定额和造价信息具有“权威性”，其在工程计价定额和造价信息市场中处于“垄断”地位，多数工程在计价过程中是以政府发布的定额和造价信息为基础进行报价的，导致目前工程价格形成带有政府管理的“影子”；二是政府作为行业和市场的宏观管理者，发布工程计价管理文件部分条款从一定程度上干涉和约束了市场计价和竞争的自主行为。

政府对建筑市场和价格管理过于细化和微观不仅会限制市场和企业作为价格和竞争主导者的责任缺位，造成市场机制不能正常运转，企业缺乏资源支配主体意识，而且会造成政府陷于市场和价格的微观调整中，作为宏观管理和监督者的功能被限制，难以将更多精力放在市场资源调控和管理体系完善中来。

（2）市场未起到在工程价格形成中的中心化优势。从市场的角度分析，市场在计价模式中并未发挥主导作用。市场经济下的工程价格形成应以市场为中心，反映建筑市场内供需情况、行业生产力水平、要素价格波动、竞争激烈程度等等，同时工程价格的变动也调整着市场内供需和竞争情况。

建筑市场在工程价格形成中的影响力不足。在实际价格形成中，政府对价格的监管代替了市场部分自主调节价格的机制。我国建筑市场和工程价格两者之间相互影响、相互调整的关系并没有表现出较强的相关性，工程价格在促进建筑业市场发展方面未显现明显的作用。

市场机制对价格的影响被限制。被替代的市场机制通过政府管理并没有很好地发挥对工程价格管理的作用，政府在市场信息收集和反馈方面相较于市场机制本身有明显的不足。市场机制在发挥作用中是受市场内各类信息的驱动产生的自发性调节，而政府在市场管理中是在收到信息后进行的被动管理，在信息反馈和管理范围上都与市场实际需要存在偏差，而且政府在履行行政管理职能时难以摆脱相关利益的干扰，因此可能存在不合规的管理操作、寻租行为破坏微观市场的秩序。两者相比，政府的管理和调节机制的时效性不强、作用范围不准确、不客观等弊端，使政府对市场的管理常常会陷入管理过度或管理失效的境地，间接地导致了我国建筑市场"管理就被限制"的现状，而真正有效的市场机制无法在价格形成中发挥其作用，造成工程价格的失真和扭曲。

（3）企业作为资源主体的自主性不强。企业在工程价格形成中缺少作为报价主体的意识和责任。市场经济下，企业作为资源主体必须建立清晰的自主意识和对自身计价、竞争活动的责任感，否则会造成企业在市场配置资源过程中对资源利用效率和途径的随意性和模糊性。企业没有完全自主报价也造成了承发包双方按照市场竞争结果签订合同后，承包商在实际建设施工过程中无法按照合约规定的价格和生产能力完成工程，导致承发包双方的纠纷，必然会造成承包方或发包方在资金或工程质量上的损失。

建筑企业在工程价格形成中过于依赖政府发布的计价依据。多数企业尚未形成可以用于报价的企业定额和成本数据，企业报价仍长期依赖政府发布的计价依据，导致企业主体对自身生产能力、技术管理水平、资源消耗的实际情况并不完全了解，以至于企业的报价并未反映企业真实水平，而这种失真的价格进入市场参与竞争，导致竞争过程并非是企业实力的角逐而仅仅是价格的比拼，进而造成价格机制在配置资源中出现了偏差，市场配置资源效率无法提升。

综上所述，政府、市场和企业三者在工程计价中出现了干预过度和干预不足的情况，使本应正常运转的市场机制、政府职能和企业责任产生了缺陷和漏洞，导致了工程计价的混乱、工程价格的失真、市场竞争混乱、资源配置效率低等一系列问题。我国社会主义市场经济制度确立至今将近 28 年，经济体制的改革继续深化，政府、社会和企业在市场经济下的协作方式仍在改革中不断探索，因此，合理的职能分配以及清晰的政府、市场和企业的责任和管理边界是我国社会主义市场经济下工程价格形成的关键。

4. 工程计价模式实践环境与市场经济的适应性分析。与市场经济较成熟的国家的建筑市场环境不同，我国建筑市场在改革开放后迎来了快速的发展，在市场体系还未完全建立的情况下，建筑市场在发展中出现了市场结构不合理、竞争失序等情况，严重影响着工程计价模式的实践。

（1）建筑业市场结构的不合理。根据统计我国建筑施工总承包企业规模分布的基尼系数接近 0.8，远小于其他发达国家建筑业基尼系数，说明我国建筑业市场集中度还相对较低，仍处于原子型市场结构。我国建筑业市场集中度不高，在典型的原子型市场结构下，建筑企业对市场的支配能力不足，市场竞争主要表现为工程价格的低价竞争，缺少技术先进、管理水平高的“支配型”企业将我国建筑市场竞争向生产力和技术管理能力方向引导，改善整个市场竞争氛围，由企业个体的生产优化和创新促进整个行业资源配置效率的提升。同时，我国企业规模层次模糊造成建筑市场竞争过度，进而导致市场中长期存在供大于求的失衡状况，且不同规模和类型的工程需求并没有拉开供方企业竞争的层次，导致各类企业都没有适合自己的生存空间，整体竞争秩序混乱，市场机制对工程价格形成的作用关系被严重干扰。

（2）建筑市场竞争行为不规范。建筑工程市场竞争日益激烈，但由于我国建筑市场结构集中度低，建筑行业下各专业市场竞争分布不均匀，大量企业局限某一专业下分割市场，同质化竞争严重造成部分地区和专业工程的市场竞争向恶性竞争的趋势发展。截至 2015 年年底我国建筑工程全部资质以上的企业数量达到 80911 家，其中特级、一级企业数量占总包整体数量的 6.99%，三级及以下企业数量占整体数量的一半以上。而反观 2015 年全年建筑业全部资质以上的企业总产值，特、一级企业产值占建筑业总产值一半以上。从这些数据可以看出，我国建筑工程交易市场两极分化较为严重，高资质等级企业工程服务范围较广，技术和管理水平允许其在建筑业竞争程度激烈的情况下依然能获得较多的业务，保持企业自身的利润空间；而绝大多数的企业都面临着承揽工程不易的处境。我国建筑业市场结构不合理，导致市场竞争缺乏层次，同质化竞争严重，部分企业为了生存采取低价竞争方式来获取工程，扰乱了建筑市场秩序。建筑市场竞争行为不规范说明了我国建筑业企业在技术管理水平上不具备企业特色，从技术管理水平和专业化创新两种主要竞争优势获得途径上没有特别突出的大型企业，导致建筑市场竞争主要是工程价格的竞争甚至是恶性竞争，而非技术水平和专业化的进步，造成整个建筑业市场产品的过度供给和企业生产能力的严重过剩，资源配置效率不高，技术发展缓慢。

5. 工程计价模式配套制度与市场经济的适应性分析。根据前文对市场经济下工程价格形成方式的各部分内容的分析，工程计价模式配套制度主要是工程合同体系、造价信息体系和工程担保保险制度，以下将从这三个方面对工程计价模式配套制度与市场经济的适应性进行分析。

（1）建设工程合同体系与工程计价模式存在冲突。合同是建设工程交易中承发包双方在工程工期、质量、价格等方面达成一致的重要文件，由双方自主约定，约束双方在建设工程过程中的行为。建筑工程交易市场的承发包模式和交易中的合同类型是按照双方的要求选择和制定的，清单计价模式的推广，我国大多数工程都在使用清单计价模式进行招投标，但目前合同与工程计价模式存在冲突。虽然《清单计价规范》

内条款规定“实行工程量清单计价的工程，宜采用单价合同”，总价合同亦可使用，但《清单计价规范》中的部分条款并不适用于总价合同，如“采用工程量清单方式招标，工程量清单必须作为招标文件的组成部分，其准确性和完整性由招标人负责”，造成清单计价规范与实际承发包之间的合同条款不一致，易产生价款纠纷。目前工程项目开发进度有时较快，业主会根据设计深度、工程规模、工期、技术要求等原因，选择不同的合同类型，但清单计价模式并不能适用于所有的合同类型，可能会产生价款计量支付的纠纷。最后，2013 版清单规范中规定“合同未约定项目以清单规定为准”，虽然制定这项条款的目的是为了在承发包双方出现了合同未约定内容相关的纠纷事件时能够顺利解决，但这与市场经济下的合约精神有所背离，可能使参与工程交易的企业对政府发布的造价管理规章不重视，弱化了承发包双方的合约精神。

（2）造价信息体系还未完全建立。价格形成需要企业基于自身生产管理水平，通过合理判断和预测市场各类要素价格的波动按照计价模式的指引计算而来。建设工程项目作为特殊的商品，在生产期间投入和消耗的资源种类和数量远多于一般商品，因此工程产品价格的形成与一般产品相比，对要素价格信息的收集和预测有更高的要求。而且建设工程造价形成又是一项需要经验积累的工作，需要造价管理人员不断掌握与工程相关的各类造价信息，经过收集、整理和分析指导工程价格更科学合理地形成。因此建筑产品价格形成和造价管理工作都需要准确、动态、多元化的造价信息做支撑。

根据前述对政府造价信息网站中要素价格发布情况可以明显看出，市场在信息服务上无论是服务方式、信息数量、信息种类和信息处理等方面都较为单一。尽管在工程造价市场化改革的过程中也涌现了一批由企业、组织机构等建立的造价信息发布平台，通过收集、整理、发布造价信息来为企业提供各类造价信息服务，但由于多数企业还未意识到造价信息的价值、政府作为造价信息发布者的权威性影响、市场信息的应用条件和环境还不完善、市场内企业信息服务能力还不能满足工程价格形成需要等原因，目前建筑业的造价信息服务仍处于初级起步阶段。政府作为最大的造价信息服务的提供者，由于制度、技术等方面的约束，导致政府提供的造价信息缺乏市场提供信息的动态性、丰富性和及时性，同样无法满足企业自主报价的需求，同时还从一定程度上制约了市场造价信息服务的发展。

（3）工程担保保险制度的运行效果不理想。推行工程担保制度是规范建筑市场秩序的一项重要举措，其是通过经济手段保障合同履行，防范和化解工程风险，规范建筑市场活动秩序，维护工程建设各方的利益。近年来，省市、地方都在积极推行工程担保制度，有些城市规定将承包商履约担保和业主工程款支付担保进行备案，作为业主领取施工许可证的前提条件。

工程担保保险制度虽然取得了良好的效果，但运行中还是存在一定问题。原因在于，我国的工程担保制度并不健全，担保市场尚未形成良性运转机制，保证金的交纳方式多以现金为主，加重了建筑业企业流动资金短缺的压力，担保机构发育不健全。目前我国工程担保的保证人主体主要由银行和专业担保公司两类机构组成。银行主要以吸储放贷获利，工程担保只是银行业务中一个比较小的板块，银行需要对建设工程项目参建各方进行专业化的评价，而这正是银行专业能力薄弱的环节，阻碍了其对工程担保风险进行有效的评估，所以银行承接工程担保业务时为规避风险往往开具比较苛刻的条件，需要被担保人提供与担保额度相同的资金作为存款或者同等价值抵押物。而专业担保公司具有较强的专业评能力，但风险管理能力不强，社会认可度不高。

五、适应市场经济的工程计价模式的构建

工程计价模式的科学合理性不仅仅决定着工程价格能否正确真实地形成，还影响着我国建筑业市场机制的运转和资源配置的效率，构建与我国市场经济相适应的工程计价模式需要结合我国社会主义市场经济发展基本情况、国外市场经济国家工程价格形成特点和工程计价模式在实践现状综合考虑。关于工程计价模式的市场化改革已经进行多年，改革在市场形成工程价格中也取得了一定成果，如清单计价模式的推广和使用、政府发布计价定额在价格形成中作用的转变等，极大地改善了我国原有定额计价模式下工程价格形成的僵化和与市场脱节的问题。基于工程计价模式市场化改革已经取得的成果，本章提出的“构建”是通过分析现行工程计价模式不适应市场经济的现状，借鉴市场经济成熟国家的工程计价模式的特点和方法，在我国现有的工程价格形成方式上提出改进的建议。

（一）市场经济下的工程计价模式构建原则

工程计价模式的构建是从我国工程价格形成的实际情况出发，通过对现状的分析和问题的改进，结合我国工程造价市场化改革方向，将市场经济下工程价格形成理论与实际相结合，构建以市场为工程价格形成的中心的工程计价模式，合理划分政府、市场和企业在市场参与和价格形成中的职能范围，丰富工程计价模式适用范围和计价体系，指导工程价格科学合理的形成。

1. 分阶段推进改革。基于经济体制发展的基本情况，我国曾有较长一段时间处于计划经济体制下，市场发展、价格形成和资源配置均由政府按指令性计划分配。而社会主义市场经济的确立仅 20 多年，我国对市场经济下建筑工程的价格管理、政府相关职能、市场规律仍处于探索和改革中。目前，我国建筑市场成熟度还不高，市场机制

还未完全正常运转，而且建筑市场参与方可能对市场经济下工程价格形态、交易方式、合同关系等缺少充分的认识和理解。如果在各类条件和环境都尚未准备好的情况下贸然进行大跨度的改革，必然会导致诸如市场失序、价格混乱、工程质量安全无保障等严重问题的产生，造成建筑业资源浪费，甚至工程计价模式会因改革负面影响又重回到改革前的状态。

工程计价模式改革是一个循序渐进、阶段性的过程。我国市场化改革在持续推进，建筑业也在面临转型升级，工程计价模式的完善需要根据行业的发展不断调整和完善，每个阶段的改革都是基于上阶段改革现状进行动态调整与计划。改革需要市场各参与者的支持和认同，改革的推进需要以政府、市场、企业完成对本阶段市场化改革目标为前提，并对下阶段市场改革具备充分的预期和合理规划。工程计价模式的构建需要充分考虑到现阶段我国建筑市场结构、竞争程度、政府职能、企业计价水平、相关配套制度等因素，一方面是结合其发展现状制定与之相符的计价模式，另一方面是通过合理设置计价程序和规范，推动计价定额、市场环境、管理体制和配套制度的共同发展，避免因个别因素市场化改革滞后导致计价模式不能正常发挥作用的情况。

2. 市场决定工程造价。市场经济下市场规律对价格影响的基本表现是通过均衡价格的形成机制和企业对价格信号的灵敏反应来实现市场资源的有效配置。市场机制通过价格机制、竞争机制和供求机制三种基础方式间的相互作用，有效地、自发地调节建筑市场内产品和服务的供给需求，影响企业的工程价格和竞争策略，实现市场资源的高效分配和利用。随着我国市场经济改革继续深化，2013 年党的十八大和十八届三中全会指出“使市场在资源配置中起决定性作用”，随后住建部在建筑业和工程造价改革的相关文件中明确了“健全市场决定工程造价机制，建立与市场经济相适应的工程造价管理体系”这一改革目标，因此市场经济下的工程价格形成必须坚持以市场为中心的原则。以“国家调控市场，市场引导企业，企业自主报价，竞争形成价格”为理念构建适应我国市场经济和建筑业的工程计价体系。市场虽然在资源配置上具备高效的运转机制和优越性，但其存在的非均衡性和市场失灵等缺陷使得在平衡宏观经济、处理竞争垄断、分配重要资源等问题上表现出了市场经济的不足之处，因此需要政府的干预、管理和宏观调控来纠正、约束和补充市场的缺陷和不足。在这个理念基础上，明确政府、市场和企业三者的关系，根据市场发展阶段合理规划政府与市场的作用范围和管理界面，保障我国工程计价模式市场化改革稳而有序地持续推进。

3. 灵活和适应性强的工程计价模式。工程计价模式作为我国建设工程价格形成的主要途径，其应用范围覆盖房屋建筑工程、土木工程建筑、建筑安装工程和建筑装饰工程等各类工程项目。而每个建筑工程项目由于业主条件、专业需求、资金来源等方面的不同，在设计深度、复杂程度、承包方式、项目管理模式等方面均存在差异，因此工程计价模式能否适应我国飞速发展的建筑业和数量庞大的建筑工程计价需求，对工程价格形成、市场竞争方式、资源配置效率等有重大影响。

为了形成统一开放的建筑市场，消除建筑业各专业工程之间的市场壁垒、封锁，工程价格的形成需要一个统一的计价模式为基础，使企业能够在各类专业市场进行公平的价格竞争。然而每个工程都有其独特的计价特点，在统一的工程计价模式下，需要通过计价规范对各类工程的共性和特性进行合理总结、分类，形成各类工程通用的工程计价规范和针对不同类型项目专用的工程计价规范，指导各类工程的计价过程。以统一的工程计价模式为基础保证建筑市场的开放竞争，同时使用有针对性的计价规范对各类工程计价进行合理的引导，既满足不同类型工程项目下工程计价的需要，又避免了因计价模式的差异造成的专业、地区市场的分割和封锁。

4. 完整的计价体系。

（1）工程价格形成的核心部分与支撑体系的完整性。市场经济下工程价格形成不能仅靠工程计价模式的市场化改革，还需要计价依据合同体系和配套措施等共同支持，形成相互配合、相互补充、全面的工程计价体系。其中，计价依据影响着工程价格形成，合同体系是工程交易中承、发包双方工程价格的法定约束和控制，配套措施是规范工程计价行为、保障市场竞争秩序、维护工程交易双方权利的必要手段。目前，建筑业正面临新一轮的市场化改革，工程计价模式的市场化改革顺利实施需要具备一定的客观环境与条件，政府对工程计价模式正确实施所需要的条件、环境、保障等进行梳理总结，搭建以工程计价模式为核心的整个工程计价体系框架，在工程计价模式实践中由政府、市场、企业根据实践反馈对工程计价体系进行不断地调整和完善，保障市场经济下工程价格的合理形成。

（2）与计价相关的各个部分应与工程计价模式市场化改革目标一致。政府、市场、企业三者在共同完善整个体系的过程中需要从全局出发，按照自身的权责和管理范围，以促进工程价格市场形成为统一目标，根据实际价格形成需要完善计价体系，同时注重体系内各类文件、条款、措施的互补协调，从而形成有条理、完整的工程计价体系，指导工程价格的市场化形成。

（二）适应市场经济的工程计价模式构建

工程价格市场下形成需要通过符合市场化特点的工程计价模式、具有自主报价意识的企业和合理的市场竞争机制相互作用，其中工程计价模式作为工程价格市场形成的基础，其科学合理性对价格产生过程具有重要影响。结合本章前述的市场经济下工程计价模式构建原则和市场经济成熟地区的工程计价模式，针对我国工程计价模式出现的与市场经济不适应之处，通过对清单计价模式下价格计算方式和价格形成依据的探索，解决目前存在的各类问题，按照我国工程计价模式市场化改革目标和理念，构建适应社会主义市场经济发展的工程计价模式，以指导我国市场经济下工程价格的形成。按照前述对市场经济下工程价格形成方式的分类，主要从以工程价格计算方式和工程价格形成依据的计价模式核心和以价格管理方式、市场环境和配套制度为工程计价模式支撑的两大板块、共五个部分，按照前述提出的构建原则对工程计价模式进行全面改进和完善。本章主要对工程计价模式价格形成核心的工程价格形成方式和价格形成依据进行详细的说明，并从政府和市场的关系规划工程计价模式市场化改革各阶段的工程价格管理方式。

1. 工程价格计算方式。市场经济下工程价格合理科学地形成建立在工程量、价、费计算准确和自主形成的基础上，工程价格准确计算需要以计算方法简单清晰、符合工程实际为原则建立科学的工程计量方式。同时，随着建设工程项目在技术要求、管理模式、合同体系等方面显现出多样化的发展方向，工程计价模式需要不断满足各类工程的计价需求，多样化、适应性强的工程计价模式是建筑业发展对工程造价领域带来的新挑战。工程价格作为建筑市场竞争和公平交易的基础，其是否符合工程生产实际消耗是工程价格形成的关键，因此按实计算工程价格是工程计价模式市场化改革的重要组成部分。

（1）科学的工程计量方式。工程计量是工程价格形成的基础，计量方法能否符合市场经济下价格形成规律和工程生产实际是工程价格科学合理形成的关键。工程计量方式引导企业和从业人员计量主要是通过计量规范、工程项目划分、项目设置、特征描述等方面的具体要求来实现的，因此建立科学的工程计量方式需要从以四个方面进一步完善。

①工程计量应在统一的计量规范的基础上由承发包双方需求自主形成。一方面，为了形成统一开放的建筑市场，消除地区和专业间的竞争壁垒，政府需要全面梳理已存在的工程计量方式，结合各地区和专业计量特点，形成统一科学的工程计量规范。另一方面工程计价模式市场化改革是一个建立市场决定价格机制和企业自主交易意识的过程，在这个过程中市场和企业逐渐在政府的引导下回归自由交易、自主确定的本位，市场应根据行业发展情况自发形成一系列规则，而企业需要在这个过程中形成与自己相适应的计量方式。清单计价模式适用于工程单价合同，而企业在招投标过程中有着

各类价格形成需求，如总价合同、成本加酬金合同等，这时就需要企业在统一的计量规范的基础上根据招投标的需求自主确定各类合同下工程量的形成方式、确定形式和合同过程中计量支付的方式，使之符合企业实际计价要求，也为各类合同下工程价格形成奠定了基础。

②工程项目划分应清晰。建设工程作为一类建设时间长、过程复杂、资源投入多的项目，无论是在工程价格计算和实际施工过程中，都需要将整个工程按照一定的规律进行分解，划分成便于计量和施工的各类分项。由于建设工程涉及不同建设专业，在具体施工中存在各类工作交叉作业和界面交接等情况，对工程计量范围和计量结果产生较大影响，因此在项目划分时应遵循划分清晰、无重复、无遗漏，同时还应符合工程建设实际施工方式，以确保工程计量的准确性。建议在原有工程项目划分的基础上，结合我国建筑工程生产实际，部分借鉴国外项目划分体系的划分原则和方法，对不同专业下存在施工或计价界限不清晰的工作内容按照其工作属性、工作部位、工序等特点进行重新归类划分。

③符合市场价格实际形成的项目设置。我国在工程项目设置中按照单位工程—专业工程—工程实体构件—构件具体特征的分类原则进行项目划分，这种分类模式是定额计价模式项目划分的特点。这种工程项目划分系统会导致同一分项工程在不同单位工程下的计量规则、工程内容、价格组成的不同，通常导致工程计量交叉、混乱，不符合工程实际操作，而且易造成工程计价模式在计量中适用性、灵活性不足。建议在工程项目设置中应汇总各专业下单位工程的各项专业工作，按照专业工程的类别划分工程项目，且在各专业工程下改变以往按照构件方式列项的划分方式，改为按照符合实际工程施工情况的工种工程列项方式，如将混凝土工程下按构件列项分为梁、柱、墙、板等单价差别不大的具体构件分项合并为“现浇混凝土工程”一项后按混凝土强度分类，这样可以简化工程计量过程而且符合实际工程价格形成和结算方式。

④充分体现业主需要的项目特征描述。工程项目特征是业主对工程建设要求的直观体现，是承包商投标报价的重要依据。工程项目特征的描述范围应在图纸的基础上充分体现业主对该工作项目的具体要求，工程项目特征描述内容需要按照以下两个原则来填写。一是工程项目特征描述内容应包含对该项目单价具有重要影响的、已知明确的信息，包括完成该工作所需的材料、工作范围和边界、重要技术和性能指标等，使造价人员在工程量计算过程中能够清晰地了解项目工作需求和工作范围，从而准确计算该项目工程量；二是如果存在业主特殊要求的工作内容，需要在工程项目特征中清楚描述。基于维护承发包双方在工程交易中公平的地位，保障工程价格公正地形成，

需要业主在工程项目特征描述中明确对工程的特殊要求、希望承包商承担的风险事项等内容，保证工程量清单对于每个潜在投标人是明确且公平的。

（2）多样化的工程价格计算方式。工程的复杂性和独特性是建筑工程无法如一般产品批量生产和简易计价，而随着技术和管理水平的发展，工程的复杂多样的特点也因不同项目特点而愈加凸显，反映到工程价格上，就要求工程价格计算能适应各类工程技术、管理的独特要求。因此，在未来工程造价市场化改革中，需要建立多样化的工程价格计算方式来满足市场和企业的需要。

①改变清单计价模式下定额计价的思路。对工程综合单价的计算方式和相应表单进行调整，使之适应企业自主确定消耗量、自主报价的需要。建议取消套取定额的相关项目，直接根据工程人、材、机消耗量和单价计算出各部分费用，这种综合单价分析形式避免了套取定额时消耗量的直接生成和不可调整，增加计价对价格形成依据的选择空间，使企业可以在消耗量、造价指标等各类价格形成依据中自主选择，促进工程价格的自主形成。

②增强工程价格计算方式对多种项目管理模式的适应性。为了适应我国数量庞大的工程项目多种多样的计价需求，工程计价模式在工程价格计算中需要根据实际需求进行改进和创新，在原有清单综合单价的基础上探索不同类型的工程价格计算方式。对于 EPC、CM 等工程项目管理模式下工程价格的形成，以往的清单计价模式不能很好地适应这些新型项目管理模式的计价需要，此类项目管理模式的特点是图纸在招投标时尚未确定，工程价格难以再按照图纸工程量清单形成，因此需要在工程计价模式市场化改革中建立适用于不同设计深度的工程价格形成方式和调价方式等。为了适应行业技术进步，工程计量方式还需要根据建筑业施工技术发展及时完善工程计量方法。随着建筑行业专业化和产业化的发展，新工艺、新技术和新材料对工程计量又提出了新的要求，如装配式建筑将现浇混凝土施工转化为构件生产和安装，其计量方法和项目划分与传统建筑项目划分存在差异。

（3）按实计算工程措施费。

①强化工程措施费的按实计算，完善措施项目覆盖内容，改善工程取费的模糊性。建议对现有的与实际有较大误差的采取“取费基数 × 费率”的费用计算形式进行改革，业主可在招标文件中明确根据施工方案、施工组织设计的措施项目要求，投标人按业主要求丰富措施项目具体内容、职责范围；注重在实际工程取费时因业主需求而增加的措施费，使措施项目清单能真实反映业主的特殊要求。同时，根据不同类型的措施项目，承发包双方应在计量、支付方式、价款变更等方面做出具体、可操作性的约定，

如夜间施工增加费按工时、冬雨季施工增加费和已完工程及设备保护费按实际发生人工材料消耗等方式进行有针对性的计算和调整，方便措施项目工作的计量、检查和验收。

②企业自主确定费用。工程单价形成除人、材、机这些工程直接投入的消耗量产生的费用外，还包括企业管理费用、合理利润、风险因素、措施费用等。在一定的社会生产力发展情况下各企业基本在同一水平内波动，那么企业的报价能力和技术管理水平集中体现在相关费用的报价中。企业需要通过以往工程经验，结合拟建工程实际情况，合理预估管理费、生产中的风险因素，通过企业技术管理手段争取合理利润和较少的税金，提高施工企业报价在招投标中的竞争力，增加企业获得工程的机会。为了保障工程取费的自主性，建议工程计价模式在可竞争费用计算中以参考或选用的形式提供多种费用计算方法供企业自主选择，便于企业能够将自主确定的取费依据用于费用计算中。

2. 工程价格形成依据。工程价格形成依据主要包括工程计价定额、要素价格和造价指标。工程计价定额是定额计价模式沿用下来的主要计价依据，而要素价格和工程造价指标作为市场经济下的工程价格形成依据，一般被称为工程造价信息，在形成和发布上具有较多共性，下面将两者合并在一起以“造价信息”的方式一并讨论。

（1）工程计价定额。工程计价定额作为具有我国工程计价的特色的价格形成依据，起源于定额计价模式，经过改良和调整，计价定额继续在清单计价模式下为企业计算和确定价格发挥着重要的作用，是我国工程价格形成不可缺少的关键性价格依据。因此，在构建适应市场经济的计价模式中，将在现有的计价定额的基础上继续优化和完善工程计价定额的编制和使用，使之更好地为我国工程计价模式服务。

①明确政府发布计价定额和企业定额在工程价格形成中的地位。目前，在工程计价过程中，对政府发布的计价定额和企业定额的作用和地位存在较多的争议，而这些争议主要集中在政府发布的计价定额是否应该作为市场形成工程价格的参考依据？企业定额除了用于内部生产和成本管理，能否用于市场竞争和自主报价？如前述，在清单计价模式下，政府发布的各类造价文件中不断强调政府定额适用于政府投资项目和业主方工程建设前期的造价预算中，对市场价格的形成仅提供参考作用，但多数企业在实际报价中仍然依赖政府发布的计价定额，造成市场计价定额使用范围不明确，工程价格确定依据管理混乱，政府发布的计价定额在实际使用中“被权威”等现象。因此，政府除了在各类造价管理政策和文件中明确政府造价管理部门发布工程定额的作用和使用范围之外，还应通过改变政府发布工程定额消耗量形式，如可以由以往发布详细的工程消耗量数值变为发布合理的消耗量数值区间，使企业在使用政府发布的计价定

额时仍需自主确定消耗量；通过改变政府自主编制计价定额的形式，改由政府采购市场发布的计价定额的形式，改变企业对政府发布定额“权威性”的观念，真正实现政府造价管理部门发布工程定额在实际报价中的参考作用。

②创新政府发布计价定额的编制和发布方式。如前述，为了弱化政府发布的计价定额在企业计价过程中的“权威性”思想，政府可以委托有能力的社会力量编制政府造价管理的计价定额，或采购市场内符合政府造价管理需求的计价定额等方式，来满足政府自身计价和造价管理需求，同时又减少传统计价定额编制和发布形式对市场内工程计价的干预。而且，市场中的企业、机构和组织在工程价格的信息获取能力、处理技术和更新速度上可能比兼顾定额管理和发布的政府造价部门拥有更多优势，政府可以通过计价定额的外包和采购获得更贴近市场、更准确的工程消耗量数据，进而也可以为使用政府计价定额的项目和企业的工程计价提供更优质的定额信息。

③充分发挥企业定额在工程价格形成中的作用。建筑市场之所以能够通过价格竞争来实现自发的供需平衡和资源配置，是因为企业参与市场竞争的工程价格是企业生产能力和资源利用效率的直接体现。市场经济下的工程价格形成不仅需要完善的工程计价模式，更重要的是企业在报价中对自身的技术管理水平和生产力有清楚的认知，才能够编制或选择适合企业的企业定额，才能够通过积极主动的技术创新和管理优化来获得竞争优势。因此，要进一步确立企业定额在工程价格形成中的关键性作用，通过工程合同约定、企业定额备案等方式保障企业定额在自主报价中的合理性，鼓励企业以先进的技术管理水平带来的价格优势参与竞争。

（2）工程造价信息。工程造价信息是市场和企业对价格形成影响的最直接体现，在工程造价信息的编制和发布方面应充分调动市场和企业的力量，确保造价信息能够贴近市场。

①形成多元的造价发布来源。为了充分发挥市场在工程价格形成中的决定性作用，造价信息作为市场和企业形成工程价格的主要工具，需要从价格形成的各方面反映企业水平和市场竞争情况。在各类信息量巨大和快速更新的时期，单一的造价信息发布主体对价格信息和市场变化的掌握程度有限，需要更多的企业和社会力量参与到造价信息的编制和发布中来。通过我国与市场经济较成熟国家的造价信息的对比可以看出，我国在造价信息发布来源方面显得比较单一。因此，政府要合理引导行业和市场内的社会力量，使之参与到工程造价信息的编制和发布中来；通过资金、技术、人才、政策等方面的支持，加快我国建筑市场多元化造价信息发布体系的建立，使企业在自主报价中能够选择符合企业特色的造价信息，使要素价格变化能够更准确地反映到工程报价中。

②提高造价信息质量。我国工程造价信息无法适应市场和企业计价需求的另一重要原因是政府及相关信息发布者提供的造价信息的时效性和准确性不高。为了提高工程造价信息的发布质量，一则要依托便捷的互联网发展和高效的信息处理技术，加速工程价格相关数据的收集、处理的过程，缩短信息与市场变化的时差，提高造价信息的时效性；二则积极发动行业内的社会力量，提出先进的造价信息编制和更新办法，在政府发布和更新造价信息的基础上，企业和其他组织机构配合补充、完善市场内的工程造价信息，改善造价信息不准确的情况。

③丰富造价信息种类。计价定额和要素价格作为最基础的工程价格形成依据，在一般工程价格计算中发挥重要作用。但市场价格形成的需求随着工程复杂程度和技术发展速度越来越多样化，市场还应建立除计价定额和要素价格之外的其他造价信息如造价指标、造价案例、费用率等，满足企业多样化的计价需求。政府作为各类工程造价信息和案例的监督者和管理者，可以选择优秀、具有参考和借鉴意义的工程项目造价数据或案例向市场开放共享；同时，还可以通过政策鼓励、关联企业资质、专业竞赛等方式，鼓励企业发布和共享各类造价信息，丰富各类工程项目的价格形成信息，在市场内各类数据支持下，帮助企业更合理地形成工程价格。

（三）我国建设工程计价模式市场化路径

市场经济下工程价格的形成与我国建筑业发展、建筑市场机制完善、企业自由竞争和建筑业资源合理配置息息相关，需要与工程价格相关的各类因素综合考虑，构建完善的工程计价体系，引导我国建筑工程价格合理科学地形成。工程计价模式的市场化改革是一个长期性、循序渐进、持续发展和完善的过程，如我国市场经济发展历程一样，需要根据行业、市场的发展现状分阶段制定改革进度和目标，根据各阶段改革成果中不断修正和调整改革路径和手段，最终实现工程计价模式市场化改革的总目标——“到 2020 年，健全市场决定工程造价机制，建立与市场经济相适应的工程造价管理体系”。我国工程计价模式改革目的是改变计划经济体制时期定额计价模式下工程价格形成中政府的计划性、强制性和指令性，通过清单计价模式引入企业自主报价和市场竞争，使工程价格能够真实反映企业技术管理水平和建筑市场供求状况，进而通过价格机制调整建筑业资源配置。因此，工程计价模式市场化改革的核心是根据各阶段建筑业发展现状正确处理政府与市场在工程价格形成中的关系，保障工程价格科学合理、健康有序地形成。根据我国建筑市场和工程价格发展现状，结合政府关于工程造价改革指导意见中确定的工程计价模式市场化改革总目标，政府与市场在工程计价模式市场化改革中关系可以按照改革推进时间分为以下三个阶段。

1. 工程计价模式市场化改革的第一阶段。随着以清单计价模式为核心的工程计价体系的不断完善，工程计价模式的市场化改革已初见成效，市场在工程价格形成中的作用也随着改革不断凸显。然而，从现行工程计价模式实践现状来看，我国市场经济下工程价格形成还存在建筑市场机制运转不畅、工程计价模式无法适应市场各类工程计价要求、工程建设主体计价行为不规范、工程计价依据难以满足计价需要等问题。

为了形成适应市场经济的工程计价模式，在目前市场化改革阶段需要解决实际存在的各类问题，规范建筑市场主体计价行为，逐渐提高工程计价模式市场化程度。现阶段建筑市场机制和价格机制还不完善，难以在短期内独立推动工程价格的市场形成，因此本阶段工程计价模式市场化改革进程仍需要政府作为主要推动力，从体系建设到制度完善均需要政府通过行政手段实现。本阶段工程计价模式市场化改革的主要目标是完善以清单计价模式为核心的工程计价体系，梳理工程定额编制及分类体系、完善工程定额和造价信息的动态调整机制，构建工程价格市场形成的保障体系和配套制度。在完善以清单计价为核心的工程计价体系方面，政府在本阶段的职能和目标分别是，首先改变目前工程计价模式“双轨制”的现状，基于清单计价模式在实践中存在的问题，有针对性地弥补清单计价模式市场形成工程价格的不足，调整清单计价规范，并全面推广清单计价模式；其次，为了形成统一开放的建筑市场，政府应在以清单计价为核心的基础上，开始整理和统一各地区、建筑各专业的工程计价规则，同时建立以清单计价规范为基础的普适性计量和计价规范以及针对各专业计价特点制定的专用工程计量规范体系；分析建设工程项目在不同承发包方式、不同项目管理模式、不同合同类型、不同设计深度和不同复杂程度下的工程计价需求，规划和构建满足市场各类工程计价需求的工程计价模式体系及相关配套措施，提高工程计价模式的适用性，为我国建设工程承发包方式、项目管理模式、合同体系的多样化奠定基础。市场在本阶段的职能主要为清理在实际招投标中约束或限制企业在地区或专业间的自由流动和竞争的相关条款或限制文件，鼓励企业提高自身技术管理水平和专业化程度、扩大业务范围，配合政府打破各地区、各专业的封锁，促进有序竞争、统一开放的建筑市场形成。

在提高工程定额和造价信息的准确性和及时性方面，由于短时间内市场还难以具备提供满足我国工程计价需要的工程定额和造价信息，因此本阶段政府在工程定额和造价信息的编制和发布中起主导作用。本阶段政府首先要明确政府发布工程定额和造价信息的定位是国有资金投资工程前期造价的编制依据，对其他工程价格形成没有强制性，仅供参考；其次是调整工程定额编制规则和方式，根据计价模式的调整和建筑市场变化及时修订，使之与清单计价模式的项目划分、工作内容相适应，提高工程定额在清单计价模式下价格形成的准确性和时效性；最后政府应尽快着手规划和建立工程定额和造价信息市场发布的公共平台及相关管理制度，鼓励市场各类企业、组织机构参与政府工程定额和造价信息的编制，进而培育和引导市场中的社会力量编制和发布计价定额和造价信息的技术水平和服务能力，为计价定额和造价信息的市场化做好准备。在此期间，市场需要建立工程造价信息有偿获取的意识，培养市场内各类企业、组织机构提供造价信息服务的理念和能力。

在完善市场经济下工程价格形成的配套措施和保障体系中，政府一方面应根据本阶段工程计价模式和计价依据的调整与变化对应调整和完善建设工程招投标制度和合同管理体系，避免两者之间存在的矛盾和冲突导致工程价格的形成、确定和支付过程出现漏洞，使工程计价体系、工程招投标制度、合同管理体系三者形成一个完整的、相互补充、相互支持的价格形成和确定机制；另一方面需要梳理现有的市场形成工程价格的配套制度和保障体系，评估其在维护市场竞争秩序、保障工程价格市场形成等方面的运行状况，对于运行状况不佳的配套制度和保障体系进行调整和修正，补充目前缺少的配套制度和保障体系，构建与市场形成工程价格相关的配套制度和保障体系清单，为工程计价模式市场化改革提供全方位的制度保障和支持。市场在本阶段需要根据企业“趋利避害”的选择倾向和“互利性”的交易过程规范市场主体的工程计价行为，通过“优胜劣汰”的市场自然规律和供需均衡逐渐调整建筑市场的各类企业比例和生存空间，在统一开放的建筑市场环境下形成基本的准入退出制度，调节各专业、各地区竞争过度或竞争不足的情况，建立合理有序的市场竞争机制，提高建筑业资源配置效率。

2. 工程计价模式市场化改革的第二阶段。工程计价模式市场化改革的第一阶段是着力解决目前计价模式不适应我国市场经济下工程价格形成的问题，全面构建从工程计价体系到与计价相关的配套制度和保障体系，形成完整的、相互补充和支持的工程价格市场形成机制，为工程计价模式的市场化改革下一阶段的顺利推进打好基础。在本阶段，政府和市场在工程计价模式市场化改革的职能随着基础性工作的完成开始产生变化，政府的主要工作集中于体系和制度的调整和完善、市场活动的监督，市场开始发挥其作为价格形成主导者的作用。

在本阶段，工程计价模式与计价规范体系构建已经完成，政府的主要工作是根据工程计价模式和工程计量规则、计价规范的实践情况和可能存在的问题进行修正，调整工程计价模式和计价规范中干扰市场形成工程价格之处，密切关注建筑市场计价活动中新增的计价需求，不断完善工程计价模式和计价规范体系，使之不断适应市场经济下工程价格形成的需要。在此基础上，建筑市场中各类建设工程计价活动可以根据工程项目特征、管理模式、设计深度、发包方式等特点在现有的工程计价模式体系下选择符合项目计价需要的价格形成方式进行自主报价，企业可在实际工程计价活动中在政府发布的计价规范的指导下创新工程价格形成方式，形成企业独特的报价体系，计价模式的可选择性提高了企业作为市场资源主体的责任感，增强了承发包双方在交易中对合同价格确定的自主权。

在计价定额和造价信息的编制和发布方面，基于上阶段政府和市场在培育、引导社会力量参与学习计价定额和造价信息编制的条件下，本阶段计划把由政府主要编制和发布计价定额和造价信息的工作交由市场中社会力量完成，而政府在本阶段的主要职能变为制定计价定额和造价信息的编制方法和编制标准，建立统一的工程造价信息发布和共享平台，监督市场中计价定额和造价信息的编制质量，选择性采购市场中的计价定额和造价信息作为政府投资项目前期造价的编制依据。市场作为工程计价定额和造价信息编制和发布的主要承担者，一方面是丰富市场内计价定额和造价信息的发布来源和服务类别，保证信息来源的多样性，通过竞争提高计价定额和造价信息的质量；另一方面是为企业自行编制或采购获得的计价定额和造价信息的使用打开渠道，在保证信息多元化的基础上，加强行业内造价信息的流动和共享，为各地区、各专业工程价格的形成提供便利。

在配套制度和保障体系建设方面，政府本阶段将在上阶段构建的配套制度和保障体系清单的基础上根据市场机制运行情况评估和完善已有的配套措施，补充完善市场机制不足之处，清理和调整阻碍市场机制正常运转的相关制度和体系，保障建筑市场机制调节的自发性和灵活性。建筑市场通过价格机制、供求机制和竞争机制的相互作用以及行业造价管理机构的专业作用，规范市场主体的工程计价行为，维护竞争秩序，保障工程交易市场各参与方的利益。

3. 工程计价模式市场化改革的第三阶段。在前两个工程计价模式市场化改革成果的基础上，随着统一开放、竞争有序的建筑工程交易市场的形成，工程计价体系和配套制度的建立和完善，多元化工程计价模式和造价信息的发布和应用，我国市场经济下工程价格形成机制已经基本建立，政府和市场的关系和管理界限在工程计价模式市场化改革中也逐渐清晰，建筑业已经形成“政府宏观调控市场，市场指导企业，企业自主报价，竞争形成价格”的工程价格形成方式。本阶段政府基本可以从微观的价格管理和市场干预中跳出，回归宏观管理者的角色定位，通过对建筑业市场形势和行业资源的整体调控，进而通过影响市场内的供求平衡和资源配置来实现对工程价格的管理。而市场则在政府的宏观管理下，通过市场内部价格机制、竞争机制和供求机制的正常运转，指导企业报价，实现工程价格的市场形成。

（四）与市场经济相适应的工程计价模式改革可行性分析

工程计价模式的改革是从其与市场经济不适应的实践现状出发，通过问题分析和经验借鉴构建适应市场经济的工程量、价、费的形成和改革路径，而这种市场化改革方案是否符合我国实际情况、能否顺利实施，还需要回归到实践过程中来分析其可行性，本节将从政府、行业、市场和企业四个方面综合分析本节构建的工程计价模式和改革路径的可行性。

1. 政府的角度

从社会主义市场经济制度确立以来，政府一直坚持使市场在资源配置中起决定性作用的改革方向。从国家计划下的建设工程投资到定额计价模式下指导工程价格再到市场特征突出的清单计价模式，工程计价模式在政府的推动下不断朝着市场化的方向发展，虽然过程中由于市场、企业、配套措施等各方面的不健全导致改革出现了诸多问题，甚至行业内出现了对工程价格形成市场化程度的争议，但政府造价相关管理部门在不断通过宏观调控和微观管理来协助和促进市场形成价格，坚持市场化改革方向。从国家整体改革方向上来看，党的十八大和十八届三中全会的召开，将经济体制改革作为下一阶段全面深化改革的重点，进一步推动了社会主义市场经济体制的完善；在改革过程中要处理好政府与市场的关系，使市场在资源配置中起决定性作用，建立成熟度较高的现代市场体系，同时完善与市场体系相匹配的政府管理模式，使市场和政府在经济活动和资源配置中能够在发挥各自作用的基础上有效地分工合作。国家明确了市场在资源配置中起决定性作用的改革方向，各行业在下一阶段的发展中将不断探索市场确定商品价格的机制与方式，建筑业作为我国国民经济的支柱产业，也需要尽快转变价格决定方式，提高行业整体资源配置效率。从建筑行业层面来看，建筑业积极响应会议精神，住建部于 2014 年先后发布了《关于推进建筑业发展和改革的若干意见》（建标 [2014]92 号）、《关于进一步推进工程造价管理改革的指导意见》（建标 [2014]142 号）等文件指导建筑行业和工程造价的改革方向，92 号文件中明确了要建立统一开放的建筑市场体系，进一步推进建设工程审批方面简政放权，优化建筑行业行政审批制度，建立与市场经济相适应的工程造价体系；142 号文中对如何进一步推进工程造价市场化改革从指导思想、主要目标、主要任务和措施、保障等方面进行了详细的规划，从工程计价模式、工程计价依据、定额管理制度、造价信息服务方式、工程价格监管机制等方面给出了改革的主要方向。本节提出的与市场经济相适应的工程计价模式量、价、费的形成和改革路径与政府推动的工程造价市场化改革指导意见相契合，部分价格形成方式是对政府提出的造价改革意见的细化和补充；同时本节提出分阶段的工程计价模式改革不仅仅考虑到近期改革，还考虑到了在完成政府提出本阶段工程造价改革后我国工程计价模式市场化改革的发展方式和路径，为未来工程造价市场化改革提供建议和参考。

2. 行业的角度。建筑业作为一个需要大量资源投入的国民经济重要物质生产部门，目前正处于快速发展的阶段，其对上下游产业和资源的带动效应十分显著，因此行业内资源配置效率的高低对我国经济发展具有重要的影响。工程价格机制作为建筑市场配置资源的核心手段，价格形成是否合理极大地影响着市场分配资源的效率，因此提高建筑业资源配置的关键是建立适应市场经济的工程价格形成方式。

随着科技进步与发展，建筑业作为劳动密集型的传统行业，也面临着行业整体转型升级的挑战，从行业整体生产规模、生产方式到具体项目管理模式、施工工艺等都在不断创新和进步。除了与传统建筑生产和管理方式相匹配的工程价格形成模式，建筑业在转型升级中出现的各类新产品、新工艺、新型管理方式等都急需多样化、灵活性强的工程计价模式来指导工程价格的形成，需要及时有效的计价依据来协助企业自主形成价格。面对日新月异的工程技术与管理方式，以往的工程计价模式表现出了难以满足行业发展需求的问题，在价格形成、价格依据和配套制度上都出现了落后于行业发展的情况。

本节前述提出的工程计价模式改进方式和改革路径是基于行业目前发展需要而制定的，通过对行业发展环境和资源配置现状的分析，根据行业内产生的新型生产工艺和管理模式，对现行工程计价模式表现出的不适应之处进行优化和改善，提出了针对工程各阶段、各类项目管理方式、各类设计深度、各类合同和发包方式的工程计价体系，保证工程计价模式的市场化改革能够与建筑业发展相匹配，满足行业各类施工技术和管理创新对价格形成的多样化需求。

3. 市场的角度。我国曾在很长一段时期内处于计划经济体制，在这段时期内资源分配和价格形成全部依靠政府计划制定和分配，市场的作用被极大地限制和约束。为了进一步提高我国社会生产力、促进经济的发展，我国于 1992 年确立社会主义市场经济体制，市场开始在价格形成和资源配置中发挥作用。但不同于市场成熟度较高的国家，我国市场经济的建立和发展是在计划经济的背景下不断探索的过程，市场机制的建立与发展完成需要一个循序渐进的过程，期间市场与政府在价格和资源管理的界限和管理方式也是随着我国经济发展在不断探索。

基于我国市场经济发展的背景和对工程计价模式市场化改革进程的分析，在构建适应市场经济的工程计价模式和改革路径方面，充分遵循了我国市场发展进程和改革趋势，分阶段完成工程计价模式的市场化改革，各个阶段的发展都是基于上阶段改革目标的完成而设定的，而且充分考虑了各阶段政府与市场的关系，将政府职能的转变和市场的决定性作用随着各阶段工程计价模式的改进实现平稳地过渡，避免了因为角色转换过快相关管理制度和保障体系不健全而造成的价格混乱、市场失序等问题。因此，从改革路径上来看，本节构建的工程计价模式和政府与市场的关系是从实际出发，具有较强的可操作性。

4. 企业的角度。企业在工程价格市场形成中应具有主导作用，由于在计划经济向社会主义市场经济过渡时期为了防止建筑市场立刻放开造成的混乱，建筑工程价格形成采用的是定额计价模式，政府为了使企业能够有序地计算工程价格，由相关造价管理部门发布工程定额和要素价格来指导企业报价。随着市场进一步开放，清单计价模式的推行彻底改变了定额计价模式下政府指导价格形成的方式，由企业自主报价。但是在清单计价模式推行过程中，多数企业还没有做好自主确定消耗量、要素价格和费用等的准备，企业定额还未建立，市场造价信息提供和发布较为单一，这些情况是导致目前清单计价模式不能很好发挥作用的原因之一。

本节在构建适应市场经济的工程计价模式中充分考虑到大部分企业报价自主意识和能力还未完全建立，因此在后续工程计价模式改革中分步骤通过政府引导和培养的方式促进企业建立报价的自主性，借助市场的力量支持企业形成自己的计价定额，并通过建立多元化的造价信息平台，充分利用企业、组织机构的信息收集和整理能力，为工程价格的市场形成提供信息保障。我国工程计价模式的市场化改革是一个阶段性、长期性的过程，基于工程计价模式发展历程和现阶段工程计价模式实践现状，本节首先结合我国工程造价改革目标，分析市场经济下工程价格形成中工程量、价、费的形成方式，确立市场经济下工程计价模式的四点构建原则：分段推进、市场决定、灵活适应和完整性。其次，根据我国工程计价模式发展已经取得成果和在适应市场经济中表现的不足，对工程计价模式下价格形成核心的工程价格计算方式和价格依据这两方面提出适应市场经济的工程计价模式构建建议。再次，在前述构建基础上提出工程计价模式今后改革路径和各阶段政府和市场的工作，逐步实现工程计价模式市场化改革目标。最后，从政府、行业、市场和企业的角度分析工程计价模式改革的可行性，为我国工程计价模式市场化改革提供方法和思路。

六、完善适应市场经济的工程计价体系相关建议

市场经济下的工程价格形成需要构建适应我国市场经济发展的工程计价模式，然而仅完善计价模式还无法真正实现工程价格市场下科学合理地形成，工程计价模式还需要在达到一定条件的使用环境下才能正常发挥作用。因此需要通过构建和完善与工程计价模式相关的配套措施和体系，为市场形成工程价格提供完善的计价体系、良好的市场环境、正确的企业意识等。

（一）完善工程计价模式相关建议

工程计价模式的市场化改革是随着我国经济体制的完善不断进行的，政府在构建与市场经济相适应的工程计价模式中起着主要推动作用，而企业作为工程价格形成的主体，需要在计价模式市场化改革中与政府共同承担改革的任务。政府造价相关管理部门负责通过行政力量引导和推动计价模式全面向市场形成价格方向发展，清理改革中遇到的障碍，及时根据市场发展和价格形成情况制定相应的政策和改革措施；企业作为工程计价模式的具体实践者，需要在实际操作中积极配合政府改革方案，及时反馈出现的问题，认真执行各类改革相关措施，建立企业自主报价意识和合约精神。

1. 政府相关工作建议。根据前述对我国工程计价模式市场化改革历程和现状的梳理，可以看出计价模式改革进程中会遇到各类障碍，影响工程计价模式市场化推进以及工程价格科学合理的形成，部分障碍可以通过市场自身调节和企业管理克服，还有部分障碍需要政府通过行政手段来解决。

（1）坚持工程计价模式市场化改革方向。从清单计价模式推广以来，我国工程计价模式市场化改革已经进行了近 15 年，在这期间建筑市场活跃程度不断增加，企业在价格形成中的自主性逐渐增强，工程价格形成向着市场决定的方向发展。虽然在市场形成工程价格过程中，因为初期市场各类体系不健全、造价管理能力不足等原因造成了诸多价格形成和市场竞争过程中的问题，行业内也存在对市场与政府管理界限的争议，但随着我国改革的全面深化，工程计价模式改革一直在朝着市场化的方向推进。根据政府对工程造价未来发展和改革的目标和指导意见，工程计价模式市场化改革还将进一步改变我国工程价格形成方式。而在后续的改革中，随着建筑工程价格的市场化程度将进一步提高，很可能再次甚至多次出现短暂的价格形成和市场竞争不规律的情况，使改革陷入“放开市场和规范市场”的两难选择中。政府应坚持市场化改革的决心，在选择解决改革中暴露出问题的方法和手段时，更多地考虑如何用市场的力量和方式而非行政的手段和指令，主动减少行政力量对微观市场的干预，促进市场自发形成和完善价格形成机制和竞争机制。同时政府也应在改革中认识到企业需要在竞争

中才能更好地成长这一生存方式，在保障企业权益时采用适当的手段，如通过加强造价从业人员培训来提高企业自主报价能力、为企业使用和共享造价信息搭建平台等方式，避免因过度保护部分企业权益而造成市场的失衡，使企业能够在市场竞争中快速成长，这样也有利于工程计价模式市场化改革的进一步推进。

（2）建立市场形成价格的基础。在我国市场价格形成机制还未完善的情况下，政府成为推动工程计价模式市场化改革的主要力量，需要制定合理的工程价格形成方式，提供计价依据和造价信息发布平台，发现市场不足及时构建配套措施和保障体系等，为工程价格的市场形成奠定扎实的基础，引导工程量、价、费的合理形成。

①奠定统一的工程计量基础。由于之前建设工程市场在地域和专业上存在双重分割，地区或专业之间在计量规则存在冲突，政府需要主导梳理行业内工程量计算规则，按照统一的工程项目划分，在以往计量规则的基础上清理部分存在矛盾和冲突的计量方式，重新制定和修订适应市场与实际施工情况的工程计量规则，同时探索创新与适应不同类型工程的项目划分类别相匹配的工程计量方式，形成完善的适用于各专业、不同类别项目的工程计价规范体系，推广符合一般商品价格形成规律的全费用工程价格形成方式。全费用单价的计取包含了完成该工程项目所需的人工费、材料费、机械费、管理费、利润、规费、税金等费用，改变了清单综合单价下基于定额直接工程费计算其他费用的计价方式以及各项工程项目单价不明晰的缺点，能够较为直接反映完成某一工程项目的单独成本费用，符合市场交易和工程实际施工下各项工程的消耗量和费用的发生，同时使在营业税改增值税后企业通过合理计税管理进行税金竞争成为可能。

②落实工程措施费的计算方式。措施费作为施工企业项目管理和工程技术的重要体现，其计取方式应与施工组织设计密切相关。而且不同措施费项工作内容不同，其计取方式也应按照实际工作内容制定，合理分配各类措施项目费中人工、材料、机械费的计取比例，切实反映企业在施工组织技术管理方面的能力。

（3）鼓励企业自主形成价格。目前，多数建筑企业受定额计价模式的影响，在清单计价过程中仍无法摆脱定额组价的思路，过于依赖政府造价管理部门发布的工程定额和造价信息，企业自主报价实质难以真正实现。为了鼓励企业自主报价，政府需要作为引导者，通过逐渐弱化政府在价格形成中的指导作用，培养企业自主意识，使工程价格能真实反映建筑企业的综合竞争力。

①转变政府在工程价格形成中的角色定位。政府应改变在工程计价模式市场化改革初期为了防止市场混乱而担当的“指导者”和“管理者”的角色，通过弱化对微观市场和价格形成的干预，转变为“宏观调控者”和“监督者”，通过指导和规范消耗量、

要素价格计算和发布形式，搭建造价信息发布平台，形成企业定额和市场造价信息备案制度，促进企业定额和市场造价信息真正用于工程价格形成。

②建立企业自主报价意识。企业定额作为企业自主报价的重要依据，目前其建立和使用情况无法跟上市场形成价格的需求，也导致了清单计价模式无法正常发挥作用。因此，政府应通过技术、资金、人才等方面的支持，加快推动企业定额的形成。选择已经具备企业定额并用于投标报价的施工企业作为标杆，通过组织企业讲座、参观、培训等方式，大力宣传企业定额的优势，充分发挥标杆企业的带动作用，引导其他企业自己建立或市场采购形成适用于企业自身的计价依据。

2. 企业相关工作建议。建筑企业作为工程价格形成的主体，在构建适应市场经济的工程计价模式中具有重要地位，建筑企业的造价管理能力直接影响着工程计价模式改革进程，决定了计价模式能否真正发挥其科学合理形成价格的作用。同时建筑企业作为工程计价模式的实践者，对市场竞争和价格形成最敏感，如何充分发挥企业在工程计价模式市场化改革中主观能动性是改革能否成功的关键。

（1）提升自身计价能力。目前多数企业处于希望市场形成价格但又难以完全离开政府对工程价格和市场管理的尴尬处境中。有能力的企业希望通过市场完全竞争和企业自主报价来获得工程，占据建筑市场份额；而部分建筑企业却因为自身造价管理能力的不足，对企业实际技术管理水平不清楚，需要依靠政府发布的工程定额进行报价，进而在竞争中生存下去。可以看出，建筑企业的自主报价能力决定了企业对工程计价模式市场化改革的接受程度，而工程计价模式的改革将持续推进，这就要求建筑企业不断提高自身的计价能力，以适应建筑业转型升级的需要，实现国内建筑企业开拓国家市场的目标。

企业应注重对造价管理人员专业技能的培养，通过参与行业内各类培训，及时更新与工程价格形成相关的知识和技能，进而提高企业的计价能力。同时企业要紧跟行业转型升级和工程计价模式发展，通过提升企业技术和管理水平来获得更强的市场竞争力；注重平时工程计价经验数据的收集和积累，整理分析企业价格形成特点，找到企业独特的报价优势和劣势，并通过自主报价在市场竞争中突出企业实力，及时弥补企业在价格形成和市场竞争中的不足，使建筑市场形成良好的竞争氛围，激发企业创新和进步的内部驱动力，促进行业整体技术管理水平的提高。

（2）积极探索适应市场经济的工程价格形成方式。在工程交易过程中，承发包双方作为市场形成和确定工程价格的直接参与者，在市场多样的计价需求方面有着比政府造价管理部门更为敏锐和直观的反应，因此在探索适应各类设计深度、工程管理模式、合同类型、承发包方式的工程计价模式中，企业会有更丰富的经验和应对策略，应配合政府积极探索和完善适应市场的工程计价模式。

承发包双方可以整理各类实际工程项目价格形成经验，以案例的形式上传到政府的造价信息平台，协助政府完善相关工程计价模式，一则有利于尽快形成内容丰富、灵活性强的工程计价模式，便于工程交易双方参考使用；二则加快建筑行业内计价经验的共享和交流，促进行业整体计价管理水平的提高。

（二）完善与工程计价模式相关配套措施

工程计价模式作为价格形成的基础，为企业自主报价提供价格形成指引和计价步骤。然而，实际工程由于建设时间较长、建设过程复杂、市场变化较快等不可控因素的存在，使得工程价格在形成和确定中还需要丰富的造价信息、合理风险分担机制和健全的合同体系的支持，才能保证价格的真实合理，维护承发包双方的利益。

1. 工程合同体系。工程合同作为工程市场交易中确定承发包双方在工程建设期间各方面的权利义务关系的重要文件，是建筑市场下工程价格形成的支持和保障。工程计价模式顺利的应用要求建设工程合同与计价模式的价格形成方式和理念相匹配。

（1）工程合同体系应适应我国市场经济下各类工程价格形成的需求。随着工程计价模式市场化改革的推进，未来将探索适合不同项目管理模式、不同的发包方式、不同设计深度等各类建设工程项目的计价模式，对应需要形成适合每种工程价格形成方式下的合同文件，因此需要在现有的工程合同体系上增加和完善新的合同类型，使其适应我国建设工程价格确定、支付、结算的需要。

（2）工程合同条款需要与工程计价模式的价格计算方法相适应。在完善合同体系的过程中，需要注意各类合同文件下具体条款的制定与此类工程价格形成相适应，在合同指引中明确该合同文本适应工程类别；同时针对不同的工程项目，根据其工程特点和价格形成条件，分别制定与工程价格形成、变更、调整、索赔、支付和结算的相关条款，完善各类工程计价模式下承发包双方价款管理方式，确保工程价格的确定、支付、结算过程的公平公正。

（3）加强承发包双方的合同管理能力和履约精神。上述合同体系是政府发布用以指导实际工程交易中双方合约的制定，实际合同形成过程是根据承发包双方协商完成的，需要承发包双方基于自身的合同管理能力和工程建设诉求进行博弈。因此，为了保证实际交易中形成的工程合同是在平等互利的基础上形成的，承发包双方需要在尽可能实现自身诉求的基础上，正确运用合同管理方法和手段在不损害对方利益的前提下追求利益最大化，这一点与市场经济下市场个体的经济活动目的吻合，是市场机制提高资源配置效率的关键。而在合同制定的基础上，双方需要充分尊重合同规定的权利义务，自觉规范自身在建设工程活动各方面的行为，保证履约质量。同时，良好的合约精神也可以一定程度上限制承包商在市场竞争中的恶意低价、违规操作等违反市场竞争秩序和计价活动的行为。

2. 造价信息体系。随着互联网和大数据的普及和应用，我国正处于信息化快速发展的时期，数据的收集、整理、分析和提炼在部分行业已经具备了较为完整的体系并极大促进了行业的发展。建筑工程计价也是一个需要大量数据支撑的过程，行业技术进步日新月异使得工程消耗量不断在变化，市场波动频繁导致要素价格起伏较大，因此，及时更新的工程造价信息是支持工程价格市场形成的重要保障。为了满足工程计价的需求，造价信息体系需要从以下三点进行完善：

（1）形成动态、及时的造价信息发布。为了保证造价信息动态及时的发布与更新，传统的纸质媒介已经不能适应建筑市场对信息及时性的需求，政府可以通过购买服务的形式采购成熟完善的信息发布平台和云数据管理作为行业内公共造价信息发布和管理中心。政府利用平台发布造价信息的同时鼓励市场内其他企业、组织和机构利用平台提供有偿信息服务，形成多元化的信息发布来源。通过让企业付费获得造价信息的途径来提高信息发布者丰富和更新信息的积极性，促进平台内信息质量和时效的竞争，提高行业内造价信息发布和获取的动态性和及时性。

（2）实施标准、统一的造价信息管理。在公共的造价信息发布平台上，政府角色应由信息发布者转变为信息管理者，为平台内信息发布制定发布标准和发布规则，指导平台内信息提供者正确编制造价信息，统一造价信息分类、信息处理和计算方式；同时监督平台内信息发布质量，制定信息发布质量评价制度，及时清理不符合平台要求或质量评级较低的信息发布者，保证公共造价信息平台内信息的质量，为企业计价、造价管理和成本决策提供准确的造价信息。

（3）促进开放、共享的造价信息流动。通过统一、公共的造价信息平台建立和推广，利用互联网和大数据等信息工具和技术手段，打破各专业、各地区之间的信息封锁，使各类造价信息在专业、地区之间快速共享和获得。公共的信息平台上造价信息发布和共享活跃度的提升也可以进一步提高各类造价信息的更新频率和准确程度，缩短企业在工程计价中信息获取时间，提高工程价格形成中的消耗量和要素价格的准确性，使工程价格的形成更加真实、贴近市场。

3. 工程担保保险制度。建设工程本身具有建设周期长、建设过程复杂、生产要素多、受环境影响大的特点，同时企业在市场竞争中也存在不遵守市场竞争秩序、计价行为不规范等不诚信现象，使得工程价格形成过程中存在较大的风险，因此需要制定相应的工程担保保险制度来降低工程交易中的风险，规范承发包双方的市场行为，维护市场秩序，保障工程价格的合理形成。

（1）检查评价已有工程担保保险制度运行现状。目前我国工程担保和保险制度已经存在，但建筑市场存在企业计价行为不规范、违规竞争的情况，工程建设也存在较多的质量安全问题、企业失信现象，严重破坏了建筑市场秩序和企业间互相合作、相互信任的关系。工程计价模式进一步市场化改革对市场竞争提出了更高的要求，需要一个可靠、有效的工程担保保险制度来为未来多种价格竞争方式保驾护航。因此，政府需要全面检查和评价已有的工程担保保险制度，对市场上的各类担保公司的担保能力和业务类别进行评价，清理不具备担保资格、违规经营的担保机构，加强对企业担保建立和实践的监督管理，使工程担保保险制度成为降低承发包双方工程风险、合理维护双方利益的有力保障而非空谈。

（2）完善工程计价全过程工程担保保险制度。随着建筑市场的不断发展，工程担保保险制度也应随着市场各类担保保险需求的增多而逐渐丰富和完善。在检查评价已有工程担保保险制度运行的基础上，充分发挥市场作用，通过市场诚信体系的建立对企业担保保险进行分类管理，对不同信用评级的企业采用有差异的担保保险获取方式来促进企业自觉规范计价行为和其他工程经济活动。同时，丰富工程担保保险类别，为建筑市场中各类企业在工程各阶段提供信用或风险保障服务。

（三）建立有序的建筑市场

市场经济下工程价格形成的基础环境就是建筑市场，市场环境对工程计价模式下工程价格能否合理确定有很大的影响。建筑市场受建筑产品特性的影响，其市场交易期限较长，交易方式主要是先确定价格后交付产品，市场长期处于供大于求的基本情况，因此建筑市场竞争较为激烈的同时对承发包双方的经济活动规范程度要求较高。工程价格的合理确定需要依托良好的建筑市场环境，而有序的建筑市场环境形成有赖于有序的竞争秩序和规范的竞争行为。

1. 调节建筑市场结构。目前我国建筑市场结构的不合理是造成市场竞争过度、竞争混乱的源头，因此，应通过调节建筑市场结构为不同类型的建筑企业提供合理的生存空间，提高市场竞争质量。形成层次化市场竞争结构是调节建筑市场结构的首要任务，通过鼓励大型企业拓展业务范围、小型企业向专业化领域发展的方式改变原子型市场的竞争局面，逐渐拉开各类企业在承接工程的规模、专业技术、管理方式等方面的差异，在统一开放的建筑市场下，各类企业都有自己合理的生存和竞争空间。

（1）通过市场自身优胜劣汰和选择过程建立适当的准入退出机制。建筑行业通过技术创新、资金实力、信用评价等条件对进入市场的企业进行筛选，确保其生产能力和企业信誉符合市场发展要求，同时将行业内生产力落后、信用较差、资金周转不畅的企业通过市场优胜劣汰的过程自然清理出去，保证建筑市场内企业具备合格的参与竞争的实力。同时还应消除建筑业专业市场之间的壁垒，促进专业市场的发展，形成总包—专业分包—劳务分包层次清晰的市场结构和竞争格局。

（2）解除各专业和地区市场之间的封锁。通过行政手段、市场机制和企业利益驱动等方面加速瓦解各市场间的进入壁垒，清理有悖于市场统一开放的条款制度、审批程序等，政府和企业建立面向全国的电子招投标平台，促进建筑市场的一体化，使更多的企业有机会参与各地的市场竞争，进一步推动工程价格全面市场形成。

2. 规范企业竞争行为。建立健康的建筑市场环境从宏观层面以调节建筑市场结构为主要手段，而从微观上需要对企业计价行为和竞争行为进行管理和监督。我国建筑市场企业的竞争主要集中在建设工程的招投标环节，通过招投标环节的择优机制来实现市场资源的合理配置。在招投标中竞争机制的设置是决定市场竞争效率的关键，诚信体系是保障竞争机制正常运转必不可少的措施。

（1）完善建筑市场竞争机制。在统一开放的建筑市场环境下，如何进一步提高市场竞争质量和资源配置效率是我国市场形成工程价格下一步需要考虑的问题。目前我国建筑市场内的招投标中标主要包括最低价中标、合理低价中标和综合评分等方式，其中最低价中标法是最贴近市场经济下竞争机制的方法。在工程计价模式市场化改革进一步推进的过程中，需要大力推广最低价中标法来促进市场竞争，保证市场形成价格的透明和公正，同时通过法律、计价规范、合同等文件的保障和约束，正确引导企业在最低价中标的基础上根据自身实力进行报价，激励企业进行技术创新和管理优化来保持市场竞争优势。最重要的是最低价中标法可以有效限制在招投标过程中的违规操作，减少人为因素对中标结果的影响，确保市场竞争活动的公平、公正、公开。

（2）诚信体系规范企业行为。由于目前建筑工程市场中企业计价行为不规范、恶意竞争等现象仍普遍存在，业主在通过市场竞争选择承包商时仍不能完全放心地采用最低价中标的招标策略，因此需要通过行业内诚信体系的建立和完善来保障市场竞争机制的良好运转。从政府管理角度，政府应完善诚信体系与其他市场机制相配合的作用过程和方式，通过结合行业诚信法律法规、违规惩罚制度、工程担保保险制度等，加强建筑业企业市场行为诚信意识，增加企业诚信评价在市场活动中的影响力。同时，在未来市场化改革中不断扩大诚信体系的覆盖范围，借助行业协会和社会评价机构的力量完善诚信体系中企业的信用记录，并将信用记录引入招投标过程中，通过对企业技术标、商务标和诚信评级的综合考虑来帮助业主选择中标单位，协助政府管理建筑工程市场秩序。从企业的角度，诚信体系的建立和运行最终目的是规范企业市场计价和竞争行为，减少市场内虚假价格、围标串标、恶意竞争等不良行为，企业也应主动关注自身在市场活动中的行为规范，加强企业内部诚信管理和培训，形成诚信为本的企业准则和企业文化。

构建适应我国市场经济的工程计价模式，不仅要考虑市场经济下工程价格科学合理的形成方式，还需要为工程计价模式的应用提供支持和有利的环境和配套体系。同时，工程计价模式的市场化改革不能仅靠政府一力推进，还需要市场和企业的密切配合，政府制定工程价格形成方式以及相关法律、计价规范等文件、搭建造价信息平台、构建保障体系等方式为市场形成工程价格奠定可靠的基础，而市场需要通过合理的市场结构和良好运转的竞争机制，确保工程价格在健康的市场环境下确定，最后企业需要基于对自身生产力和技术管理能力的充分理解，结合市场竞争程度和企业战略进行科学合理的报价。因此，工程计价模式不仅仅是一种价格形成方式，而且是以工程价格形成为核心综合工程实际消耗、要素价格、费用形成等造价信息通过政府、市场和企业的合理分工合作及各类配套制度和保障体系相互作用的一整套工程价格形成和确定体系，通过体系的内部调节和外部影响指导和调节我国建筑市场的供需平衡，随着整个工程计价模式体系的市场化程度的提高，促进行业技术创新和管理水平提升，不断优化建筑业资源配置效率，带动整个建筑业可持续健康地发展。

第四节　项目决策阶段的造价管理

一、决策阶段造价控制

建设项目投资决策是指投资者通过调查、分析、研究，对拟建项目的投资规模、投资内容、投资方向、投资分配进行充分了解，对拟建项目的选择、选址、布局进行可行性及必要性分析，并在进行技术经济论证的基础上做出决策的过程。建设项目投资决策阶段的造价控制主要从整体上控制工程造价，即分析确定项目规模、建设标准、项目可行性、影响工程造价的主要因素、对拟建项目编制投资估算、进行经济评价、财务评价、社会效益评价、风险规避管理等。

（一）确定项目规模

项目规模是指项目的占地面积、建筑高度、建筑面积、投资总额等。确定项目规模，就是要综合考虑拟建项目的市场因素、技术因素、环境因素，来选择拟建项目的建设规模。项目规模的合理确定，对该项目的成功起到决定性的作用。

（二）项目可行性分析

项目的可行性分析是项目决策前必不可少的关键步骤。项目可行性分析是通过对拟建项目市场、经济、环境、选址、规模、工艺技术、人员组织、效益及风险等方面，进行经济计算、比较论证和综合评价后确定最佳方案，得出结论性意见，为项目决策提供科学可靠的依据。

（三）编制投资决策阶段的投资估算

建设项目投资估算就是指在项目投资决策的阶段，依据国家相关规定并参考行业相关工程投资估算的指标，以当时情况为基础对拟建项目从决策至竣工期间的投资数额进行预测估算。

（四）对拟建项目进行经济财务评价

建设项目经济财务评价是根据我国现行的财务税收制度，通过分析、计算项目直接发生的财务效益和费用，编制财务报表，计算评价指标，考察项目盈利能力、清偿能力以及外汇效果分析等经济财务状况，据以判别项目的财务可行性。除此以外还需要进行国民经济评价和社会效益评价，并对拟建项目进行风险辨识，采取有效的风险防范措施，提高其抗风险的能力。

二、设计阶段造价控制

设计阶段是建设项目由计划变为现实具有决定意义的工作阶段。建设项目从决策到初步设计结束仅占工建设项目总价的 1%，对工程投资的影响却达到了 75%。设计阶段是除决策阶段外另一个对工程造价影响较大的阶段，其决定了建设工程的工期、工程造价、工程质量以及使用效果。因此设计阶段也是建设项目造价控制的关键环节。设计阶段造价控制主要体现在优选设计方案、编制设计概算、编制施工图预算这几个方面。

（一）建设项目设计的含义

建设项目设计是指设计人员根据已批准的建设项目的设计要求和可行性研究报告，为实现拟建项目的使用功能、技术经济要求，编制建设项目设计文件的工作。

（二）建设项目设计的阶段

建设项目设计可划分为“两阶段设计”和“三阶段设计”。一般工业建设项目与民用建设项目设计采用“两阶段设计”，分别为初步设计和施工图设计。参考经验较少且技术复杂的建设项目采用“三阶段设计”，分别为初步设计、技术设计和施工图设计。

（三）建设项目的设计程序

1. 设计准备。设计单位需落实并熟悉设计任务书，进行现场踏勘、必要设计资料的收集等，完成设计前的各项准备工作。

2. 初步方案。设计单位根据建设单位的设计任务书与准备阶段所收集的资料，完成总体布局，并给出初步方案。

3. 初步设计。设计单位根据初步设计方案、可行性研究报告、设计任务书等相关基础资料，完成初步设计。

4. 技术设计。设计单位在完成初步设计的基础上，完成技术设计、核对并修正设计概算。

5. 施工图设计。设计单位在技术设计获得批准，设计概算进行修正的基础上，进行施工图设计，并完成施工图预算编制及审查。

6. 设计交底。施工图设计完成后，现场施工开始前，由建设单位组织设计单位、监理单位、施工单位进行设计交底，相关专业设计人员与建设、监理和施工单位通过图纸会审，对施工图设计不合理或者错误的地方进行修改。

7. 配合施工。设计单位在施工过程中派相关专业的设计人员参加隐蔽工程验收、竣工验收并进行设计总结。

（四）建设项目设计方案的优选

建设项目设计方案的优选由多个方案对比、评选实现，在给出相同设计任务的基础上，由多家设计单位提供设计方案进行优选效果更佳。这一过程可通过建设项目设计招标来实现。

1. 建设项目设计招投标的概念。建设项目设计招标是指招标人（建设单位）对完成项目决策后的拟建工程，提出设计任务，通过公开招标或者邀请招标的形式，吸引满足招标文件要求的投标人（设计单位）参与竞标，通过评标，择优选出中标人的法律行为。投标人（设计单位）必须在规定的时间内向招标人（建设单位）递交投标文件，通过评标从投标人中选择条件优越、价格合理且设计方案经济、实用、美观的投标人作为中标人。建设项目设计招标通过投标人（设计单位）之间的竞争，促使设计单位采用先进技术、选择环保经济的建筑材料，拿出经济效益更好的设计方案。建设项目设计招标分为公开招标和邀请招标两种方式。公开招标指招标人通过网络、报刊、电视等媒介发布招标公告，向公众明示其招标要求，使尽可能多的不特定潜在投标人参加投标竞争的招标方式。邀请招标是指不发布广告，招标人根据已掌握的承包单位的资质和业绩等信息，向三个以上承包单位，发出招标邀请书。

2. 工程设计招标的步骤。工程设计招标需由招标单位编制招标文件并发布招标公告或招标邀请后，对参与投标单位进行资格审查。之后招标单位向审核通过的投标单位发售招标文件并组织投标单位踏勘工地现场。在规定的时间内接收投标文件后进行开标，根据评标办法进行评标，由得分最高者中标，并向中标单位发出中标通知书。

（五）建设项目的设计概算

1. 建设项目设计概算的内容。建设项目设计概算是指在初步设计阶段，设计单位根据设计要求、初步设计图纸、概算定额等相关文件，对建设项目全过程所发生的费用的概略计算。建设项目设计概算包括单项工程概算、工程建设其他费概算、预备费、投资方向调节税、建设期利息、经营性项目流动资金。其中，单项工程概算包括单位工程概算和单位设备及安装工程概算。

2. 建设项目设计概算的作用。建设项目设计概算是确定和控制我国基本建设投资、编制基本建设计划、择优选择设计方案的依据。

3. 建设项目设计概算的审查。对设计概算的审查就是从合法性、合理性、适用性、经济性等方面对设计概算进行审查。设计概算的审查有助于提高设计技术的先进性与项目投资的经济性。

（六）建设项目的施工图预算

1. 建设项目施工图预算的内容。施工图预算是根据施工图设计文件，尽可能准确提取其中的工程量，套用规定的清单、定额、取费依据等，在考察材料价格后进行编制的能够较精确反映拟建项目建设费用的设计文件。

2. 建设项日施工图预算的作用。建设项目施工图预算的主要作用是控制施工图设计阶段在预算造价过程中不突破设计概算，从而达到设计阶段控制工程造价的目的。除此以外施工图预算还是建设单位筹集资金、招标阶段上限控制价、投标单位投标报价、施工单位编制进度计划等的依据。

3. 建设项目施工图预算的审查。施工图预算的审查就是要审查工程量清单是否准确、定额套用是否正确、材料价格是否符合市场行情、取费是否符合国家规定，等等。

第五节　项目招投标阶段的造价管理

一、建设工程招投标的概念

（一）建设工程招标的概念

建设工程招标是指招标人（建设单位）对拟建工程发包之前，通过公开或者邀请招标的形式，吸引投标人（承包单位）满足招标文件要求的前提下进行竞争，通过评标选择条件优越、价格较低且合理的投标人作为中标人的法律行为。

（二）建设工程投标的概念

建设工程投标是指进过资格预审合格的投标人（承包单位），根据招标文件要求，在规定时间能向招标人提交编制好的投标文件，争取中标的法律行为。

二、建设工程招标范围的要求

根据《招标投标法》和国家计委《工程建设项目招标范围和规模标准规定》(国家计委令第3号)的规定：

（1）大型基础设施、公用事业等关系社会公共利益、公众安全的项目；

（2）全部或者部分使用国有资金投资或者国家融资的项目；

（3）使用国际组织或者外国政府贷款、援助资金的项目。

上述三类项目包括项目的勘察、设计、施工、监理以及与工程建设有关的重要设备、材料等的采购，如达到下列标准之一的，必须进行招标：

（1）施工单项合同估算价在200万元人民币以上；

（2）重要设备、材料等货物的采购，单项合同估算价在100万元人民币以上；

（3）勘察、设计、监理等服务的采购，单项合同估算价在50万元人民币以上；

（4）单项合同估算价低于第（1）、（2）、（3）项规定的标准，但项目总投资额在3000万元人民币以上的。其中关系社会公共利益、公众安全的公用事业项目的范围：

①供水、供电、供气、供热等市政工程项目；

②科技、教育、文化等项目；

③体育、旅游等项目；

④卫生、社会福利等项目；

⑤商品住宅，包括经济适用住房；

⑥其他公用事业项目。

三、建设工程招标方式

建设工程招标分公开招标和邀请招标两种。

（一）公开招标

公开招标属于无限制性竞争招标，指招标人通过网络、报刊、电视等媒介发布招标公告，向公众明示其招标要求，使尽可能多的不特定潜在投标人参加投标竞争的招标方式。公开招标公平性较高，选择性较强，也可以在较大程度上避免招标活动中内定贿标的行为。但由于投标人较多，也增大了招标工作量，增加了招标时长。

（二）邀请招标

邀请招标是指不发布广告，招标人根据已掌握的承包单位的资质和业绩等信息，向三个以上承包单位，发出招标邀请书，由被邀请的承包单位参加投标竞争的招标方式，属于有限竞争招标。邀请招标的公开性不如公开招标，选择性较低，但是招标时间较短，投标人较少，招标费用较低。

四、招投标阶段造价控制的内容

（1）招标人确定合理的招标方式。招标人应根据国家法律规定，确定合理的招标方式（邀请招标或者公开招标），这也是合理确定工程造价的基础。

（2）招标人选择合理的承包方式。承包方式分为总承包、联合承包、平行承包和合作承包方式，不同的工程选用不同的承包方式，因而工程的造价也不同。

（3）招标人编制招标文件，提供工程量清单，确定最高限价。

（4）投标人根据招标文件、施工图纸等相关文件编制投标资料，确定投标报价。

（5）投标人投标，招标人开标，评标。

（6）招标人根据评标结果确定中标人，并签订合同。

承包单位在与发包单位签订合同后，便按照合同及设计文件的要求进行建筑施工。由于建设工程建设周期较长，施工过程又具专业多、环节多、条件复杂等特点，同时在施工过程中还会遇到图纸变更，人工、材料、机械的价格波动，工程索赔，工期变化等情况，因此施工阶段的造价控制也是一个动态过程。

五、施工阶段影响造价的因素

施工阶段影响造价的因素分为外部因素和内部因素。

（1）外部因素是指国家、市场、自然条件变化等不可预料、不可控制或者不可抗拒的因素。如国家财政对汇率、税率、利率等的调整将直接影响到工程利润、建设期贷款利息等因素，从而影响工程造价。材料价格的波动在以清单模式招投标的活动中，风险属于投标单位，因此在综合单价的组成中也要考虑价格风险因素。材料价格的波动也影响着施工单位最终利润的增减。自然条件变化分为两种，其一是指气温、降雨、大风等因素造成施工难度增加，从而影响工程造价；其二是指洪水、地震、暴雨、台风等不可抗力对工程造成破坏，从而影响工程造价。

（2）内部因素是指建设单位、施工单位、设计单位等人为对工程造价造成的影响因素。属于建设单位的因素有：对工程提出变更要求，造成工程量的增加或者减少；

延误或者暂停施工，造成施工单位的索赔；工程进度款的支付延误造成施工单位索赔等。属于施工单位的因素有：施工管理、工艺问题造成的窝工、返工，增加施工费用；工程延误造成建设单位索赔；违约或者工程质量问题造成建设单位索赔等。属于设计单位的因素有：设计变更造成工程量的变化；设计失误造成的返工或者索赔等。

六、施工阶段造价控制的措施

施工阶段是资金大量投入的阶段，也是造价控制的重要阶段。在施工阶段需要通过合同控制、施工组织安排、经济措施、技术措施来合理控制费用支出。

（1）合同控制。通过签订的合同条款中对已完成工程费用支付、变更签证、风险范围以外综合单价的调整等控制工程造价，严格执行施工合同的规定。

（2）施工组织安排。监督施工过程是否与施工组织设计安排一致，制定周计划、月计划，执行例会制度，及时纠正工期偏差。

（3）经济措施。制定资金使用计划，分解造价控制目标到各分部分项工程。对已完工程量在支付进度款前进行计量，并复核报量。核对变更签证。对比分析造价实际支付与计划支出是否一致，若出现偏差，及时纠正。以投标文件为基础，以变更签证为依据对施工单位提交的结算文件进行审核。

（4）技术措施。在施工过程中积极使用新技术、新工艺，对原有工序进行改进，提高劳动生产率，降低工程费用。

第六节　项目竣工验收

一、竣工验收的概念

竣工验收是由建设单位、施工单位、监理单位、设计勘察单位等相关验收单位参加的，根据设计文件以及国家规定的验收规范等文件要求，对已完成的建设项目进行验收、综合评定的过程。

二、竣工验收的作用

（1）检查工程质量是否符合施工验收规范的要求，保证建筑满足设计使用的要求。

（2）经过竣工验收后可总结工程造价的管理经验，提高管理效率及建筑的经济性。

三、竣工决算的概念

竣工决算是指综合反映建设项目从决策开始至竣工验收完成交付使用为止，建设项目所产生的所有费用、财务状况的经济文件。竣工决算以实物数量和货币指标作为计量单位。

四、竣工决算的作用

（1）竣工决算综合反映建筑工程的财务状况。

（2）竣工决算能够全面准确地反映建筑工程的全部投资。

（3）竣工决算可以反映施工图预算与实际成本的偏差，考核施工图预算的执行情况。

五、竣工验收阶段造价控制的内容

（1）根据施工图纸及验收规范等文件对已完成的建设项目进行验收，并按照施工合同的规定通过验收结果；或对验收不合格的内容提出整改或索赔。

（2）对竣工决算文件进行审核，对变更签证的工程量进行复核。按照合同规定执行价格变更内容。

第七节　后评估阶段的造价管理

一、建设项目后评估的定义与基本原则

建设项目后评估又称为项目事后评价，是指在项目建成投产并达到设计生产能力后，通过对项目前期工作、项目实施阶段、项目运营阶段的综合研究，衡量和分析项目的实际情况及与预测情况的差距，确定有关项目预侧和判断是否正确并分析其原因，从项目完成过程中吸取成功经验和失败教训，为今后改进项目准备、决策、管理、监督等工作创造条件，并为提高项目投资效益提出切实可行的对策措施。后评估对于项目本身已经没有实际意义，但是对于学习和吸取经验教训，为未来项目管理打下牢固基础，其重要性不言而喻。开展项目后评估必须遵循项目评估的一般原则，还应当遵守项目后评估本身所具有的一些基本原则，包括项目前后对照原则、“惩前毖后”的原则、独立评估的原则、实用性原则，真正做到把后评估工作做到位。

二、建设项目后评估的主要内容

建设项目后评估的基本内容包括建设项目过程评估、建设项目效益评估、建设项目持续性评估和建设项目影响评估。

（一）建设项目过程评估

建设项目过程评估一般是对项目立项时所确定的目标和任务与项目实际运行结果进行对比，分析和评估项目执行过程的实际情况，从中找出产生变化的原因，总结经

验教训。过程评价包括：项目前期决策、建设准备、建设实施、竣工投产等方面的评价。主要内容：①对施工准备、招标投标、工程进度、工程质量、工程造价、工程监理评估；②合同执行情况评估；③对工程技术经济指标的分析；④项目的生产管理分析；⑤项目的经营效益分析。

（二）建设项目效益评估

建设项目效益评估包括：项目的财务效益后评估、项目的国民经济效益后评估。财务评价是在国家现行财税制度和价格体系下，从项目投资者的角度，根据后评价时点以前各年实际发生的投入产出数据以及这些数据分析项目的实际财务情况，计算实际达到的评估指标。国民经济评价是从国家整体角度考察项目的费用和效益，采用影子价格、影子工资、影子汇率和社会折现率等参数，计算项目对国民经济的净贡献，据此判断项目的经济合理性。

（三）建设项目持续性评估

建设项目持续性评估就是对项目在未来运营中实现既定目标以及持续发挥效益的可能性进行预测性分析。项目的持续性评估的主要分析以下因素及条件：

（1）持续能力的内部因素，包括财务状况、技术水平、污染控制、企业管理体制与激励机制等核心是产品竞争能力。

（2）持续能力的外部条件，包括资源、环境、生态、物流条件、政策环境、市场变化及其趋势等。

（四）建设项目影响评估

建设项目影响评估是对项目建成后对国家、项目所在地区的经济、社会和环境所产生的实际影响所进行的评估，据此判断项目决策宗旨是否实现，重点分析项目社会发展的影响。建设项目影响评估的内容包括：

（1）对地区环境质量的影响。主要是对照前评估时批准的“环境影响报告书”，重新审查项目对环境产生的实际影响，主要包括项目的污染源控制、区域的环境质量、自然资源的利用、区域的生态平衡和环境管理能力五个方面的内容。

（2）社会影响评估。既分析项目对社会的贡献与影响，又分析项目对社会政策贯彻的效用。研究项目与社会的相互适应性，其包括：对居民生活条件和生活质量的影响；对就业的影响；对当地基础设施建设和未来发展的影响；对项目所在地的收入分配的影响；对居民的生活条件和生活质量的影响等。

三、项目后评估的主要方法

（一）对比法

对比法是工程投资项目后评价的一种基本方法，即通过项目产生的实际效果与决策时预期目标相比较，从差异中发现问题、分析问题，总结经验教训。对比法包括前后对比和有无对比两种方法。

“前后对比法”是将项目实施前所预测的效益与项目竣工后的实际结果相比较，以找出其变化和原因。前后对比法是通过大量的参数比较，将项目执行前后的有关情况进行对比，从中获得评估的依据。其缺陷在于如何将被评对象所产生的效果和其他外在因素、偶发事件、社会变动等所造成的效果加以明确区分。虽然存在缺陷，但是这种对比是进行后评估的基础，特别是在对项目财务评价和工程技术的效益分析时是不可缺少的。

“有无对比法”是指将项目实际发生的情况与若无项目实施可能发生的情况进行对比，以度量项目的真实效益、影响和作用，但是这种方法往往无法确定地描述，因此只能用一些方法去近似度量项目的作用。目前最理想的做法是在一定范围外找一个类似的“对照区”(该地区的基本条件应与项目启动前项目区的基本条件相近)来进行模拟和比较。常用于项目的效益评价和影响评价。

（二）逻辑框架法

逻辑框架法(简称 LFA)是一种概念化论述项目的方法，即用一张简单的框图来清晰地分析一个复杂项目的内涵关系。是将几个内容相关、必须同步考虑的动态因素结合起来，通过分析其间的关系，从设计策划到目标、目的确定来评价一项活动或工作。

（三）层次分析法

层次分析法(AHP)就是将研究对象和问题分解为不同因素，按照各因素之间的相互关系建立自上而下、由高到低排列的层次结构，在每一个层次上依照某一特定准则，对该层次各因素进行分析比较，并对其相对重要性进行定量表示，利用数学方法确定该层次各项因素的权重值，通过排序对问题进行分析和决策。通过这种方法可以把定性分析和定量分析有机地结合起来，并且使复杂的问题显得层次分明、相互关系清楚。

在进行项目后评价时，运用层次分析法可将一个复杂的问题分解为各个组成要素，按照其不同属性，组成相应的层次结构，上一个层次的因素对相邻的下一个层次的全部或某些因素起着支配作用，形成按层次从上到下的逐层支配关系。根据以上分析，运用层次分析法可从系统的角度对项目总体效果给出一个的全面、客观的评价，运用层次分析法的过程可基本归纳为以下五个步骤：

（1）根据项目评价的指标体系建立层次结构模型；

（2）构造判断矩阵；

（3）层次单排序；

（4）层次总排序；

（5）一致性检验。

（四）成功度法

即专家打分法，是一种综合评价方法。其依靠专家的经验，根据项目建立一套评价指标体系和各指标的权重，通过对项目的各项指标打分或评级的方法，最后得到项目的综合得分，从而判别项目的实现程度。成功度法的关键在于要根据专家的经验，结合项目的实际情况建立合理的指标体系，并采用适当的方法对各个指标进行量化处理。缺陷在于定性分析较多，定量分析较少，受评价人员的主观因素影响较大，得出的评价结论往往带有一定程度的片面性和静止性。

四、项目工程造价后评价内容

设置建设项目后评价指标是为了衡量和分析建设项目实际效果以及建设项目实际效果与预测效果偏离的程度，其可为建设项目后评价的定性分析提供依据。着重抓住项目的投资决策、投资管理、资金使用和投资效果四个环节来评价经济性、效率性和效果性，以达到节约投资、减少损失浪费、提高投资效益的目的。一方面要紧紧围绕投资决策、投资管理等环节，抓住资金流程整个主线，从立项、拨付、管理和使用等环节进行检查，重点查处和反映由于决策失误、管理不善等造成的严重损失浪费问题；另一方面要紧紧围绕投资的经济性、效率性和效果性，对整个项目进行评价，主要评价是否达到了预期的目标，经济效益和社会效益是否得到提高。以下围绕工程建设的过程确立后评估指标。

（一）投资决策阶段的后评估

在投资决策环节，侧重点为经济性和效果性。从项目决策程序、可行性研究和项目设计着手，注重对投资决策的科学性、合理性作出独立评价。通过运用对比分析法，将项目可行性研究报告、初步设计等前期计划与项目实际运营结果相比较，以发现项目可行性研究不充分、决策不科学等情况，找出变化及其原因。

（二）勘察设计阶段的后评估

对项目勘测设计的后评价主要是针对项目设计方案的评价，包括设计指导思想、方案比选、设计变更等各方面的情况及原因分析。查询是否采用了价值工程、限额设计等方法。在这里可以进行两项对比：一是项目实现环境与可研阶段预测是否发生变化；

二是项目实际实现结果与勘测设计时的变化和差别。

（三）采购招投标阶段的后评估

对采购招投标工作的后评价，应该包括招投标公开性、公平性和公正性的评价，此处围绕招标方式的选择进行分析。工程项目选择怎样的招标方式来选择实施单位关系到工程经济合理性的方面。主要招标方式包括公开招标，即无限竞争性招标；邀请招标，即有限竞争性招标；议标方式等。项目采购招标的主要内容有：建设工程、设备物资、咨询服务等三项采购。

（四）工程实施阶段的后评估

建设实施阶段是项目建设从书面的设计与计划转变为实施的全过程，是项目建设的关键，项目建设实施阶段的后评价包括：项目的合同执行情况分析，工程实施及管理分析，项目概预算的执行情况分析，检查工程结算和决算情况，看工程价款结算与实际完成投资的真实性以及工程造价的有效性等。本书的评价主要是指项目建设单位对工程的造价指标的控制能力及结果的分析。总之，在项目实施阶段，后评价应抓住项目周期关键时点的主要指标的变化，找出差异或偏离，就可以比较顺利地进行分析和评价。

（五）项目后评价案例分析

1. 项目工程概况。合肥信地红星美凯龙全球家居 MALL 位于安徽省合肥市新站区，作为百万平方米“城市综合体”——信地·城市广场的首期标杆项目，总建筑面积为 122085m^2，其中地上 98956m^2，地下 22113.9m^2，地上 5 层，地下 1 层，建筑高度 25.7m，设计使用年限为 50 年，防火设计类别为一类 (针对高层)，耐火等级一级，屋面防水 II 级，抗震设防烈度为七度，主要结构类型为钢筋混凝土框架结构。

2. 项目前期准备阶段后评估。

(1) 总体规划的调整对成本的影响。五号地块规划按整体的营销策略进行调整而取消服装 MALL，造成已基本施工完成结构工程的地上立体车库功能过剩，相应地造成成本绝对数增加而浪费；考虑到车流动线与整个家居 MALL 的配套关系，如要将车库局部功能改为他用，会造成改造单位成本大增，同时由于层高的关系使得改造效果亦达不到正常设计的使用效能。同时立体车库工程投入使用后，产生不了预期的效益，不但占用了资金，也增加了财务的融资成本 250 万元，从而加大了项目的投资成本。

(2) 招商、营销的调整导致成本增加。家居 MALL 五层挑高部分按整体招商要求改变建筑布局，造成改造单位成本大增。结构上钢结构及原结构加固比钢筋砼结构成本高得多，建筑上轻型墙体材料要比普通材料墙体单方造价高，同时从改造后的使用效果来看也存在使用功能不足的弊端。此外，由于招商和工程的不同步，不可避免地造成了根据商户的要求进行的拆改，如门头的拆改、隔墙的拆改等。该部分拆改费用也对成本造成了一定的影响。

（3）工程开发对成本的影响。首先合理利用政策，争取到主管业务部门的支持，降低工程投入。例如发挥熟悉地方政策的优势对龙门岭变配电工程取得相关主管部门的支持，采取从龙门岭变电站沟通的方式，打破了常规的做法，在供电回路的建造中采取折中方案，节约了约 265 万元投资。另外通过和政府部门的友好沟通，降低给水、热力、燃气等市政费用。针对以上情况，究其主要原因是在工程建设前期缺乏对工程各个相关系统的规划论证，使得在工程建设中出现由于功能、市场等方面的影响造成工程造价的提高，因此建议从以下几个方面进行改进：

①充分地对功能、招商、营销、市场等多系统调研，科学进行规划论证，达到功能与成本的最佳匹配，使规划方案切实可行；同时由于商业项目招商的不确定性和工期短的特殊性，后期根据招商业态进行结构变更、加固是商业项目工程在所难免的现实，对于暂时无法确定的业态及业态组合在结构上设计上留足改造的余量，可防止工程的功能与成本不匹配而造成单位改造成本大增或可大幅降低改造成本。

②加强各个部门之间的有效沟通，建立有效的沟通机制，避免信息传递的不到位或信息偏差造成设计及工程的反复及拆改，从而造成不必要的成本浪费。招商工作在条件许可的情况下尽量先行，招商部门对潜在客户的需求及对工程的特殊要求及时和设计和工程沟通，参与重大设计、效果、工程施工等的研讨，使沟通渠道更加顺畅，从而更好地控制工程成本。

3. 项目设计阶段后评估。

（1）优化设计对成本的影响。在家居 MALL 工期紧，任务重的情况下，通过优化设计，在不降低项目品质及保证使用需求的前提下降低工程成本。例如根据其他项目的经验，工程系统主要对风管材料由镀锌铁皮加保温改酚醛风管及玻璃钢风管、钢质防火卷帘加水幕保护方式改无机卷帘、内墙面刷乳胶漆改刮弹性耐水防霉腻子、弱电由购物中心标准改为满足家居 MALL 标准等项进行设计优化，内装地砖根据实际使用功能及效果进行评估，由原设计 600mm×600 mm 改成 800mm×800mm，综合以上设计优化，节省了投资成本约 1972 万元。

（2）规划设计及施工图设计不到位对成本的影响。规划设计及施工图设计应建立在成本控制的前提下，进行限额设计，对产品及设备的定位应比较准确。但在家居 MALL 施工过程中，出现设计定位不准不到位等原因造成成本增加。譬如租售中心的空调工程，如设计成多联机完全可以满足使用要求，但却设计成中央空调，该项直接增加成本 60 余万元。

（3）施工图设计时间节点与工程不同步对成本的影响。譬如采光顶设计时间节点滞后，给工程施工及成本控制带来了很大的难度，仅施工期间的雨水排水费用就发生了 10 多万元，且不好界定责任单位，增加了工程的成本。再譬如，由于内装图纸设计节点的滞后，造成消防喷淋系统施工时，无法预知吊顶的布局，造成后期喷淋管上喷改下喷的设计变更，增加造价约 50 余万元。

（4）施工图不完善对成本的影响。施工图设计时，因时间紧迫等因素，造成很多细部节点设计遗漏，造成后期整改。譬如通道防火卷帘加防火门无细部做法，造成后期整改，增加造价约 15 万元；内装中庭灯带、内装应急照明、卫生间手纸箱、卫生间门等项目漏设计，造成招标时未列入总价，很大程度上影响了内装的成本控制。

（5）规划设计效果对成本的影响。在外装设计楼顶小屋面为了达到设计整体效果，采用的石材单价为 280 元 /m^2 的山西黑，屋面面积为 450 m^2，仅此一项就造成了 10 余万元的成本增加。而根据使用功能使用部位，完全可以采用档次较低的材料进行施工。分析以上状况，在设计阶段由于规划设计的不完善留下很多的隐患，使得在工程实施过程中不得不改变方案增加成本来达到功能的完善，但是在设计阶段中也运用了优化设计方法，在不降低项目品质及保证使用需求的前提下降低了工程成本。因此，如果能在设计阶段中很好地运用限额设计、优化设计、价值工程等方法，可以节约很大部分工程成本。因此这就要对设计人员提出要求——不仅要在设计方面具备较高的专业素养，而且要求在工程成本的控制上达到一定的专业能力。

4. 项目招投标方式选择与后评估。本工程评标方法分为综合评分法和合理低价法两种，评标方法的采用方式一般根据各招标工程的技术、经济特点在招标文件中已经规定好，在实践中也证明方法采用得当与否与工程实施过程中技术、商务管理难易程度直接相关，一般情况如下：

（1）对于系统复杂的工程，主要考虑的是技术因素，应尽量采用综合评分法，以期以增加不多的成本，换取系统长时期稳定、高效运行及完善、及时的售后服务以及过程管理目标相对容易实现。

（2）对于技术成熟、技术更新周期长、维保要求低、市场价格透明度高的工程、设备，主要考虑价格因素，采用合理低价评分法以期降低投资成本方为上策。

本工程总计完成各项招标及直接委托业务 52 项，其中工程招标 15 项，设备招标 15 项，询标 5 项，直接委托 17 项，金额 1.563 亿元，中标单位投标报价 1.725 亿元，通过商务分析及询标，节约造价 1622.31 万元，节约金额比例 10.38%。完成材料限价工作 1091 万元，核减额 418 万元，核减率 27.7%。但是招标工作中尚有许多值得反思及改进的地方：

①部分合同考虑不完备，给施工造成了阻力。如水泵招标，未考虑到有可能发生的图纸变更，从而对于合同外增加没有价格的水泵，包括付款、送货等未有约定，导致合同外变更事项发生后，水泵厂家提出先给预付款再排产，否则不予送货的要求，而根据合同条款却无法追究其违约责任。只能另行寻找有良好合作意愿的单位重新洽商送货，给工程管理造成了一定的难度。

②有些设备合同的备品备件清单所列材料不齐备。收货单位收货后丢失需要补货时，价格无法确认，送货单位趁机哄抬价格，进而影响了设备的调试工作。如在水泵合同中，清单中无明细组件费用价格清单，导致施工单位补货时，本应不到 500 元的部件，要价 1600 元，虽在成本控制中心的多方协调下，收货单位自行解决了，但却为此影响了调试工作的进行。

③前期签订的部分合同无完备的合同清单。虽然投标文件是合同的组成部分，但每个合同应有完备的合同清单，将投标时投标单位的承诺等因素细化到合同清单内。否则将会因为无完备的清单，施工过程中出现扯皮，进而影响工程进度，也为结算理下隐患。

④有些合同清单中，合同清单项目描述不到位，也给施工造成了扯皮的空间，进而影响到施工的进度。如外装石材，合同中未明确外立面石材几面做防水，后来经过艰苦的谈判，施工单位被说服做六面防水而不增加合同价格，但也造成了不必要的额外工作，也给工程施工管理带来了难度。

⑤询标及合同洽商时，施工单位存在不合理报价的情况。因询标时间仓促，很多没有洽商到位，致使在工程施工过程中，基于成本控制考虑替换材料时，施工单位借口其漏报的项目的利润均在该子目中，不同意替换材料，后同意替换但材料价格确认、材料价格的扣减均发生了大量的扯皮。增加了不必要的额外工作，影响了成本的控制。

因此可以看出，招投标工作的成功与否直接决定了工程成本的多少，因此，在以后的招投标工作中，应做好招标方式的选择、招标文件的编制、合同的签订等需要注意的方面，保证工程顺利进行。

5. 项目实施阶段过程后评估。

（1）综合计划管理对成本的影响。工程施工管理是否到位，是否具有预见性，对成本的控制起到很大的作用。家居 MALL 施工过程中，譬如家居 MALL 施工供电线路第二版施工图出来后，相关部门积极沟通，对供电线路及容量进行了优化设计，直接节约成本 120 余万元。但也有因工程现场管理不到位造成成本增加的教训。譬如车库地坪土体加固处理，如在基础施工完成后及时进行土体灰土桩加固处理，就不必要采用目前的压密注浆处理方式，将可节省上百万元的费用。再譬如，同样是车库入口处，因市政管线标高事前未进行综合考虑，造成在原设计标高的基础上，提高 6cm，造成 3 万元的费用增加。因此综合计划管理的合理实施可以很大程度上减少成本。

（2）现场签证管理对成本的影响。因工期紧张等原因，工程部对设计变更及签证的处理滞后，造成签证审核及确认比较困难，有些签证未及时进行处理，造成复核工作非常困难，尤其是隐蔽工程，更加难以控制。譬如由于商户的要求，隔墙的拆改，未及时通知成本控制中心及咨询公司进行确认，造成后期审核中的扯皮现象。此外，因签证管理的不完善，譬如签证编号未按统一要求编写，签证台账未及时登录等情况，均对成本控制造成了一定的难度。在今后的管理中应加强签证的管理，合理有效地减少在签证上对成本的不利影响。

（3）合同管理对成本的影响。由于合同管理不到位，工程部很多工程师由于工期紧张等因素，未能认真研读合同，了解合同中相应的商务和技术等条款，给成本控制造成了一定的难度。譬如有些签证本应包含在承包总价内，却办理的是经济签证手续。如总包的临时设施中的工地围墙，其拆除是总包的责任，已包含在其相应的费率中，但相关工程师却办理的是经济签证。工程部门熟悉合同、管理到位及具有前瞻性可大大减少现场签证发生的几率及金额，现场签证的控制就较容易，反之现场签证控制的难度就会加大，相应成本支出亦会大大增加。因此工程管理人员应提高专业能力和具备丰富的现场管理经验，且需具备一定的合同管理、政策掌握的技能。总结以上工程在实施阶段中遇到的问题，可以看出控制工程签证、限制工程变更、通过有效的合同管理等手段可以有效地控制工程实施中出现的各种问题，建立严格的工程管理制度、签证制度、设计变更制度、进度款申请制度、甲供材料（设备）管理制度等，可以为工程实施过程发生的各项经济事项提供行为指南，使工程各项工作能够有序而较为准确地进行，为结算奠定基础。

6. 项目结算工作后评估。统计结算造价与概算金额相比增加 444.56 万元，变动率 1.58%。经调查分析该部分增加原因主要是由于工程变更造成的。其中变更签证 213 项，土建部分 159 项，安装变更 54 项。其中变更中有 70% 以上是由于设计变更形成，可见设计师对本项目的功能配套设施的需求不够了解是造成该部分造价变更的关键。

第八节　工程造价跟踪审计

我国正处在基本建设的蓬勃发展时期，各类建设项目越来越多，而且单个项目的造价也越来越高。但与此同时，建设项目管理混乱、建设资金不合理使用、建设项目超预算的现象也愈发增多。为了向政府和其他投资者反映正确、完整的建设项目资金使用、预期经济效益的实现等情况，对建设项目进行造价审计就显得十分必要。

改革开放初期我国引入了审计监督，并逐渐在建设项目中开展审计工作。《中华人民共和国审计法》（1994 年 8 月 31 日第八届全国人民代表大会常务委员会第九次会议通过，自 1995 年 1 月 1 日起施行，2006 年 2 月 28 日第十届全国人民代表大会常务委员会第二十次会议修正）第二十二条对于建设项目审计进行了规定："审计机关对政府投资和以政府投资为主的建设项目的预算执行情况和竣工决算，进行审计监督。"依法进行项目审计工作，对建设资金合理的使用产生了积极的作用，并取得了一定的成效。

传统的工程项目审计为竣工后审计，并且只是对于建设项目全部成本的合法性、合规性进行审查，无法确认建设全过程中资金使用的真实性、合理性，缺乏事前和事中的监督；即使是审计中发现的问题，由于建设项目已经竣工无法得到及时、有效的纠正，具有明显的局限性和滞后性。因此，急需建立起建设项目全过程造价审计监督机制。

建设项目全过程造价跟踪审计的实施，可以使传统项目审计中遇到的各项问题迎刃而解，真正发挥项目审计的"免疫系统"功效。而我国对于建设项目全过程造价跟踪审计仍处于摸索阶段，尚无相应的规章制度，如何将全过程造价跟踪审计在工程建设中实施，是当前面临的一个重要课题。基于此，针对目前政府投资项目审计的现状，通过对建设项目各个阶段跟踪审计的介入和跟踪审计内容和方法进行研究，提出全过程造价跟踪审计的工作程序和工作方法，以期一方面提高审计的质量，更全面地发挥审计的功效；另一方面可以起到规范建筑市场各方的行为、监督资金的使用、更好地控制工程造价、提高投资效益的作用。

一、建设项目审计和造价控制的概念

（一）建设项目审计

建设项目审计，是指由独立机构及其派出的相关人员，根据一定的审计规范，运用特定的审计方法和评价指标体系，对建设项目的投资行为进行监督、评价、鉴证的活动。当人民作为纳税人将税费交给国家，人民就有权利监督国家对于税费的使用，这个监督的工具就是国家审计。这是审计的本质所在，也同时是其最根本的任务和职责。

（二）造价控制

工程造价，是进行投资决策、筹资决策、组织施工等工程各项活动的依据。因此，对于造价进行控制是必须的。造价控制，就是在建设工程全过程各阶段，将投资控制在批准的限额之内，随时纠正投资过程中发生的偏差，确保项目投资目标的实现，使得各项资源在工程建设中能合理使用，获得较好的社会效益和经济效益。将建设项目造价控制在一定的限额内，是以建设项目工期、质量、安全、效益、管理等各方面都满足一定要求为基础和前提的。当建设项目其余各方面出现了问题，留下隐患，即使造价很低也毫无意义。因此，建设项目造价控制的内容中包含着对于工期、质量、安全、效益、管理等各方面的控制。

（三）建设项目审计在造价控制中的作用现状

1. 国内项目审计在造价控制中的作用现状。我国审计机关属于政府职能部门。目前审计在建设项目中应用广泛，但对于造价的控制作用有限，具体现状如下：

（1）我国审计单纯注重审计项目的数量、审减额和审减率，将审减额和审减率作为评价审计效果的主要指标。

（2）项目审计的法律地位不高，各项规章制度不够完善。审计结果不影响建设单位与承包单位已签订合同的合同效力，审计机关不可对合同约定的内容进行审计处理，也不能对合同以外的经双方签字认可的变更和签证工程款进行审计处理。审计人员在进行项目审计时，审计依据不足且混乱，审计人员不清楚需要做哪些具体工作，而且已经明确的工作由于相关规章制度不足也很难实施，最终导致审计操作困难。

（3）审计的范围狭窄且项目各参建方不重视审计工作。《审计法》只规定对预算执行和竣工决算进行审计监督，并没有要求进行开工前和施工阶段的审计，极大地限制了审计的作用。即便在审计过程中发现问题，也很难补救。例如，决算审计时无法确认变更、现场签证以及隐蔽工程资料的真实性。即使发现隐蔽工程中存在质量问题，已很难去更正。由于审计范围狭窄，项目各参建方忽视审计的存在，敷衍了事。上述问题，都是由于项目审计工作是在项目完成后进行造成的。

2. 国外建设项目审计经验。国外的项目审计模式主要有两种：立法型审计模式、司法型审计模式。立法型审计模式职权围绕立法机关的需要而设定，具有一定的灵活性。可以对与公共财政相关的组织或个人进行立法监督，地位相对很高，独立性很强。

司法型审计模式，可以称为审计法院，审计权与司法权相结合，审计按法院的审查和判决程序进行，具有很高的权威性。国外的建设项目审计制度和法律体系趋于完善，不单纯对项目进行经济监督、鉴证和评价，早已渗透到项目的全过程。

二、跟踪审计基本问题

1. 基本概念。建设项目跟踪审计，是指独立的机构和人员运用一定审计方法、相关法律法规，以资金为主线，项目为基点，对建设项目从立项到交付使用各阶段项目管理活动的真实性、合理性、有效性，进行详细审查、监督、鉴证和评价的过程。跟踪审计对建设项目全过程各个阶段的建设活动、各参建方的行为进行及时审计，提出审计意见，各参建方及时整改，力争实现跟踪审计与项目建设进度基本同步。因此可以减少建设中的各种问题，保证建设项目规范、有序的进行，更大地发挥了造价控制的作用。

2. 建设项目跟踪审计的特点。建设项目跟踪审计和传统项目审计相比，具有明显的特点：

（1）时效性。时效性是跟踪审计的最大特点。审计机关第一时间介入到项目建设中，取得真实、有效的建设信息，信息反馈及时，充分发挥了审计的作用。这也同时是对审计机关的要求，对项目建设中遇到或可能遇到的问题应立即跟进。项目建设是一次性的活动，项目竣工后，项目部就解散不存在或人员不齐，传统的竣工后审计反馈的信息，由于找不到具体的对象，不能对建设项目带来很大的作用。而跟踪审计正好弥补了信息反馈滞后的不足，在项目建设过程中就可以及时向各参建方反馈建设信息，作用显著。

（2）全面性。审计机关对于建设项目进行事前、事中、事后动态跟踪审计，不仅关注资金的使用情况，还对质量、工期、招投标、政策执行等方面进行监督。如审计署自 2005 年下半年开始对奥运场馆建设项目进行全过程跟踪审计，从各方面对项目进行全面审计，发现项目中的问题及时提出建议，并检查被审计单位整改情况。审计单位累计抽查隐蔽工程验收记录、施工机械检验记录、材料进场检验记录等方面质量控制文件 3 万多份，出具 240 余份单项审计报告，发现违规招投标、项目法人招标遗留问题未解决等各类问题 350 多个，提出审计建议近 800 条。

（3）针对性。建设项目全过程跟踪审计内容很多，在目前审计资源有限、力量不足的情况下，短时间内无法消除这一矛盾。因此，对各项建设活动进行跟进的同时，应具有一定的针对性，选择项目建设中关键环节进行重点监控，其余建设活动进行普通监控。建设项目的关键环节有前期决策、设计阶段、招投标和合同签订、隐蔽工程验收、工程量计量和工程款支付、变更和签证、工程索赔、竣工验收。跟踪审计只有在全面的基础上突出关键内容，才能发挥更大的作用。

（4）预防性。由于跟踪审计涉及建设项目全过程，所以在审计中发现的可能影响建设项目质量等的问题，凭借跟踪优势，提前建议有关方面加以注意，防范问题发生，以提高资金和物资的使用效率。跟踪审计能够充分发挥审计的预防功能，是一种发挥审计免疫作用的有效方式。

3. 建设项目跟踪审计的方式。根据建设项目的特点以及跟踪审计的要求和深度不同，建设项目跟踪审计的方式有两种：

（1）阶段性跟踪审计。阶段性跟踪审计，是指将建设项目划分为若干审计阶段，各阶段事项完成后以此为控制点进行跟踪审计，同时可以根据需求就各个阶段的重要过程进行专项审计，适用于各项内容均比较到位的建设项目。如审计机关对援建四川灾区项目的跟踪审计，采用阶段性跟踪审计，每半年审计一次的方式，并对支援政策措施的落实、援建工程质量、援建资金分配和使用、项目建成后的使用等进行了定期专项审计，确保了援建项目质量可靠和资金合理使用。

（2）连续性跟踪审计。连续性跟踪踪审计，是指审计人员全面参与建设项目执行过程中，对建设项目各阶段实施的内容进行及时的、全面的监督。该方法适用于各方管理均不到位且审计资源较充裕的建设项目。连续性审计的范围更广、更深入，审计风险也更小；侧重于对于造价的控制，需要投入的人力和资源多，效果更好。

4. 工程建设领域跟踪审计的必要性。工程建设项目审计发展到更高的阶段，不但要监督财政财务收支的真实性和合规性，更要求监督其有效性，以便节约资金、增强效益、促进国家经济发展。当前，传统事后审计监督的弊端不断显现。审计时发现了建设项目中存在损失浪费，但资金已经难以挽回；得知某些违规行为，但不良影响已经扩大；找到管理制度的漏洞，但问题已经难以纠正；查处腐败案件，但当事人已经落马。单一的传统事后审计直接面临着"时间滞后、职能弱化、诉讼增多、风险加大"等诸多现实问题，使审计工作处于十分被动的局面。

总结我国 20 多年审计工作的基本经验，审计工作要围绕国家经济中心工作进行，服务于改革开放的大局，通过审计手段和方法创新，充分发挥"免疫系统"预防、揭露、抵御的三大基本功能。要求切实加强项目管理规范，提高项目投资效益和预防腐败现象发生，将工程建设项目打造成优质工程、廉政工程、阳光工程。鉴于此，审计需从投资决策开始即参与到工程项目中，及时揭露工程建设过程中的损失浪费现象和违法违规行为，及时揭露项目管理中的制度性和体制性缺陷，针对发现的问题及时记录并快速反馈，通过提供审计建议来敦促建设、施工、监理等有关单位认真履行职责，提高工程建设项目的经济性、效率性和效益性。跟踪审计的普遍推广和步入科学化发展轨道，对工程建设项目的整体效益将起到良好保障作用。

5. 跟踪审计是避免与合同的冲突，提高审计地位的需要。在建设项目跟踪审计体系下，从传统的合同执行情况的审计，转变为在合同签订前对合同条款合理性、适用性和签订后执行情况的综合性审计。并可将与审计相关的条款列入合同之中，使合同内容不再与审计发生冲突，并且成为审计的依据。例如，可以将“工程款支付前，需先进行支付审计”列为合同条款，防止多付或少付工程款问题的发生，有效控制工程造价。因此，有了合同的支持，可以使跟踪审计顺利介入到项目建设中，提高审计的地位，使各参建方重视审计。

6. 跟踪审计是规范建筑市场，防止腐败现象的需要。目前，建筑市场中偷工减料、安全事故、腐败现象屡有发生，传统的审计模式下，即使审计人员在各种资料中发现问题，但也为时已晚。在进行跟踪审计时，审计人员可以了解到使用的材料、设备的质量，隐蔽工程的质量、图纸的质量，及时消除隐患，并且可以对各参建方的行为进行监督，提出审计要求，披露违纪现象，增强各方的责任意识，从项目开始监督资金的流向，形成约束机制，从根源上杜绝腐败现象的发生。

三、建设项目跟踪审计现状

（一）我国建设项目跟踪审计现状

目前，我国的建设项目跟踪审计仍处于摸索阶段，没有统一的法律法规。国家对于政府投资的重点项目、社会关注的热点项目，从招投标阶段或施工阶段开始进行阶段性跟踪审计，取得了良好的成果。例如，京沪高铁项目、西气东输项目、汶川地震灾后重建项目、北京奥运场馆建设项目、世博会场馆建设项目，审计机关均对其进行阶段性跟踪审计，效果明显。

各地也根据当地的具体情况对地区重点建设项目进行跟踪审计，并相继出台了建设项目跟踪审计相关的实施细则和实施办法。例如，郑州市航空港经济综合实验区的机场二期扩建工程项目是河南省 2013 年的重点投资项目，郑州市审计局对其进行全过程跟踪审计，采取常驻审计与阶段性审计相结合的方式进行。并相继出台了《郑州市审计局委托中介机构参与政府投资项目审计质量管理暂行办法》和《郑州市审计局政府投资建设项目审计资料管理暂行办法》，确保跟踪审计质量与时限。

（二）我国建设项目跟踪审计存在的问题

1. 进行建设项目跟踪审计的人员不足。跟踪审计需要审计人员具有与工程相关的各方面的知识和技能，同时具备从事审计工作的资格，但目前我国审计人员的整体素质不高，多数是由财务和造价方面的人员从事审计，无法满足跟踪审计工作的需要，审计人员素质和数量亟待提高。

2. 进行跟踪审计的建设项目的范围太窄。目前只对极少数建设项目进行跟踪审计，无法满足建筑市场整体监控的需要，今后应逐步扩大跟踪审计的项目范围，逐步形成完整的跟踪审计监督系统和监督机制。

3. 进行跟踪审计的建设项目并非完全跟踪。目前我国对于建设项目的跟踪审计都是从招投标阶段或施工阶段开始的，只对决策和设计阶段的基本程序和各项要求的资料进行审查，并未涉及最重要的决策和设计科学性的审查，而对于决策和设计科学性的审查是目前很难完成的任务，需要进行长期的理论和实践经验的积累。

4. 进行建设项目跟踪审计的依据不足。建设项目跟踪审计仍处于初步发展阶段，虽然国家和各地区相继出台了一些关于跟踪审计的法规以及实施办法和细则，但是尚未形成一套完整的规章制度，所以目前跟踪审计可操作性不强。

（三）国外建设项目跟踪审计现状

国外建设项目跟踪审计最初是进行开工前的决策审计、勘察设计审计、招投标审计，竣工后的绩效评估；由于国外监理工作的整体水平较高，因此较少采用连续性跟踪审计方式。随着跟踪审计的实施，逐渐发现项目安全方面以及项目管理中存在很多问题，也应进行审计。对于项目安全审计，提出安全工程方面的专家在设计阶段介入；对于项目管理审计，审查建设各方的管理制度、管理能力和管理方式。国外已从阶段性跟踪审计上升到建设项目各项制度审计，从根本上对建设项目进行监控。随着跟踪审计体制的不断健全，又发现跟踪审计单位的审计意见可操作性不强，应提高建设项目跟踪审计建议的可操作性，并加强审计和监督项目整改的力度。由此可见，国外的建设项目跟踪审计各项制度相对已经很完善。

（四）建设项目跟踪审计实施程序

建设项目跟踪审计实施程序，是指审计工作从开始到结束遵循的先后顺序。由于审计机关人员和资源的不足，常采用审计机关委托审计中介机构的方式进行跟踪审计。建设项目跟踪审计的实施一般有以下几个阶段：

1. 跟踪审计规划阶段。本阶段的主要任务是确定进行跟踪审计的项目，了解被审项目基本情况，制定年度审计计划。审计部门应根据当地建设项目实施情况，结合本身的审计能力，并在充分考虑政治、经济、环境、法规等各方面因素的基础上，选择和确定跟踪审计项目。审计机关应建立审计项目库，初步选定备选跟踪审计项目，然后收集备选项目的资料和信息，综合分析后选定跟踪审计项目。一般跟踪审计项目选题为以下范围：

（1）涉及公众关注的焦点、热点问题的项目；

（2）涉及重大改革政策的推行情况和结果的项目；

（3）涉及重点审计领域或关注的重点问题的项目；

（4）涉及当前审计及其他监督部门未涉及的领域的项目。

2. 跟踪审计准备阶段。本阶段的主要工作任务是进行审计前调查，制定审计方案，确定审计人员，向被审计的建设单位下达审计通知单，委托中介咨询机构签订委托审计合同。当确定了跟踪审计项目后，对被审计项目进行审前调查，详细了解其基本情况，分析所获得的资料，确定跟踪审计各阶段的工作任务和工作重点，进而制定跟踪审计方案，确定相应的审计人员，根据审计方案以及项目特点，向建设单位下达审计通知单，最后就跟踪审计内容委托具有相应资质的中介咨询公司，签订委托合同。为了缩短中介咨询公司的招标时间，可以在各地区审计机关内建立跟踪审计咨询公司库，当需要时在本地或跨地区随机抽取。

3. 跟踪审计实施阶段。本阶段是建设项目跟踪审计的核心环节，主要任务是收集、整理、分析与审计相关的信息，并形成书面文件记录。应规范审计实施阶段的相关程序和成果文件，完成跟踪审计的各项内容，并达到应有的效果。

4. 跟踪审计完成阶段。本阶段的主要工作任务是将各项审计资料进行整理汇总，并及时出具审计报告、审计意见等审计成果文件，被审计单位进行整改。在前次跟踪审计结束后或下一阶段跟踪审计进行时，应对之前的审计意见中反映的问题的整改、落实情况进行检查，以促进建设项目的管理工作。这样建设项目跟踪审计工作就形成了一个完整的闭合过程。

（五）层次分析法

1. 概念。层次分析法（AHP）是定量分析与定性分析相结合，把数学处理与人的经验相结合，处理具有复杂因素的多目标分析方法，此方法能够确定各种措施、政策等相对于总目标的权重。

2. 层次分析法分析步骤。

（1）问题层次化。运用 AHP 分析具有相互关联的许多因素的问题时，根据总目标分析各因素之间的关系，建立一个多层次的结构模型。这样问题转变为最低层的各个因素对总目标的权重，最终确定各因素优劣排序。

（2）计算单排序权重。单排序权重是各层因素相对上层某一因素的权重。将本层中因素间的相对重要性进行两两比较，并引用 1~9 标度法用数值将定性判断定量化，写成矩阵形式，构成判断矩阵。由于求解判断矩阵不需要很高的精度，所以运用乘积方根法计算最大特征值及其对应的特征向量。判断矩阵的特征向量就是本层因素相对上层某因素的权重。

（3）判断矩阵一致性检验。由于人的思维是一致性的，即认为因素之间的相互关系应该具有传递性，若已知因素 X_1 与因素 X_2 的相对重要性系数为 δ_{12}，因素 X_2 与因素 X_3 的相对重要性系数为 δ_{23}，则可以得到因素与因素的相对重要性系数为 $\delta_{13}=\delta_{12}\delta_{23}$。但受到专家经验知识及个人主观意识的影响，判断矩阵很难满足一致性条件。因此，需要进行一致性检验。计算判断矩阵的一致性指标（CI）：λ_{max}—判断矩阵的最大特征值；n—判断矩阵的阶数，考虑到矩阵阶数对一致性的影响，引入平均随机一致性指标（RI）对 CI 进行修正，用 CI 除以同阶的 RI 得到一个与矩阵阶数无关的一致性判断指标，随机一致性比率（CR）。当 $CR < 0.10$ 时，判断矩阵的不一致性可接受：否则，需要对判断矩阵重新赋值，直到满足一致性条件为止。

（4）计算总排序权重。将单排序权重进行综合，计算出最底层各个因素相对于总目标的权重，即总排序权重，并进行总排序的一致性检验。

四、建设项目设计阶段跟踪审计

（一）概述

勘察设计阶段是对建设项目进行详细规划的过程，是将技术与经济结合的重要环节，是保证工程质量、确定和控制工程造价的重要阶段，勘察设计费用约占工程总费用的 1%，但对于工程造价的影响程度达到 75% 以上，因此，对于该阶段进行跟踪审计是非常必要和有效的。

1. 设计的概念和内容。建设项目设计是指根据可行性研究报告和设计委托合同的要求，按照国家政策和相关法律法规，吸收优秀的技术成果和实践经验，选择最优建设方案，进行设计工作，编制设计文件，描绘工程建设造型、结构、样式，确定技术经济标准，确定工程造价，并为工程建设提供图纸的整个活动过程。建设项目设计应坚持经济、适用、美观、环保、节能的设计理念，安全可靠、质量第一的原则。

2. 目前设计阶段造价控制存在的主要问题。

（1）重视技术，忽视经济。首先，认识上存在误区，设计人员普遍认为施工阶段的各项因素对于造价的影响作用最大。其次，如果因为设计问题造成工程事故，设计人员要承担相应的责任，但是因为设计原因造成投资的增加，设计人员无须负责，故设计人员更注重建筑安全，过分增加设计安全系数而控制造价的积极性却不强。再有，设计单位的造价人员是在已有设计图纸的基础上编制概预算书，不参与设计工作，设计人员和造价人员没有沟通，缺乏交流。最后，由于目前设计收费的不合理及低价竞标，设计收费很难达到国家建议的收费标准，导致设计人员不关心工程造价的高低。

（2）套图严重，深度不够。由于各地建设项目越来越多，设计单位工作量很大。设计单位多为内部承包制，为了缩短设计周期、增加设计收入，有些设计人员直接对以前项目的图纸进行修改，作为本项目图纸，设计图纸与实际工程不符，甚至套用已经被淘汰的图集或做法，与现行规范和标准要求不符；设计图纸的深度普遍不够，各专业工程的图纸不相匹配，图纸中缺少标高、尺寸、做法等影响施工的内容，甚至还有很多设计不合理的现象，导致施工困难；施工图审查和图纸会审可以减少图纸中的一些问题，但当有些问题没被各参建方发现时，会在施工中对质量、造价、进度影响很大。

（3）概算超估算，预算超概算，概预算计算不准确。设计单位不把可行性研究报告作为基本的设计依据，而是只按照设计委托合同以及建设单位的要求进行设计，变化建设规模，随意增加建设内容，导致设计概算超出投资估算；在进行详细设计时，过分重视技术，提高设计标准，致使造价超过限额。并且工程量计算、定额套用的不准确，导致概预算精确性不够，给施工中的项目管理带来很多隐患。

3. 建设项目设计阶段跟踪审计的意义。

（1）提高设计质量，利于项目管理。设计环节对于建设工程质量所起作用很大，相关统计数据显示，设计原因引起的质量事故所占比例最大。开展设计审计，提高设计质量，首先可以减少设计错误和设计不合理，提高工程质量以及减少返工带来的工期损失；其次可以解决设计深度不够的问题，使得在施工中设计修改和变更减少，保证项目顺利有序进行，利于施工中的项目管理。

（2）减少设计浪费，有效控制造价。目前设计当中结构设计过于保守、建筑设计不科学的情况屡有发生，工程造价一超再超，有了设计审计可以减少这种过于浪费的现象，保证工程造价在目标范围内。但是现阶段对于科学性的审计是一个难题。

（二）设计阶段跟踪审计

1. 设计审计的重点。

（1）设计阶段的工作程序。

（2）初步设计是否经过多方案比选。

（3）设计深度是否符合要求。

（4）是否进行限额设计和优化设计。

（5）对于概预算进行详细分析考核。

2. 设计审计内容

（1）审查设计单位资质。审查设计单位是否具有承担相应设计任务的资质，是否有挂靠、分包、转包等行为，设计费的收取是否合理。

（2）审查设计单位内部控制制度。企业的内部控制制度是基于业务流程建立的内部管理制度，强调从管理目标出发，评估风险、梳理业务流程、设置管理控制措施。目前多数设计单位的管理制度仍是以部门职能为基础建立的，缺乏风险评估机制，当事故发生后才去想对策。审计单位首先要获得设计单位完整的管理制度资料，对于内部控制的基本内容逐一分析，必要时进入设计单位内部查看、询问。其次，重点审查是否建立了详细的基于设计业务流程的管理制度。因此，必须进行穿行测试，即由设计单位内部选择设计流程执行最好、最完整的一笔业务，审计人员对此业务执行的各个环节进行审查，发现设计管理中的问题。针对此业务中发现的重点问题选择多笔设计业务进行符合性测试，例如设计业务执行中的风险控制测试。

（3）方案设计审查。方案设计的审计要充分利用设计方案招标的过程，通过对设计招标过程的监督，并利用评标专家，审查方案设计的深度和科学性是否满足设计委托合同和《建筑工程设计文件编制深度规定》的要求。

（4）初步设计审查。设计依据的审查：查阅初步设计相关的文件、资料，分析编制依据是否为现行最新的、是否完整充分，前期手续是否齐全。

设计进度的审查：审查设计单位内部是否有进度控制措施，是否按合同规定的进度进行设计并提交相应的设计成果文件。

设计质量的审查：审查是否进行了多方案的比选，深度是否满足设计任务书的要求，初步设计的审批程序是否合规，经批准的初步设计是否与批准的可行性研究报告及投资估算相符。对于初步设计方案详细内容的审查，通过聘请相关专家进行初步设计评审来发现和纠正问题。

设计概算的审查：建设规模是否和批准的可行性研究报告相符，编制深度能否达到相关规范的规定，所采用的各种计算依据是否合理并为现行规定；工程建设其他费用的计算是否完整，防止漏算和重复计算；预备费、利息、流动资金的计算是否正确。概算总额是否控制在投资估算内。

（5）施工图设计审查。设计依据和进度的审查与初步设计中内容相似。

设计质量的审计：审查设计深度能否达到要求，施工图纸是否完整、规范，是否缺少分部分项工程的详图，施工图设计的审批程序是否合规，经批准的设计图纸和预算是否与初步设计及设计概算相符。设计图纸是否经过施工图审查和图纸会审。

施工图预算的审查：各分项工程是否与施工图纸一致，工程量的计算规则是否正确，各种计价依据的选用是否合理。施工图预算总额是否控制在设计概算内。

（6）限额设计的审查。限额设计是指按照批准的可行性研究报告及投资估算控制初步设计，按照批准的设计概算控制施工图预算，在建设项目各部分使用功能得以保证的前提下，在设计各阶段进行投资分解和工程量控制，按分配的投资限额进行设计，保证不突破投资限额。审计机构首先要审查限额目标，即限额分配指标订立是否合理。其次审查设计单位是否按既定的限额目标进行设计工作。但是由于目前限额目标无法准确确定，限额的审计缺乏依据。我国大多采用限制单方含钢量、混凝土强度等级等其他主要材料、设备的选用来实现限额设计，然而仅对上述内容进行限制不够全面，不能满足限额设计的真正意义。应逐步建立起符合我国实际情况的建设工程数据库，可以随时将以往的工程数据信息调出、汇总、分析，结合拟建项目的实际情况进行修正，为设计和审计服务。

3. 设计审计程序。设计跟踪审计的基本程序如下：

（1）经过设计招标后，建设单位组织相关各单位召开设计前及审前会议，建设单位介绍设计工作的目标和要求，审计机关对本阶段的审计内容和重点进行说明，成立设计协调工作组，确定各方负责人员。

（2）审计机关审查设计单位内部控制制度，出具审计意见。

（3）设计单位进行设计工作，审计中介机构定期收集初步设计的相关进展资料，进行审查并形成审计工作底稿。

（4）建设单位和审计中介机构定期向审计机关汇报初步设计的进展和审计情况，审计机关对双方汇报的资料、信息进行对比、分析汇总后，向建设单位出具审计意见。

（5）初步设计结束后，建设单位组织相关专家进行设计评审。审计机关监督评审过程并出具审计意见。

（6）施工图设计结束后，进行施工图审查和图纸会审。审计机关对其进行监督，未经审计机关出具审计意见不得进行下一步的工作。

五、建设项目招投标阶段跟踪审计

（一）概述

1. 招投标的概念和内容。招投标模式是目前国内外广泛应用的进行工程建设、货物买卖等经济活动的竞争和交易方式。招投标是指招标人将各项交易业务事先公布采购的条件和要求，众多投标人做出愿意参加承接业务的意思表示，并根据招标条件在指定期限内填写标书、提出报价，招标人按照规定的程序和办法择优选定中标人的活动。招投标的基本内容包括：

建设单位进行招标申请与备案，确定招标方式，发出招标公告或投标邀请书。符合条件的潜在投标人进行投标报名，之后进行资格预审确定投标人，发放招标文件，建设单位组织投标人进行现场踏勘和招标答疑，投标人在规定时间内编制、送达投标文件。在投标截止日期时进行开标、评标，确定中标候选人，建设单位向中标人发出中标通知书并告知其余投标人中标结果。最后建设单位与中标人签署合同。

2. 目前建设项目招投标中存在的主要问题。招投标工作是为了确定勘察设计单位、施工单位、监理单位、材料和设备供应商，牵扯着各方的巨大经济利益，很容易产生违规和暗箱行为。2012 年 1 月至 2014 年 12 月，贵阳市检察院对市内 76 个建设项目招投标情况进行调查，发现招投标管理混乱、权钱交易严重，隐蔽性越来越强，85%的招投标行贿案中涉及“一把手”。由此可见，招投标环节存在问题具有普遍性。

（1）招标人行为不规范，招标文件不合理。部分招标人为了指定某承包商或者节省资源，将项目肢解规避招标；对于无法规避的，招标人与投标人串通，排挤其余投标人。

招标人的组织程序存在漏洞，例如为了熟知工程现场和周围环境情况，要组织投标人进行现场踏勘，有些招标人为了方便，集中组织所有投标人进行现场踏勘，导致投标人身份提前泄露，为投标人串通投标埋下隐患。

招标资料发放不齐全，多数工程在投标时，投标人手中只有设计图纸，而图纸中对于施工现场的水文地质条件的描述不够详尽，容易在施工中引起变更和索赔。

招标文件不尽合理，例如资格预审、评标的方法选择不恰当或是故意调高招标标准，限制潜在投标人，甚至为某些投标人“量身定制”招标文件等。

（2）投标人行为不规范，存在不正当竞争行为。在评标中，评标专家起着举足轻重的作用，部分投标人多方打听评标专家人选，对专家行贿以谋求中标。

资质挂靠、租借现象严重，一些资质较低或无资质的施工企业，以资质较高企业的名义参与投标，中标后给付挂靠企业一定的报酬。

同一个投标人挂靠多家企业报以不同的价格进行围标，这种做法更为隐蔽，后果恶劣；投标人私下串通，内部竞价，统一压低或抬高报价来提高中标的概率。

（3）政府干预过多，行政监管不力。我国建设项目招投标活动的政府过分干预现象严重，很多中标者由有关部门或领导直接指定，招投标过程流于形式；有些地区有着很强的地方保护主义，采取不正当竞争，违背了招投标制度公平、公正的原则。

目前我国招投标的监管机制还不够健全，监管队伍力量薄弱，普遍存在监管同体的情况。中央和地方有关部门分别设置招投标管理机构并负责招投标相关的各项工作，在很多情况下，各部门既是相应招投标工作的具体运作者，同时又是监督管理者，一身两任，相应的监督管理机制不能形成有效制衡，人为因素难以排除，很难做到真正的公平、公正。

3. 建设项目招投标阶段跟踪审计的意义。招投标工作是建设项目最重要的合同订立和资源配置方式。因此，建设项目招投标跟踪审计作用很大，可以全面促进建设单位内部控制，促进建设招投标规范化，杜绝随意修改评标办法、围标、串标甚至严重违背招投标法的现象；能够规范建设单位管理行为，从源头上预防不正之风，维护市场竞争的公平秩序，控制工程造价，降低工程成本，提高国家投资效益等。

（二）招投标阶段跟踪审计

1. 招投标审计的重点。

（1）招标文件的合法性、完整性，实质性内容的合理性。

（2）资格预审的合理性、真实性。

（3）招标投标的工作程序及相关法律法规的执行情况。

（4）投标人和招标人、投标人和评标专家以及投标人之间的关系。

2. 招投标审计的内容。

（1）招标条件的审查。审查建设项目的立项情况，是否进行了建设前期的各项工作，建设项目总投资的落实情况。审查建设单位是否具备自行招标的资格，不具资格的审查招标代理机构的资质，必要时对该代理机构的行政隶属和利益关系进行审查。

（2）招标准备工作的审查。审查采用的招标方式是否符合法律的规定，并且经有关部门批准。审计人员还应根据各部门和各地区的规定，结合建设项目自身特点，审查招标的范围是否全面，杜绝不进行招标直接确定乙方或肢解项目规避招标现象的发生。如为公开招标，审查招标公告的内容是否有限制潜在投标人的条款。

（3）招标文件的审查。审查评标方法、招标控制价、付款方式、合同主要条款等内容是否明确且详尽。招标文件中是否含有具有明显倾向或排斥某些投标人的条款。

（4）招标程序的审查。审查招投标工作从发出招标公告到签订合同的每一项程序的合法性、合规性。重点审查整个过程中是否有程序缺失的情况，紧抓招投标程序中关于每一环节时间的规定。

（5）招标实施的审查。审查评标委员会的组建、资格预审、开标、评标、定标过程的程序和方法是否符合相关法律法规的规定。首先检查评标委员会的人数、组成、来源是否符合要求；接着审查开标的时间，投标文件的规范性；之后审查评标过程是否遵循了既定的评标规则，是否存在评标尺度不一或对某一投标人有倾向的情况，有无其他人在招标过程中进行行政干预等；最后审查中标候选人和评标委员会推荐单位的一致性。

3. 招投标审计的程序。招投标跟踪审计的基本程序如下：

（1）建设项目立项后，建设单位提出招标申请，并向审计机关报送资料，审计机关审查是否满足招标条件并出具审计意见，未经审计不得发布招标公告。

（2）审计机关制定审计方案，成立招投标协调工作组并确定各方负责人员。中介机构审计招标文件、资格预审文件、招标公告的内容，审计机关出具审计意见。若各项文件合理，建设单位可进行招标工作；若各项文件有不合理的内容，则要修改好重新审查。

（3）审计机关监督资格预审、开标、评标的全过程，保证按照既定的程序和方法进行，发现问题及时提出意见和进行处理。

（4）建设单位确定中标候选人后，向审计机关提交相关资料，审计机关审查中标候选人的确定是否合理，并向建设单位出具审计意见，未经审计建设单位不得发出中标通知书。

（三）招投标阶段审计评价指标体系的建立

1. 招标失败原因分析。招标失败指建设项目的承包权通过不公平、不正当的方式被某个特定承包商获得。造成招标失败的原因很多，但其中最重要的原因是招投标过程中相关人员的违规操作。招投标过程中能够产生违规行为反映出招投标体制存在问题。因此，招投标体制的评价是此阶段跟踪审计的重点内容。

2. 招投标体制审计评价指标。招投标体制评价的首要工作是对招投标体制中所有可能引起招标失败的因素进行分析、汇总、筛选，并参考有关文献，结合相关专家的意见，建立起招投标体制的评价指标体系。A 层为目标层，B 层为准则层，C 层为基本指标层。B 层内容分析如下：招标过程可靠度（B1）是指招标的整个过程中，招投标各方主体均按照规定的程序和方式，公开、公平地完成各自的工作内容，履行相应职责的可靠程度。监督机制可靠度（B2）是指招投标过程中各种监督机制发挥相应作用的可靠程度。招标代理可靠度（B3）是指委托编制招标文件的咨询公司能够科学、准确地完成相应任务的可靠程度。C 层指标分析如下：招标方式合法性（C1）：采用的招标方式是否符合法律的规定，邀请招标是否经过相关部门的批准。资格预审合法性（C2）：资格预审的方法是否符合规定，审查各个投标人是否合理合法，防止围标行为的发生。

招标过程透明度（C3）：从发布招标公告到发出中标通知书整个过程的公开程度，是否有暗箱操作的行为。评标方式合法性（C4）：评标专家的选取方式是否合法、评标的方法是否得当、评标专家是否与招标人或投标人串通、评标过程是否受到政府的行政干预等。主管部门监督有效性（C5）：主管部门审查招标条件是否符合要求并进行严格审批，是否存在未经审批或越权审批的情况。职能部门监督有效性（C6）：纪检、监察等职能部门是否真正对招投标过程进行了监督。招标违法行为惩罚度（C7）：是否制定了招标主体违法行为相应的惩罚方式，惩罚的执行是否严格。委托咨询的合法性（C8）：委托方式是否真实、合法，咨询公司的资质和实力是否可靠，是否存在行政干预的现象。标底准确性（C9）：标底计算的准确性直接影响招标过程中各方的行为。标底是否包含了招标工程的所有内容，单价的确定是否合理。招标过程的透明度所占的权重最大，可以验证招投标违法行为是否多数为暗箱操作产生，因此提高招标透明度至关重要。其次有效的监督机制和采用合适的资格预审方法可以保证招投标的公平，而标底的准确程度对于招标成败影响最小。因此在招投标跟踪审计时要对关键环节进行审计，才能避免招投标的违法行为的出现，有利于择优选择中标人，进而控制工程造价。

六、建设项目施工阶段跟踪审计

（一）概述

1. 施工阶段的主要内容。施工阶段是项目具体建设的过程，是投资活动的最高峰，这个阶段的主要管理工作是保证施工安全和控制工程质量、造价、进度。此阶段节约投资的可能性很小，但是由于工程建设的周期长，受到客观条件和自然因素的影响很大，增加投资的可能性却很大，本部分将主要针对施工阶段跟踪审计的造价控制进行探讨。施工阶段造价控制的跟踪审计是以施工合同为中心实施审计，合同中的相关内容是造价变动的依据。审计人员要详细了解合同内容，并且经常深入施工现场了解工程建设情况，收集与造价相关的第一手资料，严格审计预付款支付、工程计量和支付、工程变更和签证、工程索赔等环节。

2. 目前施工阶段造价控制存在的问题。

（1）施工现场管理混乱。建设单位缺乏与实际相适应的管理制度，各部门职责划分不清，相互间缺乏沟通和协调。施工单位组织管理方法不当，资源无法进行合理配置，加上各种材料和机具无序堆放，浪费现象严重。监理单位人员专业素质普遍较低，无法起到协调各方工作、平衡各方利益的作用。

（2）工程变更管理混乱。除设计深度不足的变更外，施工单位为了赚取更多的利润弄虚作假提出工程变更的情况也屡见不鲜。

（3）现场签证管理混乱。关于现场工程量的计量不经调查和核实便直接签证；监理工程师不熟悉合同内容及工程预算随意签证；施工单位巧立名目骗取签证，甚至将签证肢解，蒙混过关。

3. 建设项目施工阶段跟踪审计的意义。施工阶段跟踪审计可以促使建设各方规范自身的行为，提高建设各方的专业化水平，更加有效地控制工程进度和质量。提高建设各方对于造价控制的重视程度，尽可能地减少工程变更和索赔，将工程造价控制在既定的目标中。最终提高项目管理水平，规范建筑市场秩序。

（二）工程预付款跟踪审计

1. 预付款概述。对于包工包料的建设工程，建设单位在开工前按照合同约定的比例拨给施工单位主要用于备料，其次用于组织人员、完成临时设施工程的一定数额的资金称为预付款[14]。随着工程建设的进行，所需的材料储备逐步越少，通过抵扣工程款的方式陆续将预付款扣回。

2. 预付款管理中存在的问题。

（1）预付款的支付不合规，未按约定的时间和比例支付预付款。

（2）预付款保函的有效期与合同约定不符。

3. 预付款审计内容。

（1）审查工程预付款的支付比例、支付时间是否符合合同的约定。

（2）审查建设单位付款时，施工单位是否提供预付款保函，保函的担保金额是否与预付款一致，保函的有效期是否符合合同约定。

（3）审查预付款是否在施工进行中按照合同约定的方式陆续扣回，并且预付款保函的担保金额也随之减少。

（三）工程计量与支付跟踪审计

1. 工程计量与支付概述。

工程计量与支付是指建设和监理单位对于施工单位上报的完成工程量进行确认，并依据此工程量和合同价格，由建设单位按照合同约定的方式和时间支付给施工单位工程款的行为。在工程量的计量中对于质量不合格的部分不得确认工程量，重点关注隐蔽工程隐蔽前的工程量确认。没有工程量确认和工程款支付手续，不得给施工单位支付工程款。

2. 计量与支付管理中存在的问题。

（1）虚报工程量。将未完成或未达到支付条件的工作计入已完工程量，造成多付工程进度款。

（2）工程进度款支付不及时，影响正常施工。

3. 工程量计量审计内容。

（1）工程量清单内的工程量审计时，在监理单位对已完工程的工程量核算后，再进行审核。对于实际完成的工程量与清单中工程量不符的情况，根据施工合同、招标文件、监理合同、设计合同等确定责任归属，提出审计处理意见。

（2）工程量清单外的工程量审计时，需先判断责任归属确定是否予以计量，若为应当予以确认的工程量，审核工程量确认的手续是否齐全、程序是否合理，之后审查工程量计算方法和依据是否正确。

（3）隐蔽工程的工程量审计：驻场审计人员要及时跟进工程进展情况。隐蔽工程验收时，应通知现场审计人员，收集与工程量计量相关的各种信息。对于不通知审计人员就进行覆盖的隐蔽工程，审计人员可进行揭开检验。在验收程序和资料正确完整的前提下，以先前收集的信息为依据审核工程量的准确性，出具审计意见。

4. 工程款支付审计内容。当已完工程的工程量确认后，施工单位提交的进度款支付申请被监理核算完毕后，审计人员根据情况审查综合单价的组价是否合理，现场签证和变更记录的真实合法性。并根据合同审查签证、变更、索赔、计日工中取费的合理性。之后审查本期应当支付的工程价款计算的准确性，应当增加项目和扣减项目是否考虑完整，防止进度款超付现象，并出具审计意见。最后审查建设单位是否严格执行工程进度款支付的审批程序，未经审计单位审核建设单位不得向施工单位支付工程款。

（四）工程变更和签证跟踪审计

1. 工程变更和签证概述。工程变更指任何一项工作关于建设项目形式的、质量的、数量的变动，同时包含了合同文件内容的某些改动。各参建方均可以提出工程变更，但变更指示只能有监理单位发出，监理单位经建设单位同意后，可以按约定的变更程序向承包人作出变更指示，承包人遵照执行。工程变更作为合同文件的组成部分，实际上是对合同文件的补充完善。现场签证是指在施工中遇到临时发生，合同之外的一些特殊工作，由于报批需要一段时间可能会影响正常施工，在施工现场有各参建方共同签署的证实特殊施工活动的书面手续。为了更好地发挥签证的作用，需要按照一定的原则进行签证，能签事实不签解决结果，能签实际情况不签工程量，能签工程量不签单价，能签单价不签总价。而且签证是进行工程结算、工程款支付以及索赔的重要依据。

2. 变更与签证管理中存在的问题。变更中存在的问题：

（1）设计变更频繁，加大造价控制的难度。

（2）变更不及时，导致重复多次施工。

（3）变更不合理。变更只增加造价，对于建筑功能和使用无任何作用。

签证中存在的问题：

（1）签证不合理。签证内容和实际不符，未经审核直接签证；施工单位弄虚作假，提出与实际不符的费用；各参建方相互串通提出的签证；签证不规范，缺少建设单位、施工单位、监理单位任何一方或多方的签认。

（2）签证办理不及时以及应当办理签证的未办理签证，造成工程计量和支付困难。

3. 工程变更审计内容。

（1）审查工程变更的必要性、真实性，理由是否充分，例如能提高建设项目某项功能、利于项目建设或节约造价等。防止出现只增加造价无其他意义、施工单位为提高造价或各参建方相互串通提出的变更。

（2）审查工程变更的责任归属，审查人员在详细了解工程情况的基础上，按照合同约定分析变更的责任方，控制资金合理使用。

（3）审查变更的工程量增减计算是否正确，涉及的综合单价、措施项目费用等取价是否符合合同约定以及相关法律法规的规定。

（4）审查工程变更的程序是否符合合同约定和相关规定，各项手续是否齐全。未经审计单位审查工程变更不得执行。

4. 现场签证审计内容。驻场审计人员要及时审查需要签证的工作的真实性、必要性，若此项工作不合理，则无需进行签证：若此项工作必须进行，则要审查签证内容的合理性，涉及的工程量和造价计算的准确性，套用的计算规则和定额的合理性。之后审查现场签证的工作程序是否符合合同约定和有关文件规定，手续是否完整、及时。

（五）工程索赔跟踪审计

1. 工程索赔概述。工程索赔是指在各项合同履行过程中，合同一方因为非自身原因而造成权利或经济受到损害时，在合理的时间内通过规定的程序向另一方提出补偿损失的要求，工程中常见的是工期和费用索赔。造成索赔发生的原因是由于建设项目复杂，会有很多在签订合同前未考虑到或考虑不完整的情况发生，而在施工过程中造成费用的增加，遭受损失一方依据工程项目资料和其他相关证据向对方提出赔偿损失的要求。索赔的实质是建设单位和施工单位在工程风险承担上的重新分配，所以一定要严格按照合同规定的程序处理每一项索赔事件。

2. 索赔管理中存在的问题。

（1）索赔不及时，造成计量和结算纠纷。

（2）索赔证据不真实、不合理，无法充分证明索赔事项的成立。

（3）索赔费用计算不准确。

3. 工程索赔审计内容。

（1）审查产生索赔的原因，弄清索赔事件的责任归属，索赔事件发生时施工单位是否采取了有效的措施，防止事件扩大造成更大的损失。

（2）进一步审查索赔理由是否符合合同条款和相关法规的规定，支持索赔的证据是否合理有效、充分完整。

（3）审查索赔意向、索赔报告等提出的时间是否在规定的期限内，索赔事件处理的程序是否符合合同的规定。

（4）索赔事件成立的条件下，分析判断是否应进行费用或工期索赔，进一步审查索赔的工期计算是否正确，索赔的费用取费项目是否合理、计算是否正确，并出具审计意见。

4. 工程索赔审计程序。

（1）索赔事件发生后，施工单位提出索赔意向，监理单位和驻场审计人员收集索赔事件相关信息，施工单位提交索赔文件后，监理单位进行审核，审计人员监督索赔时间和索赔程序。

（2）监理工程师确认索赔事件并提出初审意见后，报送建设单位和审计中介机构分别进行审核。

（3）建设单位和审计中介分别审核后整理索赔事件相关文件分别报送审计机关，审计机关对比分析向建设单位出具审计意见。对于建设项目全过程跟踪审计的研究刚刚起步，现有的研究资料只是从理念上进行探讨，缺乏系统性和深度。

第九节 理论方法

一、建设项目工程造价的相关理论

（一）建设项目工程造价的构成

建设项目基本建设费用是建设项目从筹建开始一直到梭工验收并且达到交付使用全过程所有投资额的总和。从某种意义上讲，建设投资和工程造价的概念是一样的。

都是指项目预计或者实际投入的所有费用。工程造价包括设备及工器具购置费用、建筑安装工程费用、工程建设其他费用、预备费、投资方向调节税和建设期贷款利息五个部分。设备及工器具购置费设备购置费和工器具及生产家具购置费构成了设备及工器具购置费用。

（二）设备购置费

要了解设备购置费，首先要了解固定资产标准。固定资产的标准是指使用年限在1年以上，并且单位价值在国家规定的限额以上。设备购置费就是指为建设项目所购买或者自制，并且达到固定资产标准的设备工器具的费用。但这里需要额外说明的是，如果该工程为新建或者扩建工程，则设备工器具无论是否达到固定资产标准，均属于工器具购置费。

（三）工器具及生产家具购置费

在新建工程或者扩建工程中，按照设计图纸或使用需要必须购买的设备、仪器仪表、模具、器具和生产工作家具的费用则属于工器具及生产家具购置费。

（四）工程建设其他费用

工程建设其他费用，具体包括三种费用：第一种是土地出让金；与工程建设有关的其他费用是第二种；第三种则是与工程日后生产和经营有关的其他费用。

（五）预备费

预备费又分为基本预备费和涨价预备费。

基本预备费即不可预见费，其指的是工程实施过程中有可能发生的费用，例如设计变更和现场签证等。

涨价预备费是指工程实施期内因价格的变化而产生需要增加的费用，这个费用是需要提前预留出来的。

（六）建设期利息

建设期利息指的是工程贷款在项目建设期发生的利息，该利息应计入到建设投资总费用中。

（七）建设项目工程的计价

如果想控制好工程造价，就需要从工程造价的计价模式入手，了解其最基本的计价方法。计价模式的统一就使得造价管理从业人员有了统一的造价计算方法，这样一来，也更方便造价的控制。而造价模式的确定，也会直接影响工程的造价。经过几十年的摸索，我国从最早单一的计价模式，逐步与世界接轨，引进国际先进计价模式，更为开放建筑市场报价和价格管理体系。同时也有利于进一步加强造价管理。根据目前通行的计价模式，分为两种即：定额计价模式和工程量。

定额计价模式，从根本上说还是计划经济的产物。定额计价模式确定的工程造价，所有人工、材料和机械的消耗量均按照定额有了固定的标准，而各种文件又规定了人工、材料、机械的单价及各种取费标准，所以在一定程度上其实已经限制了工程造价的数额。也就是说，谁来报价都是这个价格。这样做有一定的优越性，可以防止恶意报高或者压低报价，从某种程度上也体现了工程造价的规范、统一和合理性。但这样也存在弊端，那就是对市场的竞争和施工技术的创新、施工企业的管理水平提高起到了抑制作用。由于各家报价都一样，投标单位的创新积极性、技术提升积极性都会被严重影响和限制，没人去思索如何改进工艺和应用新材料、新技术。这样对建筑业的发展是十分不利的。

二、工程造价的控制

（一）控制论原理及其应用方法

控制论是一门涉及各个领域的综合性很强的科学，其是研究一般系统中信息和控制过程规律的科学。控制论就是研究利用控制器，通过信息的变换和反馈作用，使得系统能自动按照人们预定的程序运行，并且最终达到最好预定结果的方法。控制者需要依据控制过程中的反馈信息，进行信息数据的比较、纠偏和调整从而发出控制信息，并且最终实现控制目的。功能是任何劳动产品得以存在的前提条件。价值工程的研究核心，就是功能的分析，而对于功能深入的分析研究，可以为工程造价控制提供一个思路。控制论的方法有很多，其根本就是运用控制论原理，以任何一个系统的功能行为为目标，通过功能模拟、黑箱方法和信息反馈的作用，使系统减复增序，实行控制，达至系统目标最优化的方法。而最为常见的方法有：信息法、反馈法、功能模拟法、黑箱法。

（二）工程造价控制的原则

1. 工程造价管理科学控制原则。首先，建设项目是单位参与并且配合才可以进行的工程项目，因此，工程项目的管理必须是科学的。通常参与建设方包括建设单位、设计单位、监理单位、施工承包单位、造价咨询机构等顾问单位，这就要求参建各方必须要各司其责，共同完成控制好项目的质量、进度和造价。其次，造价管理工作是动态的控制。由于影响工程造价的因素有很多，这就决定了工程造价控制的复杂性。通常一个影响因素发生变化，就会直接影响工程造价。而造价控制也应该随之动态变化和调整，如果不这样，就达不到预先控制效果。

2. 设置合理的控制目标。需要注意的是，建设项目是一个实施周期长，投资额度大、过程容易受到干扰的项目。因此，从建设初期就想设置一个既定目标，并且保证不变的造价控制目标其实是非常困难的一件事情，这是工程的复杂性和多因素影响的特性使然。这就要求项目应设置好最初的投资估算，并且利用一环控制一环的原则对造价进行控制。首先是设置好投资估算，投资估算应该是科学、合理。并且能够考虑一定风险、预留合理的费用的控制目标。其次利用投资估算去控制设计概算，从而使设计人员的设计成果不超标。然后利用设计概算确定施工图预算。最终用施工图预算控制施工合同额，以免超出控制目标值。

3. 全过程工程造价控制。很多工程证实，在项目决策阶段和设计阶段，影响项目造价的可能性为 30%~75%，但在实施阶段能够影响工程造价的可能性仅为 5%~25%。这就说明了，即便实施过程所占的时间最长，不确定性因素再多，也无法对工程造价起到决定性的影响。因为项目决策和设计阶段对造价的影响是最大的。虽然说是对全过程造价进行管理，但是现在很多人只重视时间最长的项目实施阶段，忽略了决策和设计阶段，这是不可取的，最影响造价的阶段也是最容易节约造价的阶段，因此更需要造价人员提出专业的意见。

4. 项目的主动控制。目前的造价控制大多是对实际投资和目标投资进行比较，但在比较之时，实际投资已经发生。即便发现投资失误也无法弥补过失。因此这些都是事后的控制，都属于被动控制。从 20 世纪开始，人们就越来越重视主动的控制方法。其实是将系统论的一些研究成果应用到项目管理当中，人们开始主动控制。尽可能事前就避免目标值和实际值发生偏离的情况。也就是利用造价控制来影响投资决策、控制设计、招投标和施工，这也就是从被动控制转向主动控制。

5. 技术经济相结合控制造价。如果想有效地控制工程造价，应该从施工组织、施工方案、技术、合同条款、经济手段和信息管理等诸多方面采取有效措施进行控制。但技术经济相结合是控制工程造价最为重要和有效的手段之一。技术的创新和进步，会直接影响造价的节约。因此，在严格审查技术方案的同时也是在节约造价，施工单位在技术创新的同时，也是在降低施工成本，提升企业竞争力，提高企业管理水平。因此，应积极鼓励技术经济相结合来控制造价。

第二章　工程建设项目咨询

未来几年将是新常态统领我国经济工作的关键年份，同时也是经济结构变化的重要节点年份，面临着房地产业、建筑业和固定资产投资的增速逐步放缓，这直接影响到工程造价咨询行业的业务收入总体增幅，未来我国工程造价咨询行业中的竞争将更为激烈。然而，工程造价咨询行业中同质化的现象阻碍了工程造价咨询企业的能力发展，使得企业很难保持竞争的优势。因此，拥有长期的合作客户及与客户保持良好的合作关系将对工程造价咨询企业的生存与发展起到举足轻重的作用。工程造价咨询业为工程项目的建设提供了专业化的服务，服务范围从投资决策期到建设实施的全过程均有涵盖。其是建筑产业链条中不可缺少的重要有机部分，也是为投资建设领域能够稳健发展的关键保障，同时也是依照国家政策法规进行造价咨询的关键环节。随着基础建设投资管理体制的逐步发展与改革，工程造价咨询行业得到了迅猛的发展，体现在不仅仅是由国家作为单一的业主，投资主体逐渐呈现多元化的趋势，同时承包商为国有施工企业的格局也被打破。业主与承包商利益对立面的出现就需要寻求第三方中介机构出具公平公正的、令双方都能够接受的造价成本。所以，工程造价咨询业随之出现并且得到了较大的成长空间。

工程造价咨询企业经过了脱轨改制的系列工作后，其业务职能也发生了相应的改变。由过去行使政府赋予的造价咨询业务的管理型职能变化为需要自行承揽造价咨询管理业务的服务型职能。伴随我国经济形势的飞跃发展，全国多地在工程建设领域加大了投资力度，投资额逐年增长，带动了我国工程造价咨询行业的进步。根据 2017 年工程造价行业发展报告统计，截至 2017 年我国共有工程造价咨询企业 7800 家，其中具备甲级资质企业有 3734 家、从业人员 510000 人和注册造价工程师已达 90000 人。但由于工程造价咨询业形成过程中的历史特殊性，工程造价咨询企业的发展受到制约，表现为改制后的工程造价咨询企业对竞争的认识缺乏不足。面对着我国加入世贸组织后的大量具有丰富项目经验和技术实力的国际工程造价咨询企业打入我国造价咨询市场，我国工程造价咨询企业的发展与成长是亟待攻克的问题。就目前而言，专家学者们将工程造价咨询企业在企业发展中所遇到的问题进行梳理，并基本达成共识：一是，缺乏对自身企业的严格管理和工作制度建设的缺陷，员工业务能力和人员素质水平急需提高；二是，对于工程造价咨询企业服务对象（客户）日新月异的需求变化，其主动适应市场的观念更新和措施建设欠缺。基于此，部分学者与工程造价咨询业中的从业人员开展了广泛的理论研究与实践。针对如何解决工程造价咨询企业面临的上述问题，研究的焦点多为企业内部知识管理、服务质量、全过程造价管理和构建核心竞争力等方面。在现有的研究基础上，虽为工程造价咨询企业的发展提供了建设性的支持，但其研究视角多局限在注重如何更好地提高企业自身竞争力，忽视了企业所在环境的外部因素。企业与客户构建长久与稳定的合作关系是防止客户流向其他竞争者的最佳途径。因此，众多企业特别是服务型企业，在经济转型和社会发展的新阶段，更加重视与客户合作关系的建立与管理。企业的可持续发展离不开与客户建立良好的合作关系，合作关系的突出作用主要表现在以下几个方面：一是，在变幻莫测的市场环境中降低了企业的经营风险；二是，可以帮助企业减少交易的费用、增加盈利能力；三是，增强了企业自身的软实力，在竞争中占有优势。这突出了合作关系的重要性，因此学者们分别在制造行业、零售行业、生态工业链和虚拟企业等领域中研究了合作关系的问题，从而为寻求企业的长久发展提供了解决思路。与其他领域相同，建筑行业中各参与方的合作关系也日益得到学者们的关注，如业主与承包商、总承包与分包商和业主与供应商等。而工程造价咨询企业作为项目建设参与的成员之一，为了维持自身企业的可持续发展同样也离不开与客户建立良好的合作关系。由此可见，工程造价咨询企业与客户建立良好的合作关系是工程造价咨询企业得以生存和发展的基础。

第一节　建设项目概况

为了对我国工程造价咨询发展情况有更进一步的认识，笔者选取了如下几个比较有代表性的造价咨询案例进行了分析，并以此案例情况为基础进行了接下来的分析探讨。

一、茂名石化医院项目全过程造价咨询项目简介

（一）项目简介

茂名石化医院东院区门诊综合楼及住院楼扩建项目位于广东省茂名市双山五路，

由北京天健华夏医院管理有限公司投资建设。医院总的建筑面积为 74466.995m^2，其中地下室面积 20086.5m^2、主体结构面积 53913 m^2。地下建筑有 3 层，地上建筑有 26 层，楼层总体高度为 106.1m。施工总包单位的工作内容有该项目全部的土建工程、基坑支护工程、装饰工程、JCU 室、消防工程、通风工程、弱点工程、给排水工程、电气工程等图纸要求的全部内容。项目施工合同价款 216500000 人民币。

（二）茂名石化医院项目全过程造价咨询的服务内容

ZX 公司于 2015 年 6 月 25 日接受北京天健华夏医院管理有限公司的委托，对该项目进行 QCJ 咨询管理，已签订的 QCJ 咨询合同的服务内容有：

（1）审核项目建设过程的进度款、审核施工单位报送的分阶段结算、审核施工方上报的竣工结算，注意收集工程索赔与反索赔相关资料，审核工程中期进度款的拨付情况和施工中发生的变更、索赔及合同争议的鉴定。

（2）按照施工图纸、施工单位中标的工程量清单、甲方与施工方签订的施工合同或协议，结合工程现场的施工进度来分析并审核各项施工费用，审核施工方报送的中期付款申请，审核施工方报送的最终结算付款。

（3）在委托方的要求范围内，及时准确地完成不同阶段的成本审核工作。

（4）核算经过监理验收并且合格的施工部位的完成工程量的工程造价，依据甲乙双方签订的施工合同的付款条款，审核施工方申请的工程进度款。

（5）根据委托人指示，须对每份洽商变更及签证进行旁站监测、实测实量，做到资料齐全，有依有据。

（6）根据委托人提供的四方签认的洽商变更手续齐全的文件进行书面审核，确定其是否符合合同条款。

（7）依据签字盖章的工程竣工图纸、经各方签字确认的设计变更及洽商、经签字确认的赔付文件及工程竣工验收单来审核施工方递交的工程结算书；确定工程造价后，编制最终的结算审核报告，并经委托人与承包商确定工程最终造价。

（8）工程竣工后提供三套完整的审核报告。

（9）其他与本项目有关及委托人认为有必要由咨询人完成的工程审核管理的工作。

二、广电网络中心项目全过程造价咨询项目简介

（一）项目简介

广电网络中心项目位置北临黄河大道，南靠淮河道，西为天山大街，东侧靠近祁连街。该工程为 19 层高层公共建筑，建筑分类为一类，耐火等级为一级。建筑高度 96.15m，层高一至四层为 5m，五至八层为 5.5m，九至十五层为 4.2m，十六层为 5.5m，

十七至十九层为 4.2m。框架核心筒结构。建筑一层主要功能为大堂、展厅、营业厅及消控室；二层为营业厅及监控室；三层为食堂及健身房；四层为演播室、报告厅及会议室；五层为设备机房；六、七层为 IDC 机房；八层为物联网发展中心、网络技术开发中心、节目中心及音视频生产服务中心。九至十六层为普通办公室，十七至十九层为高管办公室。

（二）广电网络中心项目全过程造价咨询的服务内容

ZX 公司于 2015 年 6 月 25 日接受委托，对该项目进行 QCJ 咨询管理，已签订的 QCJ 咨询合同的服务内容有：

1. 跟踪审计阶段。

（1）审计委托方对项目组织管理的情况。

（2）主要材料设备价格咨询工作及其采购计划的审核。

（3）工程预算的审核。

（4）制定建设项目各个阶段的资金使用计划。

（5）审核建设项目的施工类、服务类的招标文件及合同。

（6）审核工程进度款，审核中间支付款项。

（7）索赔事项及费用的审核。

（8）工程变更、洽商、签证的审核及费用测算。

（9）参与建设项目隐蔽工程的勘察、验收工作，并留证；主要材料样品封存及记录。

（10）审核项目分阶段完工的分部工程结算；会同业主办理工程竣工结算，提供完整的结算报告及各项费用汇总表。

（11）提供委托方要求提供的有关跟踪材料等。

（12）为委托方、项目实施单位、造价等咨询服务单位、监理单位、施工单位、材料设备供应商等项目相关方，编制合同、工程进度款、结算款、材料设备采购审核流程。

（13）按时提交分阶段审计报告；全部跟踪审计工作结束后，编制并提交跟踪审计报告。

2. 结算审计阶段。

（1）细化分部工程结算内容。

（2）审核结算文件是否规范、完善、合理。

（3）结算详审。

（4）大宗材料设备购置结算款的审核。

（5）根据工程结算审计的情况，出具项目各单项及总体审计报告。

三、厦门海西总部项目全过程造价咨询项目简介

（一）项目简介

厦门海西总部项目用地为 T 形用地，总占地约 13.5 万 m^2，合 202 亩，总建筑面积约 55.35 万 m^2，综合容积率 3.05，由 5 个子地块组成，是涵盖 34.6 万 m^2 生活住区（包含高尚住宅、别墅）、20.7 万 m^2 集中商业、五星级酒店、地标性 5A 级写字楼（白鹭塔）为一体的城市综合体。本项目拟分四期开发：第一期开发 A4 地块（高层、多层为主的住宅产品），第二期开发 A1、A2 地块（别墅、高层为主的中高端住宅产品），第三期开发 A3 地块（纯高层住宅产品），第四期开发 A5 地块（集酒店、商业、办公为一体的综合性产品）。 本项目每期拟新增开工面积 10 万 m^2 左右，开发周期应控制在 3 年至 3 年半的时间之内，新的一期应在前一期启动后 9 个月之内启动开发，从而确保项目开发进程中每年均有 8 万 ~10 万 m^2 的产品入市。

（二）厦门海西总部项目全过程造价咨询的服务内容

ZX 公司于 2015 年 4 月 10 日接受委托方邀请对该项目进行 QCJ 咨询管理，已签订的 QCJ 咨询合同的服务内容有：

1. 接受招标人单位前期工作的随时咨询，并利用专业知识和经验，对招标人进行技术支持、咨询、服务，提供方案、建议，及时、定时分析投资情况，汇报工作，使各项工作合规、合法、标准、规范。

2. 审核工程建设项目的设计概算，制定投资控制措施及投资控制目标。

（1）负责对设计概算进行复核，保证设计内容、标准控制在估算指标内。

（2）根据设计进展情况不断更新调整设计概算报告，并向招标人提供造价方面的控制建议，确保招标人的投资总额控制在投资估算以内。

3. 对各阶段设计成果根据目标成本进行校核。

（1）协助招标人对设计方案进行优化，负责对限额设计进行复核，对造价进行预控，提出方案比选经济评价建议，确保控制预算（招标控制价）不超过批准概算相应造价的 90%，且工程结算不超目标成本。

（2）根据各阶段设计成果提出项目的限额设计方案。

（3）根据各阶段设计需要提出项目的优化设计方案。

（4）在施工图设计阶段，参照厦门市现行建筑市场价格，编制完整的建安工程施工图预算。如该预算超出了招标人的目标成本，按招标人及设计单位建议的造价减省

设计方案进行预算修订，以便设计单位参阅并进行图纸修改，尽量保证在施工图设计阶段的预期建安造价一次性即能符合招标人的目标成本要求。

4. 参加图纸会审，并提供审图意见供招标人参考。

5. 按招标人要求参加相关成本工作会议（包括有关工程投资、设计标准等），并提供专业意见或建议供招标人参考。

6. 根据各阶段设计需要提供设计服务商、材料、设备建议。

四、全过程造价咨询业务风险评价分析

在 QCJ 咨询业务的活动中可能要受到很多的风险因素的影响，且每一个风险因素发生的可能性以及风险因素给该活动造成的影响程度也不尽相同，各个风险因素之间也相互的制约影响着。QCJ 咨询业务风险识别主要是识别对咨询服务造成影响的重要风险因素。在以 ZX 公司参与的 QCJ 咨询业务的相关资料为依托的基础上，运用 WBS-RBS 法以及专家调查法相结合的方式，进行 ZX 公司 QCJ 咨询业务风险的识别。本书收集了茂名石化医院项目、厦门海西总部项目、广电网络中心项目的相关资料，通过向所在项目的业主单位及 ZX 公司 7 位具有丰富经验的造价工程师发放问查调卷，发现了 ZX 公司 QCJ 咨询业务可能存在的各种风险因素。详见表 4-2-1。

表 4-2-1　ZX 公司全过程造价咨询业务风险因素

序号	风险类别	风险性质	风险因素
1	主观风险	职业道德风险	造价咨询人员自身职业道德
2	主观风险	职业道德风险	他方职业道德
3	主观风险	职业道德风险	过失、违法行为
4	主观风险	专业水平风险	人员结构不合理
5	主观风险	专业水平风险	造价咨询人员理论知识和实践验不足，专业水平不高
6	主观风险	专业水平风险	技术熟练但工作疏忽
7	主观风险	专业水平风险	未能发现问题
8	主观风险	专业水平风险	技术信息未能熟练掌握，对施工工序、施工方案不了解
9	客观风险	独立性风险	造价咨询人员未能独立开展业务，工作开展受限
10	客观风险	独立性风险	造价咨询人员越位或参与决策
11	客观风险	内控制度风险	咨询合同不规范、有疏漏，权利义务不明确
12	客观风险	内控制度风险	没有内部审核稽查制度，未能严格执行三级复核制度
13	客观风险	内控制度风险	缺乏内部考核制度
14	客观风险	内控制度风险	缺乏统一的造价咨询业务标准

续表

序号	风险类别	风险性质	风险因素
15	客观风险	内控制度风险	办公室档案管理混乱，资料管理不规范
16	客观风险	外部风险	无法达到委托方要求，或委托方提出合同外的要求
17	客观风险	外部风险	资料交接不规范，接受的资料不合法
18	客观风险	外部风险	委托方违约，未能及时收取或未收到咨询费
19	客观风险	外部风险	各利益主体用各种手段干预造价咨询人员的工作
20	客观风险	信息技术风险	对委托方的项目和要求未认真评估， 超出咨询单位实际执业能力

为了应对这些风险应该通过如下手段进行控制：

一般常用的风险应对策略有："风险回避""风险分散""风险自留""风险降低"。QCJ 咨询业务的风险因素各种各样变化多端，应对不同的风险因素制订不同的风险策略。风险回避是指咨询公司在综合考虑到影响造价咨询业务的风险因素发生的可能性概率与损失的基础上，放弃或拒绝可能引起损失的咨询活动，以避免该咨询活动可能产生的风险。风险回避对于咨询公司 QCJ 咨询业务风险管理具有全面有效、简单可行的特点，但是在回避风险的同时也同时失去了该咨询活动带来的收益机会。风险转移是通过将 QCJ 咨询业务存在的潜在风险有目的地转移至其他参与主体承担，以减少咨询公司面临的风险损失。风险分散是通过多种 QCJ 咨询业务风险管理策略的组合把风险因素发生的时间、发生的空间与发生的数量上分离，通过增加风险承担主体将风险分散至咨询业务参与者，减轻咨询公司风险承担的压力与损失。风险自留是咨询业务活动中，咨询业务主体即咨询公司自己承担风险损失，并采取相应措施在内部进行风险管理。风险降低是通过降低未发生风险事件可能发生的概率和已发生的风险事件可能产生的损失，来达到管理和控制咨询业务风险的目的。

五、重点风险的应对策略

本节依据上节分析的茂名石化医院项目、厦门海西总部项目及广电网络中心项目中 QCJ 咨询业务的重点风险，从整个 ZX 咨询公司的角度出发，对分析出的重点风险提出相对应的风险应对策略及风险防范的措施。

（一）完善公司组织架构

改变现有管理结构，完善管理机构、明确相关人员的工作职责，建立以下部门机构、落实和检查有关人员职责，并要求把相关职责贯彻到具体的咨询业务中。

1. 技术负责人职责。监督咨询项目组负责人及其项目组成员遵守政府和行业主管部门颁布的相关工程造价咨询的法律、法规、规范、标准和指导规程。指导项目负责人按照企业质量保证体系落实相关质量控制制度，保证咨询成果技术可靠、数据准确性、结论科学和公正。在项目咨询活动中遇到重大技术和质量问题时，主持会议，进行研究、分析、提出解决方案。负责预测咨询项目成果可能给受托人或本企业带来的风险，负责对咨询成果进行技术经济方面的最终审核。

2. 部门负责人职责。主持和负责本部门的内部管理工作和咨询业务活动。负责承接工程造价咨询项目，落实本部门的业务经营目标，建立和发展与客户的合作关系。主持制订或批准本部门所有咨询项目的作业计划，领导和组织本部门的业务咨询活动，对本部门的咨询成果质量负责，确保咨询合同的履行。负责召集咨询项目委托方及咨询项目的相关单位就咨询项目中所遇到的一般问题和分歧进行协商，以获得一致意见。负责安排、调度本部门人员力量、指派项目负责人，负责检查、监督本部门从业人员的执业行为，负责本部门从业人员的培训计划、继续教育、职业道德教育。

3. 项目负责人职责。负责组织造价咨询项目的实施，负责不同专业间的协调，负责咨询项目的质量管理，负责项目组成员执业行为的管理。负责草拟咨询项目委托合同的办理，负责验核和接收委托人提供的资料，负责施工阶段造价控制实施细则的批准，负责咨询项目质量控制规划的制定。负责督促、检查各咨询子项和各专业的工作进度，并研究解决存在的问题，动态掌握咨询项目的实施状况，对咨询项目咨询质量负责。监督本部门专业审核人员对咨询成果质量进行校核，负责复核咨询项目的初步成果。负责咨询报告的送达、办理相关资料归还与移交手续，负责办理与委托方对咨询项目咨询费用的结算。

4. 专业咨询员职责。在项目负责人的领导下执行作业计划，对所接受的本专业质量和进度负责。遵守政府和行业主管部门颁布的有关工程造价咨询的法律、法规、规范、标准和指导规程，执行本企业制订的规章制度。根据作业计划制定的技术标准、咨询原则，选用正确的计算程序、分析方法，确保数据的准确性、结果的真实性。对本专业的成果质量自主控制，认真校对、核验咨询成果。编写本专业的咨询成果文件，确保咨询成果文件表述清晰、格式规范、满足使用需要。

（二）加强内部质量管理制度

加强质量管理，保证咨询质量，提高咨询效果和服务效率，努力促进与委托方之间的理解、信任与支持，降低项目成本，为投资者提高投资效益。加强内部质量管理，其目的是：责权分明、奖惩相济、真诚合作、彼此协调、激发创新精神及塑造良好的工作环境，保持咨询企业优良的服务水准和竞争力；通过识别和设法满足客户等相关方面的要求和期望，以获得市场竞争优势；鼓励员工提高质量意识，遵循客观、公正、科学、可靠的咨询原则，充分发挥造价人员的聪明才智，保证提供高质量的咨询成果，以此保障委托方的利益，从而提高咨询项目的投资效益。加强内部质量管理，是一个持续提高的管理过程，全体员工必须树立强烈的质量意识，按程序开展工作，踏实严谨、精益求精，做好事前、事中、事后乃至全面的质量监督与管理，每位员工都应做到不让半点疏忽或失误从自己手中漏过，从而全面提高造价人员的整体素质和外在形象。

在坚持独立、客观、公正原则的前提下，与业主洽谈业务、拟签咨询合同，必要时就具体的咨询项目会同公司领导共同研究确定是否可以承接等事宜，与委托方洽谈商议时，一定要了解委托方明确或隐含的要求。特别要就咨询项目的范围、内容、预期目标、成果交付的日期、咨询项目收取的费用等协商好，来决定是否可以承接。一旦接受咨询项目的委托，就应拟订合同。根据咨询项目的性质及合同规定的要求，确定咨询项目的负责人以及根据专业分工确定项目组成员。项目负责人必须将项目组各成员的任务、计划、进度、质量保证措施等上报部门负责人和企业技术负责人核准确认；同时，将委托方提供的文件、图表、有关资料等做好交接签收手续。

（三）严格执行三级质量审核制度

三级质量控制制度是行业主管部门制定和要求执行的咨询管理制度，这样要求是为了减少错误发生的几率，确保咨询成果的准确性。ZX 咨询公司应改变一人出成果的现状，严格按照三级质量控制制度执行。

1. 设立三级审核制度。

一级审核：自检和同专业员工互检，并在一级审核表上填写书面意见。

二级审核：由分公司各部门负责人进行二级审核，并在审核表上填写书面意见。

三级审核：电子版初稿定稿后，在向委托方发出前，由委托方确认后，由公司技术负责人进行三级审核。

2. 三级审核程序时间要求。严格执行公司的三级审核制度，所有项目应比向业主方承诺的时间提前完成初稿；以留有足够的时间供审核。小型项目至少要提前 2 天，大型项目要提前 3 天完成初步计算以便开始全面复核。

（四）实行重大咨询问题会审制度

对技术难度大的项目或重大项目，经项目负责人提出方案并经技术负责人核准后实行。对于项目负责人无法解决的重大问题，由技术负责人主持召开重大问题会审会议，组织有关部门人员参加，对咨询成果进行评估论证，发现疏漏及错误，及时纠正。必要时外聘专家参加会议，并形成“重大问题会审纪要表”。凡涉及技术、管理、政策、协调等以下诸项事均可列为重大问题：

（1）采用最新施工技术或方案并无现有定额可套用的造价咨询项目；

（2）技术文件工程语言，在解读上存在重大歧义且无权威性范例可参照，但又严重影响工程造价的问题；

（3）项目法人单位和建设单位对咨询初步结果出现分歧意见，研究如何调整项目的局部环节以得出委托方和建设方都能接受咨询成果的问题；

（4）在重点项目中，如出现建设单位工程管理部门和监察审计部门对咨询单位有不同要求时，研究具体的咨询原则和策略问题；

（5）当出现施工合同主要条款背离招投标文件、补充合同否定主合同基本条款等现象时，寻求法律支持、得出正确司法意见的问题；

（6）当施工单位与建设单位对立情绪严重、拒不接受咨询意见时，研究如何公平、公正、进一步协调双方关系的问题；

（7）研究重大司法鉴定项目的实施方案；

（8）研究和确定重点项目“管理建议书”的主要观点；

（9）对客户反馈的严重质量问题的分析和处理建议；

（10）上述条款未包含的其他重大问题。

重大问题会审组织构架：成立重大问题会审小组。组长：公司技术负责人；组员：公司专家组成员（根据不同问题，确定专业、人数）、相关部门主任、项目负责人、专业咨询人员。

工作程序：

（1）专业咨询人员将自己无力解决的疑难问题提交项目负责人；

（2）项目负责人根据专业咨询人员的汇报，分析梳理项目情况，发现需要会审的重大问题；

（3）项目负责人将重大问题向部门主任汇报，并提出自己解决问题的意见；

（4）部门主任认为本部门可以解决的问题，可以不送会审小组；认为无妥善解决办法的，向公司技术负责人汇报，申请进行重大问题会审；

（5）技术负责人确定并组织会审工作；

（6）特别重大的问题，应向总经理汇报，并请公司领导参加会审工作；

（7）形成“重大问题会审纪要表”作为工作指导文件；

（8）“重大问题会审纪要表”原件存档。

六、促进工程造价咨询业良性发展的对策思考

（一）实施工程造价管理改革

建设工程造价管理体制的改革可以为工程造价咨询人才发挥才智创造良好氛围。

规范建设工程造价管理是改革的第一步，也是改革工程造价管理体制的关键一步。一是将现行的“条块分割”的管理格局，改革为多层次、多元化和有机结合工程造价管理主体。二是改变目前“政出多门，管理混乱”的局面，建立真正意义上的“职责分明，各司其责”管理体制。三是建立完善有关工程造价管理的法规、制度和标准。四是开展造价信息系统的服务工作，为建设、设计、施工、监理等单位提供决策、施工、竣工等阶段的有关综合服务。五是建立能够高效运作的工程造价管理体制，从而也为我国工程造价咨询队伍的建设与发展创造一个科学、规范有效的良好运行环境。

（二）拓展业务范围

建设项目的造价包含确定性的造价、完全不确定性造价和风险性造价三种成分，并且这三部分贯穿于建设项目实施的全过程。为更好地对工程进行控制，住建部提出了“全面造价管理”的概念，把工程造价咨询的内容延伸到经济分析、风险分析、价值分析、系统分析、项目管理、资质管理、合同管理、信息技术、已完工程数据利用等。由于造价咨询公司的造价咨询服务内容并不具有专有性，造价咨询公司能做的业务，其他类型的公司如设计院或设计顾问公司、招标代理公司、综合性的工程咨询公司、发包人也能做，并且比造价咨询公司更有优势，所以有替代的威胁。因此，造价咨询公司要想更好地生存和发展，就必须进一步拓展自己的业务范围，如逐步加强与大型建筑企业的合作，进行企业定额编制、投标报价咨询，为招投标方提供准确及时的市场价格信息等。

（三）加强资格审查

严格把好资质证书发放关，做好年检工作，促使造价咨询机构健康发展。对于申办工程造价咨询资质单位，一定要按照国家、省的标准要求，严格审核，使人员、资金、场地、设施等方面必须符合规定要求，避免“皮包”公司的混入。由于咨询单位存在投资少、收益大、风险大、提供技术咨询服务等特点，必须强调人的因素的重要性，特别是要加强对从业人员资格的认定。认真做好造价咨询机构的年检工作，从中发现问题，并加以解决，是加强咨询机构管理的重要手段。目前，咨询机构还存在许多问题，如咨询合同不规范、超越经营范围、无序竞争、行政干预、抢夺客户资源等。这些问题可以通过年检，督促加以解决，淘汰那些执业行为不规范、业绩少、技术力贫乏、信誉差的咨询单位。而帮助那些具有良好业绩、信誉高的咨询单位扩大规模、提高服务质，是加强咨询单位管理，提高咨询单位竞争优势的有效办法。

（四）提高从业人员素质

要大力加强工程造价人才的培养。工程造价咨询从业人员是工程造价咨询机构立足发展的根本，是企业核心竞争力的载体。我们既要重视高等院校正规教育对工程造价管理人才的培养，又要加强行业现有工程造价管理从业人员的继续教育，通过多种形式培训活动使从业人员的专业知识与实践技能得以不断地更新和提高，使他们成为能够适应“全过程管理”的高素质人才。为了使企业能够长远发展，我们要求工程造价人员必须掌握和了解全国各地区的造价资料以及发展趋势，掌握现代化管理方法，学习国外的先进经验，及时掌握新材料、新工艺和新的施工方法，参与工程造价管理活动，总结经验，收集造价资料数据，分析造价变化因素，把握造价的真实性和合理性，使自身的管理素质向更高层次发展。同时，同行业之间的技术交流也是非常重要的，其对于提高整个社会的平均技术水平有很大的帮助。

（五）加快建立信用档案

建立各造价咨询单位和执业人员的信用档案，提倡诚信为本、操守为重的经营执业行为。建立信用档案不但要把那些守信的企业和个人给予表彰公布，使恪守诚信者得到相应的回报，也要使有不良行为记录都付出代价、名誉扫地直至绳之以法。诚信是社会健康发展的润滑剂，可以运用最小的成本更好更快地积累财富。要通过信用档案这一制度来维护造价咨询业的经济道德，制裁轻诺寡信者，逐步达到以自律为主的经营执业行为。

第二节　对项目咨询工作的认识

一、我国项目咨询发展分析

近年来随着我国工程咨询业不断扩大与发展，需要的专业人才越来越多，报考工程咨询师也随之成为人们的热门选择。工程咨询业的发展，在一定程度上提高了中国工程投资以及基础设施建设的合理性，并减少了投资的失误。

（一）市场化进程加快

按照西方发达国家工程咨询业发展的经验，工程咨询具有十分重要的作用，主要表现在三个方面：①工程咨询水平一定程度上标志着市场配置资源的效率和水平；②工程咨询是与资本、劳动等生产要素结合共同创造价值的一种重要形式；③工程咨询已成为一个国家整体产业竞争力的重要依托，决定着具体产业竞争力中的知识含量及创新程度。在发达国家，工程咨询已成为一种十分重要的产业形态，并且在经济全球化和知识经济发展的推动下，发展愈来愈迅速。中国工程咨询业经过 20 多年的发展已具有一定产业规模，但总的来说还比较弱小，特别是与发达国家相比，不论是产业规模、咨询公司实力，还是市场发育程度等方面都有明显差距。可以预见，随着市场经济体制的进一步完善，特别是投资体制改革的深入，各类市场和投资主体对工程咨询的需求愈来愈多，工程咨询的内容和范围进一步扩展，工程咨询业的产业发展空间将愈来愈大，市场规模和产业化水平将进一步提高。

（二）国际化进程加快

我国加入世贸组织的协议中对有关工程顾问、设计、管理服务等设置了过渡期，但在过渡期内对合营工程咨询机构外资的控股权并没有限制，这一点与我国对金融、保险、电信等其他一些服务性行业的保护性措施有很大不同，可见我国工程咨询业总体上是对外开放的。并且，今后几年这些过渡期将陆续结束，今后加入《政府采购协议》时，还会给国外工程咨询机构提供更为诱人的市场机会。我国工程咨询业发展成长的初期阶段就不可避免地面临着强劲的国际竞争，这和一些发达国家经过了一定时期的产业和市场保护阶段有很大不同。面对这种形势，我国工程咨询企业不能畏惧不前，要主动参与国际竞争，主动实现国际化，这也是市场竞争中生存和发展的必然要求。

但对于企业国际化要有正确理解。第一，要正确认识企业国际化的含义，认清企业生存和发展的环境。第二，要全面学习和引进成熟的工程咨询组织和服务的国际惯例，学习国际工程咨询企业先进的管理理念、方法和手段，扎扎实实练好基本功。第三，要积极寻求与国际工程咨询公司的合作，通过各种形式的合作锻炼提高自己。如选派业务人员到国外咨询公司培训、积极参加各种形式的国际交流、引进国外咨询公司先进的管理软件、共同开发国内外业务、作为分包商承担国际业务、成立合作、合资机构等等。第四，循序渐进地开展国际业务，逐步实现“走出去”的目标。第五，转变观念，通过强强联合，打造工程咨询业的航空母舰。

二、工程咨询业国内外现状及特征分析

（一）国外工程咨询业现状

1. 美国工程咨询业现状。从美国工程咨询业的发展轨迹看，自 20 世纪 80 年代以来企业不断加强联合，进行规模化生产、经营，同时许多企业为降低成本，削减了内部的咨询机构，为工程咨询业的崛起提供了良好的机遇与环境。特别是 20 世纪 90 年代以来，企业界面临前所未有的全球性竞争，科学技术的进步和企业组织机构的新的管理模式的建立，以及跨国经营的选择等，使得企业对工程咨询业产生巨大的需求。许多企业从外部寻求专家出谋划策，已经成为顺理成章之事。

美国工程咨询业针对国际市场竞争加剧，企业经营环境日趋复杂多变，一些企业

经营存在着管理水平低、人员素质低、技术人员和管理人员缺乏等问题，依靠自身对问题专业化研究的优势和长期咨询服务积累的丰富经验，依靠解决问题的创新思路与方法所显露出的价值，依靠提供的建议具有独立性和客观性，通过为企业提供专项研究方案、专门技术、新的管理方法、经营经验等，注重服务的策略性与实用性，成为美国企业越来越依赖的重要智力支持力量。

美国工程咨询业具有以下特点：

（1）政府扶持工程咨询业发展。在美国，政府十分重视工程咨询业的市场需求，主要做法是：帮助咨询公司打开业务渠道，充分保证其业务来源。对咨询公司的管理，除了从税收、保险等方面通过经济手段加以调控外，还从咨询和审计方面等方面进行严格管理；提倡用外脑，政府部门及企业习惯找咨询公司为其服务，咨询项目在招标的基础上公开竞争。为鼓励咨询业的发展，政府还采取将企业的咨询费用可计入成本，不计征所得税等方法，刺激企业的对咨询的需求。

（2）咨询公司具有私营性质，服务效率高。从美国工程咨询业的发展规律来看，咨询业的主要动力是具有“企业性质”的民间咨询机构的介入，直接接受市场的考验，并将成为国家咨询产业的主要力量。例如，美国 80% 咨询公司具有私营企业性质，其一般不隶属于政府部门或企业单位，而是独立地选择或承担咨询项目，客观、中立的开展咨询业务，为企业提供具有“高附加值”的咨询服务。

（3）具有完善的服务体系。美国工程咨询业的构成比较合理，既有世界一流的大型咨询公司，又有众多专业分工非常细的小型咨询公司，已经形成了市场运作规范、专业化程度高、收费合埋、相对稳定的服务体系。

（4）完善的人才资源管理机制。美国工程咨询业在人力资源的建设与开发方面也有许多成熟的做法。例如，严格的资格认证制度、人力资源的目标管理制度、为专业人员营造的客观性、公正性和科学性工作氛围、强调遵守其职业道德，以及设立相对独立项目的进度及质量的审查小组等，都做得十分到位。另外，通过激励机制、约束机制与良好的文化氛围的互相作用，也使得美国咨询业在人力资源管理方面机制更加完善。

2. 法国工程咨询业现状

（1）法国工程咨询业发展的基础。法国工程咨询业发展的基础主要有两个：其一，信息产业发展到一定阶段，使得信息大量高效的收集和咨询人才的培养成为可能。就这方面而言，法国发展工程咨询业的先天条件是十分优越的，其信息产业发展十分迅速。其二，社会生产和分工发展到一定阶段，使得建立在脑力劳动基础之上的工程咨询业成为人们意识中一门独立且重要的职业。就这个方面而言，法国社会生活发展的水平毋庸置疑是位居世界前列的。但由于其文化中唯我独尊和保守的公众心理，法国未能及时跟上全球产业结构调整的潮流，国民意识这一软件与发达的信息技术这一硬件并不匹配。

（2）法国工程咨询业的现状。法国工程咨询业有着悠久的历史，在本国和世界多数国家的建设中起着重要作用。目前，该国家的咨询机构的规模呈两极分布状态，趋势是向大型和小型公司发展。一是逐步发展成为大规模的综合性咨询机构，该部分机构相对较少。二是向具有某一专业技术特长的小型化咨询机构发展。两者各有利弊，主要是为适应不同客户的不同要求而产生。对于大型项目而言，一方面是项目功能的多样化，另一方面是工程规模越来越大，对项目咨询承包企业的技术能力和抗风险能力的要求越来越高。对于这类项目，业主往往对几家咨询公司的联合体不太感兴趣，而是更信任大型的咨询公司。因为大型咨询公司具有更多的经验、完备的组织和规范，工作更有连贯性，并有足够的财力应付可能发生的风险。

在某一专业技术领域具有专长的小型化咨询公司，其组织管理更加灵活，更能适应中小业主的要求，可以根据项目需要临时组合共同参与承包。同时在保持技术领先优势、提高工作效率、降低人才培养和经营的成本等诸多方面易取得更好的效果。

工程咨询最早源自英国，但是，标志着工程咨询业走向成熟和国际化的，是1913年由法国、比利时、丹麦、芬兰、荷兰等国发起成立的国际咨询工程师联合会（FIDIC）。法国有不少声誉很高的工程和技术咨询公司，泰克尼普集团（TECHNIP-COFLEXIP），欧罗基普公司（EUROOUIP）、管理研究公司（SEMA）等大型专业公司都是国际性的企业诊断公司。仅SEMA一家就拥有2150名企业诊断专业人员，每年与50多个国家签订有关合同。而Net Value公司是全球最有名望的三家网站测评公司之一，其实质就是对网站建设这一高科技工程和技术提供咨询服务。

（3）法国工程咨询业的特点。与同一层次的国家相比，法国的工程咨询业有以下几个特点。

①政府的重视与扶持。法国的工程咨询业与政府有着十分紧密的联系，咨询机构在法国的行政体系中始终占有重要位置，法律法规明确规定政府某些决定必须事前征求咨询机构的意见，如规定官方投资的工程建设项目必须通过招投标选择工程咨询单位。工程咨询公司与政府保持较好的沟通渠道。法国政府对工程咨询业的支持，不是直接补助资金，而是在市场推广、情报交流、投资与派遣等方面间接支持。经过多年发展，法国的工程咨询业市场发育非常成熟，具有较完善的管理和制约体制。

②海外咨询发达。法国工程咨询业中的涉外咨询比例大。咨询公司约有一半面向海外，主要为中东、非洲的法语系国家。法国海外咨询收入约占其年咨询营业额的 50% 以上，在国外开展咨询的业务收入分别占本国出口额 8%~9% 。

③人才培养和选拔独具特色。法国的工程咨询业有一个特点是不搞纯理论研究，仅就具体的、与社会生活有关的实际问题开展咨询。体现在人才培养上，就是注重理论与实践相结合。在法国，教授的最主要工作是教学，但各学院又都规定要有一定时间到企业去研究问题或当顾问，为企业咨询，然后把咨询得来的材料编入教材，变成教学的实例。法国的高等管理学校普遍实行这种“教学、研究、咨询”三结合方针，来培育咨询人才。此外，法国还设有建设咨询人员和技术研究人员咨询审定的专门机构。

④综合业务能力很强，人员结构合理。一般是承担从项目前期的市场调查、项目策划和规划、可行性研究、勘察、方案设计、工程设计、采购咨询、工程监理、工程保险到建成后的服务等全过程。咨询公司人员一般要求高、中级研究人员占较大比重。同时各咨询公司都为咨询人员提供稳定和较好的工作环境。

3. 英国工程咨询业现状。现阶段，英国工程咨询主体包括咨询工程公司、咨询合伙人公司和独立咨询工程师。主要的大中型咨询工程公司有 284 家，他们在设计和项目管理方面有着丰富的实践经验和人力资源，客户群也比较广泛，例如：英国政府机关——高速公路管理署，英国郡（省）政府，其他国家政府机构，私人投资者和投资公司等。咨询合伙人公司一般是由多名有经验的和有资质的工程师合作经营的咨询实体，他们的客户大多来自当地或英国国内，客户群相对稳定。独立咨询工程师是即将退休的或已退休的有着丰富咨询经验的工程师。他们多是在项目中以顾问或第三方咨询工程师的身份出现。

从咨询的业务权重来看，土木工程设计、房屋建筑设计、基础工程设计、路桥设计、现场勘查、渠务工程设计、水处理系统设计、防洪工程设计、交通规划、施工安全咨询和铁路设计等业务占了整个英国咨询业务的 75%，其余的 25% 包括电力系统设计、隧道工程、防火工程、石油管道工程和防震工程等，有时也受业主委托，做工程项目管理或施工过程中的监理。由于英国国内咨询市场已被充分开发，咨询主体的利润率已被压缩到 1%~3% 左右，近些年来，一些颇具规模的咨询公司已把业务重点放到远东环太平洋地区和中东的迪拜，当然，中国市场也是他们争夺战的重中之重。

（二）国内咨询业发展与现状

中国的工程咨询业是在 20 世纪 80 年代初期发展起来的，到目前为止我国咨询业现已初具规模，正处于蓬勃发展的时期。工程咨询业的发展，在一定程度上提高了中国工程投资以及基础设施建设的合理性，并减少了投资的失误。

1. 发展过程。我国工程咨询业大体经历了两个历史阶段：一是计划经济时期，国家成立了一大批工程勘察设计单位，从事新中国的大中型工程勘察设计，改革开放初中期，部属勘察设计单位实力较强。二是市场经济时期，国家各部委、各省市自治区都成立了工程咨询公司，其中成立最早的是中国国际工程咨询公司和中国国际经济咨询公司。国际性公司主要从事国际融资、国际工程的咨询服务，省、市、自治区的工程咨询公司主要从事地区建设项目的咨询、评估和监理服务。1992 年国家计委正式将工程勘察设计纳入工程咨询范畴，并进行工程咨询公司资质认证，与工程勘察、设计、监理认证并存。

2. 市场份额。从实力和市场份额来看，我国咨询市场可划为三个阶层：第一阶层是进驻中国的国际知名公司，其凭借丰富的咨询经验和良好的声誉等优势占领了市场的主体。据统计，麦肯锡、罗兰贝格、科尔尼、普华永道等国际咨询公司的市场份额占到 50% 以上。第二阶层，是国内比较成型稳定的咨询公司，其构成了目前中国国内“本土咨询”的主力。主要包括新华信、中信咨询、北大纵横、派力营销等咨询公司。这部分公司的市场份额占到全部市场的 10%~20%。第三阶层，是国内众多新兴的咨询公司，占市场份额估计为 30%~40%。这些公司多数为民营企业，数量众多、规模小、专业领域狭窄。

3. 咨询公司特点。国家各部委、各省、市、自治区的工程咨询公司长于工程前期论证、评估。经济、商务类咨询实力较强，尤其是部委国际工程咨询公司熟悉国际惯例和参与国际工程招投标业务。工程勘察设计类工程咨询公司长于工程勘察、设计、监理，如长江三峡工程、青藏铁路、西气东输、西电东送工程等，专业咨询实力较强，实践经验丰富，现场工程经验多，却未加以理论化、系统化、信息化，缺少咨询案例数据、咨询顾问专家数据库。国际工程师联合会主席彼德森认为：从技术层面上讲，中国的工程咨询业的水平与世界差距不大，但是还需要在整体运营，如结构组织、经营管理等方面改进、提高。

4. 执业人员情况。我国工程咨询专业技术人员约 30 万人，其中一级注册建筑师 9000 余名，二级注册建筑师 2.2 万人，一级注册结构师 1.6 万人。除此之外，还有许多具备注册资格的人员因未实行注册而不具备注册认证。但从整体看，我国工程咨询执业人员素质偏低，结构不合理。我国咨询工程师专业技术水平较高，现场实践经验较多，可知识面偏窄，综合协调管理能力较弱，尤其是经济、商务、管理、法律等方面知识和能力不足，缺少项目经理、双语人才、复合型人才，熟悉国际惯例能从事国际工程咨询的人才更少。且还存在队伍结构不合理，考核激励机制也尚未健全，而且培训费用少，人员流动困难等问题。

5. 发展趋势。我国经过数十年的改革开放，市场经济程度不断提高，使得企业面对的市场竞争压力较大，需要管理咨询专业的服务，外资咨询公司开始进入，带动了我国工程咨询业发展，出现了一批工程咨询公司，通过借鉴国外和香港工程咨询的理论、方法和经验，按市场规律运作，为企业提供规范化咨询服务，并培育了自身的核心竞争力。

我国的工程咨询企业，通过学习国外出色咨询企业的咨询经验与程序，结合自己企业的专业优势，形成了符合我国咨询企业实际的一套服务手段、技术方法、服务模式，并不断加以改善，从单一的提供咨询报告（方案）的服务方式发展为围绕客户的问题开展各种培训、辅助实施、辅助决策、决策后的实施执行和客户委托管理等，注重观念的创新和方法的领先，注重方案的有效执行和咨询效果评价的增值服务。

可以预见，随着市场经济体制的进一步完善，特别是投资体制改革的深入，各类市场和投资主体对工程咨询的需求愈来愈多，工程咨询的内容和范围进一步扩展，工程咨询业的产业发展空间将愈来愈大，市场规模和产业化水平将进一步提高。同时，在国家大力发展现代服务业、鼓励知识经济、工程技术人员自主创业等潮流的推动下，会有越来越多的各种所有制成分和经济类型的工程咨询机构进入工程咨询市场，成为工程咨询业一支不可忽视的重要力量。面对我国工程咨询市场的巨大潜力，国际上一些工程咨询机构进入的步伐也会加快，在国内大量开展业务，或者通过独资、合资、合作建立新的工程咨询机构等方式，全面进入国内工程咨询市场。

（三）国内工程咨询业存在的问题

工程咨询业是适应投资决策科学化和民主化的需要而产生和发展的，自 20 世纪 80 年代初国内出现第一家工程咨询公司以来，经过 30 多年的发展和完善，工程咨询业已经成为我国投资建设领域的一支重要力量。但是，应该看到国内工程咨询业的整体实力还不够强，仍然存在许多缺陷。主要表现为：

1. 市场化程度不高，独立性差，影响客观公正性和市场竞争力。国内工程咨询机构大体分为三类：一是由过去各专业部委的研究院、规划院和设计院改制而成的专业工程咨询公司，业务集中在某一个或少数行业，主要承担工程设计和技术咨询，偏重于技术问题，虽然专业技术能力强，但在市场分析、财务分析、经济分析、环境评价等方面力量相对薄弱；二是原各级发改委、经委设立的综合性工程咨询机构，主要承担当地政府委托的项目咨询评估任务，为政府投资决策把关。由于涉及行业广泛，工程技术专业能力相对较弱，主要借助社会专家资源开展咨询活动；三是少量的民营工程咨询公司，在市场经济夹缝中生存，由于经营灵活，发展较快，但是规模普遍很小，竞争力不强。面前我国相当数量的工程咨询机构仍然挂靠在部委或地方发改委，为部委或地方政府服务，咨询项目通常是主管部门委托，并在人事和业务上受部委或地方政府管理，缺乏必要的独立性，在工程咨询中有时难以摆脱行政暗示或干预。这些机构大都采取事业单位性质，经营管理机制不完善，市场竞争能力较弱。按照市场经济原理和国际惯例，工程咨询单位是提供专业技术服务的独立市场主体，即其客观独立性是第一属性，是科学、公正的基础和首要条件。而工程咨询业本身要求其有独立性，是独立的社会法人，是独立的民事主体，其工作建议、评估意见和所作的决定，不受任何人和部门的影响与干扰，而且不应该与设计、制造、施工与安装企业有任何人事联系和经济联系，这样才能保证工程咨询服务客观、公正，而现阶段中国工程咨询单位很难做到这一点。

2. 市场具有行业性和区域性，集中度低，企业发展受到制约。国内工程咨询业的发展具有明显的行业性和区域性，目前还缺乏具有影响广泛、业务能力强、市场地位高的咨询机构。如投资项目咨询评估市场基本是处于行业分割，特别是地区分割的状态。部委的项目咨询通常由下属的或系统内咨询机构承担，地方政府的项目评估则由当地政府的咨询机构包揽。同时，各咨询机构也大多安于本地发展，缺乏拓展区域、做大做强的动力。由于市场割据，咨询机构普遍缺乏市场竞争的压力和开拓创新的动力，咨询评估水平提高不快，业务创新能力不足。目前咨询机构明显参差不齐，各地的咨询机构在规模、能力等方面存在相当的差异，尽管已经出现少数规模大、能力强、水平高的咨询机构，但是其扩张和发展受到地域的严重制约。

3. 业务比较单一，缺乏整体性和科学性，不能适应市场变化需要。据最新统计，国内有各类工程咨询机构中，甲级机构一千多家，乙级咨询机构近千家，丙级咨询机构数百家，呈倒金字塔型分布。一方面，行业性的工程咨询机构规模普遍较大，但是辅助、后勤人员多，劳动生产率较低，管理成本高。近年来，随着市场需求的变化，业务范围有所拓展，但是咨询服务能力还不完整，长期以来由于偏重工程技术，缺乏财务、经济、社会、环境、管理等方面的专业人才，难以满足业主全过程、多方面的咨询需求，导致在项目总体规划、全过程综合管理、市场调查、经济评价、风险分析等工作的不足，影响项目咨询的整体性和科学性。再加上我国社会对工程咨询认知方面的不足，使得服务质量不尽人意。另一方面，在综合性工程咨询机构中，除少数工程咨询机构规模较大、业务范围较广外，大部分地方咨询机构规模均较小，一般在三、五十人左右。许多综合性工程咨询机构业务范围比较狭窄，以为政府部门投资决策服务为主，其中项目评估占了相当的比例；而面向企业的工程咨询业务比例很低，为客户提供项目全过程管理服务的能力和人员非常不足。

4. 总体结构不合理，资源配置不健全，整体竞争能力不强。工程咨询业应是针对工程项目全过程管理进行咨询的智力服务性行业，而中国工程咨询现阶段服务范围与工作内容比较窄。从纵向层次看，从事项目准备阶段过程设计、设计审查等业务的专业性工程咨询机构过多，从事项目实施阶段项目管理的管理性工程咨询机构能力严重不足，从事投资前决策咨询、综合性、专业性咨询能力稍逊色，项目后评价几乎很少开展。从横向分工看，工程勘察设计单位过多，环保、装修及农业等新兴产业工程咨询单位少，开展国内业务的多，国际业务的少。从产业结构和企业规模看，大的不强，小的不专，缺少综合实力强的集团公司和“高、专、新、特”的专业公司。从资源配置看，大多属于国有资产，融资渠道狭窄，资源配置机制尚未形成。总之，中国工程咨询业尚未形成提供全过程技术性、管理性服务的咨询服务体系。

5. 创新能力薄弱，咨询人员素质有待提高。创新是发展的源泉，综观国外著名工程咨询公司，他们十分重视研发工作，突出创新能力建设，许多工程咨询公司都有自己的专利、技术和方法。目前国内工程咨询机构的发展尚处于初级阶段，工程咨询服务体系还不完善，咨询理论和方法也不成熟，市场竞争尚不规范。中国工程咨询业从业人员专业技术水平和现场经验未加以理论化、系统化、信息化，普遍欠缺经济、商务、法律等方面的系统知识和综合协调管理能力。多数咨询单位创新能力差，缺少咨询案例数据、咨询顾问专家数据库。只有少数单位引进和建立了信息协作网。我国工程咨询业服务项目单一、规模较小。除部分综合性工程咨询企业外，有的只能提供前期服务，有的只能提供监理服务，有的只能提供招标代理服务，还有的只提供造价咨询服务，这既与我国工程建设管理模式有关，也与中国工程咨询人员综合素质差有关。中国工程咨询人员专业技术水平低，管理体制不健全和手段欠缺，直接导致了其经营范围的单一性及经营业绩的低下。尽管工程咨询机构众多，但是仍然缺乏知名度高、美誉度高的工程咨询品牌。

（四）工程咨询业的特点与内涵

1. 工程咨询业含义、服务内容与分类。

（1）含义。工程咨询是适应现代经济发展和社会进步的需要，充分利用准确、适用的信息，集中专家智慧和经验，运用现代科学技术、经济管理、法律和工程技术等方面的知识，为工程建设项目决策和管理提供的一种智力服务。工程咨询业是智力型服务行业，运用多学科知识和经验、现代科学技术和管理办法，遵循独立、科学、公正的原则，为政府部门和投资者对经济建设和工程项目的投资决策与实施提供咨询服务，以提高宏观和微观的经济效益。工程咨询是投资和工程建设管理中的重要环节。

（2）服务内容。工程咨询服务内容主要是以工程建设项目为客体而实施的工程建设项目前期战略规划、项目论证、融资方案咨询，基础工程勘察、设计咨询，详细工程勘察、设计、监理、采购等咨询；工程后期评估、经营管理方式等咨询。

（3）业务范围。根据《工程咨询业管理暂行办法》规定，工程咨询的业务范围包括下述四个方面：①为国家、行业、地区、城镇、工业区等的经济发展提供规划和政策咨询或专题咨询；②为国内外各类工程项目提供全过程或分阶段的咨询；③为现有企业的技术改造和管理提供咨询；④为国内外客户提供投资选择、市场调查、概预算审查和资产评估等咨询服务。

（4）分类。

①按工程建设项目的各个阶段划分，工程咨询可分为 4 个阶段，即工程建设项目前期决策咨询、准备阶段技术咨询、实施阶段管理咨询和总结阶段后评价。

②按行业划分，大的方面有农业、工业和基础设施等，小的方面包括各行各业。

③按工程咨询单位参与项目实施的程度，可分为全过程咨询和分阶段咨询。

④按地域划分，可分为国内工程咨询和国际工程咨询。

2. 工程咨询业性质与特点。

（1）性质。工程咨询属于知识密集型服务业。

（2）特点。①独立性与公正性：工程咨询主体的独立性是指其既不隶属于政府，也不依附于其他经济实体，独立执业。只有保证了其独立性，才能在接受客户委托时不受外界干扰或干预，独立分析和研究，向客户提供客观公正的、不偏不倚的咨询意见、建议或方案，即客观公正性。②知识性：这是指工程咨询手段的知识性，即以信息为基础，以应用科学为工具，应用专家群体智慧和经验，寻求解决实际问题的最佳途径。③系统性：这是指工程咨询的客体的整体性，即工程咨询项目是一个不可分割的整体。工程咨询者在接受委托后，必须站在整体角度分析工程建设项目的结构和层次，提出系统的计划，从整体到局部层层论证，评估决策和实施以及后期评估。④综合性：这是指工程咨询的业务范围的综合性，即不仅咨询服务范围涉及各行各业，而且每一个产业的咨询项目都是多学科、多专业的集合。

3. 工程咨询活动的特征。工程咨询业是智力密集型产业，其服务极大地依赖案例数据的长期积累和有数量、质量保证的专家库。随着工程项目的日渐庞大和复杂，对咨询服务的要求也日益提高。根据 1999 年国际咨询工程师联合会（FIDIC）对世界工程咨询业的调查，国际工程咨询服务已扩展到了相当广泛的范围：工程前期战略性规划、项目综合性论证、市场调查、投融资分析、基础工程勘察、设计咨询、详细工程勘察、设计、监理、采购咨询、工程后期评价、项目经营管理方式咨询等。而我国的工程咨询公司一般规模较小、资源储备有限，只能提供某几个甚至某一个方面的咨询服务（或投资机会研究、编制项目建议书、可行性研究，或招标投标、造价咨询、工程材料设备采购代理，或施工监理，或法律索赔诉讼，或项目后评价、资产评估等），并且其经营范围还可能受到行业甚至地域的限制。一次性是工程建设活动的特点之一，这就决定了客户对咨询服务的需要不可能规则，咨询服务也因此呈现一次性特点。咨询公司不太可能有足够的弹性应对每个咨询项目的需求，立即增加或减少自己的资源，以随时迎合特定项目的特定咨询需要，原因在于：一方面，咨询服务对象的身份（如承包商、开发商、贷款银行）不同，对工程咨询服务的要求可能也是个性化的，即使是特定身份的顾客，其需求也会因技术创新的不断加速和市场的瞬息万变而难以求同；另一方面，每个独立的工程咨询公司也只能在某一方面呈现出比较优势而不是“事事万能”，这也是全球化自由贸易时代国际分工细化的必然结果。无论是尚处幼稚期的我国咨询业，还是发达国家悠久、成熟的咨询业，都必须直面市场的资源储备数量以及一次性项目和变化的客户需求提出的资源种类弹性上的要求。正因为如此，咨询业自身也需要类似于“流程再造”的管理革命。与制造业不同的是，工程咨询业的流程再造不仅可以在企业内部进行，而且应当更多地放眼外部，即寻求与企业外部组织的协作、构建虚拟组织。

三、工程咨询业价值链与产业链分析

（一）企业价值链基本理论

1. 企业价值链理论简述。价值链理论最早是由迈克尔·波特（Michael Porter）在其《竞争优势》一书中提出的。波特认为，每个企业都是用来进行设计、生产、营销、交货以及对产品起辅助作用的各种活动的集合，所有这些活动都可以用价值链表示出来。一个企业的价值链和它所从事的单个活动的方式反映了其历史、战略、推行战略的途径以及这些活动本身的经济效益，构成了企业核心竞争力的基础。价值链管理就是将企业的生产、营销、财务、人力资源等价值链的各个环节有机地整合起来，做好计划、协调、监督和控制等各个环节的工作，使它们形成相互关联的整体，真正按照“链”的特征实施企业的业务流程，实现物资、资金和信息的顺畅流动，实现价值的最大化。

企业作为一个整体，其竞争优势来源于在设计、生产、营销等过程以及辅助过程中所进行的许多相互分离的活动，来源于为企业的相对成本地位和差别化程度奠定基础的整个产业价值链配置系统。为了营造和保持竞争优势，管理者必须在整个价值链配置系统中不断地寻求适合培育与强化自身核心竞争力的定位，抓住价值链上的“战略环节”，并同时管理好与企业创造价值相关联的其他环节，这样企业的竞争优势才会持久。

在实践中，通常难以将一项活动对公司创造价值的影响与其他活动分离开来。这就需要估计每一活动创造的增量收益以及与这一活动相联系的增量成本。而当不同阶段生产的成品和半成品可以用市场价格来衡量价值时，就可以估计价值链的特定部分所创造的附加价值，然后依据附加价值的大小，找出价值链的主要环节。这样企业就可以集中有限的资源，投入到价值链创造增量收益最大的环节中。

2. 企业价值链分析的目的与特点。

（1）分析企业价值链的目的。企业有许多资源、能力和竞争优势，如果把企业作为一个整体来考虑，又无法识别这些竞争优势，这就必须把企业活动进行分解，通过考虑这些单个的活动本身及其相互之间的关系来确定企业的竞争优势。

（2）企业价值链的特点。

①价值链分析的基础是价值，各种价值活动构成价值链。价值是买方愿意为企业提供经他们的产品所支付的价格，也是代表着顾客需求满足的实现。价值活动是企业所从事的物质上和技术上的界限分明的各项活动，是企业制造对买方有价值的产品的基石。

②价值活动可分为两种活动：基本活动和辅助活动。基本活动是涉及产品的物质创造及其销售、转移给买方和售后服务的各种活动。辅助活动是辅助基本活动并通过提供外购投入、技术、人力资源以及各种公司范围的职能以相互支持。

③价值链列示了总价值。价值链除包括价值活动外，还包括利润，利润是总价值与从事各种价值活动的总成本之差。

④价值链的整体性。企业的价值链体现在更广泛的价值系统中。供应商拥有创造和交付企业价值链所使用的外购输入的价值链（上游价值），许多产品通过渠道价值链（渠道价值）到达买方手中，企业产品最终成为买方价值链的一部分，这些价值链都在影响企业的价值链。因此，获取并保持竞争优势不仅要理解企业自身的价值链，而且也要理解企业价值链所处的价值系统。

⑤价值链的异质性。不同产业具有不同的价值链。在同一产业，不同的企业的价值链也不同，这反映了它们各自的历史、战略以及实施战略的途径等方面的不同，同时也代表着企业竞争优势的一种潜在来源。

3. 企业核心竞争力来源于价值链。

（1）价值活动本身是企业核心竞争力培育的基础。企业从事各种不同价值活动，虽然所有这些活动对企业的成功都是必须的，但是确认那些支持企业竞争地位的价值活动仍然很重要。因此，对一个企业而言，在关键价值活动的基础上建立和强化这种优势很可能获得成功。另外，由于价值活动已列在企业的价值链中，只要同其他企业对比，就不难发现自身竞争优势之所在。

（2）价值链内部联系与核心竞争力。价值链并不是一些独立活动的综合，而是由相互依存的活动构成的一个系统。价值活动是由价值链的内部联系连接起来的，基本活动之间、不同支持活动之间、基本活动与支持活动之间存在着联系，这些联系是某一价值活动进行的方式和成本与另一活动之间的关系，核心竞争力往往来源于这些联系。

（3）价值链的外部联系与核心竞争力。联系不仅存在于企业价值链内部，而且存在于企业价值链与供应商、渠道价值链和买方价值链之间。供应商、渠道买方的各种活动进行的方式会影响企业活动的成本或利益，反之也是如此。供应商是为企业提供某种产品式服务的，销售渠道具有企业产品流通的价值链，企业产品表示买方价值链的外购投入，因此它们各自的各项活动和它们与企业的价值链间的各种联系都会为增强企业的核心竞争力提供机会。企业应对价值链的内部联系、外部联系给予高度的关注。对这些联系进行规划，既可以提供独特的成本优势，又可以此为基础将组织的产品或服务与其他组织区分开来，即可以实现差异化。而竞争者，常常会仿效组织的某项活动或某个行为，但却很难抄袭到价值链之间的这些内容。

4. 基于知识管理的价值链分析。

（1）服务企业价值链分析的一般模式。借鉴迈克尔·波特基于制造业的价值链理论，赫斯克特等西方学者提出了专门针对服务企业的利润链理论，即服务价值链，服务价值链理论阐述了利润、顾客、员工和企业的关系，提出了获利能力、顾客忠诚度、员工满意度和生产率之间的联系，服务价值链的内在逻辑是营业额与利润的增长是由顾客的忠诚度决定的，忠诚的客户给企业带来超常的利润空间；顾客忠诚又源于顾客满意，企业提供的服务价值决定了顾客满意度；外部服务价值是由那些能够在企业中工作的具有较高生产率的员工创造的，而这又要基于员工的满意度，员工满意度依赖于企业内部的服务质量。由此可见，顾客满意度最终是由员工的满意度决定的，而员工的满意度可以是由多方面决定的，如岗位设计、工作环境、激励机制、选拔培养、服务工具以及技术支持等，并且员工对自身服务能力的评价也会影响其自身的满意度。

赫斯克特的价值链理论可以很好地解释服务企业竞争力的形成过程，首先是内部质量驱动员工满意。内部质量描述了员工的工作环境，包括员工的挑选和开发、奖酬和认可、对服务信息的获得、技术和工作设计。员工的工作环境影响着员工满意度，员工满意度导致员工保留率及生产率。员工保留率和生产率决定服务质量与服务价值，服务价值导致顾客满意度，顾客满意度导致顾客忠诚，顾客忠诚决定企业的获利能力与成长。这样，由内部工作环境开始经过一系列中间环节，最终影响到服务企业在市场经营中的占有份额与赢利能力，即影响到其市场竞争力，而服务企业核心竞争能力的形成则应从服务利润链的各个环节着手培育，基于服务价值链的服务创新活动是培育和保持服务企业核心竞争力的动力和源泉。

（2）知识服务业价值链分析。创造公司产品与服务价值的主要生产要素是员工的知识，其深藏在员工日常的工作与实践当中。员工把知识化为行动，为公司创造市场价值，也为个人创造生存价值。有时候科技的出现会扭转竞争模式，但最终所有公司都能购得同样的技术，没有公司能长期垄断最尖端科技，因此，科技不是持久的竞争优势来源。而想法已经形成了全球市场，好的想法很快就众所周知，竞争对手可以很快地模仿最好的产品或服务，或产生更好的想法，新产品与制造的优势将愈来愈难以维持。唯有具备丰富知识和良好的知识管理能力，不断提升质量、创意、效率及顾客价值，才能持续不断地维持竞争优势，组织也才能在未来具有竞争优势。因此，知识管理可说是企业价值创造的基础，企业必须对顾客需求的多元化现象进行了解。在全球化与通信高速化的背景下，各种情况相互纠结使得外在经济环境变得极度复杂。所以，在许多层面顾客要求企业具备实践力与创造力，因此企业须加深对顾客的了解，例如：过去即便提供一万名顾客相同的商品，仍可获得高度的满足，然而时至今日由于价值观变得多元，要让一万名顾客都满意的话，可能得制作千百种各式各样的产品。倘若如此，从前一位工作者可制作完成的货品，将需要更多的人手才能完成。话虽如此，工作人员彼此间若能共享顾客信息或是与顾客互动的方法、交换心得，将能更有效地应对顾客，而且亦可以累积的成果为基础来开发新产品与获得新收入。

Fuah（1998）认为，创新是一种将新知识运用于企业能力的提升，并进而开发新产品与新服务来创造企业的价值。他强调创新活动的关键在于新知识的使用创新以创造企业的优势能力与市场利益，因此提出创新利润链（Innovation Profit Chain）的模式架构。知识价值链的过程是从知识的获取、共享、创新、应用，并在这几方面的基础上进行领导、技术、控制、组织、测评，最终达到增强企业和新竞争力的目的。

下面分别从获取、共享、创新和应用几个方面来分析：

①企业知识的获取。企业知识的获取是指企业将外部环境中的知识转换到企业内部，能够为企业所用的管理过程。其包括四个阶段：

A. 知识的辨识：即企业基于自身发展的需要，对企业以外的知识了解、评估、筛选，确定出可利用知识的种类和数量，了解所需知识的来源和可获得性。

B. 知识的收集：企业通过无偿捕获及有偿收买等方式将外部知识据为己有（至少要具有使用权）。企业外部知识源有多种，包括科研机构、上游供应商、消费者、咨询顾问、竞争对手及非竞争性公司等，企业内部知识源主要是企业员工。知识收集的关键是企业知识获取能力。

C. 知识的整理：对捕获的知识进行整理、提炼和转化，将其变成企业方便使用的知识。

D. 知识的存储：显性知识可以通过企业内部网络或员工手册等形式存储下来，隐性知识的存储只能靠知识的共享来完成。

②企业知识的共享。企业知识的共享是指企业通过各种交流方式，能够在最佳时机、最佳地点，以最合适的形式，将最合适的知识传递给企业中最合适的成员的过程。其包括三个阶段：

A. 知识的挖掘：是组织内需要某种知识的单位或个人从组织内部搜索和选择知识的过程。有两种途径：一是主动搜寻，抽取知识，然后共享；二是受已有知识的启发和推动，将这个领域的知识移作他用。

B. 知识的转移：是指知识从一个组织单位转移到另一组织单位，或从一个人转移到另外一个人或多个人的过程。根据知识的不同特性，转移的方式主要有：

a. 通过人才流动；

b. 通过组织内部会议交流学习；

c. 成立跨部门小组，或建立国际网络工作小组；

d. 实行标杆管理，向榜样学习；

e. 组织内部的出版物、内部网络、知识库等；

f. 建立专家知识地图。

C. 知识的集成：是指将转移的知识内化为接受方的结构化的知识，这对知识的接受方来讲，知识转移已经完成。

③企业知识的创新。企业知识的创新是指企业在已有知识资源基础上开发、创造出新知识的过程。知识创新的过程可分为四个阶段：

A. 知识的萌芽：指组织内个体通过学习与其他人交流，个体形成发散型思维，产生一种新的想法，即知识的萌芽状态，这时的知识是模糊的。不能具体化为一个显性概念，这种萌芽状态的知识是很不稳定的，稍纵即逝的。

B. 知识的明晰：这阶段是知识萌芽创新者将知识的萌芽加以明晰、筛选、修改、丰富的过程。

C. 建立知识原型：知识原型是指新产品、新工艺、新材料、新方法或是新的企业管理理念、方法、机制和制度等，即将新的知识加以模型化、产品化、规范化、标准化的过程。

D. 知识的实践与修正：这是将已原型化的产品或管理的理念、方法、机制、制度等放到实际应用过程中加以检验，在实践中了解新知识的不足和缺陷，使之不断完善，经过实践检验成功的新知识才可以成为企业知识财富。

上述四个过程是一个不断循环螺旋式上升的过程。

（二）工程咨询公司的价值链分析

1. 工程咨询公司的基本活动。在构建工程咨询公司的价值链之前，必须首先弄清工程咨询公司是如何创造价值的，然后看能否把创造价值的过程分解为一系列独立的活动。工程咨询公司也有自己的产品，比如分析报告或实施方案等，但是和制造业相比，这种知识产品的生产具有特殊性。比如，在生产“咨询产品”前后并没有像制造业那样明显的内部后勤或外部后勤活动，另外对于工程咨询公司来说，市场销售应该发生在所有活动之前。因此，可以将工程咨询公司的基本活动划分为三种：市场营销、项目运作和售后服务。

市场营销应该包括广告、促销、定价和签约等活动，对工程咨询公司来说，品牌尤其重要，凡是能够提高品牌的影响力的活动都属于市场营销，比如讨论会、研讨会等，在报纸、网络和其他期刊撰写文章，或者出版著作等。总之市场营销的目的是：创造对咨询产品的需求，提高对咨询产品的感知度；创造或确认潜在的客户；为本公司的咨询产品做宣传。

项目运作的过程就是工程咨询产品的生产过程，还可以细分为诊断、调研、加工、方案实施等一系列活动。这些活动构成了项目咨询的全过程，同时也是业务流程图中的关键程序。由于项目的运作并不像制造业那样具有可视性，所以许多工程咨询公司都有严格的项目运作流程和项目管理制度。工程咨询公司的产品不同于实物形态产品，客户付款和咨询报告的提交，并不等于交换的完成；只有把工程咨询公司的智慧变成客户的智慧，并使客户收到良好效益时，交换才算真正完成。在许多情况下，交付方案并不意味着工作的完成，咨询产品的效果可能在相当长的时间内才会显现出来，所以对咨询公司来说，售后服务都是必不可少的。

2. 工程咨询公司是如何创造价值的。工程咨询是建设领域重要的信息服务环节。政府、项目投资者、贷款银行等都要聘请咨询专家为项目决策和实施提供服务，咨询服务涵盖了建设工程的全部领域，包括投资前服务，如可行性研究和现场勘察；准备性服务，如建筑设计、准备招标文件等；执行服务，如建造工程的监督和项目管理等；技术援助。国际工程的实施一般都要聘请独立的工程咨询机构。在世界银行等国际金融机构贷款的工程项目中，更是要求贷款方银行和借款方共同选定咨询机构。这些服务通过改善工程企业的基本活动或者辅助活动从而改善企业的价值链，达到直接或间接地为客户创造价值的目的。工程企业之所以需要工程咨询公司的服务，或是因为企业能力有限，或是咨询公司专业化的服务为企业所创造的价值远大于购买成本。随着企业面临的竞争越来越激烈，产业的环境越来越复杂，企业没有能力也不可能解决面临的所有问题，在专业化分工的趋势下，企业越来越倾向于外购来满足需要，这其实也是工程咨询服务业之所以存在的原因。

工程咨询公司的知识或能力是能否赢得客户的关键，知识可以从多种途径获得，能力却需要有一个积累的过程。企业所需要的知识不是一成不变的，企业遇到的问题也不是一成不变的，咨询公司的知识必须不断更新，咨询公司解决问题的能力必须不断提高。同时由于咨询公司之间也存在竞争，每一个咨询公司必须具有与众不同的知识和能力方能生存。既然知识（包括能力）是工程咨询公司创造价值的源泉，知识从产生到利用也有其完整的过程，如果把整个过程分解为几个独立的活动，就可以建立一个知识价值链。

3. 工程咨询业价值链要素分析。对工程咨询公司来说，围绕知识所进行的主要活动有：知识的获取、知识的开发、知识的传播、知识的利用。

（1）知识的获取。知识的获取既包括显性知识的获取，也包括隐性知识的获取。显性知识的获取如有关软件、书籍的购买等；隐性知识的获取包括人才的招聘、员工的培训等。知识的获取可以发生在任何时间、任何地点，比如在市场营销和售后服务阶段可以获得有关客户和项目的知识（从而建立客户档案、项目资料库）；项目运作的过程既是把知识运用于实践的过程也是从实践中获取知识的过程。

（2）知识的开发。知识的开发是指对工程咨询公司已有知识的学习与研究，这不仅仅是由公司的研发部门来完成，公司的任何员工都可以进行知识的开发。研发部可以根据客户或者咨询人员的要求进行专项课题研究，也可以根据公司的战略需要进行一些长期研究。具体到公司的每一位员工，在工作中都会遇到各种各样的问题，或者向书本学习，或者向同事学习，必须不断学习才能逐步提高自己的工作能力。

（3）知识的传播。知识的传播过程也是知识的共享过程，在合适的气氛下，还可能成为一个知识创造或知识增殖过程，这是因为，知识具有可多次利用性。大多数资产的价值都会在使用中不断下降，唯独知识不同，取之不尽是知识资源的最本质特征之一。知识在使用过程中不仅不会被消耗，而且还会增值。这种增值来源于：第一，知识会因更多人的共享而形成行为准则，使其增值；第二，使用者在实践中不断赋予知识新的内容，使其增值，当存量知识与新的增量知识碰撞时，时常伴有创新。企业的管理信息系统、企业文化、项目运作程序都是企业知识的传播途径。知识的传播过程既包括与同事之间的内部交流，也包括与客户或同行之间的外部交流。

（4）知识的利用。知识的利用就是知识的商业化过程，公司的最终目标在其外部，在其客户。公司的价值链必须与客户的价值链连接起来才能实现知识的价值，以上分析中谈到的项目运作过程就是知识的利用环节。在知识的使用的过程中，原有的知识（既包括显性知识也包括隐性知识）也得到了检验证明，在和实践的结合当中，知识又有了创新。

知识的获取、开发、传播与利用并不是截然分开的四个活动，在有些情况下是相互交叉、相互重叠的。比如知识的传播活动应该存在于公司的任何活动中，如在开发知识中有传播（同事之间的传播），在利用时有知识的传播（员工与客户的传播），即便在知识的获取中也可能有传播。

4. 知识价值链的构建方法。一般企业的组织机构可能更多体现在对人或物的管理而不是对知识的管理，而咨询公司组织设计的原则应该促进知识在公司内部的流动（从获取到利用）。扁平化的组织比高耸化的组织更能促进知识的流动，而咨询公司更适合矩阵化组织或网络化组织（如项目团队的形式），平等、合作、沟通是其主要特点。管理信息系统对知识的获取、开发、传播、利用提供硬件的支持，企业网络建设有助于知识的传播与共享；企业的项目库建设是把个人的显性或隐性知识转化为组织知识的过程；企业的数据库给员工提供了学习、创造知识的条件。人力资源政策直接决定了咨询公司知识的重要组成部分的获取与创新程度。对咨询公司这种知识服务业来说，大部分知识只能存放在员工的大脑中，并且知识的获取、开发、传播与利用都离不开人，人是知识最本质的载体，人是知识创新的主体。知识的管理很大一部分是对人的管理，尤其是公司关键员工的管理，如何吸引人才、留住人才是企业营造竞争力的关键因素。建立一个尊重知识、鼓励知识共享的企业文化，对知识型企业尤为重要，特别是隐性知识的共享，因为只有在宽松和谐同时相互尊重的内部环境里，员工才会坦率交流经验、相互学习。

5. 咨询公司的竞争优势。对咨询公司来说，核心竞争力就是知识积累并创新的能力，咨询公司的具体活动，如市场营销与项目运作、售后服务都是以公司积累的知识为基础的。咨询公司知识积累的差异性决定了它们之间具有不同特性的知识优势，咨询公司竞争战略的成败就在于其在经营过程中是否已建立了相关的知识、战略，是否建立在已有的知识上、战略的实施是否有助于提高这一知识的积累并形成新的知识这三个方面。

既然咨询公司的知识优势决定其竞争优势（核心竞争力），那么未来最成功的咨询公司将是一个学习型组织，因为唯一持久的优势，是有能力比竞争对手学得更快。从某种意义上来说，造就学习型组织和学习型的个人，不仅有利于强化咨询公司的竞争力，而且决定了咨询公司知识创造、传播和使用的能力。

（三）工程咨询业产业链分析

1. 产业群聚和产业链基本理论。哈佛商学院教授、“全球当今关于竞争战略的最高权威”迈克尔·波特在其《国家竞争优势》《群聚区和新竞争经济学》等著名论著中，提出了“产业群聚”和“群聚区”的概念。他证明了：各国竞争优势形态，都是以产业群聚的面貌出现，呈现出由客户到供应商的垂直关系，或由市场、技术到营销网络的水平关联；国际竞争优势的关键要素会组成一个完整的系统，这是形成产业群聚现象的主要原因；一旦产业群聚形成，群聚内部的产业之间就形成互动关系。一方面，它的效应从上下左右向四处扩展，另一方面，产业群聚也帮助产业克服内在惯性与僵化、破解竞争过于沉寂的危机，促进竞争升级；产业群聚的竞争力大于各个部分加起来的总和；产业群聚是凝聚国家竞争优势的基地。当产业群聚形成时，一个国家（或地区）无论在最终产品、生产设备、上游供应及售后服务等方面，都会具有国际竞争的实力。

波特还证明：很多产业群聚或具有国际竞争力的产业通常具有地理集中性。这是因为，一个国家的经济体系中，各个关键要素都具有地理集中性，竞争者往往集中在某个城市或地区。因此，今天的世界经济地图，是由产业“群聚区”所控制。“群聚区”是在一个地方出现的、由某个特定领域中不同寻常的竞争的胜者组成的关键集合。群聚区的边界，是由那些对竞争至关重要的跨行业、跨机构的相互联系和互补性决定的。

产业群聚区内的这种集合，是以“产业链”作为骨干串联起来的。本书所说的“产业链”，是指在一定的产业群聚区内，由在某个产业中具有较强国际竞争力（或国际竞争潜力）的企业，与其相关产业中的企业结成的一种战略联盟关系链。产业链是一种建立在价值链理论基础之上的相关企业集合的新型空间组织形式。其具有四个基本的特征：①与一般的供应链不同，其是特定的产业群聚区内相关企业的集合，并同群聚区内的政府及其他重要相关机构有密切的联系；②与一般的市场交易关系不同，产业链中的企业相互间是一种长期的战略联盟关系（从战略供货到核心业务领域内的合作）；③与通过各种途径实现的纵向一体化不同，产业链是独立企业间的联合；④与各种松散的企业联合不同，产业链中的企业联盟在各方承诺的关键性领域中能像单一的公司那样运作。

群聚区内产业链的成因：一是因为当今国内外激烈的市场竞争，是网络竞争而非单个公司竞争，竞争的赢家都须有较好的网络。二是为了灵捷反应顾客需求。三是因为社会压力（例如环境与就业压力）。四是产业链本身具有突出的优点：产业链提升了竞争与合作两个方面，在不同的范围以及不同的参与者之间，竞争和合作可以共存；能够大大缩短产品开发周期，降低生产成本，降低交易成本（搜索和维持供应商的成本），减少决策成本和交涉成本（降低了价格变动的影响），提高市场份额和赢利能力。与分散和随机的市场交易相比，产业链缓和了协作关系中固有的问题，同时又能避免增加纵向一体化的不灵活性以及管理上的复杂性。可以看出产业链成功的关键，在于协调三个方面的关系：企业与用户相互影响；企业与供应商联盟；产业链内部的结构和关系变化。据此，可以描绘出产业链中企业间关系的模型。三维空间的三个坐标分别代表三个管理决策领域，这对于管理产业链和促进互利互惠关系来说具有关键性的重要作用。①横轴叫做贡献轴或贡献维，表示产业链中的供应商向用户企业增加的价值。②纵轴叫做报酬轴或报酬维，表示产业链中的用户企业给予供应商的回报。③斜轴叫做连接轴或连接维，表示产业链中的供应商与用户企业相互合作，相互信任，从战略、战术、操作、人际关系、文化等各方面相互支持与协调。

产业链的形成与发展分成 5 个步骤：①分析所在产业的竞争环境和所面临的挑战。既深入分析何种市场力量推动环境变化，抉择企业建立或加入产业链。②构建在未来竞争中能够成功的产业链模式，或产业链特点。③积极寻求联盟所需的伙伴对象，组建企业联盟。④产业链的正常运作与维持。包括市场开发，产品和服务的实现，以及产业链管理，在共同的实践中加深信任。⑤产业链运作与成效的评估。肯定成绩，发现差距，正视矛盾，改进提高。

产业链的重心：首先是解决产品销路，使企业摆脱困境；第二步重点转向提升产业链和公司在行业中的竞争地位；第三步的重点将是公司能力——获得新的能力使所产出的价值最大化，总成本最小化，强化竞争优势；最后的重点可能转向突破原有地域的局限，着眼于建立在国内乃至全球产业中的领导地位。

产业链整合对提升企业竞争优势的作用：社会分工的深化和全球经济一体化的加快使企业可在更大范围内配置资源、在更高层次上进行竞争。现代企业获得竞争优势的基础已经超出了单个企业自身的能力和资源范围，企业竞争的优势更多地、并且越来越多地来源于本企业与产业链上下各环节的系统协同中。可以这么说，现代企业的竞争已经从单个企业演绎为企业所加入的产业链之间的竞争。企业通过对所在的产业链进行有效整合，提高对产业链的控制能力，控制产业高端或关键环节、控制关键资源和关键技术，细化产业分工，拉长产业链条，增加各环节附加值，是提高产业链竞争能力和改善企业绩效的有效途径。产业链整合对提升企业竞争优势的作用主要体现在以下方面。

（1）消除或减少外部环境的不确定性，增强抗风险能力。随着企业经营规模的扩大，经营的风险随之加大。企业经营过程中在产业链上会出现产业链中断（如供应断档）或产业链比例失调（即上下游产业供求出现不配套）等不确定性情况，直接影响到企业生产经营的正常运行，导致产品成本上升和经营效率降低。为了消除或减少外部环境的不确定性和经营风险，企业必须努力控制产业链的上下游，或控制上游供应商乃至原材料基地，或控制下游经销商乃至终端消费者。企业通过产业链整合，强化产业链薄弱环节和关键环节，构建一个高效的产业链，畅通企业的物流、信息流和资金流，增强企业抗风险能力。

（2）降低企业交易成本。当企业通过纯市场交易关系来维持同上下游生产过程的联系时，会发生搜集信息、签约、监督等一系列交易成本，同时面临着外部供应价格的不稳定或大幅度波动带来的额外损失，给企业的成本控制带来困难。产业链整合会使上下游企业关系由市场协调转变为组织协调与市场协调结合，交易成本会大幅度降低。

（3）提高对市场的控制力。企业通过产业链整合（后向整合、前向整合）一方面可以提高市场份额，另一方面可以带来市场势力的增强，从而提升了企业对供方和买方的砍价实力，有效地挤压上游供应商和下游购买者（主要是经销商）的利润空间，获得经济租金。同时，企业通过控制或影响上游必需投入品价格获得对于现有竞争对手的竞争优势。

（4）获得协同效应。获得产业链上企业协同效应是产业链整合的重要目标。通过产业链整合，企业间关联方式由过去仅仅基于产品或服务的市场交易，逐渐发展成为以资本渗透、战略联盟、技术转移和技术扩散、优势互补、资源共享和文化融合等为特征的深度合作，优化的产业链使上下游的产业得以配套、产业链的各环节得以科学分工和协调，保证企业生产经营活动过程的顺畅和相互配合，促进企业资本的有效配置，从而提升企业的竞争优势。现代企业的竞争已升级为产业链之间的竞争，通过产业链整合就能获得竞争优势。企业领导者应有战略意识，加强对企业所在产业链的研究，找出优势与不足，通过产业链竞争力的培育，提升企业核心竞争力。

2. 我国工程咨询产业链的发展。

（1）工程咨询作为一个产业链已经形成。我国的工程咨询业经过30多年的时间，已经有了一个很大的发展。总体上看，我国工程咨询产业已经初步形成。之所以说我国工程咨询产业已经初步形成，首先是因为其在我国现实的社会经济生活中已成为不可或缺的一部分，而不再处于可有可无的地位。其次，工程咨询业已成为专门通过知识和智力来为社会各方面需求提供中介服务产品的生产门类，而这种用智力和知识提供服务已经形成社会经济产业链条中的一个重要环节。第三，其已形成了一个固定的生产群体，这个群体的特征是用自己的知识和智慧来为社会提供中介服务，其产品则是各类咨询服务和成果，比如项目策划、可行性研究、造价咨询、工程设计、工程管理服务等。第四，工程咨询类产品作为商品已经得到社会越来越广泛的承认，政府和企业为这类咨询服务所付的费用成为这类产品的商品价格。第五，与其他产业一样，工程咨询业作为一个产业已形成了自己特有的生产、营销和运作机制，形成了自己特有的管理模式，也形成了特有的利润机制和分配机制。

（2）国际工程咨询业的产业链。国际工程咨询业机构基本上分成三大类：

①工程公司（EPC模式）涵盖开发、策划、设计、采购、施工一体化承包的公司。

②工程咨询设计公司（CEM模式）：从事工程设计、技术咨询、项目管理等业务。

③设计事务所，即便是这类单一型建筑设计事务所，也不是只做设计，也可以承担项目管理等工作。

国内绝大多数勘察设计企业在纵向一体化的发展过程中，工程咨询设计公司（CEM模式）最具参考价值和可操作性。国内企业如参照国际上工程咨询设计公司的模式，其产业链的构成大致如下：

①建设项目前期阶段：包括规划选址，编制项目建议书和可行性研究报告。这一阶段的工作需要具有国家发改委颁发的工程咨询资质证书。

②工程设计阶段：包括规划设计、勘察设计、建筑设计、室内装修设计、景观设计等，这一阶段的工作需要具有国家建设部颁发的相应的设计资质证书。

③工程施工、安装、招投标阶段，包括编制工程预算书，代理施工招投标和设备采购招投标书，这一阶段的工作需要具有住建部或地方建设行政主管部门颁发的造价咨询资质证书，招投标代理资质证书和政府采购代理资质证书。

④项目管理阶段：包括项目进度和经费控制，工程质量监理竣工验收等工作。其中工程质量监理需要具有住建部颁发的工程监理资质证书。当然有雄厚资金实力的企业也可以承担工程总承包任务，但投资风险较大。

（3）我国工程咨询业产业链发展的局限性。工程咨询行业在我国虽然已经发展了三十多年，由于是顺应政府体制改革的要求发展起来的，长期主要对国家投资的项目和必须经过各级政府投资管理部门批准的项目，提供在审批、基建程序上所要求的可行性研究报告及其评估等工程咨询服务，以及这些建设项目的工程建设所需要进行的监理、造价、招标等一系列工程咨询服务。由于多年来政府行政管理部门的分设，工程项目咨询服务的全过程被人为地分割为前期投资咨询与建设期招标、造价咨询、设计、监理等阶段，并相对隔离。各行业的主管部门又往往分别设立各自的资质管理体制，使我国工程咨询企业被禁锢在一个小圈子里难以发展，因而造成工程咨询产业链虽已形成，但产业链上各环节相对脱离的现状，极大地影响了工程咨询作为一个产业所应发挥的优化市场资源配置的作用，咨询成果的实效性大打折扣，进而使得许多建设项目的业主认为可行性研究只是可批性服务，不重视工程咨询单位的咨询服务。

就业内本身情况来看，《国务院关于投资体制改革的决定》已经颁布实施，国家对工程咨询的服务内容、业务范围、承揽业务的途径和方式等方面都提出了新规定、新要求。但多年的从业习惯使得我们对这种新要求一时之间还不太适应，广大工程咨询从业人员素质与国际水平相比普遍差距很大，这种差距集中体现在思想观念、知识结构、语言能力以及国际工程经验等诸多方面。原有体制的束缚、对国际规则的不熟悉、思想观念的落后、语言沟通困难等原因，是我国工程咨询产业发展过程中的局限，而这种局限正是制约产业链发展的最大障碍。

3. 国际工程咨询业的最新动态。自克里斯托弗·艾文斯的畅销书《强大的微型电子计算机》出版以来，工程咨询业正受到一股来自科技革命的冲击，就像以往工业革命对蓝领工人的冲击一样；而且，其他行业如管理咨询、会计、律师等业务领域对工程咨询业的“入侵”也威胁到了工程咨询业的地位。相应地，工程咨询的外延也在不断扩大，“扩展业务边界”和“全生命周期咨询”概念的提出体现了国际工程咨询业的最新发展趋势。

“扩展业务边界”，这是近年流行于国际工程咨询业最响亮的口号。业务范围如何扩展，一是企业功能要多样化。由于国际投、融资方式的不断创新发展，促使工程咨询公司的业务范围向融资、建设和经营领域延伸，EPC（设计—采购—建造）的盛行以及 PMC（项目管理总承包）的发展使得工程总承包已成为当前最盛行的工程咨询方式。国际工程咨询业正酝酿一次新的分工，一些行业与工程咨询业的联合已初见端倪。如工程咨询公司与建筑公司、项目开发商、融资商等机构的联合形式，创立了“设计—建造—经营”一体化的模式，这样的大型集团能够承担较大的任务，并在其中任何一个业务环节均体现了巨大的竞争力，并节省了大量的交易费用。一些国家政府投资的项目已越来越倾向于选择这样的机构。再如信息产业与工程咨询业联合而成的集工程咨询与信息咨询为一体的新型工程咨询公司等等。二是企业抗风险意识不断加强以及业主对企业技术能力要求越来越高导致工程咨询企业规模大型化。由于企业业务领域的拓展以及国际工程规模越来越大等因素的影响，对咨询企业的技术能力和抗风险能力的要求已越来越高，对于特大型国际招标项目，现在的业主往往对几家咨询公司的联合体不太感兴趣，而是更信任一家大型的综合性咨询公司，就是因为它们具有足够的抗风险能力。

“扩展业务边界”的含义不仅意味着工程咨询业要不断开拓新的技术和经济服务领域，而且在业务思想和方法上要从以技术为中心向更广的领域延伸，如战略咨询的思想。巴黎 FIDIC 2003 年会的议题之一就是发挥工程师在战略计划和投资选择中的作用，从而保证投资有利于更广大范围的客户，并为可持续发展提供服务。“扩展业务边界”也要与“全生命周期咨询”的理念结合起来。FIDIC 2003 年会的另一个重要的议题就是在设计阶段将运行和维护费用结合起来。所谓全生命周期咨询是指咨询业务贯穿于战略规划、项目准备、建设和竣工、投产全生命周期的各个阶段，包括投资机会研究、项目建议书和可行性研究报告编制或评估、工程勘察、设计、造价、招标、采购、合同管理咨询和施工监理、生产准备、人员培训、竣工验收咨询及项目建成投产后评估、运营期咨询等全部项目生命周期的各个阶段的咨询。将设计的边界扩展到项目运营期是一种把系统理论应用于设计阶段以及把集成管理的思想应用于实施阶段的全新的工程咨询理念，项目风险管理将更加被重视。

4. 我国工程咨询业现阶段的发展方向。随着社会的发展、科技的进步和人类对居住环境要求的提高，建设项目从形式到内容都处于不断的演变和发展之中。业主在项目建设过程中面临着远比过去复杂的技术、经济和管理问题，亟需社会化的专业机构运用现代化的技术和科学管理知识以及长期积累的经验，为其提供集经济、技术和管理等学科于一体的全方位、多层次的全过程工程咨询服务。这种需求在西方发达国家在二战结束后也曾出现过，从而造就了西方发达国家工程咨询产业的腾飞。

全过程工程咨询以其专业领域宽、业务范围广、整合能力强，适应市场发展的需求。紧紧围绕业主的项目建设目标进行集约化管理，能更好地提高项目的投资效益，这也是国际上通行的建设项目管理模式，但在我国还处于摸索阶段。这里指的全过程工程咨询业务是指专业咨询机构为业主提供从投资机会研究、建设项目可行性研究、招投标代理、造价咨询、勘察设计、项目管理、施工监理到交工后评估的全过程集约化咨询服务。将各项业务能力整合到一起，发挥整体优势，使得各单项业务体现更好的综合价值。显然，着眼点是在业主委托项目的总体价值而不是各阶段咨询服务的简单叠加，对项目建设的各个阶段或整个过程进行集成优化和资源整合。

比如，在开展项目前期咨询业务时，设计人员配合投资分析人员，提供各种技术参数，使得项目在满足功能要求的前提下选择最为经济合理的方案，同时设计人员也可能和投资分析人员共同参与进行多方案比选；在开展项目管理业务时，投资分析人员配合项目管理人员可能将投资控制做得更好，节约投资。再如，在服务费用收费方面，国际工程咨询设计公司在完成上述产业链的收费标准为，美国一般取费为总投资额的10%~15%，英国为 8.85%~13.25%，法国为 6.5%~13%，德国 7.5%~14%。我国由于没有形成这一产业链，因此，收费标准也是分开计取的，其中项目前期阶段的收费为总投资额的 1‰ ~2‰，工程设计阶段的收费为总投资额的 2%~2.5%，工程招投标阶段的收费为 3‰ ~4‰（含编制预算），项目管理阶段的收费分为投资控制和工程监理两部分，投资控制的收费为 1.1%~1.6%。从以上数据，可以看出，国内勘探设计企业为完成上述产业链的取费大概在 3.9%~5.3%，是单做工程设计的 2 倍。

在成本方面，对于工程项目全过程而言，包括签订合同以后的设计、采购、施工管理、开车、验收和后评估等，这些内容虽然错综复杂，但它们之间是相互联系，相互制约，并具有内在规律的。在纵向一体化过程中，支持活动与基础活动的部分成本是重叠的。例如，公司基础设施建设，人力资源管理成本，单个项目的营销成本等，经测算，工程项目全过程服务成本约为单做工程设计成本的 1.3~1.5 倍。以上分析可以看出，纵向一体化规模经济带来的净效益约在 30% 左右。

在目前的投资环境下，由于市场化浪潮的冲击，投资方式随之创新，BOT 项目大量涌现，工程咨询公司的业务范围已经大大扩展，甚至向融资、建设和经营领域延伸。金融机构所要求的特殊项目管理服务在国内也是一项全新的业务，项目的筹融资顾问与咨询服务，项目商业策划与招商引资服务等更是大大拓展了项目全过程工程咨询的空间。可以说，市场需求在扩大，市场环境在变化，这对我国工程咨询产业链的延伸、咨询产品的丰富创造了极好的外部条件。能否将市场需求转变为自身的业务来源，则主要取决于咨询企业能否达到业主期望的成果和服务水平。

相比较而言，我国的工程咨询业现阶段尚达不到全生命周期甚至建设工程全过程咨询的高度，而且长期以来工程咨询业被割裂为招投标代理、工程造价咨询、工程监理、工程咨询、勘察设计等行业，而且互相不沟通，其中的工程咨询只是很狭义的前期论证，没有形成全面的工程管理咨询的概念，而国外的工程咨询已日益发展成为以工程咨询公司为龙头的项目总承包，然后再逐级分包，专业型咨询公司一般只有设计师事务所和测量师事务所。在国际上，工程咨询和其他产业咨询一样，管理咨询是主要的业务范围，体现为项目管理咨询的方式，因为在管理上与施工承包公司相比有优势，所以以咨询公司为主的 EPC （设计—采购—施工）模式及项目管理总承包（PMC）正大行其道。而我国的工程咨询确始终没有形成管理的概念，认为工程咨询只是技术性的专业，即使是为国外项目服务的咨询业务，也仅仅停留在技术劳务的层面上，这里面有计划体制遗留下来的历史的原因，但最主要是理念上的原因。我们现在进行工程咨询业的改革，重要的一点就是要更新理念。首先要大力提倡全过程的工程咨询，只有实行全过程工程咨询的方式，我国的工程咨询业才能面对经济全球化的激烈国际竞争，从而在国际工程咨询业中立有一席之地。

目前，我国工程咨询业尚达不到全过程咨询的高度，但在一些沿海开放城市，一些企业已开始了一些有价值的探索，正在积极向全过程咨询的方向发展。

（1）全过程造价咨询及设计企业与造价咨询企业的伙伴关系。全过程造价咨询是全过程咨询的一部分，在 20 世纪 90 年代后期，上海的一些工程咨询公司率先进行全过程工程造价咨询的探索，即根据项目的进程，为业主提供包括估、概、预、结、决在内的项目全过程的工程造价咨询，并协助业主对工程造价进行动态控制。这种咨询方式有效地避免了“三超”的发生，并加快了建筑产品的交易效率。但这种咨询方式至今也未能在我国推广开来，因为，按我国的惯例，概算往往由设计单位完成，但由于业主以及设计企业对概算中一些指标的掌握不够准确，致使概算与预算有较大差距，业主对设计企业和造价咨询企业都不满意。现在，一种新型的伙伴关系——设计企业与造价咨询企业之间的联合开始出现，这种伙伴关系使得联合体双方都能发挥各自的长处，比以前更有效地提高了交易效率，也更有利于实现全过程造价咨询，不过这种伙伴关系目前仍属于松散型的联合。实质上，设计企业与造价咨询企业的联合只是实行全过程工程咨询的一个过渡形式。这种过渡形式对中国工程造价咨询业最终实现全过程造价咨询有重要的意义。

全过程工程造价咨询在国际上尤其是英联邦国家有很大的发展势头，在世界银行贷款和亚洲开发银行贷款的一些项目中也有应用，因此发展全过程工程造价咨询在中国应该作为一个重要的事情来做，把它作为与国际惯例接轨的一部分来重视。在 2002

年 7 月 1 日中国开始试行工程量计价办法之后，为全过程工程造价咨询真正在中国实现规范发展提供了保证。

（2）代建制建设管理模式。代建制是随着项目管理理论在我国的发展而出现的一种建设管理模式，由业主委托咨询公司成立项目公司，代理行使业主的部分职能和权力，业主需支付项目管理公司代建管理费，包括开办费、企业管理费、临时设施费、利润及税金等从项目立项之日起至竣工验收交付使用、办理竣工决算之日止，在项目建设全过程中发生的全部管理服务费用。代建制在我国一些大城市已有实践，但这种咨询方式与国际上的全过程工程咨询及 PMC 模式并不相同，因为我国的项目管理公司并不具备全过程工程咨询的业务能力，也不具备我国规定的工程咨询的若干资质。而且在试行初期，代建制的意义也容易被曲解，如一些房地产业主为了房地产项目的前期运作而寻求代建，对项目管理工作却不重视。但这种改革趋势是值得肯定的，我国应该有步骤地完善这种做法，逐步把工程咨询的业务范围纳入其中，并规定参与代建的工程咨询公司的资质，从而逐步形成项目管理咨询的全过程工程咨询模式。

四、工程咨询业质量评价体系与评价方法研究

“质量”是企业生存之本，立足之基，实力所在，可以说“质量即命运”。工程咨询企业是为经济建设和工程项目的咨询、决策、设计，实施提供全过程的知识性服务企业。实施科学的质量监督管理体系，能够提高工程咨询单位现代化管理水平、保证产品质量水平、扩大市场占有率、增加客户满意度，更重要的是使工程咨询企业拥有了进军国际市场的通行证。

工程咨询业属于知识型服务业，所以咨询质量问题即是服务质量问题。而随着社会经济的发展，服务质量问题也随之越来越得到人们的广泛关注。尤其服务质量评价问题一直是学术界研究的热点，但专门针对工程咨询服务质量评价问题的研究却为数不多。本部分针对工程咨询业特点，从服务质量概念，对工程咨询质量评价体系及评价方法进行了深入研究。首先对知识性服务质量已有的研究成果进行了回顾，在此基础上结合工程咨询业的特点，构建工程咨询业的咨询质量评价体系，最后从数据处理技术与测评平台建设等方面探讨测评体系的实施。

（一）国内外对于服务质量的研究情况

随着社会经济的迅速发展，人们的生活素质不断提升，现代社会正逐渐步入以服务为导向的新世纪。目前全球国民生产总值的 58% 来自服务业，服务贸易在国际贸易中的比重达到 25%；在美国的就业人数中，只有 9% 仍然在传统意义上的工厂里工作，一些发达国家已经成为真正的服务经济社会。今天，西方发达国家纷纷采取各种政策

性措施，从国家和企业互动的角度鼓励和支持服务业的发展。与此同时，与服务业的快速发展相对应，制造业的“服务化”趋势也初露端倪，服务已成为企业间竞争的手段与工具。在全球社会中，服务质量问题已经成为人们日益关注的焦点。

在过去的近 40 年中，学者们对服务质量及其相关问题进行了大量、有价值的研究。可以大致将其划分为 3 个阶段：

第一阶段（1980~1985）：这一阶段属于研究的起步阶段，主要对服务管理和服务质量管理中的一些基本概念进行了界定（如格罗鲁斯于 1982 年提出了客户感知服务质量的概念），为以后的研究打下了坚实的基础。但这个阶段的研究大多局限于单个概念，所设计的也大多是静态模型。感知服务质量与其他要素（如客户满意等）相关关系研究的很少。

第二阶段（1985~1992）：主要是对构成服务质量的要素进行研究，如客户感知服务质量度量要素的选择（如 1991 年 PZB 所提出的 Adequate Service 和 Desired Service 概念，为“容忍区域”概念及其模型的提出奠定了基础），GAPS MODEL 的提出及修正，并开始注重对感知服务质量的评价研究，如 SERVQUAL 评价方法的提出。

第三阶段（1992~ 现在）：该阶段的研究呈现出明显的深入性、系统性和整合性，而且所设计的模型也向动态化方向发展。例如，Veronica Liljander 于 1995 年出版的专著《客户感知服务质量研究中的比较标准》（Comparison Standards in Perceived Service Quality）和 Tore Strandvik 推出的《感知服务质量中的“容忍区域”》（Tolerance Zones in Perceived Service Quality）都采用了全新的研究方法，提出了所谓的关系模型（Relationship Model）。对客户感知服务质量、客户感知价值、客户满意、客户忠诚和企业竞争力这些要素之间的关系提出了许多极具价值的观点。

我国对服务质量问题的研究还处于起步阶段。服务问题的研究大体停留在宏观层次上的产业结构分析，对于服务质量的内涵及其评价的研究不多，针对工程咨询业服务质量的研究更是鲜有所见。从国外借用的多，自己创建的少；理论研究多，而实证研究不足。虽然近几年这种情况有所改观，但从总体上，理论对实践的指导尚十分有限，开展工程咨询业服务质量方面的研究非常紧迫。因此，为促进我国经济的健康发展，中国工程咨询服务企业所面临的严峻挑战，借鉴西方现有成功、探索建立适合我国工程咨询业服务质量评价方法和指标体系，具有重要的现实意义；同时，对于完善传统的研究方法、促进服务管理理论研究整体水平的提高也有一定的理论价值。

（二）工程咨询业服务质量评价的理论基础

1. 服务质量概念。在过去的 20 多年时间里，学者们对服务质量及相关问题进行了大量研究。尽管学者们很早就认为在有形商品与无形服务之间存在差异，也提出了各种各样的看法，但真正提出客户感知服务质量并对其内涵进行科学界定的学者当属芬兰瑞典语经济管理学院的格罗鲁斯教授。1984 年，格罗鲁斯教授第一次提出了客户感知服务质量的概念，将客户感知服务质量定义为客户对服务期望与感知服务绩效之间的差异比较。感知服务绩效大于服务期望，则客户感知服务质量是良好的，反之亦然。同时，还界定了客户感知服务质量基本构成要素，即客户感知服务质量由技术质量和功能质量组成，从而将服务质量与有形产品质量从本质上区别开来。

此后，美国的服务管理研究组合 PZB（A.Parasuramam，Zeithaml，V.&L. Berry）对客户感知服务质量进行了更为深入的研究。他们于 1985 年提出了差距模型，在这个模型中，他们将服务质量影响因素归纳为十类，以后又缩减为五类。在十要素的基础上，他们建立了 SERVQUAL 感知质量评价方法。他们对期望的最初定义是“服务应当是什么样的”，之后这个概念经历了多次修正。现在期望被分为恰当的服务和理想的服务两大类。最初，他们认为该模型在感知质量和客户满意关系方面非常模糊，但后来，他们认为感知质量于客户态度紧密相关。1991 年，他们重新对感知质量进行了界定，引入了容忍区域概念，由此，期望与绩效比较被分成了两部分，即感知服务的优势度差距和感知服务合格度差距，这种划分在管理学上的意义是非常重大的，因为其为管理者进行服务质量管理提供了基本理论依据和方法。

2. 服务质量特性。服务质量具有以下基本特性：

（1）服务质量是客户感知的质量，具有极强的主观性，也具有极强的差异性。在不同的时间、不同的服务提供者所提供的服务是不同的，即使同一个服务提供者在不同的时间提供的服务质量也存在着差异；不同的客户，乃至同一个客户在不同的时间对服务质量的感知也是不相同的。

（2）服务质量由客户所追求的“结果质量”（技术质量）和“过程质量”（功能质量）两个方面组成。有形产品的质量是可以用一些特定的标准来加以度量，消费者对有形产品的消费在很大程度上是结果消费；而服务则不同，客户对服务的消费，不仅仅是对服务结果的消费，更重要的是对服务过程的消费。服务结果与服务过程相辅相成、不可或缺的，忽视任何一个方面都会给服务质量带来灾难性的后果。

（3）服务质量是在服务提供者与服务接受者的互动过程中形成的。与有形产品不同，在绝大多数情况下，服务的生产和消费是无法分割的，服务质量就是在服务生产和服务消费的互动过程之中形成的，因此，互动性是服务质量与有形产品质量一个非常重要的区别。

3. 服务质量维度。服务质量维度是指客户服务质量期望和感知绩效产生影响的要素。在客户感知服务质量评价与管理研究中，对这些要素的界定具有十分重要的意义。对服务质量维度研究最具代表性的是由PZB做的服务质量五个维度，即有形性、可靠性、响应性、保证性和移情性。绝大多数学者在进行服务质量管理和评价时，采用的基本上都是这五个维度。最典型的如PZB创建的SERVQUAL方法和克罗宁及泰勒创建的SERVPERF方法，采用的都是这五个维度。服务质量维度具有一些特有性质：

（1）对于不同行业来说，服务质量维度有可能是不同的。在度量客户感知服务质量时，很多学者针对研究对象的特点，在研究过程中采用了不同的质量维度。

（2）对于不同服务行业，质量维度的重要性可能会存在差异。PZB研究发现：高接触度的行业和低接触度的行业，其服务质量维度的重要性肯定是不同的；以设备为主的服务和以人为主的服务，其服务质量维度的重要性也会存在差异。

（3）不同的客户，特别是不同文化背景的客户，对服务质量维度的理解也会存在差异。

4. 常用服务质量评价方法。由于服务具有无形性、不可分割性、异质性与易逝性等特性，因此对服务质量的衡量很困难。服务质量是客户对服务提供者在服务过程中，一连串服务接触点的累积，许多学者认为服务质量是多种属性及因素的复合体，因此将服务质量分解为许多因素的组合，来构建衡量服务质量的方法。Griffin与Page（1996）认为没有任何单一的指标能够衡量所有服务质量，他们建议使用多构面的衡量方式，以找出评定服务质量的关键因素，同时根据不同的行业，应该有不同的衡量方式。通过回顾研究文献，首先对现有主要服务质量评价方法进行分析，进而寻求出适用于本研究的评价方法，来构建服务质量评价体系。

（1）SERVQUAL（SERVice QUALity）量表。SERVQUAL对客户感知服务质量的评价是建立在对客户期望服务质量和客户接受服务后对服务质量感知基础之上的。1985年，PZB认为决定客户感知服务质量的要素有10个；1988年，PZB通过因素分析、重新归纳构面、再设计信量表重测等，将要素缩减到5个（即有形性、可靠性、响应性、保证性和移情性），整理出重复性低且具有良好信度、效度的服务质量评价量表，即为SERVQUAL量表。他们同时认为，SERVQUAL所度量的是一种整体性的评价或态度，通过对SERVQUAL量表的数据采集和分析，可以较好地测量出客户感知服务质量的水平。根据三人的测算，这五个维度与客户感知服务质量相关系数高达0.92。

SERVQUAL评价方法完全建立在客户感知的基础之上，即以客户的主观意识为衡量重点，首先度量客户对服务的期望，然后度量客户对服务的感知，由此计算出两者之间的差异，并将其作为判断服务质量水平的依据。SERVQUAL 量表一共包含 22 个问题，问卷中的问题随机排列。问卷采用 7 分制，7 表示完全同意，1 表示完全不同意。中间分数表示不同的程度。

（2）修正的 SERVQUAL 量表。Parasuraman 等 1991 年针对银行业、保险业及电话维修三个服务行业进行调查研究，并对 SERVQUAL 量表作部分的修改，加入重要性的衡量，以表现各构面的重要程度。同时，将原来的 22 个问项中的反向问句改为正向问句，以及修正问项中语气，以避免干扰客户填写问卷或产生过高的期望。研究发现，经过修正后的量表在信度和效度上，明显优于原有量表。

（3）SERVPERF（SERVice PERFormance）量表。Cronin 和 Taylor（1992）提出以 SERVPERF 量表作为衡量服务质量的基础。此量表仅就客户实际感知的部分来评价服务质量，且 SERVPERF 量表中的问题和 SERVQUAL 量表中的 22 个问题项相同。SERVPERF 摒弃了 SERVQUAL 所采用的差异比较法，而只是利用一个变量，即服务绩效来度量客户感知服务质量。而且在度量的过程中，并不牵涉加权问题，所以在应用上比 SERVQUAL 简单实用了许多。Cronin 和 Taylor 创建 SERVPERF 方法后，对 SERVPERF、SERVQUAL 及修正的 SERVQUAL 几种方法进行了比较研究，他们认为，与其他方法相比，SERVPERF 是较为简单、实用和精确的评价方法。从历史继承性的角度分析，SERVPERF 的问卷设计与 SERVQUAL 并没有什么实质性的区别，采用的问项也基本相同，所以该评价方法的创新性并不高，尽管其简易性和实用性都高于 SERVQUAL。

（4）Non-Difference 量表。Brown 等（1993）对 SERVQUAL 量表中所使用的认知服务和期望服务的比较来衡量服务质量的方式持有不同的观点。他们认为最好的方法就是直接度量消费者绩效感知和服务期望之间的差异。因此他们将这种客户感知服务质量评价方法称为非差异评价方法。从操作角度来看，非差异评价方法与 SERVQUAL 和修正 SERVQUAL 非常相似，同样是运用 SERVQUAL 量表中的 22 个问项。但 SERVQUAL 需要对客户期望、绩效感知和感知服务质量三个方面进行度量；而非差异评价方法则只对期望及绩效感知之间的差异进行度量，所运用的只有 22 个数据。因此非差异评价方法比 SERVQUAL 简捷。

（三）工程咨询业服务质量管理

从以上概念可知，工程咨询业提供给客户的是智力服务，服务性是其本质特性，有着自身的特点：

（1）服务的可感知性。虽然咨询企业提供服务的形态和组成服务的元素往往是无形的，但是服务不仅仅包括智力上的服务，还包括态度、沟通等潜在内容，从感官上传达给客户一种信息，直接关系着客户的满意度。而对于智力服务的结果，业主通过比较的方式可以感觉到利益的存在。

（2）服务的不可分离性。咨询企业提供咨询服务的过程与客户消费的过程是同时进行的，在提供服务同时，也是客户消费服务时刻。

（3）服务的差异性。服务是以人为中心的，由于咨询人员及客户自身因素的影响，服务的质量检验很难采用统一的标准。

（4）服务过程缺乏所有权。工程咨询服务是知识资本的转移，这种转移是无形的，服务在交易完成后即消失，业主并没有“实质性”地拥有服务。

因而根据以上服务特性，工程咨询企业应提高服务标准，重视服务质量，从服务角度提高自身竞争力，并辅以技术信息、信息网络以及现代化的经营理念。服务是一个广义的概念，工程咨询服务既包括工程咨询的智力内容，如技术、核心解决方案等，又包括许多隐性内容，如失误补救、客户沟通、技术培训等。工程咨询服务的智力内容是基础，是企业长期存在的核心力量，智力内容服务的优劣表现在企业人才素质、知识水平、技术水平的强弱上，隐性服务的好坏表现在企业文化及其员工服务观念的理解与重视程度上。这两方面的服务是相互联系、不可分割的整体。因而要提高服务质量，就要了解服务的内容、特性，根据服务内容的不同采取相对应的策略。

由于工程咨询业在服务主体、服务对象、服务内容、服务手段等方面相对于传统服务业有了很大的变化，特别是产品价值和产品形态方面的变化最大，这就导致了一个非常突出、非常典型的管理新问题——针对工程咨询业企业和服务产品的质量评价与质量控制问题。

1. 工程咨询业相对于传统服务业服务质量管理的新特点。工程咨询业也是服务业，具有服务业所共有的特征，如：服务产品具有无形性，其既不能储存也不易运输；服务的生产和消费是同时进行的；服务具有不同质性，故对于服务的质量来说，只有一部分可由服务提供者自身来评定，多数项目只能通过消费者的体会来评价。因此，工程咨询业的质量管理可以沿用传统服务业质量管理的成功经验。然而，工程咨询业与传统服务业相比，二者在许多方面有着明显的区别，其中在质量管理方面存在如下差异：

（1）传统服务业大多数是一些简单的、重复性较强的劳动密集型服务业。这些企业的员工一般经过简单的教育培训就可以胜任工作，其中对于产品质量标准和工作质量标准的学习贯彻较为简单，且这些标准的工种差异、个体差异较小，标准的稳定性高，员工一经掌握往往可长期适用。然而，工程咨询业所从事的是一些复杂的、重复性较低的智力密集型服务，这些服务的质量标准的稳定性、同质性较低，员工不仅需要不断地对标准进行再学习、再贯彻、再熟悉，更重要的是需要独当一面，不拘泥于标准去主动灵活地承担质量责任。

（2）传统服务业的劳动效率较低，质量效率也较低，这种低效率带来了很多负效应。但也有一种正效应，那就是单个质量事故所带来的扩散效应较小，扩散速度较慢。工程咨询业则不同，它主要是依靠自己的智力劳动向社会、个人或团体提供知识服务，常表现为一种决策建议、点子、方法、技术方案、判断、计算机程序等，不仅个体劳动的产出效率较高，而且其产出将影响他人的行动，具有极强的“倍增效应”，这种“倍增效应”多数时候表现为正效应，但有时也表现为负效应，即出现质量问题时其破坏力也是倍增的。

（3）传统服务业所提供的产品绝大部分与消费者的生活有关，多数消费者运用自己的常识和经验就可判断服务产品的质量，故消费者与服务提供者在有关服务产品质量的专门知识方面不存在明显差距。工程咨询业则不同，其所提供的服务产品具有极强的专业性，需要具备一定的专门知识才能辨别其质量水平，而多数消费者往往不具备这方面的专门知识，故消费者与服务提供者在有关服务产品质量的专门知识方面存在明显差距，这种差距导致供需双方对于工程咨询产品质量的认识不一致，使质量纠纷增多。

2. 工程咨询业服务质量管理相对于制造业质量管理的新特点。由于制造业的质量管理有了近一个世纪的经验积累，特别是 20 世纪 60 年代以来在全球所推行的全面质量管理、20 世纪 90 年代以来在全球所推行的质量体系认证，更是把制造业的质量管理提升到了一个新的高度。因此，在考虑工程咨询业的质量管理时，无疑可以借鉴制造业质量管理的成功经验，但也切记不可忽略了二者之间的差异。

（1）工程咨询业的质量管理相对于制造业的质量管理来说，具有如下新特点：

①工程咨询产品的质量指标比较难以进行准确的定量描述。制造业的有形产品可以展示在客户面前，用准确的定量化语言来对其性能和质量特征进行描述和定义。而工程咨询产品是无形的，其无法陈列，客户在购买服务之前，看不见也摸不到，只有在购买之后，才能享受到和感觉到服务的质量。因此，工程咨询产品的质量指标难以进行准确的定量描述，主要依赖客户的消费体验以及权威部门的评价，这使得工程咨询企业在市场上的整体质量形象比单一服务产品的质量指标更为重要。

②工程咨询业的质量控制过程缺乏进行补救的“退路”。对于制造业来说，有形产品的生产与消费是在两个不同的时间段、不同的地点发生的，生产系统与客户相隔离，

因此，产品质量可在出厂前把关，部分质量缺陷也可通过返修等措施来补救。而对于工程咨询业来说，服务的生产和消费过程是在同一时间和同一空间、且在生产者与消费者相接触的情况下进行，产品事先不能预制，事后不能补造，客户也无法“退货”，这种特性使服务质量难以预先“把关”，服务中所发生的质量问题难以“返修”，出现不良服务后果难以补救，这就对服务过程的质量控制提出了更高的要求。

③工程咨询产品的不同质性导致采集质量数据、制定质量标准、评价质量成果都很困难。尽管制造业企业也需要考虑产品的多样化，但有形产品的生产由于受设备和技术条件的限制，不得不考虑一定的继承性和同质性。工程咨询业则不同，其产品具有很高的不同质性，这种不同质性来源于三个因素：一是消费者的差异，包括需求方面的差异和个体的偏好；二是服务提供者的差异，包括能力差异和性格差异；三是服务时间、服务空间环境的差异。服务产品的不同质性不但容易造成服务质量的不稳定，而且使采集质量数据、制定质量标准、评价质量成果都会缺乏统一的尺度，导致服务提供者很难准确评价自身的质量成果。

④工程咨询企业必须充分考虑高科技手段的应用给服务质量带来的新变化。尽管制造业企业也需要运用高新科技手段来提升竞争力，但多数制造业企业的技术系统是建立在成熟技术的平台之上，故其质量控制技术较为成熟、稳定。与此不同的是，工程咨询企业的技术系统多建立在先进技术的平台之上，他们往往是运用高新技术的先锋，这种做法虽可不断提升企业的技术档次，但也带来了技术系统的不稳定性，破坏了质量控制所需要的较稳定的技术环境，使工程咨询企业的质量管理技术常常表现得比企业技术系统的更新“慢半拍”。国际上工程咨询业以其专业齐备、技术精湛、工作严谨、服务上乘博得雇主的信赖，其业务贯穿于工程项目管理全过程的各个阶段。而我国工程咨询人员普遍缺少项目统筹管理和经济、商务、法律方面的系统知识和综合协调管理能力，导致在项目总体规划、全过程综合管理、市场调查、经济评价、风险分析等工作的不足，影响项目咨询的整体性和科学性。再加上我国社会对工程咨询认知方面的不足，使得服务质量不尽人意。

（2）现代经济的发展，不是单靠大量资本的投入来产生效益，而是靠智力的合作，将科学知识、科学方法和人们的经验总结融为一体，为经营者提供服务。而工程咨询业是以提供信息和智力服务为特征、以知识和人才为资本的新型产业，完善工程咨询企业服务质量必须从服务的技术质量（即结果质量，是工程咨询服务结果的有效性）和功能质量（即过程质量，是顾客对服务过程的感知）两个角度入手，在注重知识和人才两个硬性条件的同时，注重公司的管理、服务等软性条件，采取相应具体措施：

①转变服务观念。一直以来人们对咨询服务业的认知度还不够，局限在传统意义上的服务业。这种片面的观念误导企业忽略了以知识和人才为基础的核心业务范畴的服务，导致企业采取的竞争战略不切实际。服务除了直接影响结果质量的技术服务以外，还包括影响顾客感知的过程服务。在保证技术服务质量的前提下，注重过程服务，提高顾客满意度是十分必要的。咨询企业的存在不是为了完成某个程序，其来源于市场需求，是为社会、决策者、经营者提供专业技术咨询的。企业必须正确理解和认识服务和服务质量的内容与范畴，才能规范自己的行为，做正确的事情，从而提升自己的竞争优势，立于不败之地。

②吸引优秀人才，提高服务质量。工程咨询提供的是智力服务，服务质量的好坏与从业人员的知识、经验和智力以及人员的管理密切相关。因此，工程咨询企业首先应当吸引人才，建立一套完整的人才聘用、考核激励制度和培训计划，从而提高服务质量，获得良好的社会声誉。工程咨询企业还可以通过开办高级研修班培训工程咨询技术人员，提高其专业素质。通过派出去和引进来的方式，使我国工程咨询技术人员尽快掌握国际工程咨询的专业知识和最新动态，了解和熟悉国际工程咨询的惯例，从而有更多的机会参与国际竞争。

③整合企业资源，提供全过程服务。中国工程咨询市场存在前期决策咨询、造价咨询、招标机构、勘察设计咨询、建设监理等咨询单位，这些单位规模不大，经营范围有限，人员数量和素质不高，因而少有实力雄厚、可信度高的名牌咨询单位，不利于国内市场环境的净化、参与国际竞争以及工程咨询行业的发展。因此，要加大各类咨询企业的改革力度，整合现有的咨询企业，实现资源的重新组合。对于大型事业性咨询机构要改企转制、政企分开、调整结构、扶优扶强，充分发挥自身技术、知识密集优势，通过培训、引进人才、加强管理甚至兼并等全面提高其综合能力，开展可行性研究、规划选址、招标代理、造价咨询、施工监理、项目管理和工程总承包等业务，为固定资产投资活动全过程提供智力服务。对于中小型咨询机构，则应着眼于走联合重组之路，将企业内部人员、资金技术、设备等资源进行重组，优势互补，从而实现规模经营，增强自身竞争力，为建设工程全过程提供咨询服务。

④加强管理，提升企业形象。当前我国工程咨询业仍属于新兴产业的初级阶段，没有形成完善、规范的管理体系。按照国际工程咨询公司的组织结构和管理体系，加强我国工程咨询企业的组织、管理制度建设、提升企业形象是我国咨询业面临的必然趋势。

（四）工程咨询业服务质量评价体系

根据对服务质量评价理论的文献回顾，结合工程咨询业服务的特点，本书构建了适合于工程咨询业的服务质量评价体系。研究主要围绕评价体系构建的原则，评价指标体系构成以及评价工作流程等问题展开。

1. 工程咨询业服务质量指标体系的构架。由于工程咨询业与传统服务业和传统制造业在质量管理方面存在上述差异，所以不能全盘照搬在传统服务业和传统制造业中惯用的质量指标体系，而应当针对工程咨询服务业的特点构建新型质量指标体系，这种质量指标体系具有以下几个要点：

（1）将工程咨询业的质量指标划分为技术质量指标和功能质量指标，在应用过程中应该更侧重于功能质量指标。技术质量主要是指某项服务带给客户的价值，指提供给客户"什么"，包括服务人员能够给客户提供的技术能力、技术知识，以及所使用的设备和作业方法等技术层面的内容。技术质量通常表现为一种目标性质量，其需要尽可能用定量指标来描述。功能质量则是指"如何"提供服务，企业以一种什么样的形象、什么样的态度与客户接触，企业在客户面前展现的外观如何。功能质量的好坏，关键取决于客户的感觉，对于一种服务而言，无论企业认为它有多好，如果不能满足客户的期望，也会被客户看成是一种低质量的服务。因此，在功能质量中，客户的主观因素占据相当的成分，即功能质量通常表现为一种相对的认知性指标，是用客户对服务的满意度，即期望的服务与认知的服务两者之间的差距来表达。在服务过程中，服务质量的高低取决于客户的评价，而客户的感觉是最不好把握的。因此，如果想提高服务质量，服务性企业则需要运用更好的功能质量指标体系来强化技术质量指标，从而提高服务的整体质量。

（2）将工程咨询服务业的质量指标划分为过程质量指标和产出质量指标，在此过程中应该更强调过程质量指标。对于有形产品，用户一般只是对最终产品的好坏进行比较和评价，不必对产品的生产过程进行评价；而对于工程咨询业来说，由于生产和消费是在同一个空间和时间范围内进行，客户不但要对最终得到的服务内容进行评价，还要对服务的"生产"流程进行评价。因此，工程咨询业为了衡量服务质量，不仅需要制定服务产品的产出质量指标，而且需要制定服务过程的质量指标，如人员绩效质量、设备质量、资料质量（中间信息质量）等。由于服务是生产者和消费者在同一时间同一场合相互接触中进行的，这就会产生出两个难题：一是客户是有差异的，二是服务者也是有差异的，这就造成了服务的不稳定性和波动性。要想减少这种差异性与不稳定性，就更应该强调服务产品的过程质量，建立完善的过程质量指标体系，使得产出质量更好地得到保证。

（3）将工程咨询业的质量指标划分为核心服务质量和辅助服务质量，提升"关系质量”。工程咨询业的服务内容可以划分为核心服务和辅助服务两部分，核心服务是满足客户核心需求（基本需求）的服务；辅助服务是服务企业为支持核心服务向客户提供的辅助性服务内容。客户所感受到的服务质量实质上是核心服务质量和辅助服务质量的组合。核心服务质量多数用技术质量指标表现为产出质量，辅助服务质量往往用功能质量指标表现为过程质量，组合服务质量则最终体现为一种“关系质量”，即客户对服务企业的信任感和责任感。故在工程咨询企业的质量指标体系中应当包含指导客户根据服务环境中的各种有形证据（如服务设施、服务人员的仪态仪表）来评估组合服务质量的方法，在工程咨询服务业的质量指标中包含客户参与型指标。在工程咨询企业中，客户必须参与服务过程，才能接受服务，因此工程咨询业的质量管理必须强调客户参与。提高工程咨询服务质量，不仅是企业的责任，也是客户的责任。在消费过程中客户必须遵守社会公认的行为准则和服务企业的合理规章制度，为服务人员提供必要的信息，配合服务人员的工作，才能获得优质的服务。因此，工程咨询企业在制定质量指标时要明确客户参与的内容、参与的程度、参与的规则、参与的程序等。

2. 构建工程咨询业服务质量指标体系的基本关系。在构建工程咨询业质量指标体系时，应当认识到：在工程咨询企业的管理人员、一线员工和客户之间对服务质量的心理期望很难一致，必定存在差异。所构建的质量指标体系，应能有利于消除这些差异。

（1）消除客户对服务的期望同服务企业管理人员对“客户期望”的理解之间的差异。确定服务质量标准的工作之所以复杂，其中一个重要原因就是企业管理部门容易根据少数客户的想法对所提供的服务进行片面理解，从而不能准确把握大多数客户的需求心理。这一差异的大小通常取决于服务企业对客户偏好的重视程度，能够获得的需求信息量的多少，高层管理人员与直接为客户提供服务的一般服务人员之间信息传递的速度和准确性等因素。企业要想消除或缩小这种差异，必须对客户到底需要什么样的服务有相当细致的了解。

（2）消除管理人员对“客户期望”的理解同企业制定的服务质量标准之间的差异。即使企业已经准确理解了客户的需求，企业管理人员对客户需求的理解同企业实际制定的服务质量标准之间往往还会存在差异。导致这一差异的原因是多种多样的，例如资源限制、短期行为、市场情况发生改变、管理人员的能力限制等。这一差异还和管理人员对服务质量的重视程度、企业的目标调整、服务流程标准化的程度以及对服务可行性的认识程度等有关。

（3）消除服务质量标准同企业所提供的服务之间的差异。即使企业准确理解了客户的需求，也制定了正确的服务质量标准，但实际提供的服务质量却可能达不到质量标准。这一差异是否存在以及差异的大小主要取决于直接与客户接触的一线服务人员严格按照服务标准提供服务的愿望和能力。此外，服务人员若缺乏有关其服务工作的足够信息而导致“角色不明确”，使他们不知道具体的操作方法，也使其提供的服务质量达不到既定标准。因此，在制定质量标准时应充分考虑到产生这种差异的可能性，为一线服务人员提供明确的行动参照系和激励约束信号。

（4）消除企业进行的外部宣传同企业所提供的实际服务之间的差异。企业对外宣传时向客户承诺的服务质量，同企业实际为客户提供的服务质量之间的差异，就是所谓的“承诺—兑现”差异。产生这一差异的主要原因是企业内部缺乏横向交流，如企业的广告策划人员缺乏与服务运作部门的交流，或者是直接为客户提供服务的一线服务人员不了解或不关心企业所作的外部宣传，无法致力于使服务效果与外部宣传一致。所以，企业制定的质量指标既要考虑到对外宣传时的号召力，也要充分考虑到企业绝大多数一线员工的实际工作水平。

3. 评价指标体系建立原则。建立工程咨询服务质量评价体系应遵循以下原则：

（1）全面性与针对性的统一。评价体系要能全面、系统地评价整个工程咨询业的服务质量状况，因此要对影响工程咨询服务质量的各个因子进行层层选取。另外根据研究目的，针对影响工程咨询服务质量的主要因素选取指标因子，从而得到各方面具有代表性的单项指标或综合指标，以确定恰当的评价体系。

（2）科学性与可操作性的统一。科学性是保证评价体系可靠性及有效性的基础。但是坚持科学性的同时，要兼顾指标体系的可操作性，以便研究成果能尽快得到实施。可操作性主要体现在考核的指标不宜太多与太繁杂，且数据易收集，问卷中的问项容易被企业与客户所接受，同时易于评定。

（3）可比性与通用性的统一。评价体系要体现对工程咨询服务行业整体的服务质量状况评价，以及对评价结果进行比较分析，就要确保评价体系具有可比性与通用性。可比性主要体现在评价指标统一，评价尺度与评价方法统一，评价主体为相同利益群体。通用性主要体现在评价体系的基本框架应适用于工程咨询企业。

4. 评价指标体系构成。按照格罗鲁斯对服务质量的定义，服务质量由技术质量（即服务结果）和功能质量（即服务过程）组成。但是，在现有研究中，多数研究都是针对技术质量评价的，均是从客户感知的角度来评价服务质量状况，例如 SERVQUAL，SERVPREF 方法等，鲜有研究是针对服务过程质量展开的。因此有学者提出人们过度地夸大了客户感知的重要性，而忽视了企业在服务质量形成过程中的作用。针对此问题，国外学者列迪宁 1982 年（Lehtinen，1982）提出将服务质量分成设计质量、交互质量和企业质量三个方面。古姆松1988年(Gummesson，1988)将服务质量划分为设计质量、生产质量、过程质量和产出质量四大要素等。国内学者唐晓芬提出服务质量水平应由客户主观感受、服务的提供过程以及提供能力三个方面决定，并据此建立了涵盖服务质量能力、服务质量过程、服务质量绩效的服务质量体系模型，三个方面的评价主体分别是客户、企业内部以及专家。但是这种服务质量评价指标体系虽然兼顾技术质量与过程质量两方面，将服务过程质量与客户感知服务质量评价有机地结合起来，但是其评价结果的可比性却很差，因为对于服务质量过程的评价是由不同企业通过内部评价来完成的。在同一行业中，不同企业之间并不是利益共同的关系而是相互竞争的关系，因此在评价过程中会存在客观评价准则上的差异与主观评价态度上的偏颇，这样就会导致最终的评价结果不可比。

对于评价方法的研究，首先对现有感知服务质量评价方法进行了比较分析，选择成熟稳定的方法作为本研究的理论基础，在此基础上应用结构方程模型对现有的评价方法进行改进，同时对数据处理中涉及的一些统计分析方法进行讨论。改进后的方法将更适用于服务质量评价，并使测评结果更合理可靠。

对于感知服务质量评价方法的研究，除了SERVQUAL、修正的SERVQUAL、SERVPERF及Non-Difference评价方法以外，还有一些其他的评价方法，如Boulding(1993)等人提出的动态模式(Dynamic Process Model)等，但这些评价方法影响较之SERVQUAL、SERVPERF及Non-Difference等评价方法要小得多，而且突破性的研究成分也非常小，因此本研究仅对SERVQUAL、修正的SERVQUAL、SERVPERF及Non-Difference评价方法进行比较探讨。在这四种度量方法中，SERVQUAL奠定了基本的理论和方法基础，特别是修正后的SERVQUAL，无论在科学性，还是在操作性上，与SERVQUAL相比都有很大的变化。而SERVPERF也以其简捷、方便和高信度而为众多学者所推崇。相比较而言，其他方法的影响则比SERVQUAL和SERVPERF小得多。特别是SERVQUAL，是多数学者在衡量顾客感知服务质量时首选的评价方法。在建立工程咨询业服务质量评价体系时，为了满足评价指标体系构建的原则，同时又能达到评价体系构建的目的，实现其宏观与微观意义，笔者认为工程咨询服务质量指标体系的建立应以PZB提出的服务质量五个维度22项指标为理论依据，并在其基础上根据工程咨询业的特点进行适当的调整。评价体系以客户为评价主体，企业提供的服务为评价客体，客户对企业提供服务质量的感知作为评价结果。

指标体系中的一级指标即咨询质量；二级指标根据PZB提出的服务质量五个维度设立，即有形性、可靠性、响应性、保证性和移情性；三级指标在PZB提出的22项指标基础上进行了一定的修改，由原来的 22 项增加到现在的 28 项。

由于现代社会中，信息技术的发展使信息沟通成为对服务质量影响的又一重要元素，尤其工程咨询业信息技术对其影响更为重要，因此在指标的设立过程中，分别在可靠性、响应性以及保证性三个维度中加入了有关信息方面的指标，如在可靠性维度中加入信息的可靠程度，在响应性维度中加入获得信息的便利性，在保证性维度中加入信息渠道的畅通程度。另外，对于工程咨询业来说，服务的专业化程度对其影响很重要，因此在可靠性维度中加入了提供服务的专业化程度指标。最后，考虑到工程咨询服务业对企业形象与服务环境要求较高的特点，在有形性维度中加入了服务环境的舒适程度和企业形象两个指标。

指标的评价尺度是采用 likert7 级量表，先将 28 个三级指标转换为受访者易于理解与判断的语言，再由客户根据其接受咨询服务以后，对服务质量的实际感受情况对问项进行打分，7 分表示非常好，1 分表示非常不好，中间值代表对服务质量水平不同程度的判断。

5. 评价数据处理。在对工程咨询业服务质量进行评价时，涉及许多数据处理的方法，主要包括叙述统计分析、信度分析、效度分析等。

（1）叙述统计分析。利用叙述统计量来描述所收集到的资料，可初步了解受访者样本的结构与特征。由于调查问卷中的题项大部分以 Likert7 点量表，经过量化后，可透过各构建问项的平均数、标准差的计算，了解受访者对该问项看法与意见。一般而言，平均数越高代表该问项受访者的认同度越高，而标准差越小代表受访者对该问项的看法越一致。

（2）信度分析。信度是指一种衡量工具的正确性或精确性。在本书中，信度代表了测量的一致性程度。信度并不是效度的保证，但信度高是一份有效测验或问卷的基本条件，其目的是用来对问卷量表的测量项目做信度指标，并评价由单项组合而成的系统的整体信度。一般测量信度又可分为下列几种：再测信度、复本信度、折半信度、Cronbach’s 系数、Guttman 信度下界及 Kuder-Richardson 系数等。利克特量表常用的信度检验方法为 Cronbach 创造的系数。Guieford 提出 Cronbach’s 系数的判断标准为：值大于 0.7 认为内部一致性高，小于 0.35 表示内部一致性低。

（3）效度分析。所谓效度即表示正确性，是指一份测验能真正的测量到其所要测量的能力或特质的程度，也就是要能达到测量的目的才是有效的测量。在确认问卷具有信度后，接着即需要评估问卷的效度。

①内敛效度分析。内敛效度是指测量同一概念不同问项之间的相关度。第一步是

考察问项在每个概念上的标准化载荷，载荷系数意味着问项与其潜变量之间的共同方差大于问项与误差方差之间的共同方差，载荷系数一般应大于 0.5，且 t 值超过 1.96 时，表示各建构具有内敛效度；第二步是考察 *AVE*（Average Variance extracted）值，*AVE* 值应该大于 0.5，这意味着解释了问项 50% 以上的方差，从而保证了能够解释更多的有效方差。

②判别效度分析。判别效度是指一个概念与其他应该有所不同的概念之间的不相关（即差异）程度，可以通过考察潜变量的 *AVE* 值的平方根，看其是否大于潜变量之间的相关系数。如果如此，就证实了判别效度的存在，这也就是验证性因子分析的结果。

（五）工程咨询服务质量评价的技术支持

数据处理软件。工程咨询业服务质量评价体系运行过程中主要涉及两种软件的应用：LISREL 与 SAS。其中，LISREL 主要用于结构方程模型的求解与检验过程；SAS 主要用于数据的描述性统计分析当中。

（1）LISREL。LISREL 计算机软件用于估计一组结构方程中的参数，方程里的变量可以是直接观测的变量，也可以是理论上的概念变量，或者是与观测变量有关但非观测的潜变量。模型里包括方程的残差和变量的方差。估计方程残差的协方差矩阵和变量的协方差矩阵。LISREL 模型的拟合同任何拟合过程一样，也是一个不断重复的过程，其步骤大致可分为：①获得原始数据后，根据相应的专业知识，设计出一个假设的因果关系模型；②列出进行 LISREL 模型拟合的矩阵（包括需要估计的参数）；③将其转化为 LISREL 软件语言，编写程序；④考察所拟合模型的效果，并根据 LISREL 结果提示，对模型进行修改，直到满意为止。在取得了参数估计值以后，需要对模型和数据之间的拟合情况进行评价。如果模型不能很好地拟合数据，就需要对模型进行修正和再次设定。LISREL 模型从两个层次对误差进行分离，第一个层次是在量表的测量时，对观测变量的误差进行分离；第二层次是在分析潜变量之间的关系时，再次对误差进行分离。而通常的回归模型，对误差只进行一次分离，这种误差的分离是比较粗糙的。

（2）SAS。SAS 系统全称为 Statistics Analysis System，最早由北卡罗来纳大学的两位生物统计学研究生编制，并于 1976 年成立了 SAS 软件研究所，正式推出了 SAS 软件。SAS 是用于决策支持的大型集成信息系统，其统计分析功能是重要组成部分与核心功能。经过多年的发展，SAS 已被全世界 120 多个国家和地区的近三万家机构所采用，遍及金融、医药卫生、生产、运输、通信、政府和教育科研等领域。在数据处理和统计分析领域，SAS 系统被誉为国际上的标准软件系统。SAS 系统是一个组合软件系统，其由多个功能模块组合而成，其主要功能包括：SAS/STAT（统计分析模块）、SAS/GRAPH（绘图模块）、SAS/QC（质量控制模块）、SAS/ETS（经济计量学和时间序列分析模块）、SAS/OR（运筹学模块）、SAS/IML（交互式矩阵程序设计语言模块）、SAS/FSP（快速数据处理的交互式菜单系统模块）、SAS/AF（交互式全屏幕软件应用系统模块），等等。SAS 提供多个统计过程，每个过程均含有极丰富的任选项。此外，SAS 还提供了各类概率分析函数、分位数函数、样本统计函数和随机数生成函数。

五、工程咨询业市场培育与营销策略研究

随着社会经济的发展、科学技术的进步以及相关鼓励性、扶持性政策的出台，近年来我国工程咨询产业得到了快速发展，市场需求全面启动，从业公司数量剧增，市场竞争压力增加，各企业技术差异遁失，顾客服务期望升级，社会认同度不高，国际跨国咨询公司纷纷抢滩中国。国外工程咨询业的发展立足于发达的市场经济和成熟的咨询市场，而我国市场经济和咨询市场的不成熟导致工程咨询营销环境先天不足，影响了工程咨询业的发展。为在激烈的市场竞争中求得生存与发展、赢得更多的顾客和更大的市场份额，我国工程咨询企业需要全面更新和调整市场发展思路与营销策略。

（一）工程咨询业的市场培育

1. 基于 SWOT 分析的我国工程咨询业市场现状。工程咨询公司的市场现状与问题可以通过 SWOT 矩阵来归纳。在这里 S 代表我国工程咨询公司的“优势”或“长处”（Strengths）；W 是公司的“劣势”或“弱点”（Weaknesses）；O 代表外部环境中存在的“机会”（Opportunities）；T 为外部环境所构成的“威胁”（Threats）。

（1）机会。经过 30 多年的发展，我国工程咨询业已逐渐步入高速发展时期。作为一个新兴的朝阳行业，工程咨询业面临着前所未有的发展机遇。

①经济繁荣为工程咨询业提供了良好的发展基础。经济的繁荣与工程咨询业发展两者之间存在着相对闭合的互动和依存关系，经济繁荣为工程咨询业的发展提供了需求，同时工程咨询业的发展反孵和促进了经济持续增长。因为咨询业本身是市场经济的产物，市场竞争愈激烈，决策系统越严谨，市场对决策的科学性和可持续性要求越高，咨询业需求量就越大。美国工程咨询业的发展状态就是以上互动关系的最好佐证，美国是当今世界市场经济最为发达的国家，相应地工程咨询业也最为发达。我国自改革开放以来，已经连续近 40 年保持着持续稳定高速的经济增长，不断探索和建立起了较为完善的社会主义市场经济体系，日趋繁荣的社会经济必将为工程咨询业提供良好的发展基础。

②经济全球化刺激咨询需求。经济全球化时代，国内市场国际化程度大大提高，

市场竞争加剧。如何构建国际化背景下的竞争优势，如何推进管理体制变革、实现管理现代化，如何利用智慧、应用国际先进方法、借鉴最新成果，如何有效获得先进生产力，是每个行业、地区、企业必须面对的紧迫问题。当前，中国企业遇到了千年之变局，国际化和国际竞争的压力越来越大，为使自身在新一轮竞争中不至于淘汰出局并保持竞争优势，必须把目光投向咨询（借智）和二板市场（借资）。中国入世后竞争的激烈性激发了许多企业借助外脑（咨询服务）的觉醒，迫使企业更多地寻求外部支持，以解决战略、市场、投资、项目运作、经营、管理、人力资源、文化、品牌等一系列发展中的具体问题，而咨询公司可以凭借其在管理、信息等方面的优势帮助企业走出困境。因此在经济全球化时代，客观上对咨询产业提出了更多的市场需求，势必会对我国咨询企业尤其是工程咨询企业提供更多的挑战和千载难逢的发展机遇。

③产业结构的调整将加快咨询业的发展。由于我国长期实行计划经济体制形成的二元经济结构，导致第三产业在国民经济中的比重一直较低，随着我国产业结构的重大调整，第三产业在国民经济的比重中将得到大幅度提升。鉴于第三产业的服务属性在解决就业、消费拉动经济增长、提高人民生活水平等方面发挥着特别重要作用，尤其是近年来我国总体社会发展水平的不断提升，制造业将逐步由传统的劳动密集型向资金、技术、知识密集型过渡，新型服务业尤其是以咨询业为代表的知识密集型产业将会在我国未来的经济生活中扮演着越来越重要的角色，并将得到国家的重点扶持和政策倾斜。在《中国国民经济和社会发展十一五规划纲要》中特别指出：规范发展项目策划、市场调查、工程咨询、管理咨询、资信服务等咨询服务。国务院于 2007 年 3 月颁布的《国务院关于加快发展服务业的若干意见》，对包括工程咨询业在内的现代服务业的发展具有很强的指导意义，政策的支持必将带动产业更快的发展。

（2）威胁。

①社会咨询意识薄弱，概念和理解存在偏差。咨询意识是人们对咨询产品和服务的了解、重视、接受等观念的统称，包括价值意识、先行意识、有偿意识、产业意识。虽然许多中国企业已经开始意识到借助“外脑”的重要性，但短时期内仍然表现为一种潜在需求而非有效需求。当前社会对这一重要行业的理解和认同度很不够，甚至把工程咨询当作可有可无的行业。一方面由于对工程咨询业缺少深入系统的研究和必要的宣传推广，工程咨询业尚未树立其应有的地位和形象，加之咨询公司自身提供的咨询服务不够规范，且不能很好地满足用户的咨询需求；市场的产生来源于政策强制性要求而不是单纯的市场需求，客观上影响了工程咨询行业的商誉。另一方面，社会咨询需求意识的普遍淡薄，甚至对咨询服务的效用持怀疑态度，认为向“软产出”的咨

询服务业的过多投入不划算；再者社会对咨询服务的期望值过高，要求咨询效用立竿见影甚至如神仙般能起死回生，当达不到其预期目的时，就会对咨询服务进行负面的宣传。总之，我国当前社会咨询需求意识尚待加强和提高，对咨询概念的理解尚待进一步规范和正名。

②国外工程咨询公司大举登陆带来的竞争压力。国外著名工程咨询公司大多经过百年的发展和经验积累，在品牌信誉、人力资源、知识储备、技术手段、资本实力、规范服务及理论研究等方面都已经形成了强大优势。而我国咨询服务业从 80 年代中后期才开始形成，而早期的咨询企业大多是从计划经济体制下的行业专业化管理部门、科研设计院所等事业单位脱胎而出，90 年代中后期才开始逐步步入专业化发展阶段，并开始与国际接轨。巨大的差距，注定了我国咨询企业在经济全球化的国际化竞争中处于弱势地位。相比之下，国外咨询公司具备先发优势，在中国刚刚打开的咨询市场上处于强势地位。

为满足中国市场需求，国外咨询公司也正迅速逐渐熟悉中国文化，并推行本地化战略，因此在早期的中国咨询服务市场上对中国咨询企业将在人力资源争夺、客户争夺、规范化服务等方面形成强大的冲击和威胁。相比，国内咨询企业尚未形成品牌和商誉，加之一些用户在选择咨询公司时盲目“崇外”，致使国内咨询企业在市场竞争中处于下风。

③个别不规范和低劣的咨询服务损害了本土咨询服务的整体商誉。中国用户在选择咨询公司时，十分注重咨询公司的行业经验和商誉。籍此原因，咨询服务业的高端市场始终被国际著名咨询公司占据较大份额。造成这种局面的原因除实力上的差距外，个别中国咨询企业不规范和劣质的咨询服务也极大地损害了中国本土咨询企业的整体形象和商誉。

④国内的工程咨询公司经验的匮乏和理论上系统性的欠缺，以至于一些咨询企业在具体咨询业务服务中刻意玩概念游戏，生搬硬套一些实用性不强的模式和范例，无的放矢，南辕北辙，致使提供的咨询服务不能很好地满足客户的实际需求。而国外的工程咨询机构在完成一个企业的项目后，还会在较长时间实施对用户进行跟踪服务，适时补充、完善和延伸咨询成果，甚至适当地提供超值服务。并及时总结经验，为日后新的业务开展提供范例和经验积累。

（3）优势。

①本土化优势。国外工程咨询公司对博大精深的中国文化缺乏深层理解，不熟悉中国国情，特别是对中国特殊的市场环境和市场机制及经济复杂的形势把握不准，对中国企业行为的短期化认识不足，使得专长于大企业中长期战略策划的“洋咨询”水

土不服。在具体的咨询业务活动中往往易犯经验主义和教条主义错误，常常致使咨询成果缺乏针对性、实用性和可操作性。如实达集团采用了麦肯锡提出的方案后，亏损了 1.2 个亿。如前所述，国内咨询公司的专家多来自各级政府管理部门和科研院所，对政策的把握更加娴熟。尤其在信息渠道和人际关系网络上，国内咨询公司也比国外咨询更具优势。

②低廉的成本和交易费用。进入中国市场的大多是国际知名的大型咨询公司，由其成本因素决定其取费较高，主要服务于具备强大支付能力的大型企业，而目前占我国企业总数份额达 95%以上的支付能力较低的中小企业，对国外咨询公司高额的收费只能望而却步，客观上限制了其对国外咨询公司的选择，从而为本土咨询企业提供了更大的市场空间。同时本土咨询公司根据自身特长亦可为国外大型咨询公司产业链下端提供配套服务。

③因国家安全需要限制国外咨询公司的涉入。涉及国土安全的特殊行业和项目咨询服务，一般限制国外咨询公司涉入，客观上为国内咨询公司提供了发展机遇。

④利用国家对外援助项目带动国际咨询业进入国际市场。

⑤通过国内外国际工程实现与国外著名咨询公司联合，积累经验，实现与国际接轨，逐步建立本土咨询公司的国际品牌。

（4）劣势。

①规模小业务单一，综合服务能力差。我国工程咨询业起步较晚，本土咨询公司一般规模小，专业面窄，信息网络不完善，缺乏咨询经验，自律性不强，又无品牌优势，加之内部体系不完备很难支撑大的综合性咨询服务项目，整个行业处于“小、散、弱”的“襁褓状态”，与国外咨询公司不在同一个起跑线上，目前尚离不开国家的培植和保护。

②缺乏学术大牌咨询师，从业人员整体素质低。工程咨询服务业是一项以人为载体的高智力密集型综合服务行业，从业人员素质、水平和能力的高低关乎着咨询服务效果。工程咨询服务活动是一种庞大的系统工程，需要高度的专业化分工与协作。而我国工程咨询业务主要发端于以前的市场信息类咨询公司和策划公司，鱼龙混杂，整体的人员素质还很低，目前公司规模一般较小。

近几年我国工程咨询业虽然有许多拥有众多硕士、博士学历的高智人员的不断加入，以及一些以大型工程公司或著名高校为依托的综合咨询公司不断创生，但由于大多咨询机构缺乏理论知识雄厚、实践经验丰富、社会认知度较高的大牌专家的加盟，加之人员专业不配套、组织管理不规范、项目控制能力不强，服务水平仍难于与国外著名咨询公司比肩。像著名的兰德公司通过猎头公司将众多数学、物理学、化学、计算机、政治分析、工程和文艺等几乎涵盖所有领域的国际顶尖专家揽于旗下，从业人员中 70% 以上具有硕士、博士以上学历，适应的业务范围几乎无所不能。

③经济全球化时代人才流失严重。由于国外知名咨询公司具有待遇优厚和一套完善的“干中学”可持续人才培养体系，对优秀人才有着特别的吸引力。相比，国内咨询公司在生存与发展竞争中如何留住人才面临诸多难题。

④缺乏有效的行业监管。咨询服务是一种高智商的系统工程，每一个环节都需要严格的控制和监管，需对从业人员建立严格的行业准入制度，这些都需要依赖于政府和行业协会。而较长时间内中国的咨询业处于一种“三无”阶段，即无统一主管部门、无行业发展规划和无服务监督管理机构。现在的一些行业协会也是在业内自发形成的，并无政府支持和政策引导。行业协会还停留在城市行会的水平，全国范围内由于计划经济体制条件下遗留下的条块分割状态，行业内近期难以建立起一套完整、统一、完善的监管体系、行业标准及行业准则，甚至一些部门出于自身利益考虑设置不合理的准入门槛来限制优秀咨询企业的介入，使得我国的本土咨询公司仍处在一种鱼龙混杂、无序竞争的状态，迫切需要改变。

⑤数据库、案例库不完善。咨询公司成功的要素之一是全方位及时而准确的信息，一个在全球各地都有分支机构的咨询公司将能在全球范围共享信息资源，成本大大降低，竞争优势突出。数据案例信息库的建立和完善是一长期持续不断的过程。外国许多的知名咨询公司之所以有那么高的信誉，其服务质量是有充足的数据库和案例库资源作保障的。由于本土咨询公司历史较短，且数据案例信息欠缺，每项业务都要从头开始，重复性工作很多，从而影响了咨询服务的深度和质量。建立和完善完备的数据库和优质的案例库是本土咨询企业提升咨询服务质量的当务之急。

2. 工程咨询市场培育的必要性。培育成熟的咨询市场，营造良好的营销环境是工程咨询业发展的客观要求。首先，目前我国社会主义市场经济体系尚处于初级阶段，职业企业家队伍尚处于孕育和形成阶段，由于长期受计划经济体制思想的束缚和影响，大多企业决策领导层和管理层缺乏利用“外脑”的意识和需求，一般认为工程管理是企业内部的职责，求助于外部专家表明自己无能。其次，企业界对工程咨询业的效用缺乏理解，工程咨询这一特殊行业重口碑、不重宣传的行业惯例，使许多企业对于工程咨询业能为企业解决什么问题、怎样解决问题知之不多，如同雾里看花、不明就里。再次，许多企业有心治病、无力求医，虽然相对于国外，我国工程咨询业收费相当低廉，但仍对这种高智力服务投资效益比心中无数，常常不舍得花这方面的投入，即便是被动选取，但往往由于重价格轻质量达不到预期效果，造成恶性循环。

3. 工程咨询市场培育的可行性。从社会文化环境来看，随着国际化浪潮的冲击，我国对外交流日益广泛，国民尤其是企业界和官员的思想观念的不断转变和更新，中国文化与国外文化的碰撞、管理思想及理念的国际接轨是大势所趋。我国高等教育正在实现从精英教育向大众国民教育的快速转化，短期内国民整体素质将得到大幅提升，这些都将为工程咨询市场的培育提供思想和文化的沃土。

从国内经济环境看，改革开放 40 年来我国经济突飞猛进，中国特色的社会主义市场体系日趋成熟和完善。国有企业改革、改制步伐在加快，中小企业蓬勃发展，国外资金和企业大量涌入，经济的国际依存度越来越高，这些都为咨询市场的培育提供了良好基础。

从经济发展需求看，随着我国经济规模的不断扩大和社会总体发展水平的不断提高，对基础设施的建设要求越来越高，工程产业链条将不断延伸，对工程咨询企业的需求越来越大，要求越来越高。

从企业发展和管理需求看，咨询市场前景更为广阔，主要表现在：

（1）面对越来越激烈的市场竞争，企业内部需不断地整合资源进行组织再造和职能转换，通过加强全员业务培训提高员工整体素质，改善企业文化氛围，不断提升企业核心竞争力，以期在变幻莫测的市场竞争中立于不败之地。

（2）企业决策领导者常常需要借助“外脑”提供的咨询报告来统一认识，为企业制定出科学可行的发展规划和具体实施措施。

（3）企业在发展中经常会遇到一些突发性的棘手问题，如产业政策调整、市场突变、金融危机、经济危机等企业自身不可控的突发事件，需要借助“外脑”出谋划策，提供可行的对策帮助企业渡过危机，化腐朽为神奇。

（4）企业运行过程中时常会遇到一些临时性的无关全局的突发事件，如业务纠纷、环境污染、生产事故等，鉴于企业自身资源的有限性，又没必要增设专门机构，这时外力帮助就显得尤为必要和重要。

（5）企业在拓展新的业务领域时，也需要得到社会资源和人际关系方面的帮助来增强企业对环境的适应能力，形成整个企业的良性运作。

随着我国综合国力的不断提升，经济国际化程度越来越高，工程产业将和制造业一起大步迈向国际市场，以工程咨询业为代表的劳务外包也将适时跟进，积极参与国际咨询市场的竞争，人力资源和价格优势也将会为我国工程咨询企业在国际咨询市场竞争中提供竞争优势。

凡此种种，随着我国经济社会化程度的不断提高，社会分工越来越细，工程产业的链条将不断得到拓展和延伸，国家对终端产品的认证标准越来越高，工程咨询产业服务市场的需求面将越来越宽广，前景不可限量。

（二）工程咨询产品定价研究

1. 工程咨询产品特性。分析产品整体构成的目的是将产品按一定的方式进行分解，以考察产品定价因素。①核心产品。核心产品指的是产品最基本、最主要的功能。对于工程咨询企业而言，其提供的核心产品只能是无形的专业知识服务，因为客户需求的本质便是减小和控制工程项目生产中的风险。②形式产品。这指的是无形的核心产品的外在体现部分，包括品牌、质量、咨询人员、服务过程、各种书面报告、图纸等。③附加产品。其是指一些附加的服务，本身并不包括在核心的服务产品中，其目的是为客户提供一定的方便，从而提高产品的附加价值。

工程咨询产品具有以下知识产品的一般属性。①单件性。每个工程咨询产品只服务于某一个具体的投资项目，由于工程建设项目具有单件性的特点，任两个咨询产品之间都有所差异，不能将一个咨询产品完全不变的应用于其他项目上。②长期性。工程建设的周期较长，一般从几个月到几十年不等。对于较大的工程而言，其勘探设计、前期咨询部分就要花上几个月甚至几年的时间，而工程管理咨询服务的时间则比工程施工的时间还要长。③复杂性。用户之所以使用外部咨询专家，主要是由于用户自身无法胜任项目管理的复杂性要求，从而需要引进中介组织。④无形性。工程咨询公司提供的是一种咨询服务，其在本质上是无形的，不具有实体形状，即使最后也附带咨询、监理报告等文件。相对于有形的商品，客户在得到之前，总觉得比买有形产品的风险大，故此需要采用一定的手段将无形的服务有形化。⑤知识性。工程咨询业是运用多学科知识和经验、现代科学技术和管理方法，遵循独立、科学、公正的原则为经济建设和工程项目的决策与实施提供咨询的智力型服务行业，具有较强的知识性。⑥质量的不确定性。任何服务企业都很难始终如一地提供稳定、出色的产品，而工程咨询服务质量更加具有不确定性的特点，这是因为咨询服务的质量不可避免地会受到业主、承建商、供应商以及其他相关中介服务机构等多个部门的影响。

但同时又具有与一般的知识产品不同的特性：

①唯一性与垄断性。因为受知识产权的保护，知识所有权具有不可转移性，所以知识产品都具有一定的垄断性。但对大多数知识产品而言，都具有高固定成本、低边际成本的特性，如图书、软件等，由于它们的社会需求较大，低成本复制易导致盗版，从而影响知识产品提供主体的利益。但工程咨询产品则不同，由于其最初针对的就是某一类客户或某一个客户的具体需要。提供的是个性化的产品，因而对咨询主体来说，

通过对咨询产品的复制，利用边际效益来获取更大利润的范围非常有限；而对于客户来说，也不太可能把自己买来的咨询结论复制公开，因为这不但很难为客户带来利益，反而很可能对客户有害。而且从咨询产品需求角度来说，也难以找到两个具有同样咨询需求的客户。也就是说，对某一客户来说，提供给它的咨询产品往往具有唯一性、不可替代性和非重复性。

②独创性与模糊性。咨询产品具有很高的知识含量，难以完整复制。这就意味着咨询产品总在一定程度上具有独创性。而独创性则意味着其产品生产无固定生产标准和定价标准可循。这一点与大多数知识产品相同，但不同于一般知识产品的是，咨询产生的每一批、每一个产品都具有一定程度的创新性。这就为其定价带来了难度。由于咨询产品往往是个性化生产，不会出现大量的类似需求客户，同时也由于特殊的市场竞争机制，导致了咨询产品价值标准难以把握。在具体的咨询交易中，咨询产品价值模糊也常常导致价格变化无常。当然，咨询产品的客户同样具有群体特征，比如，同行业的客户在类似的发展阶段对咨询产品的需求也会出现类似性，但较其他知识产品而言，这种类似性更难把握。

③工程咨询产品的弹性。工程咨询产品是先定价后生产的，大型咨询的定价往往是咨询主体与客户互动的过程，这一过程不仅包括对咨询产品定价的协商，也包括对咨询产品效果的预期。互动过程的结果首先决定咨询是否进行，只有在此基础上，才能谈及定价。这就决定咨询主体为了取得咨询项目往往通过调节咨询的提供方式和质量来迎合客户的需要。决定实施咨询后，咨询产品的交易也不是一次完成的，咨询主体和客户还会定期地就咨询产品生产的进度和效果进行沟通和协商，这还会导致咨询产品生产的调整和定价的变化。

2. 工程咨询产品定价因素。

（1）客户因素。不同的客户具有不同需求的特点。①多样性。客户处于不同行业以及不同的项目阶段，其需求的种类就会有所不同。在国内，工程咨询工作一般包括项目规划、项目可行性研究、项目评估、项目代理、招商代理、勘察设计、建设监理、技术服务、工程审计、竣工验收、项目后评价等。②差异性。客户的需求在本质上是获得保障控制风险的能力，而客户本身可能就在一定程度上具有这种能力。③派生性。工程咨询产品是客户在运行一个项目过程中的派生需求，派生需求对于最终需求的波动有一个逐级放大的效应。

（2）工程咨询企业成本。咨询产品的价值，实际上反映的是咨询所包含的知识的价值，但知识的价值是模糊的，难以用定量的方法表示。所以对于工程咨询产品来说，生产成本的计算常常是对直接成本的计算，包括人员费用、载体费用、流通费用等，其中人员费用是最主要的组成部分。

（3）咨询周期。指咨询产品的生产效率及咨询产品常常具有的时效性。在既定时间内咨询需求是否得到及时满足，往往关系到客户的切身利益。咨询产品存在着产品生命周期短、形态不理想的问题，使得在制定价格时必须考虑产品生命周期。

（4）市场培育状况。对于某一领域的咨询市场来说，市场的培育状况也是影响咨询定价的重要因素。根据市场培育状况常常能划分出该领域市场是处于投入期、成长期、成熟期还是衰退期。如果某咨询主体所面对的客户在某行业中具有代表性，而且咨询主体尚没有此类咨询经验，那么对此次咨询的定价可偏低，因为此次咨询的目标不仅是获得经济效益，更重要的是积累这一行业的咨询经验和知识，树立行业咨询范例，进而开拓该行业的市场。另外，竞争对手所能提供的产品及其价格情况也是咨询主体在定价时要考虑的因素。如果与竞争对手相比，自身的组织价值和影响力没有优势，那么价格将成为争取咨询项目的重要影响因素。

3. 工程咨询产品定价策略研究。

（1）定价原则。在工程咨询市场中，有关市场份额最大化的定价思维难以奏效，因为市场份额最大化不一定意味着咨询主体的净价值增值和创新的领先。而以组织价值增长作为定价目标已被越来越多的咨询主体所接受，因为以组织价值增长作为咨询的定价目标，更能满足投资者财富增值的需要。所以，咨询产品的定价既要服务于满足特定客户的需要，又要服务于组织价值的增长目标，需遵循以下原则：

①价值规律原则。价值规律即商品的价值由生产该商品的社会必要劳动时间来决定。这是商品交换时必须遵守的基本规律，是一切商品经济条件下的通用法则，咨询产品也不例外。

②客户需求原则。除了受制于价值规律外，咨询产品的价格确定还应当充分考虑客户的需求，因为咨询产品是针对特定客户而提供的。

③灵活性原则。不同客户的需求具有不同的特点，其价格的制定自然也不相同。咨询产品的复杂特性和市场的变化莫测导致其价格确定也非一成不变，必须依据情况的变化适时加以调整。

④主导性原则。咨询产品和市场的特有特点给咨询主体作用的发挥提出了挑战，但也提供了机会。只有采取主动，不断总结定价规律，进行研究和探索才能占领市场先机。

（2）定价策略。价格对于产品而言是一个特别重要的属性，其反映了产品的竞争能力和企业的盈利能力。一般企业的基本定价策略很多，如成本定价、竞争定价、需求定价等，其中成本定价法应用最为广泛。由于工程咨询产品的地位特殊，为体现“优质优价”的原则，防止部分企业在争取项目时过分压低报价、并在将来通过降低质量而减小成本的行为，国家规定前期咨询、勘探设计、项目监理等工程咨询产品必须实行政府指导价，企业在报价时只能在此基础上进行小范围的协商调整。在此基础上，采用针对性的定价策略，有助于提高企业本身价值增长。

①弹性化策略。由于咨询的产品的生产和定价标准较模糊，且创新度较大，客户对咨询产品的要求也各不相同，因而有必要充分考虑客户的具体需求，制订弹性化的定价策略。比如，若客户对咨询主体已有较好印象，对咨询产品的期望较高，咨询产品对其效用性较大，则可确定较高的定价；若客户对咨询产品的质量要求不高，而希望价格较低，那么咨询主体则应考虑调整咨询产品的生产状况，在保证成本的前提下满足客户的要求，降低定价。弹性化定价策略使成本因素居于次要地位，主要依赖于客户的理解价值进行定价。运用这一策略的关键在于准确分析客户的需求心理，判断客户对咨询产品价值的真正理解和评价。这种分析、判断的准确性，是使所定价格易于为客户接受的前提。

②渗透性策略。渗透性策略是指咨询主体为了在市场竞争中取得优势而采用相对较低的定价策略。也就是说，当咨询主体进入一个新的咨询领域初期，为吸引客户、积累咨询经验、塑造组织形象，在该咨询领域形成竞争优势，而采取相对较低的定价。此策略适用于开发某类具有较大类似客户群体、但咨询市场尚未开发完全且具有长远发展前景的咨询领域时运用。其首要前提在于充分了解和掌握该领域市场的情况，包括不同的市场条件、不同的竞争对手以及不同的市场价格等。同时该策略也适用于可能争取到新的咨询项目的客户，即在为某一客户提供一项咨询时，发现潜在的另一项可能为其提供的咨询时，也可以采取渗透性策略，先以低价锁定客户。

③个性化策略。由于工程咨询产品的提供方式个性化程度高，所以几乎每次交易都要根据具体客户的具体情况进行详细分析制定定价方案。从这一角度看，充分考虑个性化需求，有利于为客户提供最高质量的咨询产品，适用于可以运用弹性化策略和渗透性策略的咨询情况；从另一角度看，挖掘个性化客户的群体特征，并制定模块化的定价策略，找到同类客户群体共同的定价规律，可以为咨询主体节约成本、占领市场先机提供机会。

（三）工程咨询营销中客户行为研究

市场营销的目的是满足客户需求，需求本身并不是一成不变的，如有的客户要求全过程项目管理等，同时还要注意“第三方客户”的特殊要求。企业必须密切注意客户需求的变化趋势，以研究和制定出合适的营销战略。工程咨询企业的客户有狭义和广义两种概念，狭义的客户包括项目业主、承包商、贷款方以及和工程咨询企业有交易往来的政府部门（主要涉及地区、行业的规划）。以下的论述中如不特殊说明，指的都只是狭义上的客户概念。广义的客户还包括工程咨询业的政府主管部门和相关行业协会，可称为“第三方客户”。这一力量在工程咨询业中占有特殊重要的地位，企业必须首先争取这类客户的“满意”。

1. 客户需求分析。需求分析是制定营销策略的第一步。需求指的是某种有支付能力且愿意购买的欲望。市场营销在本质上是需求创造和传递的过程，其核心是满足客户的需求，从而使传统的推销工作变得不再重要。

（1）需求的产生。工程咨询业客户的需求产生于一个工程项目建设周期的各个阶段，特点如下：①派生性。工程咨询产品是个项目建设过程中的派生需求，而派生需求对于最终需求的波动有一个逐级放大的效应。工程建设项目的数量和规模是和国家的 GDP 和宏观经济政策紧密相连的，导致客户的购买需求易受经济环境的影响。②多样性。客户所处的不同性质、行业，以及项目建设周期的不同阶段，其所需求的业务类型就会有所不同。③选择性。潜在需求往往不能完全转化为有效需求。由于客户本身就在一定程度上具有控制风险能力，对于那些并非各级政府投资的中小型工程项目，是否选择工程咨询企业进行必要的咨询由客户自主决定。

（2）客户购买行为。客户对工程咨询产品的购买实际上主要是选择咨询产品和选择咨询公司的过程，其决策受购买团队和个人偏好两方面因素的共同影响，不同类型的客户在这两方面的力量也有所不同。工程咨询产品属于慎重决策的重点采购项目，必要时需要招标确定。一方面，项目的采购方属于机构购买者，通常由各方面的专家组成购买团队，就咨询服务提供者的资质、经验及产品价格、质量等方面进行综合评比，耗时较长，工作量巨大。但另一方面，购买团队仍由不同的个人所组成，购买过程中仍不可避免的会在一定程度上受到某些个人因素的影响，因此可以说是一个相对“理性”的顾客。工程咨询服务的采购一般采取有限竞争选聘、招投标、直接委托等多种方式。国家规定符合具体范围并达到规模标准的工程建设项目，其勘察设计、监理服务的采购必须进行招标。随着《政府采购法》等一系列法律法规的颁布，直接委托方式正逐渐减少。无论采用何种方式，对工程咨询服务的选择都需要结合多种指标综合考察各个备选企业。

2. 企业服务能力。工程咨询行业，从其工作性质来讲，本身就是服务行业，是一种高智力的服务。其服务内容包括工程项目规划、项目可行性研究、项目论证和评估、项目代理、招商代理、勘察设计、建设监理、技术服务、审计代理、竣工验收、项目后评价等诸多方面。它不仅要对业主和客户负责，更要对社会负责。因此，工程咨询企业需要结合自身的服务性质、服务内容和特点，强化自身的客户服务管理。

（1）强化服务理念，坚持诚信服务。现在工程咨询业有资质的单位从业人员 50 还在增加。除此，隶属其他行业从事工程咨询业务的单位亦交叉存在，而且为数不少。再加上国外咨询机构的进入，工程咨询市场的竞争已愈演愈烈。市场竞争的一般发展趋势是：由价格比拼到营销比拼，再到质量比拼，再到服务水平比拼，这可以说是社会生产力发展和人们需求水平提升后的一般规律。工程咨询业，已从单纯依靠政府揽项目发展到“找米下锅”，再到质量比拼和服务比拼阶段。随着市场的有序发展和科学发育，现在的业主和客户选择咨询企业主要采用招标方式，而且选择余地很大，选择标准也越来越高，他们已不再单纯看标底、看报价高低，还要看企业资质、企业资信、企业实力，重在咨询方案和服务水平，而且服务竞争的地位和作用越来越突出，特别是在质量相当的情况下，服务竞争更为关键。一个工程咨询企业，能否向业主和客户提供优质高效的服务，在很大程度上，决定着一个咨询企业形象的优劣、市场份额的多少和收益水平的高低。从而也就在很大程度上决定着企业的兴衰成败和生死存亡。

然而，由于我国上规模的工程咨询企业多数从事业单位脱胎而来，从领导层、管理层到员工，服务竞争意识不强，一定程度上还存在着等、靠、要的官商作风，承揽项目不找市场找首长，长此以往，会被激烈的市场竞争所淘汰。作为咨询企业，一定要认清市场竞争形势和竞争特点，强化服务意识，确立用户第一、质量至上的观念，增强服务责任感，重合同、守信用，积极为客户服好务、把好关，从而提升企业的整体形象，不断增强企业市场竞争力。

服务质量是服务的核心和关键，咨询产品能否达到业主和客户满意，主要在于服务质量。工程咨询的服务质量，也同其他行业一样，包括服务态度的好坏、服务程序的繁简、服务效率的高低、服务成果的优劣等内容，只是业务内容不同而已。在服务态度上要讲礼仪，方法方式要得当。坚持主动服务，想客户之所想，急客户之所急。搞好多元化和个性化服务尽力适应不同客户的不同需求。应制定科学、严谨、简明的服务工作流程，适时指导服务对象，对服务过程中的重要活动事件做好记录，健全手续，建立台账。省时也是效率，要善于把握时机，在具体服务过程中注重时效，处理具体问题要热情、周到、细致、利落，不拖泥带水，并适时与业主和客户沟通，及时反馈业主和客户意见。在服务成果上，无论是咨询报告和服务活动，都要十分严格认真，要有深度，经得起推敲和论证，经得起实际检验，提供的咨询服务成果要科学、严谨、客观、准确、公正，并能体现出独到的科学性和先进性，细节决定成败。

（2）提高服务水平，增强自身服务能力。为客户提供有效和满意的咨询服务，咨询公司首先要从提高企业自身的技术水平和技术手段入手，只有始终保持技术水平和技术手段领先一步才能确保企业在激烈的市场竞争中立于不败之地。高超的技术服务水平和先进的技术手段是通过企业合理的人才结构、科学高效的组织管理、持续不断的优质服务活动累积而成的。咨询服务的特点是以知识资本为基本要素，以自然人为技术载体。工程咨询业涉及面宽，属高智力综合型服务，所涉及的科技知识十分广泛，而且知识更新快，要求高，合理的人才结构是咨询公司提供优质服务的基本保障，建立起“干中学”的学习型组织是实现这一目标的最佳途径。学习型组织的特点是能靠完善的企业自身机能，通过逐步建立起持续创新、信息回馈、智能再生的良性循环，为企业发展不断提供活力和动力。美国《财富》杂志曾预言：“未来最成功的公司，将是那些基于学习型组织的公司”。科技知识和职业技能学习培训的途径有很多，如执业资格培训、行业专业培训、学术研讨交流、大学院校以及地方有关部门举办的相关业务技能培训、本企业自行组织的业务观摩和经验交流、高技能人才的传帮带、出国考察等。

（3）以客户服务为中心，树立良好的行业形象。完善服务管理机制是以客户为中心，通过建立起对客户快速反应的组织形式、规范以客户为核心的工作流程、制定切实可行的客户服务措施而实现的，进而培养客户的品牌忠诚度，巩固并扩大市场占有率，提高企业生存和赢利能力。有竞争力的工程咨询企业首先要在明确服务范围的基础上，了解市场动态，瞄准目标市场，掌控潜在客户群，有针对性地确定服务宗旨、服务标准、服务规则及服务手段并制度化，建立起实用、科学、规范的管理体系，实现服务与管理的有机结合，形成与客户有效的互动和反馈机制，通过提供最佳的服务，争取与用户建立起互信、持续长期的合作关系。有调查材料显示，一个满意的客户可能会引发 8 笔生意，一个不满意的客户则可能会流失 25 个雇主。因此，在管理上不能疏漏、慢待每一个客户。

3. 客户关系管理。留住一个老客户比开拓一个新客户的成本要少得多，这不仅是一般的营销常识，在咨询业中更是至上真理。麦肯锡、安达信等国际大牌咨询公司百年屹立不倒，秘诀就是和同等重量级的 500 强企业建立长期战略合作关系，提供“终身式”的咨询顾问服务。“打一枪、换一个位置”的游击式做法，不仅耗费了大量的人力、物力和时间，且使自己永远置身于不确定、陌生的人际环境之中。知识形不成积累、经验固化不成产品，人员大幅流动，既无规模扩展，又形不成持久的品牌效应，这正是目前许多中国工程咨询公司生存现状的真实写照。要想扭转这种局面必须从下列方面着手。

首先应从提高项目的服务质量做起，建立健全有关的项目组织保障制度，配备优秀称职的项目经理并赋予项目运作的充分权力，是高质量咨询服务的前提；训练有素、精干高效的组织团队是完成咨询目标的基本保障；遇到问题集思广益、适时攻关，是高质量咨询服务的重要措施；打破陈规、不断创新是实现咨询目标的动力源泉；严谨、科学的工作态度是咨询服务活动成败的关键。一流、优质、超值的咨询成果将为与客户建立长期、互信、稳固的合作关系创造先决条件。

其次建立起高效有序的网络信息系统，做好信息的收集、整理和储存工作。打开组织边界，积极积聚隐性知识，保持与市场一线的联系，及时地获取前沿信息；与顾客共享经验，与竞争对手进行积极的对话；与外部专家保持紧密的联系。提高信息质量，改进信息系统。影响咨询质量的重要因素往往是行业供求、科技动态、市场价格等资料信息数据欠缺，对产业政策和相关的政策法规不熟悉。信息管理是和长期慢性积累过程，应以“内部资料发觉积累、网上资源开发”为指导方针，坚持费用核算、文件归档、数据入库、专家入网“四同步”，并相应建立各类数据库。同时，重点搞好计算机内部网络的“软建设”，开通国内重要的收费性网站，按“及时、实用”的要求，组织专人下载、整理和在内网上发布信息资料。

再次建立一系列制度化人性化的客户关系维护工作流程，建立雇主信息库，配备专门的人员将每个项目与客户的沟通和服务过程进行记录，不仅有助于在项目运行过程中及时发现问题，调整服务和计划并有助于将来查询，而且易于整理归纳并形成企业宝贵的知识和信息财富，为企业积累经验。

4. 基于结构方程的客户满意测评模型。结构方程模型（Structural Equation Model，简称 SEM）是由瑞典统计学家 Karl Joreskog 与其合作者 Dag Sorbom 于 20 世纪 60 年代末提出并逐步改进和完善的，被称为统计学三大发展之一。其包含了方差分析、回归分析、路径分析和因子分析，弥补了传统回归分析和因子分析的不足，可以分析多因多果的联系、无法直接观测变量（潜变量）的关系，还可以处理多水平数据和纵向数据，是非常重要的多元数据分析工具。在社会、心理、教育、经济和管理等研究领域应用日益广泛。

结构方程主要有以下优点：①不但可研究可观测变量，而且还可研究不能直接观测的变量（隐变量）的关系，不但能研究变量间的直接作用，还可研究变量间的间接作用；②可同时处理多个因变量；③容许自变量及因变量含测量误差；④可通过路径图直观地显示变量间的关系；⑤研究者可构建出隐变量间的关系，并验证这种结构关系是否合理；⑥能分解相关系数，来考察一个变量对另一变量的直接作用和间接作用。结构方程模型的广泛应用反映了数据分析方法的进步。这种分析因果关系的新方法，为研究客户满意度的评价以及各层面对客户满意度的影响奠定了方法论基础。测评模型的建立以 PZB 提出的服务质量的五个维度为基础，利用结构方程模型而构建。在测评模型中，将五个维度作为客户满意评价的结构变量，每个维度都有其相对应的观测变量。

（四）工程咨询外部市场营销策略

“营销”是通过产品在企业和顾客之间建立起桥梁和纽带，并保持双方良性互动的一系列活动。工程咨询业属于智力密集型行业，评价咨询公司的实力主要看：高级咨询师数量、年营业额、企业知识库的完善程度、企业资产等。我国工程咨询业起步较晚，任何咨询公司对中国市场的经验的积累都需要一个过程，外国的工程咨询公司在和中国企业打交道的过程中，由于文化上的固有差异与国情不同，他们很难了解中国企业的一些实际做法。在激烈市场竞争中。我国工程咨询企业可以采取多种竞争策略，针对工程咨询外部市场营销战略，主要有：

1. 技术领先策略。技术领先策略是以企业雄厚科技实力和长期科技优势作为前提。知识、专利和技术是工程咨询企业存在的基础，也是雇主价值的主要来源。所以，众多工程咨询企业均以独占的技术作为企业核心竞争力所在。随着社会发展、技术进步和咨询业的快速成长，工程咨询企业已很难凭借某项独占技术和核心解决方案形成区别于竞争对手的竞争优势。由于市场竞争加剧，处于弱势地位的企业也在加快技术进步和发展，企业间技术和知识占有的差异在逐渐缩小。知识、专利和技术的主要载体是企业员工。由于人才流动和企业间技术交流。工程咨询企业的独占技术和核心解决方案很难得到持久的保护。所以技术优势难以形成工程咨询企业的持久竞争优势，必须不断更新和发掘，专注核心业务，培养核心竞争力，在业内形成差异化优势。同时还应不断地研究新的增长点，新的市场需求，持续创新，用科学的发展观，坚持“以人为本”“统筹兼顾”的理念，把相关措施落实到企业运行的各个层面。

2. 低价竞争策略。低价竞争策略是以价格作为长久竞争手段，其前提是企业能保持长久的低成本优势，同时价格也是雇主价值的重要来源。在技术优势地位逐步消失后，如果除了价格之外，顾客找不到其他可以区分不同企业的参数，那么必然就是低价者入围、高价者出局。低价竞争策略也是一把双刃剑。一旦低成本优势丧失，这种策略就会非常危险。企业面临不断降低价格的压力，长久发展会受到影响；同时长期低价竞争对企业形象也会有较大负面影响。企业利用低价竞争的后果是，为了降低成本，必然会减少或忽略更多的附加服务，降低服务质量，削弱企业市场竞争力。

3. 品牌竞争策略。品牌竞争策略是以核心服务和价格作为基础的，通过持续市场沟通，在市场上建立良好的企业形象，并将形象作为主要竞争手段。产品的品牌是质量的保证，是客户选择不同产品的重要依据。品牌的建立和培养，是咨询公司发展策略中要考虑的问题之一。任何品牌都不是自封的，而是经过各方检验、认可才逐步形成。一个有着悠久历史、丰富案例、优秀人才的咨询公司更加能够得到大众的青睐和信任。品牌的形成是一个工程咨询企业需要长时间不断努力的过程，其产生的渠道则多种多样，需要我们不断去创新。最根本也是最主要的是企业需要在某领域内具有较高的工程咨询实力，能最终形成一些成功的案例，并培养出一批业务知识扎实、能力过硬的品牌咨询工程师。同任何其他服务形式一样，品牌的建立不但要靠良好的服务质量，更要靠大量的市场推广。本土咨询公司开展业务时，面临的艰巨任务是既要启动工程咨询市场，又要在有限的市场中寻找客户。因此，工程咨询公司进行品牌推广的过程，是以客户为核心，以推广管理理念为先导进行的。通过向企业宣传咨询公司的管理理念和方法论，使得这些潜在的客户认识到工程咨询公司的实力和水平。工程咨询公司有其特殊的品牌推广方式，通常不会在大众媒体上大做广告，因为公众不是他们的消费群。工程咨询公司的品牌推广一般有以下几种方式：①把公司内部刊物赠送给自己的客户。②经常在一些专业性和大众化的财经媒体上发表文章甚至开辟专栏。频繁发表文章的咨询公司，其品牌很容易从杂乱缤纷的咨询市场中脱颖而出。③经常出没高级别的公众论坛，可以使工程咨询公司和官员、企业家及大牌专家面对面地交谈，这里往往隐藏着签定大单的商机。④经常现身大学课堂和公开讲座，因为这里是资深顾问们喜欢造访的地方。⑤培训，除了能给工程咨询公司带来不菲的业务收入外，更重要的是向客户灌输了咨询的价值和展现公司实力，相当多的客户就来自于那些受训的学员。⑥出版相关专业书籍。书籍的水平往往能够直观地反映公司的实力。本土领先的咨询公司，如北大纵横、新华信、派力营销、和君创业和 AMT20 等，已经出版了一批相当有水平的咨询丛书，出版无疑有助于它们成为行业中众所瞩目的对象。⑦网站以逸待劳。目前相当多的客户都是从网络上了解咨询公司，但是，工程咨询公司网站的主页内容一般都比较简单，基本上可以知道其服务内容和专业特长等方面的初步信息。而有些专业网站，如麦肯锡的营销传播网以及中国管理传播网等，汇集了在工程咨询、营销咨询等领域的大量信息，在业界已经有了相当的影响力。⑧积极参加政府与行业协会的项目或活动。因为它们极有可能给工程咨询公司带来项目。政府的项目是工程咨询公司重要的业务来源之一。政府下属的大批国有企业，也需要中国特色的咨询服务。另外，政府和行业协会都是关键的产业信息和数据的掌控者，咨询公司的发展离不开它们。这种策略是以富有吸引力的核心技术和服务作为根基，以卓越表现作为前提，否则会适得其反，顾客期望提高了，而现实状况没有改变，顾客感知的反差会加大。

4. 服务竞争策略。服务竞争是以服务作为企业与顾客保持长期关系的战略要素。技术和核心解决方案是工程咨询企业制胜的先决条件，但仅此还远远不够，因为企业很难依靠技术和核心解决方案的优势来保持长期的竞争优势。服务竞争实际上是技术竞争和形象竞争的升华，是建立在前几种竞争策略之上的。如果在技术、价格和企业形象上难以形成区别于竞争对手的显著差异，服务是形成差异的更为有效途径。工程咨询不仅是技术和解决方案本身，还是服务提供者与顾客的互动过程。作为咨询结果的技术文件和解决方案是影响顾客评价咨询企业的重要因素，但在咨询服务过程中顾客与服务提供者的交互活动也会影响顾客对咨询企业的满意度。

5. 战略联盟与购并。随着咨询项目变得越来越大并日渐复杂，客户对服务质量的要求也越来越高，没有几个咨询师单凭自身的资源就能做到。自 20 世纪 80 年代以来，构建网络和战略联盟已成为许多咨询公司发展战略的重要手段，通常采用以下几种形式：非正式网络、结构化网络、直接的公司间协定、特定项目联合、跨国联盟。同时，在激烈的市场竞争中，企业只有不断发展才能生存下去，通常情况下企业既可以通过内部投资获得发展，也可以通过购并获得发展，两者相比，购并方式的效率更高。购并，是指企业通过购买另一个企业的全部或部分资产或产权，从而影响、控制被收购的企业，以增强企业的竞争优势，实现企业经营目标。而整合通常伴随在购并之后，对企业内部的各种资源和业务组合进行调整。毫无疑问，通过合并与收购可以使公司获得快速的增长和扩充。

（五）工程咨询业的资金控制管理模式

面对经济全球化的新形势，国内市场开放程度进一步加大，企业所处的外部环境更为严峻，现代企业若想在这种激烈的市场竞争中求得生存与发展，除了要紧随自身外部环境及内部条件的变化，不断创新成本管理，取得长期竞争优势，实现企业价值最大化外，企业对于资金控制管理模式的选择也是至关重要的。

1. 工程咨询业选择资金控制管理模式的前提。

（1）资金控制管理要能减少企业财务风险。企业选择何种资金控制管理模式，应当考虑这种模式能否化解企业的财务危机，同时在结合自身的管理体制的基础上，从各种备选方案中选择财务风险最小的方式。

（2）资金控制管理应使企业内部或分支机构获得最大利益。若由于资金集权式的控制使企业分支机构的发展面临资金瓶颈的制约，那么，这种管理模式就违背了企业存在的原始目的。

（3）资金控制管理的方式要与企业的构架相配比。资金控制的分权与整合的力度很大程度上依赖于企业的组织架构，但组织架构的选择或变革又取决于经济实体的实力。一般情况下，企业实力强，可选择的资金控制方式能力就大，实力越弱的企业，变革企业组织架构带来的相对成本越高，可选择的资金控制方式能力就越小。

2. 可供选择与应用的资金控制管理模式和主要方式。

（1）结算中心方式。结算中心通常是由企业内部设立的，是办理内部各分部或分支机构现金收付和往来结算业务的专门机构。通过结算功能的集中，实现资金的集中。

（2）内部银行方式。即将商业银行的基本运行方式与管理方式引入企业内部管理机制而建立起来的一种内部资金管理方式。

（3）财务公司方式。即设立具有部分银行业务职能的非银行金融机构参与集团内部管理机制而建立起来的一种内部资金管理方式。

（4）拨付备用金方式。即企业对其下属的分部或分支机构预先设定一定限额的付款权限，收款权限可有可无。

（5）统收统支方式。即企业的一切资金收支活动都集中在企业的财务部门，其他部门或分支机构无直接的收、付款权限。

3. 目前工程咨询企业常用资金控制管理模式。资金控制管理模式具有各自的优缺点。在实践中，母子公司框架的公司多采用结算中心方式、内部银行方式和财务公司方式。内部银行方式的应用因与国家政策（尤其是金融政策）存在一定的矛盾或分歧，目前这种资金控制管理模式正逐步淡出，而结算中心方式、财务公司方式对于目前像我国工程咨询行业这样的中型企业适应性不强。对统收统支方式和拨付备用金方式两种模式而言，统收统支方式有助于企业实现全面收支平衡，提高资金流转效率，减少资金沉淀，控制资金流出。拨付备用金方式有助于企业实现资金预算管理，达到减少内耗的目的。上述两种方式适用于像工程咨询公司这样具有较多的但规模不大的区域分部或分支机构。而对采取母子公司框架的企业不适宜。

（1）拨付备用金方式。与其他资金控制管理模式相比。拨付备用金方式主要适用于资质较低、资金流量不大的工程咨询企业。这一资金管理经验可以概括为“三个统一”，具体做法是：①统一银行开户管理，确保货币资金安全。货币资金是流动性最强的资产，是内部控制的最关键环节。为强化货币资金的事前控制，在健全货币资金基本内部牵制制度的基础上，将主要结算账户集中至财务公司，仅对其下属的分支机构预先设定一定限额下的付款权限，收款权限可有可无。这样实现了对货币资金的集中监控，同时，建立公司货币资金内部报告制度。每日编制经财务负责人审批后的货币资金收支报表，确保企业领导及时掌握公司的现金流量，强化了对货币资金的过程控制。②统一资金调度。强化资金运作监管，满足生产经营的需要，统一调度资金权，同时给予成员单位日常的资金管理权限，实现对下属单位资金运营的有效监控和防范资金结算风险。对材料采购资金实行集中对外支付，降低采购成本。③统一资金过程控制。提高资金使用效益，在资金目标控制上，每年编制年度资金占用预算指标，与经济责任制考核指标挂钩。通过预算的跟踪考核，对资金从物资采购、存货的盘点和处置、产成品服务销售等全过程实行过程控制和管理。采用拨付备用金方式，公司不仅能实现最经济、自发的资金控制，还能加速资金周转，减少资金需求，最大限度地降低资金成本，将暂时闲置的资金投向高回报项目，或者用于本身发展，使资金运用效率最大化。

（2）统收统支方式模式。资质较高、规模较大的工程咨询企业主要采用这种模式，即由企业财务部门办理企业内部各分支机构现金收付和往来结算业务。这种资金控制管理模式具有如下特点：①各分支机构有自身的财务部门，有独立的二级账户，但该账户仅限于成本费用的用途，没有财务管理权。②这种模式可以减少现金沉淀，提高资金利用效率和效益。③对于资金实行收支两条线管理，真实地反映了分支机构的财务状况。④由公司统一整合融资资源，统一对外借款，有利于降低资金成本。⑤慎重对各分支机构放权，减少财务风险。

当前，国内的一些工程咨询公司往往只考虑企业急需资金，而极少考虑其资产状况、效益回报，这种纯粹属于资金内部调剂余缺，若企业经营不善，无力偿还借款时，企业存在着很大的财务风险。一般情况而言，这种模式是关于资金整合、资金流动和投资等决策过程的集中化。近年来，随着企业的发展，各工程咨询公司的分支机构增多、资金分散、资金利用率降低等问题开始显现。为发挥企业的资金优势，某咨询公司应用了与公司管理体制相适应的统收统支方式模式，对资金实现“统一调度、统一管理、统一支配”。这种体制的特色是：①仍然保留各开户单位在银行开设的一个基本账户，各项业务不通过该单位账户进行核算。该账户仅限于核算从公司拨入以及该分支机构自身的成本费用。②公司财务部门对公司范围内的资金实行集中统一管理，把重点放在控制监督上，通过建立台账，反映各单位每日现金流入、流出情况，并进行动态分析，对开户单位资金的使用和费用的支出进行全面反映和监督控制，对各子公司、单位资金运作进行详尽的了解，为公司的资金的整体运作提供依据。③要求各分支机构按月编制下月资金收支计划。公司根据资金管理的总体需求核定各单位的资金定额，严格做好资金定额控制工作，实施资金的内部融通和差额调剂。④建立了一套比较完善的配套管理制度。比如在资金运用上未经允许任何分支机构不准对外担保、对外投资、对外拆借资金，统一由公司严格控制；在应收账款上实施全段信用管理制度，全面掌握客户资信状况，核实各分支机构销售货款回笼率。

目前国内工程咨询公司采用的资金控制管理模式基本上都采用这两种资金控制管理模式，但针对统收统支方式和拨付备用金方式这两种模式而言，其也存在不足的地方。主要表现为，统收统支式不利于调动各层次开源节流的积极性，影响各层次经营的灵活性，以致降低企业经营活动和财务活动的效率；拨付备用金方式其缺点是资金整合力度偏弱，无法解决资金过多占用问题。拨付备用金方式与统收统支方式相比较：①企业所属各分支机构有一定的现金经营权；②企业所属分部或分支机构在企业规定的现金支出范围和支出标准之内，可以对拨付的备用金的使用行使决策权。

第三章　建设项目跟踪审计工作实践

长期以来，政府对于大型建设项目采取的是概算执行情况审计和竣工决算审计两种方法，这些传统的工程建设项目的审计方法都属于事后审计的范畴，仅能够履行审计经济监督的职责，难以适应开展建设项目综合性、全面性审计的要求。建设项目审计的直接目标应该是节约工程建设成本和提高项目的经济效益，而传统事后审计的方法在达到上述审计目标上具有很大的局限性，事后审计总是带有一种于事无补，木已成舟的感觉，不仅不能解决工程项目中的问题，反而因为是建设项目结束后才发现，会给项目本身造成巨大的经济损失，也可能会导致项目无法顺利完工。

我国的跟踪审计开始于 20 世纪 80 年代，突出发展时期是于 2008 年后，与资本主义国家相比我国的跟踪审计起步晚、起步低，目前我国的跟踪审计工作也只能算是在起步阶段。由于我国重大建设项目的实施不仅是我国工程建设技术水平或者科技水平提高的表现，重要的是这些项目的实施都关系到国计民生、关系到处理重大突发性公共事项的能力以及国家各种重大政策措施的执行情况等，而且这些大型项目在实施过程中本身就容易出现问题，一旦出现差错就会造成巨大的损失，形成无法挽回的局面，所以跟踪审计的出现很大程度上减少了这些问题的发生。

从 2008 年开始，审计署计划了一系列项目的跟踪审计工作，其中包括：四川汶川地震灾后恢复重建项目、金沙江向家坝水电站、西气东输二线工程以及京沪高速铁路等特大型投资项目等。其中京沪高铁建设项目由于在刚开始运行时就发生多次事故和停运事件而受到了公众和学者的广泛关注。作为一种新的审计方式，虽然业界对跟踪审计尚没有一个明确的定义，但是跟踪审计的优势已经在几次大型的项目中有所体现。本书希望通过对京沪高铁从年至年跟踪审计方式的研究，实现拓展跟踪审计的理论和指导建设项目实践工作两方面的意义。

理论意义：探索建设项目跟踪审计的方法及内容，完善跟踪审计的理论内容并促进其丰富和发展，力求促进跟踪审计理论的系统化和科学化；

实践意义：将跟踪审计推广到我国其他建设项目的审计应用之中，有助于建设项目在进行时树立跟踪审计的观念，促进项目的有效管理，提高项目资金使用的透明度，及时揭示工程项目的漏洞，并预防腐败行为的滋生。作为现代审计的一种新模式，虽然我国对于跟踪审计的研究从 20 世纪 80 年代就开始了，但是理论界关于跟踪审计的定义一直没有形成一致的观点。《中国审计大辞典》对跟踪审计做出了如下定义：伴随被审计对象的产生及发展过程所展开的审计。此外还指出进行跟踪审计的原因：审计对象往往要有一个发生发展的过程，为了应对这种变化，就必须要进行跟踪审计。时现教授等在其文章《建设项目跟踪审计路径选择》中提出“所谓跟踪审计，其实质是实时审计，又被称为同步审计。”这个定义主要是侧重于跟踪审计的介入点和介入时间，而这个正是跟踪审计区别于传统审计方式的独有特点。白日玲基于大连市审计机关开展跟踪审计的实践经验提出，跟踪审计是指审计人员为了达到提高被审计单位绩效的目的，对所审计的对象实施的一种适时评价、持续监督和及时反馈的审计模式，这里的绩效包括经济效益也包括被审计对象的合规性和合法性。她认为，跟踪审计从立项时就开始审计，不仅达到了将事前、事中和事后审计有机地结合起来的目的，并且能够对形成决算资料的各个环节和相关资料及时进行动态的审计跟踪。

很多学者没有直接对跟踪审计来下定义，而是将跟踪审计根据介入点分类之后进行定义。徐永胜和徐战胜对全过程跟踪审计的涵义进行了解释，他们认为，全过程跟踪审计就是指从建设项目的立项开始，对其所涉及的设计、建设实施和竣工验收等阶段都进行审计的一种全过程的监督方式。因为跟踪审计多用于建设项目之中，很多学者在研究时都直接给建设项目跟踪审计下了定义。曹慧明认为建设项目跟踪审计所表达的实质其实是效益审计，跟踪审计将建设全过程划分成若干阶段或确定若干重点建设事项，由审计人员根据建设的进程与发展的需要，及时对各阶段的审计重点对象进行审查并给出审计意见和建议，方便审计单位及时对所发生的问题进行整改，便于接下来工程进行。这样还能使建设项目得以规范、有序、有效地运行，取得尽可能好的效益。2008 年审计署对于四川汶川特大地震灾害灾后赈灾物资的使用情况进行全过程跟踪审计，这一重大实践吸引了更多的学者开始关注跟踪审计。黎仁华等从受托经济责任理论出发，认为跟踪审计是将受托责任人的责任履行过程作为审计对象，以履行过程的关键事件节点作为划分审计阶段的依据，是一种将事前监督、事中监督和事后监督有效结合起来的一种审计方式。杨雪琴将建设项目与全过程跟踪审计相结合，认为建设项目全过程跟踪审计是指具有工程造价咨询资质的社会中介机构接受委托，从建设项目开始之时，就进入到审计工程之中，对被审计单位建设项目从开始实施到竣工结算等发生的各个阶段都进行监督、控制和审查。中山大学的谭劲松、赵黎鸣和宋顺林从国家审计的角度出发，提出跟踪审计是为了保护广大人民群众利益的说法，审计机关在接受了政府等相关部门的委托之后，依照法律的规定主要针对政府所投资参与建设的项目或者关系到国计民生的重大项目进行项目的持续性审计，以期实现事前预防、事中控制、事后监督的目的，最终起到提前发现项目中的问题的作用，规避风险、防止浪费、提高绩效。

第一节　工作目标

2010 年 2 月 2 日国务院通过的《中华人民共和国审计法实施条例》，总则中第二条从法律的角度对审计下了定义："审计是指审计机关依法独立检查被审计单位的会计凭证、会计账簿、财务会计报告以及其他与财政、财务收支有关的资料和资产，监督财政、财务收支真实、合法和效益的行为"。可以看出，作为一项目的性极强的行为，审计的每一个工作都有自己所要达到的目标。跟踪审计作为新时期我国"免疫系统"作用的充分实践和落实的新型方式，其区别于传统审计方式的特点和存在意义也决定了跟踪审计的目标也不同于传统审计。跟踪审计的目标应分为宏观和微观两个层次：

首先是跟踪审计宏观目标的确定。目前，由于成本和环境的限制，在我国跟踪审计的执行还仅限用于国家重大建设项目或者突发性公共事件，所以从本质上说，跟踪审计主要是对决策的制定和执行情况进行审查，并针对其中的问题提出进一步的改进和完善意见，这就决定了宏观的目标应当是以执行单位的财政、财务收支以及经济活动作为出发点，审查政策制定的合理程度、政策执行的效果，以及相关单位的合法性、合规性等。

其次跟踪审计微观目标的确定。虽然在很多方面跟踪审计都区别于传统的审计方法，但是具体的审计对象还是有相同点的。除了宏观目标中所关注的政策之外，跟踪审计对象还包括对资金和项目的追踪。作为经济社会中最为活跃、最具流动性的元素，跟踪审计首先要保证资金的安全性，资金在运行过程中审计部门也要进行实时跟踪，对其流向、轨迹以及收支管理等都要进行监督。至于对于投资项目的跟踪审计，预防项目进行过程中出现的风险、发现可能会影响项目顺利进行的潜在因素，保证项目有序、有效地进行也是跟踪审计的目标。

在实际的情况中，跟踪审计的审计对象很可能是资金与项目相结合的，其性质也很可能是政府政策执行的结果，所以跟踪审计的目标应该做到将宏观目标与微观目标相结合。值得注意的是，由于跟踪审计介入点的提前，跟踪审计的目标是具有阶段性特征的，其目标可以随着审计对象的不断发展而改进，为了在经济、效率以及效果等方面达到跟踪审计的目标，在进行时还应当做到点面结合、总体与阶段相结合。

从 20 世纪 80 年代我国出现跟踪审计开始，理论界对跟踪审计定义的界定都一直争论不休。跟踪审计的本质是什么，其与财务收支审计以及绩效审计的区别又在哪里，应用到具体的建设项目中与委托社会中介机构进行的全过程造价控制的工作又有什么区别等等，都是摆在研究学者面前的问题。我们都知道跟踪审计的出现不是偶然的，正是因为长期以来在很多建设项目中，传统审计方式的缺陷层出不穷，事后审计的自身局限性使得审计机关不能及时调整审计策略，尤其是针对一些特大的工程建设项目，这些投资项目由于建设周期长、投资额巨大、所涉及的地方政府和建设单位较多，结果很可能造成不能及时发现建设工程中所出现问题的状况，最终导致建设投资资金的不当使用和浪费，由于审计人员工作量大、责任重大，营私舞弊等腐败行为发生的几率较大，导致审计风险升高。王莹通过分析审计署公布的 2009 年至 2010 年的跟踪审计结果中的数据，发现在重大工程项目建设中，资金的控制不严格、资金的管理不规范、招标不规范等情况是经常出现的。

专门针对传统审计方式的缺点提出来的跟踪审计的概念，虽然重点是为了达到弥补传统审计方式所引起的资金使用不当、造成资源浪费等目标，但是跟踪审计的研究对象绝不仅仅是财务和经济交易等历史数据，还包括了很多非财务信息，例如经济决策的设计和执行等前瞻性的问题，而这恰好也是绩效审计的范围。所以我们可以看出，跟踪审计并不仅仅是财务审计在时间上的延伸，更多的是在审计内容上的拓展和放大，不再等同于传统审计方式的查错纠弊的单一被动职能，跟踪审计甚至可以做到从源头上、从初始状态就发现并尽可能扼杀可能出现的各种问题，防止舞弊行为的出现，真正做到了预防、抵御、消除的“免疫系统”的作用。

要解决跟踪审计的本质问题，跟踪审计为谁审计也是一个需要讨论的问题。通过研究发现审计署科研所 2011 年出版的《国外审计动态》、西方国家尤其是美国等发达国家在跟踪审计的实践上已经颇为成熟，主要体现在将跟踪审计应用于地方和国家的具体案例中去。相比之下，我国跟踪审计的发展虽然滞后很多，但是在近年来的政策执行上，跟踪审计已经成为国家审计所采用的重要方式之一。这一点从 2008 年的汶川地震赈灾物资的全过程跟踪审计、西气东输二线工程建设项目的跟踪审计等案例中我们就可以看出。这同时也说明了，跟踪审计在发挥国家审计“免疫系统”的功能方面发挥着积极的作用。除此之外，跟踪审计在发挥审计作用方面又增添了新的内容，那就是增值和服务职能，审计作为一种目的性极强的行为，“为谁审计”这个问题也是回答审计本质是什么的一个重要方面。国家的权利属于人民，人民才是当家作主的主人，审计作为国家经济运行的“安全卫士”和“免疫系统”，其宗旨和目的当然是要维护人民群众的根本利益，保证人民的权利掌握在自己的手中，而跟踪审计的出现，进一步促进了审计维护人民群众利益的使命可以更好地完成，这也突出了跟踪审计的服务职能。跟踪审计在审计职能上的延伸突显了国家审计在经济社会生活中的作用，说明了审计已经开始影响到我们社会经济生活中的多个领域。跟踪审计作为一个独立于财务收支审计与绩效审计的新型审计类型，又兼具两种审计模式共同的特征和功能，属于财务收支审计、经济责任、效益审计的综合运用。

一、跟踪审计的特点

跟踪审计的特点表现在以下几个方面：

（一）持续性

跟踪审计区别于传统的审计方式的突出特点就在于审计机关不仅仅只着眼于工程项目结束之后的结果，而是创造性地将审计关口前移，在事前、事中、事后三个阶段对被审计单位的项目建设实施情况或者某专项资金的使用情况进行了动态的审计。柴严在《中国审计学会跟踪审计理论与实务研讨会综述》中指出“与传统的审计方式相比，跟踪审计最突出的特点就是其过程性”，不再仅仅是在项目结束之后才对项目进行竣工决算审计或概算审计，而是针对不同建设项目的不同特点，对重点项目的关键时段进行跟踪审计，这种过程性的突出表现也正是跟踪审计持续性的表现。就名称来讲，“跟踪”两字便道出了跟踪审计的实质，就是要与被审查的建设项目的实施进程相一致，就是要对建设项目所实现的成果不断进行跟进审查，保证项目实施的质量，以防止重大问题的出现。跟踪审计持续性的特点虽然加大了审计单位对于人力、物力的投入，增加了成本，但是能够将建设项目中易发生的违法违纪问题扼杀于萌芽状态，保证被审查项目顺利且有效率地进行下去，所花费的代价也是值得的。

（二）复杂性

跟踪审计有不同于传统审计的突出特点，除了上文所述的审计时间段拉长，遍布被审计项目建设期的任何阶段甚至全部过程之外，一个最主要的变化就是跟踪审计变得更为复杂。主要体现在跟踪审计要求跟踪审计的目标与整体建设项目的目标相一致，这一点是很难做到的。因为审计本身的目标主要是纠错防弊，而且着重于纠错，找出被审计单位、被审查项目错误的地方，是他们最核心的工作和任务，而跟踪审计将关口提前，从工程项目之初就要与整个工程共进退。跟踪审计所应用于的建设项目大多为国家投资的大型建设项目，意义重大，单只是持续几年、十几年甚至几十年的工程项目时间，能保证跟踪审计对于发生的情况实时跟进，不落下任何一处异常点实属不易，再要求跟踪审计与建设项目的目标一致，立足于全局，就要增加跟踪审计的功能，赋予其更多的意义和更重要的地位。

例如对于2009年开始的西气东输二线工程的跟踪审计，其属于国家扩大内需的重要项目，目的是为全国多数城市提供天然气的使用，跟踪审计不能仅仅局限于查错，更多的是要看建设项目的合理性、科学性，预测投资的实现可能，将投资、质量和工期联系在一起，共同控制项目的进行和发展。复杂化还表现在审计主体逐渐变得复杂。传统审计对于大型重点建设项目的审计一般都是由国家审计署等国家审计机关来进行审查的，跟踪审计的出现使得审计机关必须要与建设项目共同进退、时刻跟进，如果同时进行多项跟踪审计，不仅无暇顾及，而且还很有可能造成漏洞百出的现象。所以，很多审计业务开始外包给社会的咨询机构，国家审计机关也逐渐将建设项目跟踪审计的任务外包给社会咨询机构来实现，这样，社会审计机构的资质高低问题就显得十分重要。至于被审计主体，建设项目由于涉及范围广，不仅有建设建筑，还包括材料供应、设计、施工、监理等参建单位，审计主体与被审计主体都很庞大的项目增加了跟踪审计的复杂化以及完成审计任务的艰难程度。

（三）预防性

将审计关口前移，实行事前预防、事中控制、事后监督的整体体系，从被审计单位工程项目开始之前就介入到其中，或者是在建设项目的任何重要阶段介入到项目过程中，可以达到给工作人员以震慑和警示的作用，从而做到防止侵占、挪用建设资金的现象出现，这不同于传统审计在项目结束之后再进行的审查，即使纠正了错误也可能对整体项目的建设收效甚微，毕竟很多资金和损失已经无法挽回。跟踪审计的预防性还体现在，跟踪审计可以督促被审计单位边审边改，发现问题并及时纠正，甚至能够发现与建设目标相左的问题出现，也可以当即讨论其合理性和可行性。我们都知道，任何一项工作都无法做到十全十美，都难免会有漏洞出现，但是能够像跟踪审计这样做到提前进行工作，尽早发现问题的苗头，将出错点扼杀在萌芽状态，至少起到了一定的预防作用。

审计作为国家经济社会运行的“免疫系统”，发挥的应该是预防、揭露和抵御的功能，跟踪审计关口前移，事前就进行控制，提前建立好完整的内控体系，保证项目的顺利进行，保证了国家和人民的利益。

（四）时效性

如果说预防性是跟踪审计重要作用体现的话，那么时效性绝对是跟踪审计作用最突出的表现。无论是西气东输工程、京沪高速铁路建设项目，还是汶川地震灾后恢复重建和金沙江向家坝水电站的建设，正是由于这些建设项目是与人民群众的切身利益相关，与提升我国在国际上的形象、提高国际竞争力相关，所以能引起社会的广泛关注。然而正所谓“树大招风”，再加上现在言论自由，网络信息越来越发达，使得人们无论身在哪里，点一点鼠标就可以知道国家大事，更为方便快捷的信息获取方式使得人们对于时事热点的关注度和热情度都要比过去高几个维度，如果政府对于相关问题没有及时跟进，一定会引起社会公众的不满。所以对于类似难点、热点、焦点问题，只有在第一时间进行跟踪，及时得到披露，发现苗头性和倾向性，并立即提出针对性的解决措施，督促其加以整改，才能保证树立审计的独立性和权威性，实现跟踪审计的意义。

作为跟踪审计作用的突出体现，时效性的特点决定了跟踪审计可以做到及时发现建设项目中的问题并提出相应的改进建议，提前介入的审计模式创新也使得审计部门可以起到“边审计、边整改、边规范、边提高”的作用，也正是由于跟踪审计突出的时效性的特点，使得其在跟踪审计阶段就可以充分发挥预防作用，而这一作用也正是跟踪审计区别于传统审计方式的突出体现。

二、跟踪审计的模式

跟踪审计最突出的特点是将审计关口前移，审计工作提前进行，可以做到事前调查、事中控制，不再做“事后诸葛亮”。具体到建设项目的跟踪审计，传统的审计主要是概算执行情况审计和传统竣工决算审计两种方式，都是在建设项目结束之后才进行的审查，属于事后的静态审计监督方式。由于建设项目已经结束，建设项目一般涉及时间较长，传统审计模式对于建设项目证据收集力度不强，发现问题时往往已经无力回天，对于被审计单位以及给国家造成的损失也是无法挽回的。跟踪审计作为一种新的审计模式，可以做到在建设项目的进行过程中边审边改，有效地防止了建设资金的外流，为提高建设的效率和优化审计的效果等方面都做出了突出的贡献。

曹慧明主要从建设项目审计的事后审计特征所面临的越来越多的挑战以及所产生的弊端，从控制论的角度出发，提出要提高信息反馈的效益，应该尽可能地缩短反馈的时间和路径，同时提出事后审计模式是变相地让审计人员脱离了实际，远离了具体的审计过程，违背了审计公开透明的目标，造成了审计过程中出现的问题不能得到及时的协商解决。并由此提出了建设项目跟踪效益审计模式的新概念，将跟踪审计与效益审计联系起来，主要从国家审计机关进行的国家建设项目的审计的角度出发，明确地提出了跟踪审计的概念，并从审计的各个特点出发，对建设项目跟踪效益审计与事后竣工结算审计相比较，最终得出跟踪审计是更优的审计模式的结论。曹慧明的文章还有一项突出贡献在于提出了跟踪效益审计的重点以及配套措施，为国家审计机关开展建设项目提供了很好的建议。除了提出建设项目跟踪审计的概念之外，作者从审计的时间、次数、作用、内容、方式等角度阐述了跟踪审计的优势，他认为建设项目跟踪审计模式开创了审计工作的新局面，会在各个方面给审计工作带来便利。

中国审计学会经过详细的实地调研后，在 2005 年提出将跟踪审计认定为我国当前绩效审计的四种模式之一。四大政府绩效审计模式之一的过程导向模式应用最多的是全过程审计，由于这种模式主要的审查对象是重点建设项目，在进行跟踪审计的过程中有利于审计发挥“免疫系统”的功能，刘玉娟、白日玲基于大连市审计机关开展跟踪审计的实践，根据跟踪审计介入时间点的不同，将跟踪审计分为三个类别：全程介入式跟踪审计、适时介入式跟踪审计以及重点介入式跟踪审计。任喜雨和刘保权认为全过程跟踪审计是对我国目前在建工程进行审计所采用的模式的重大创新。跟踪审计不仅可以对建设项目造假问题进行强有力的监督，给出更为客观的评价，还因为介入点提前的优点，从建设项目从立项到竣工结束的各个环节都进行监控，做到了实时动态监控，更好地保证了建设项目的顺利进行。

第二节 范围管理

一、项目范围管理的含义

项目范围简单地说，就是指这个项目包括什么内容，不包括什么内容，对于项目范围管理，就是指项目开展过程中如何制定和控制项目的范围。

二、项目范围管理的主要内容

对于一般的项目来说，项目范围管理包括项目具体任务的要求以及如何开展。项目范围管理的主要内容过程包括：范围计划的编制、范围的核实、范围的分解以及范围变更的控制等等。

（1）范围计划的编制，是指将完成项目任务所需进行的项目工作（项目范围）进行分类和归档的过程。

（2）范围的核实，是指对编制范围计划进行核实，检查范围是否超过项目任务的要求。

（3）范围的分解，是指确定项目任务后，根据项目任务的要求，将编制的范围计划进行分解以达到完成项目任务的目标。

（4）范围的控制，是指在具体的执行项目工作中对具体实施的项目范围实施控制管理。

①决策阶段和策划阶段。也称为项目开发阶段，即从企业内部决策决定立项，申报后得到批准开始，到设计工作完成后结束。

②施工阶段。此阶段造价管理最为复杂，因为涉及的参建方数量多，资金投入金额大，受干扰因素及风险因素高，是整个生命周期中管理活动最具挑战性的阶段。

③项目的竣工验收及交付使用阶段。经过前两个阶段的积累，工程已由图纸转为实体，验收合格后即可交付使用，资金流向在此阶段出现转折点。因此，本阶段是前半个生命周期中最为重要的一关，控制不当会导致无法挽回的损失。由于运营期涉及的因素较多，已超越常规造价管理的研究方法，也不属于传统的项目管理范畴，故不作为本书的研究对象。

1. 设计阶段。设计阶段是控制工程造价的关键。根据实践经验，高效建设项目跟踪审计在设计阶段应把握以下三个重点：①项目建设目标是否明确，设计任务是否完备，设计单位选择是否合理，设计所需要的地质勘探等资料是否完整、准确等；②初步设计方案是否经过论证，功能是否满足建设单位的要求，方案是否符合国家规范标准，设计概算是否控制在建设单位的期望值之内，设计是否经过审查，程序是否规范合理，设计进度是否符合建设目标等；③有无实行限额设计，各专业设计配套协调是否合理，设计是否满足建设单位的投资，结构、选材等方面是否合理，在满足建设单位投资目标条件下新技术、新材料、新工艺的应用情况，设计文件是否经过有关部门的批准，设计变更是否合理等。

2. 招投标阶段。根据会审好的图纸制作出工作量清单，以招投标方式在社会上公开征集施工单位、监理单位、材料供应商。应把握两个重点：①是否制定了相应的筹资计划，筹资是否经济合理，资金计划是否满足工程建设需要，项目的拆迁工作是否满足建设要求，项目是否经过有关部门的批准，招标申请资料是否完整、内容是否真实，招标机构的组建或招标代理单位的选择是否合理合法等；②招标方式和程序是否合理合法，招标文件是否经过完备性、有效性和公正性审查，标底是否经过审计，是否体现优质优价，投标资格预审工作是否合理合法，开标、评标、定标过程是否规范合法，评委的选择及评委的评审工作是否公平公正，评标办法是否合理，评标报告是否真实合法，中标结果是否进行公示等。

3. 签订合同阶段。主要审查合同当事人主体资格是否真实，是否按照中标人的投标文件和中标通知书的内容订立合同，合同条款是否齐全、严谨、公平、合法，承包合同双方的权利和义务是否明确，双方责任划分是否清楚，合同是否对工程分包提出相应的资质、能力、范围等作出规定，招标项目合同是否进行备案等。

4. 施工阶段。重点包括：①是否认真进行了图纸会审，是否按照合同约定提供现场条件，是否申请领取施工许可证，各项目参加方工作制度、例会制度和信息沟通制度是否建立，物资供应渠道是否落实、能否满足建设项目建设需要等；②各项目参加方是否根据各自的职责范围，建立健全了相应的内控制度并有效执行，是否形成了相互配合相互制约的管理机制，确保工程施工期间各环节的畅通，工程质量、进度和投资目标是否得到有效控制，物资采购供应是否满足进度要求，工程计量支付是否按照合同文件进行，计量的基础资料是否真实完善，工程变更和签证的审批是否建立了严格的程序，工程索赔是否遵守法律法规与合同文件，工程验收、资金到位是否严格按合同约定执行，等等。

5. 验收交付阶段。验收交付审计分为分部分项验收和总体交付使用验收。首先要注意每一次验收必须通知各方全部到场；其次，切不可走过场，一定要深入现场，严格把控施工图纸与设计图纸的一致性。变更、签证手续是否齐全，隐蔽工程是否属实，跟踪审计人员须在第一时间将相关施工档案资料收集齐全，为日后竣工结算做好准备。

6. 竣工结算阶段。竣工结算现在一般采用“标底 + 变更”的方法。审核前，首先要熟悉合同和招投标文件，明确标底范围，以及哪些内容调整涉及造价变更，再根据现场有关资料，确认审核工作量计算是否准确，变更部分与现行规定有无冲突，清单子目套用是否正确，规费计取是否合理，材料计价是否符合合同约定等。审计过程中，跟踪审计人员要以事实为依据，以法律为准绳，既要客观公正、坚持原则，又要注意工作方式方法，最大限度地使工程造价得到准确反映。

第三节　组织管理

工程项目跟踪审计是对工程项目管理过程或经济行为活动的资源配置和产出结果所实施的一种全程的、动态的、有效的经济控制机制。其对于提升资金的监管效率、优化审计资源配置、控制审计风险有着十分重要的理论和现实意义。本节以审计结构理论、系统理论和利益相关者理论为理论基础，以跟踪审计目标导向下的结构→行为→效率为分析范式，跟踪审计的导向性要素、行为要素和结果要素构成逻辑主线，探讨跟踪审计各要素之间相互联系、相互制约的逻辑关系，演绎了工程项目跟踪审计的生成机理模型，揭示其有效运行机制。

一、工程项目跟踪审计机理的导向性要素

跟踪审计的导向性要素是跟踪审计有序进行的前提要素，具有指示作用。包括跟踪审计动机、跟踪审计目标和工程项目治理结构。

（一）跟踪审计动机

跟踪审计动机是指跟踪审计产生的动力和原因。具体包括跟踪审计关系人权责对等和跟踪审计关系人均衡利益。

1. 工程项目跟踪审计关系人主要是指跟踪审计行为涉及的相关主体，如审计机关（以国家审计为主、社会审计和内部审计为辅）、被审计单位（工程项目施工建设单位）和委托人（国家投资主体）三方之间所形成的委托代理关系。由这三方构成的双层代理人关系，包括委托人与被审计单位之间的代理关系和委托人与审计机关的代理关系。其中前者是其他关系存在的必要条件。这种委托代理关系本身是一种契约关系，同时委托代理双方是权责对等的关系，即委托方委任“决策权”，则“需要某些服务”，而受托方接受“决策权”，则“履行某些服务”。在这种委托代理关系中，委托人投资就有权力了解项目资金运行情况（包括资金使用的真实性、合法性和效益性），客观上委托公正的审计机构对工程项目跟踪审计，从而提供可靠可信的资金使用信息。而审计机构接受委托，有责任和义务向委托人出具真实完整的审计意见，履行服务以解除相应的代理责任，因此跟踪审计是满足了工程项目管理的需要。

2. 跟踪审计关系人均衡利益。工程项目跟踪审计利益相关者主要包括国家投资主体向工程项目建设提供财务资本，工程项目建设单位（即业主）、承包商（即施工单位）和员工提供项目建设的人力资本，物资供应单位和客户提供市场资本，监理单位提供信息资本，设计单位提供技术资本，政府作为一般社会管理者，为项目建设的可行性和发展提供社会公共资本等，审计机关接收委托对工程项目跟踪审计，以出具审计报告的形式向社会公众提供工程项目管理信息。在这一利益团体中，审计机关、国家投资主体、施工单位、建设单位和监理单位等是主要的利益相关者，而供应商、客户、政府等属于次要利益相关者。利益相关者之间由于委托代理关系的存在，就会产生由于信息不对称因素引起的“逆向选择”和“道德风险”等问题。如业主和承包商之间的关系集中体现在信息不对称和契约的不完全性上，承包商在合同签订之前对项目建设经验等具有事前信息优势，在合同签订之后具备能快速了解项目各项技术指标实现程度等事后信息优势，这种委托代理关系中存在的信息差距，容易导致信誉低的投标单位降低工程成本、偷工减料和利益合谋等问题，给工程建设带来巨大的潜在风险。因此应建立系统之间的权利义务相互制衡的机制，有契约关系的存在，明确各利益相

关者的权力边界，实现各方主体利益均衡协调。如果任何一方只追求自身利益，就有可能导致对他方利益的损害。如审计机关和被审计单位之间出现审计合谋，导致侵占其他方的利益。这就需要一套利益制衡约束机制来防止一方追求自身利益损害其他方利益，使利益相关者在博弈过程中选择合作共赢实现组织利益最大化。

（二）跟踪审计目标

任何工程项目跟踪审计，其审计目标包括终极目标和具体目标。终极目标决定跟踪审计的性质和重点审计方向，主要是保证受托经济责任的全面有效履行。具体目标作为终极目标的具体体现，明确跟踪审计在每个阶段的具体职责和阶段性任务。工程项目建设经过前期准备阶段、实施施工阶段和竣工结算阶段等，在不同阶段选定与之相关的针对性的具体控制目标。从资金绩效评价的角度，按照工程项目建设程序，以项目资金为主线，从前期准备阶段的资金的来源、施工阶段的资金使用和竣工阶段的资金投资效果等进行跟踪审计，其可以主动发挥审计免疫功能，促使项目资金使用更合理，提升项目资金的监管效率，控制审计风险，制止审计人员的寻租行为。从监督工程项目实施过程的角度，工程项目跟踪审计可根据工程项目管理实践的需要，对发现的弊端及时提出阶段性的审计建议，促使工程项目管理朝着既定的目标努力，提高跟踪审计的预警能力，促使工程项目各利益相关者的效益最大化。不同工程项目同一阶段侧重点不同，同一工程项目关键控制点也不同，在进行审计目标分解、确定审计事项时，不仅要依照以往的经验充分估计审计工作的量化内容，而且要结合工程项目运行情况进行审计分工。这样能使组织内部的审计人员有明确的审计内容，结合工程建设项目全过程动态信息跟踪与重点事项的审计，有效实现跟踪审计目标。

跟踪审计运行流程是为了完成工程项目跟踪审计目标而形成的一系列相关活动的有序排列和组合。工程项目的全周期全方位跟踪审计活动需要通过整个运行流程去实现，跟踪审计目标的高效实现也体现在流程管理上。因此在设计流程时，以跟踪审计目标为导向，按照工程项目跟踪审计的时间、空间、内容和审计资源等具体情况，采取单一或者几种审计方式相结合贯穿在运行流程中，如定期或不定期审计方式，全面审计或重点审计的方式，按项目建设程序的分阶段审计方式，施工现场审计方式，财务审计与管理审计相结合的方式等，而在实施跟踪审计的流程管理中，流程管理可分为业务流程和管理流程，如果项目管理是计算机系统，项目业务流程就是计算机的“硬件”，项目管理流程就是计算机的“软件”，两者结合在一起才能实现高效的流程管理，对工程项目跟踪审计产生直接的效益。一方面，业务流程，可通过考虑环境、财务和决策等各种风险因素，科学安排资源配置，从而减少过程中的繁缛环节和等待时间，提高运行过程各程序的反映速度，达到降低跟踪审计的成本至合理的水平，控制跟踪审计风险，实现跟踪审计目标。另一方面，管理流程，由于工程项目所处的环境、地点及管理模式等发生变化，跟踪审计流程的设计也必须是处于相对动态变化，并经过技术与经济效益论证，以最大限度地满足工程建设市场和项目管理的要求，使得流程设计与时俱进。

（三）工程项目治理结构

工程项目治理是通过内（外）部的制度或机制来调节与工程项目利益相关者之间的利益关系，达到规范项目业主、施工单位、监理单位、设计单位等利益相关者的权利、责任与利益的目的，保证项目管理的科学决策，促进工程项目管理目标的实现。工程项目治理结构的形式可从广义与狭义两个方面理解。狭义的工程项目治理，是指（所有者）项目委托人对项目受托人的一种监督与制约的合理制度安排，明确这两者之间的权利与责任关系。而广义的工程项目治理涵盖了项目关键利益相关者和非关键利益相关者的共同治理，涉及业主、设计单位、施工单位、监理单位、供应商、社会团体、政府等所有与项目有利益关系的组织或个人。在工程项目治理结构中，治理核心是工程项目的建设单位。其中工程项目治理结构分为关键利益相关者的治理和非关键利益相关者的治理，关键利益相关者治理是指业主（建设单位）与项目经理下属的项目施工经理、项目设计经理、项目监理总监等个人所代表的团体组织的权责利益关系，防止项目经理之间的逆向选择和道德风险行为。而项目管理机构、董事会和项目经理侧重内部治理结构，更多强调内部组织的控制力和协调力。非关键利益相关者治理是指不起关键作用、非重要的利益团体或个人的权责利益关系，如项目的建设与银行、社区、供应商等是一种并存互动的关系，最终达到双赢的目的。通过分析关键利益相关者和非关键利益相关者在项目建设的不同阶段的不同利益体现，以建立内、外部的机制对利益相关者的监督和制衡。

在制度层面上，工程项目治理结构有明确的责、权、利合理配置的管理制度架构，促进工程项目治理结构和工程项目管理两者达到系统某种程度的动态均衡，实现最佳的工程项目管理模式。这就要求委托工程项目管理责任的同时，必须委以自主完成任务所需的权利，并享有相应的利益，达到整体上利益相关者责任明确、权利适当与利益合理。而工程项目组织的目标责任、经济资源运用的权利和经济利益应形成权责对等的关系，防止权利滥用，建立项目组织成员权利的制约体系。

二、工程项目跟踪审计机理的行为要素

跟踪审计行为要素是跟踪审计运行机理的核心要素，决定跟踪审计行为或过程的

合理性和规范性。主要是指影响跟踪审计行为主体活动的要素，由跟踪审计战略、跟踪审计决策效率、跟踪审计行为规范和跟踪审计环境组成。

（一）跟踪审计战略

审计战略是指在现有的客观条件和主观因素——特定的审计环境基础上，在未来相当长一段时期内，为确保审计战略执行效率，制定的审计总体发展规划，并采取相关措施，实现审计战略目标的一种总体的、长期的、可持续的审计行为活动。而跟踪审计是一种适应工程项目审计的方式，为制约跟踪审计行为活动，根据跟踪审计内、外部环境的变化，在现有的跟踪审计资源的基础上，制定跟踪审计战略。具有现实可操作性，规定了跟踪审计的长远发展方向和总体目标以及实现目标的基本途径，不断提高跟踪审计人员的工作积极性。跟踪审计环境的变化是客观存在、并经常发生的，增加了跟踪审计风险，也影响了跟踪审计战略。应动态调整跟踪审计战略，但同时应保持与跟踪审计环境一致性。

跟踪审计主体行为以跟踪审计战略为指导，跟踪审计战略是需要了解和掌握审计人员的共同理念，如何指导审计行动，共享跟踪审计的期望结果。跟踪审计战略的制定和实施受多种因素的影响，因跟踪审计环境的变化而改变，跟踪审计机构及人员是实现审计战略的主体，跟踪审计战略通过组织机构转化为具体的审计规章制度，保障跟踪审计行为活动的实施。审计资源配置方式也影响着跟踪审计战略的选择，优化配置跟踪审计系统的已有资源，才能更有效地防范跟踪审计风险，协调跟踪审计行为活动。

（二）跟踪审计决策效率

跟踪审计决策是跟踪审计行为主体活动的重要组成部分，如安排跟踪审计工作计划，设计跟踪审计计划的实施方案，配置跟踪审计人员情况，选择跟踪审计关键点等。

审计决策通常经过六个步骤：

（1）正确描述审计决策问题。

（2）确定评估可供选择的审计行动方案的标准。

（3）分析权衡已确立的审计评价标准的优先顺序。

（4）找出可供选择的审计行动方案。

（5）评价各种不同的审计方案。

（6）选择最佳审计方案。

工程项目跟踪审计全过程是审计主体不断进行决策、择优方案的过程，跟踪审计主体素质和跟踪审计系统环境决定跟踪审计决策效率的提高，反之跟踪审计决策效率的提高同样也影响跟踪审计环境的优化和跟踪审计主体素质的提高，这几者之间是相互作用、相互影响的关系。

在跟踪审计决策效率要素中，跟踪审计主体的素质占主导地位，起决定性作用。主要是指跟踪审计人员具备的素质标准，包括职业要求、技术水平、专业胜任能力、定位明确和具备风险意识等。由于工程项目建设的特殊性和复杂性，跟踪审计人员不仅应具备敬业精神，工作责任感和职业道德意识，而且应创新工作方法、改进工作作风，进驻施工现场了解施工流程，进行实地测量、观察取证。在专业技能上，具有一定的工程技术、财务审计的实践经验等复合型、实用型综合知识。在跟踪审计工作开展过程中，应有较强的风险责任意识，明确工作职责，定位清晰，如果越位越权，将跟踪审计工作与项目管理活动糅合，会导致承担更大的责任，应清晰定位自身的角色，不断提高自身的谨慎判断能力。审计人员是审计活动的执行者，审计机关及人员要重视跟踪审计人员的素质情况，参与的跟踪审计人员应严格按照任职条件及素质把好关口，同时强化审计人员依法审计的法律意识，树立审计风险意识和加强业务技术培训，尤其是坚持专业理论及技能的学习，提高审计人员的个人品质。同时要求跟踪审计主体应具备评价标准的综合知识，正确识别决策问题的实质，并提炼出多种可供选择的方案，根据各方案的设计与工程项目的实际情况，凭借跟踪审计人员的经验，控制跟踪审计风险，选择最优方案。

（三）跟踪审计行为规范

跟踪审计是由审计人员直接实施的一种特殊的经济控制行为活动，其行为规范内部是相互协调、相互制约和相互配合的作用机制，由于在内部利益驱动和外部环境的影响下，可能无法保持跟踪审计行为的公正和独立，必须建立一套规范体系来约束和指导审计行为，确保跟踪审计目标的实现。跟踪审计职业准则是规范跟踪审计主体，跟踪审计职业标准是规范跟踪审计客体。这样能防止审计人员在审计行为实施过程中忽视其他利益相关者的利益，避免以权谋私的问题，抵制跟踪审计寻租的势力，消除审计合谋的念头。从系统论的观点来看，跟踪审计规范是一个系统，主要由审计道德规范、法律规范和技术规范三个子系统构成。审计过程实际上是按照一定的社会规范衡量个人或组织行为品质的过程，跟踪审计道德规范是要求人们在职业生活中应遵守的基本道德，由自律和他律起共同作用的规范。内心信服是道德自律的动力，指导人们选择和评价自己的道德行为，教育和社会舆论是实现他律的重要形式与手段。跟踪审计技术规范是指对审计行为提出的技术性要求，包括技术目标和实现该技术目标的方法途径或操作程序，是审计人员执行跟踪审计业务、获取审计证据、形成审计结论和出具审计报告的专业标准，是提高跟踪审计质量的控制手段。跟踪审计法律规范指国家制定或认可的、反映统治阶级意志，并以国家强制力保证及实施的一种审计行为规范。为实现跟踪审计目标，对遵循的法律和法规的情况作出评估，审计人员应作出审计工作规划，以便为发现对审计目标可能有重大影响的非法行为提供适当保证，保障跟踪审计行为合法、合情、合理。即在符合法律规定的前提下，继续保持审计行为合乎情理，达到审计职业道德的要求，审计职业道德是审计人员立足于人性并对自身内心的一种规范。审计行为只有符合职业道德要求，才能自觉坚持。同时应满足成本效益原则，为审计利益相关者提供高质量的服务，获取成本补偿，并取得经济效益。

（四）跟踪审计环境

国家审计机关有责任有义务及时披露工程项目建设情况、资金利用效率等信息，将社会监督和审计监督有机结合起来，这样将满足社会各界强烈的知情权要求，对政府相关部门规范工程建设领域管理起预防性和建设性作用。如各地政府保护主义依然严重，行政干预，形成招投标管理不规范也不严格，出现工程项目管理漏洞和权钱交易现象，只要涉及政府部门出面干预，就影响审计的独立性和监督功能的发挥。由于重大项目一般由领导决策，在审计事项确定和处理上必然受到领导的制约，审计主体不回避违规违纪问题，就会丧失权威性。

工程项目建设领域是容易出现权钱交易、产生灰色收入的重要领域，需要法律强制性的保障。审计的法律环境会影响跟踪审计的有效运行，影响跟踪审计独立性和权威性，审计主体执行力度需要法律强有力的保障。只有保持审计的独立性，跟踪审计主体才能提出合理化的建议，为工程项目建设带来长远效益，如果法律法规不完善，造成跟踪审计依据缺失或不足，就会出现严重漏洞，损害工程项目跟踪审计利益相关者的利益。

审计的文化环境包括道德文化和科技文化等，由于工程项目跟踪审计周期长，审计对象包括设计、施工和监理等相关责任人员，出具的审计结论直接影响相关人员的利益分配，因此审计人员具备优秀的道德文化尤为重要，及时提供客观公正的审计信息，避免审计寻租和合谋问题的出现。工程项目监督是一个经济、技术与管理的结合体，在工程项目建设中，跟踪审计主体的技术水平的不确定性给审计判断带来风险，这就要求跟踪审计人员具备施工造价和财务等相关专业知识，全面提高综合素质。由于组成跟踪审计环境的各因素多样化，并且处于不断的变化中，因此，优化工程项目跟踪审计环境有利于提高跟踪审计效率，也是控制审计风险的出发点和重要依据。

三、工程项目跟踪审计机理的结果要素

跟踪审计的结果要素是反映工程项目跟踪审计运行结果的要素，主要是指跟踪审

计决策有用信息和跟踪审计资源配置效率。

（一）跟踪审计决策有用信息

跟踪审计决策有用信息是实施控制和实现预期跟踪审计目标的基础和前提，跟踪审计信息质量的水平直接影响利益相关者的决策效率，而跟踪审计工作提供的最终成果是获取决策有用信息，而决策有用信息可引导工程项目经济资源的合理流动，并实现其最佳配置。而决策无用或质量低劣的审计信息，必将导致管理决策失误、监督实效、控制失灵和工程项目管理组织无序，同时加大跟踪审计信息成本。跟踪审计信息是以付出跟踪审计信息的收集、整理、加工与传递等支付为代价的。因此跟踪审计在获得决策有用信息时，需要考虑决策信息的成本与发挥出来的效益问题，进行跟踪审计信息管理，得到决策信息的最合适选择而不是信息的最优选择。这也是工程项目跟踪审计系统发挥作用的最终标志。跟踪审计决策信息是一种经济信息，决策有用性是审计信息质量的最主要特征，只有在跟踪审计人员的权威性和独立性免受任何削弱，才能获取决策有用信息，其信息表现形式上是具体的，能满足利益相关者的特定信息需求，并最大限度降低跟踪审计决策风险。由于跟踪审计信息成本原则的约束、当前已有的审计技术条件的制约，应提供有利于审计利益相关者的决策有用信息。

跟踪审计决策信息的形成过程就是体现跟踪审计全过程的控制。工程项目跟踪审计全过程控制过程包括以下环节：①跟踪审计主体接受委托方的委任执行审计任务。②实施跟踪审计过程中，通过收集、评价信息，鉴别信息的真实完整性，根据审计规范评价和判断经济责任的实际履行状况。③实施跟踪审计信息反馈过程，向跟踪审计信息利益相关者报告责任履行情况。④最后实施反馈纠偏，根据反馈信息纠正受托人的行为，确保受托经济责任的履行符合目标要求。由此可见，跟踪审计全程控制过程反映跟踪审计决策信息的流动情况，在确保不侵犯各利益主体的前提下追求最大投资效益，向各审计信息使用者提供决策有用的信息，协调多元化利益主体的冲突，有效匹配各方利益相关者的权、责、利，从而规范各利益相关者的行为，均衡各方利益。

（二）跟踪审计资源配置效率

跟踪审计资源配置效率的提高有利于充分利用跟踪审计资源，在某种程度上更有效控制工程项目跟踪审计风险。跟踪审计资源是指跟踪审计系统在完成审计目标过程中，所需的人力、财力和物力等有形或无形资源的总和，具体包括人力资源、实物资源、技术资源和信息资源等。跟踪审计资源是有效完成各项审计工作的原动力，而缺失这些资源不仅会使跟踪审计工作无法开展，更谈不上资源配置效率的问题，导致跟踪审计监管力度不够，如果审计资源配置效率低下，就难以适应内、外部审计环境和驾驭跟踪审计行为，影响跟踪审计质量控制以及资源的合理分配，为跟踪审计的运行带来风险。其中，人力资源在跟踪审计实施过程中处在核心地位，充分有效利用人力资源是高效发挥物质资源的前提。技术资源在建立竞争优势起关键作用。跟踪审计组织只有合理配置有限的跟踪审计资源，使跟踪审计资源的配置与跟踪审计目标和功能达到最佳的组合和配比，就能提高跟踪审计资源配置效率，提升跟踪审计质量，在审计资源稀缺的条件下，改善跟踪审计组织的人员结构，合理配置审计机构及人员，提高跟踪审计人员综合素质，最终充分利用跟踪审计决策有用信息，共享跟踪审计成果，最大限度发挥跟踪审计的功能。

四、工程项目跟踪审计的生成机理模型

工程项目跟踪审计生成机理是由跟踪审计导向性要素、行为要素和结果要素相互联系、相互制约而构成的有机整体。研究工程项目跟踪审计生成机理，必须分析跟踪审计的各生成要素，揭示各要素在跟踪审计系统生成及运行过程中的作用方式。导向性要素是产生跟踪审计的动力与原因，结果要素是工程项目跟踪审计最终效果的反映，而行为要素是跟踪审计机理的核心，是连接导向性要素和结果要素的桥梁，这三大要素之间相互作用、相互影响。

具体而言，跟踪审计导向性要素，具有指引方向的作用。其中，跟踪审计关系人的权责对等和各相关者利益均衡是跟踪审计产生的动力，工程项目治理结构是建立工程项目利益相关者的责、权、利的制度框架，是建立利益相关者的共同监督机制。工程项目跟踪审计运行流程的有效管理，能够减少跟踪审计运行过程中的内耗，促进跟踪审计目标的实现。在跟踪审计行为要素中，跟踪审计战略是目标，跟踪审计决策效率为主导，受跟踪审计主体素质的影响，跟踪审计行为规范是保障跟踪审计战略实现的一个手段。跟踪审计战略、跟踪审计决策效率、跟踪审计行为规范这三大要素与跟踪审计系统环境存在相互作用关系，要求这三大要素必须适应跟踪审计环境的需要，随着跟踪审计环境的变化而变化，而这三大要素通过对跟踪审计实践的反作用而不断改善审计环境。

衡量跟踪审计结果要素的标准是提供跟踪审计决策有用信息和提高跟踪审计资源配置效率。跟踪审计行为要素决定和引导着跟踪审计的结果要素，同时跟踪审计结果要素直接影响着跟踪审计行为要素的实现。

五、工程项目跟踪审计有效运行机制

机制泛指一系列相关的基本活动或过程的演变规律。工程项目跟踪审计运行机制

是指跟踪审计各个生成要素之间相互作用、相互联系来确保发挥跟踪审计监督实效的运行方式及规律。为保证跟踪审计运行的目的性和效率性，发挥其引导和制约作用，要求客观上有合理、健全的运行机制，主要包括监督机制、保障机制、纠错机制和反馈机制等内容。这几个机制不是独立运行的，是相互影响，相互作用的综合体系。

（一）监督机制

审计监督机制的核心是抑制工程项目管理人员的权利滥用，形成以社会公众监督为原则的权力制衡系统，审计监督与社会各界的监督有机紧密的结合，才能提高跟踪审计的效率，最大限度发挥跟踪审计的效能。设立防止权力滥用的约束防线，将权力的行使者置身于“不能越线”的监督制度环境中。失去监督的权力就会产生腐败。审计监督机制更多体现的是从根本上扼杀腐败的源头，跟踪审计人员具有监督权的行使和制约双重身份。在跟踪审计行为活动中行使监督权，而在行使监督权利过程中又发挥约束的作用。工程项目跟踪审计监督机制是集监督和服务于一身，是全程的动态监督机制，其动态性具体体现在该监督警示系统是根据项目建设进程情况而不断修正的。并且根据项目建设的不同阶段而制定审计目标，促进跟踪审计系统的动态调整。跟踪审计通过建立制度规范、职责明晰、运转协调的跟踪审计监督机制，形成运行有序、合理竞争、信息透明度高的市场秩序。具体包括以下几个方面的内容：

（1）明确跟踪审计人员的角色定位。跟踪审计人员不是管理者而是监督者，不能代替行使项目管理的权利，保持审计人员的理性和权威性。

（2）强化全过程跟踪审计信息的获取，降低因信息不对称性而造成监督不公平性，实现跟踪审计主体信用行为的约束。

（3）加大诚信为本的职业道德惩罚力度，对守信与失信行为有效奖惩，对审计人员起到警示作用，力求将审计失信行为消灭在萌芽状态之中，及时披露跟踪审计人员舞弊与合谋方面等失信信息，对跟踪审计人员有一定的惩戒作用，扩大审计信用监管自律效应。监督人员独立行使的监督职责是及时纠正跟踪审计目标计划中的偏差，保证信息的真实性和完整性。不同的跟踪审计主体发挥不同的监督效应，通过审计信用监督自律效应，严格规范落实相关制度。在信息高速传播的社会，自觉接受社会舆论的监督，政府部门和相关机构等审计利益相关者参与到全程监督之中，发挥监督的威慑作用。

（二）保障机制

跟踪审计资源优化配置，提高跟踪审计效率，这样才能形成保障机制。保障工程项目跟踪审计有效运行最强有力的方式是采取法律手段。审计法律规范，也就是审计法规，其是由国家制定或认可的、反映广大人民的意志，并以国家的强制力保证其实施的一种审计行为规范。审计保障机制是确保跟踪审计各个生成要素之间相互作用，实现跟踪审计目标。法律保障机制是将跟踪审计行为限定在一定的法律制度标准框架内进行，不允许其有所偏离，是实现跟踪审计目标的重要保证。其是跟踪审计机构在执行跟踪审计行为活动中必须严格遵循的各项法律、法规和制度的总和，是跟踪审计系统有序性和稳定性的基础。从工程项目跟踪审计的内容来看，法律保障要从政策执行、资金安全、工程管理，项目运行和服务宗旨等方面完善相关的法规，做到有法可依、有法必依。为追求经济利益导致出现违纪违法的行为要加以严惩，从而遏制违规现象，做到执法必严，违法必究。而对跟踪审计执法不力者，应追究其失职责任。为了杜绝违纪违规问题的出现，加强对跟踪审计利益相关者守法观念教育是必不可少的，尤其是对直接参与跟踪审计信息的产生、收集和交易等过程的审计利益相关者，如跟踪审计人员、工程项目管理人员等，要定期或不定期灌输守纪守法观念，同时要求法律制度应与时俱进、不断创新，保障机制更要创新，促进工程建设管理的法制化和制度化。

目前随着跟踪审计实践工作的开展，各地出台了相应的跟踪审计法律法规制度，但还有不健全之处，如审计责任的归属问题等。跟踪审计机构要求对工程项目的财政财务收支的真实性、合法性和效益性进行监督，包括项目资金的流向以及资金流向使用的结果，这一职责是法律赋予的。这其中涉及的内容可分为技术层面和利益层面。一是技术层面的法律保障，如会计准则、独立审计准则、执业指南等，保证跟踪审计人员执行实践工作有可靠的依据。二是利益层面的法律保障，如涉及审计机构及跟踪审计人员是否合法获取经济利益的法律制约机制。以法律规章制度为中心，通过组织纪律监督、奖惩规则运用和法律制度制约等手段对跟踪审计人员进行管理，保障跟踪审计有效运行。

（三）纠错机制

跟踪审计纠错机制是实现工程项目有效管理的关键，除了跟随项目进程整改项目管理中的漏洞外，还能清晰反映跟踪审计运行情况，纠错机制包括工程项目跟踪审计前期控制、跟踪审计同步控制和事后纠错控制等。审计关口前移，跟踪审计尽早介入，发现问题尽快纠错，充分发挥审计免疫系统的预防功能。工程项目施工阶段和竣工结算阶段在出现问题时同步反馈并纠错，跟踪审计建议的落实情况，把好最后一道防线，充分发挥积极性。从源头上控制投资方向，根本上控制审计风险，防止因决策不当带来的损失，审计置于监督的位置，保持独立性，从项目整体效益目标出发，避免审计风险，发挥审计主动性。从跟踪审计内容上分析纠错机制，包括项目资金的来龙去脉、制度的落实和可行性问题，审计建议执行情况等方面，力求使跟踪审计发现的问题及时纠错并妥善处理，审计信息及时发布，体现跟踪审计的时效性特点。

（四）反馈机制

跟踪审计反馈机制是根据项目管理目标和审计目标进行调整，实现建立跟踪审计“前馈与后馈”有机结合的跟踪审计信息反馈系统。“前馈”就是将跟踪审计关口前移，在跟踪审计的结果尚未实际发生时，提出反馈建议，将问题消灭在萌芽状态，这样解决了因反馈延迟等原因而导致的工程项目控制失调的问题，充分发挥跟踪审计的“免疫”系统功能。跟踪审计虽不全在问题发生之前进行反馈，在问题刚出现之时就进行反馈，也大大缩短了反馈时间，起到警示和预防作用。“后馈”是指跟踪审计人员对工程项目管理漏洞提出审计建议，全程监控跟踪审计建议的执行情况，通过前馈与后馈循环往复来提供审计信息，审计控制使工程项目的建设流程处在一种持续不断的监控状态，有效保证跟踪审计目标的实现。定期或不定期的收集和分析工程项目跟踪审计发现的问题，并找出产生问题的原因，及时反馈给项目管理人员，以便采取措施，加强跟踪审计控制，不断提高审计工作质量。明确解决项目管理问题的方向，将有限的审计资源投入到项目最需要或者最能产生经济效益的地方，提高跟踪审计利用率，同时，通过反馈建议及时为管理层决策提供所需信息，保证科学有效的决策。

反馈机制实质上是一种动态追踪机制，是集监测和效率保障于一身。跟踪审计使工程项目建设系统产生“耗散结构”，要求工程项目建设系统具有开放性和动态性原则，与外界环境相互作用不停进行物质和能量的交换，在分析过去存在问题的基础上，根据反馈建议来把握未来项目管理的发展趋势，并且，它还根据工程项目建设的不同阶段的特点，随着外界的变化而不断完善跟踪审计目标，保持系统前馈与后馈的动态及时调整。尤其对于大型的工程项目投资，其投资风险的控制是通过将工程建设项目分成多个阶段，根据前一阶段获取的审计信息，向后一阶段反馈，及时采用控制手段，反馈各个阶段存在的不确定性因素，确定项目的投资方向和预测潜在风险，主动利用动态反馈创造项目效益。

第四节　质量控制

一、优化工程项目组织治理结构

工程项目的治理结构包括关键利益相关者治理和非关键利益相关者治理。当利益相关者不能实现有效的内部治理时，可通过完善法律法规制度来加强规范，或者通过引入市场竞争机制来间接制约。首先，在工程项目的治理结构中，加强对各利益相关者的沟通和协调是极其重要的环节，通过动态调节，配置项目管理的决策权和监督权，为项目利益相关者创造良好的项目管理环境，衔接项目管理的各个环节，提高项目管理效率，促进项目目标的实现。建立科学合理的激励机制，激发各利益相关者的工作热情，协调参与各方的关系，促使人员尽责尽力做好本职工作。如：国家投资主体对工程项目负责人的监督和奖惩，项目建设单位建立对承包商或监理单位等其他代理人的监督机制和惩奖机制，规定了工程项目利益相关者的基本实施框架，明确各利益相关者在此框架下的责、权、利，确保项目管理在正确的轨道上运行。

其次，将工程项目治理主体及各利益主体在不同阶段进行利益分析，如项目建设单位在项目的策划、准备、实施和收尾阶段会涉及施工单位、设计单位、供应商、银行和政府等相关者的利益关系。而施工单位在不同的阶段会涉及建设单位、设计单位和监理单位等的利益关系。理清各阶段各主体的不同利益关系，有利于优化工程项目治理结构。因此良好的工程项目治理结构，可解决项目利益相关者的利益分配问题，提高工程项目建设的竞争力，促进项目高效运行。工程项目治理结构解决问题的视角是从管理的层面扩展到治理结构的层面，为工程项目管理提供运行基础和责权利的体系，架构精简而有效的项目组织，提高工程项目管理水平。

二、提升工程项目跟踪审计主体素质

1. 加强跟踪审计人员的道德教育。树立跟踪审计理念，建立学习型跟踪审计组织，是审计人员及其审计机关组织学习和行动的目标，是实现自我超越、整合组织中全体成员的共同愿景。为巩固这种思想理念，应加强跟踪审计人员的道德教育，通过各种形式的道德教育机制来提升跟踪审计各利益相关者的道德水平，从而有助于跟踪审计功能的发挥和跟踪审计目标的实现。完善的跟踪审计制度是硬性保证，而通过树立跟踪审计理念对其进行道德教育，这种潜移默化的方式也是不可或缺的。跟踪审计道德教育包括跟踪审计人员职业理想、职业责任感和职业名誉行为。跟踪审计人员职业理想是在跟踪审计道德教育中起决定作用的要素，要求跟踪审计人员树立职业理想、坚定职业信念和完善职业追求。这实际确立的是审计人员职业道德价值取向，跟踪审计是一种对公众和社会的服务，从道德要求的角度，应追求审计服务质量的提高和审计行为的规范。职业责任感是要求跟踪审计人员应具备的一种职业责任意识，即对审计行为结果有一种责任意识，包括对工程项目管理的责任、对社会公众的责任、对审计工作的责任和对同行审计人员的责任。职业名誉行为是指符合职业道德并与职业地位相符或理想的职业声誉的行为。跟踪审计人员不得以经济利益为目的而争取客户或产生其他不良意图。因此要树立崇高的审计职业理想，坚定审计职业信念与追求，履行审计人员的职责，发挥跟踪审计人员自律的作用，规范跟踪审计人员的行为。

2. 增强柔性管理力度。工程项目跟踪审计有效运行应具有柔性管理意识，是指在跟踪审计过程中应以人为本，使工程项目跟踪审计在全程动态的审计环境下，主动快速地利用各种变化因素并促进跟踪审计有效运行。随着跟踪审计环境的变化，需要重新制定审计方案、配置资源等，这些计划是否能够顺利做出调整，就取决于该跟踪审计系统的柔性，同时这种调整也必须受到约束与引导。因此可从以下几个方面增强柔性管理力度：首先，全阶段全员参与。工程项目跟踪审计是促进对工程项目有效管理的保障，其贯穿于工程项目建设的全过程和全方位，工程项目跟踪审计包括工程项目施工前期准备阶段、施工阶段和竣工验收及结算阶段审计，涉及工程项目管理人员、施工人员和技术人员等全员参与的过程。其次，以制度为刚性基础，以柔性管理理念为依托。制度为保证工程项目管理活动稳定和有序进行奠定了基础，而理念能增强工程项目跟踪审计灵活应变的能力，工程项目跟踪审计应在制度的框架内根据变化因素调整其灵活性，以提高工程项目跟踪审计抵御风险的能力，促进工程项目管理活动有序进行。

3. 提高审计人员技能。提高审计人员技能是指提高跟踪审计人员的职业知识水平与技能的要求。跟踪审计人员在审计资源配置中起决定性作用，决定着跟踪审计资源配置的方向和效果。审计人员技能的提高，各审计要素的优化整合，由此产生倍增的效益。通过提高跟踪审计人员的素质，能使审计机构获得相对低成本而优质的跟踪审计人力资源。随着当今知识更新速度的加快，工程项目跟踪审计面临复杂的环境趋势，跟踪审计人员应具备更快、更强的学习能力，不断夯实理论知识，并将理论运用于实践，当涉及工程项目知识时，应加强与之相关的专业人员的交流，倾听别人意见。

因此，在跟踪审计资源、信息、能力的现有条件下，跟踪审计人员技能直接影响跟踪审计的效率。工程项目跟踪审计是一项专业性、综合性强的复杂工作，不仅要求跟踪审计人员具备风险管理、财务、审计、工程项目管理等专业方面的知识，还应有很强的责任意识，以优秀的职业素质开展跟踪审计工作。一方面，跟踪审计机构应制定人力资本的发展规划，加强对审计人员的有效管理是充分利用其他现有资源的前提，充实跟踪审计人员力量，合理配置跨专业的人才，充分发挥审计人员的个体优势，尤其应加强跟踪审计项目负责人综合能力的培养，提高项目审计负责人的识别、判断能力是审计成功的关键要素。另一方面，跟踪审计机构必须激励与约束审计人员，确保跟踪审计有效实施，避免损害各利益相关者利益的事件发生。通过理想化的制度来规范审计人员的行为，充分调动其积极性，实现工程项目管理的价值最大化。由于跟踪审计人员的素质对跟踪审计资源配置效率产生重大影响，提高跟踪审计资源配置效率依赖于具有高素质、具备专业技能和富有创新能力的跟踪审计人员。

三、完善工程项目跟踪审计规范

跟踪审计规范是指为了实现跟踪审计目标而对审计行为采用的一种约束和引导机制。从跟踪审计实际情况出发，合理借鉴、参照现有的审计规范，制定操作性强的跟踪审计操作办法，为跟踪审计行为主体活动提供具体的指导，促使跟踪审计人员按照跟踪审计规范的要求，健康有序的完成审计工作。首先，审计人员在审计实践中逐渐形成系统的审计职业道德观念，良好的道德意识能发挥出规范审计人员职业行为的作用，要求跟踪审计人员具有认真负责的工作态度，具备良好的职业社会声誉，以诚待人友好相处，有献身职业的精神。其次，应建立定期或不定期的跟踪审计制度、项目内部控制制度和跟踪审计建议落实制度，从法律层面上提供制度保障。监督工程项目各项管理制度的贯彻落实情况，汇报各审计阶段的工作情况，发现问题及时解决。定期检查审计建议的落实情况，将审计整改情况纳入项目管理人员的年度考核，建立违规处罚制度规范个体行为。再次，完善跟踪审计技术规范。加强审计人员继续教育培训，不断更新专业技术知识，扩展知识面，提高跟踪审计人员的综合素质，规范跟踪审计人员行为，保证跟踪审计工作有序运行。只有完善这些配套制度，才能利于跟踪审计工作的顺利开展，从根本上降低审计风险。

四、构筑优势工程项目跟踪审计文化

跟踪审计文化是影响工程项目跟踪审计机构及其人员的一种信念和价值体系，在很大程度上，跟踪审计机构及人员的行为方式受制于跟踪审计文化。由此应充分发挥跟踪审计文化在跟踪审计机构运行中的重要作用。具体包括以下几个方面：①营造优势的跟踪审计文化，跟踪审计组织共享的这种价值观念，为跟踪审计人员的活动提供了行动指南，发挥了导向性作用。②完善跟踪审计文化制度，规范跟踪审计组织管理，用制度规范跟踪审计行为、按制度处理跟踪审计活动、靠制度管理跟踪审计人员等措施，这些成为完善跟踪审计文化制度的关键，发挥其制度的稳定性和长期性。工程项目跟踪审计运行系统中，通过建立和完善规章制度表现出的优势的跟踪审计文化，能够从跟踪审计人员的潜在价值观、道德意识和奉献精神等方面更深层次地指引和约束跟踪审计人员的行为。③从工程项目的整体利益出发，跟踪审计文化引导审计主体的行为活动，协调跟踪审计相关主体的利益冲突，衡量自身的跟踪审计风险控制活动，衔接跟踪审计程序，推动跟踪审计目标的实现。④优势的跟踪审计文化能促进工程项目管理树立良好的声誉和形象，在优势的跟踪审计环境中控制审计风险，对跟踪审计环境进行不断的优化。拥有优势的跟踪审计文化是指全体成员能广泛共享价值观的文化，因此审计机构拥有优势的跟踪审计文化比呈现弱势的跟踪审计文化对审计人员的影响更大，能促使跟踪审计系统人员的行为方向更协调一致，进而在跟踪审计系统内外部形成和谐的跟踪审计环境。

构建优势的跟踪审计文化主要从以下几个方面着手：

（1）树立和谐跟踪审计的观念。和谐的跟踪审计观念是在科学发展观的指导下，坚持以人为本、以各利益相关者的共同利益为基础，以工程项目投资效益最大化为导向，进行工程项目全过程动态监控，长效合理配置跟踪审计资源，实现跟踪审计目标的审计行为导向。首先，需要做大量前期宣传工作，得到领导的重视，有顾全大局的和谐思想理念，打破传统的思维模式，让这种和谐的跟踪审计观念深入人心，保证在跟踪审计实践工作中能得到各职能部门的支持和配合。跟踪审计和谐氛围的营造既是实现和谐跟踪审计的基础，更是我国工程项目建设领域有序发展的必然要求。和谐跟踪审计的理念体现在具体的跟踪审计运行过程中，跟踪审计人员与项目管理决策人员应避免经济利益关系的合谋与冲突，责、权、利明确，不能越位越权，同时工程项目建设单位、施工单位和审计机构之间的经济利益关系，审计人员不能因获得个人利益而放弃或减轻对施工单位的不当利益的追求。

（2）营造工程项目跟踪审计纠错氛围。审计人员跟随工程项目建设进程，对全过程各施工阶段内容提出审计建议，及时揭露工程项目内部管理的漏洞和缺陷，工程项目利益相关者各司其职，纠错整改同步进行，根除问题的根源，规范工程项目管理，促进项目投资效益最大化。工程项目全过程跟踪审计及时反馈审计建议，高效地解决问题，尽可能将问题消灭在萌芽状态中。全过程跟踪审计围绕工程项目全过程的管理、经济活动以及与之相联系的各项工作进行监督和评价，不断对已完成或正进行的经济活动进行跟踪审计，比事后审计更能及时发现并解决问题，从而起到防微杜渐、事半功倍的效果。

（3）推进跟踪审计文化创新。跟踪审计系统需要及时进行跟踪审计文化的创新，使跟踪审计文化能适应跟踪审计环境的变化，避免由于跟踪审计监控系统滞后性不能应对跟踪审计风险，造成工程项目不必要的损失。跟踪审计文化的创新既是对已有优势跟踪审计文化的继承，剔除那些不适应跟踪审计环境变化的文化，重新配置审计资源，适当调整跟踪审计目标，用一种新型的跟踪审计文化凝聚审计人员。同时必须建立持久的跟踪审计人员后续教育培训制度，即按计划定期对跟踪审计人员进行高效的职业教育培训，包括宣传跟踪审计机构的价值观、道德观，尤其是涉及工程技术知识、财务审计和工程造价等跨专业先进技术知识的学习，其他工程项目跟踪审计监控风险的成功经验等。最后，加强廉政建设，审计机关及人员进行廉政建设教育是内在需要，坚持以职业道德教育为基础、制度为保证，监督为手段同步进行，达到预防为主、惩罚结合之目的，为发展跟踪审计文化保驾护航，促进跟踪审计工作顺利开展。

五、净化工程项目跟踪审计环境

工程项目跟踪审计具有周期性长、涉及范围广和责任风险大等特点。净化跟踪审计环境，是高质量完成跟踪审计工作的前提条件。工程项目跟踪审计环境影响着跟踪审计的决策效率、跟踪审计资源的合理配置等，而审计环境的影响要素多样化，因此跟踪审计环境呈现复杂性、动态性和随意性的特点。跟踪审计机构运用正确的跟踪审计方法，整合跟踪审计资源，与其他组织和个人形成良性互动关系，真正做到从制度上强化跟踪审计的独立性、公正性，规范跟踪审计行为，实现从根本上保证跟踪审计结果的权威性。现代企业面临激烈的市场竞争，参与工程项目建设的相关部门，受利润最大化的驱动，不可避免地导致跟踪审计信息失真，增大跟踪审计风险。同时，跟踪审计机构各相关部门，包括审计机构主管人员对工程项目跟踪审计规章制度的遵守程度、管理人员素质等因素也会对工程项目跟踪审计风险产生影响。因此工程项目跟踪审计面临复杂的环境因素，应尽量控制跟踪审计风险。可以从思想环境、组织环境和工作环境等三个方面净化跟踪审计环境。首先，从思想上转变观念，树立正确的意识和开放的跟踪审计思想，协调审计人员发挥监督与服务的职能，同时规范跟踪审计人员自我意识，不拘泥于传统的财务审计模式，勇于突破和创新，积极配合跟踪审计工作，接受社会公众对工程项目跟踪审计成果的监督和制约。其次，把握机遇，保持和发扬优良的工作作风，营造良好的跟踪审计环境，既有利于保证跟踪审计机构的统一领导和指挥，又能充分调动跟踪审计人员积极性和主动性。再次，创造和谐的工作环境，改进跟踪审计方法，应用现代审计计算机的最新技术和方法，提高跟踪审计工作水平和效率，优化跟踪审计管理工作的各个环节。跟踪审计人员在内部动因的驱动和外部环境的刺激下，按照审计目标的要求，恪守审计行为规范，对跟踪审计标准的遵循性进行评价，并把审计结果传达给各利益相关者。

第五节　进度控制

一、建设项目工程造价设计阶段审计重点及审计策略

设计阶段审计重点是设计概算与施工图预算的编制的准确性、设计方案的经济性、控制措施的可操作性和目标的准确性，通过审计提出降低造价的合理化建议。做好设计阶段审计，主要把握以下四点：①实施限额设计，引进设计监理。限额设计就是要求设计单位按照上级主管部门批准的项目设计任务书及项目投资估算，通过精心组织、系统规划提供科学的设计方案。设计单位及个人除了要对设计质量及安全性负责之外，还应承担因设计原因造成的造价浪费和投资失控的责任。除此之外，引进优秀的监理单位介入设计，在保证使用功能和结构安全合理的前提下，对设计的安全性、合理性、科学性及经济性进行审核评价，双效合并确保投资经济合理。②利用技术经济指标剖析以优化设计方案。针对各个设计方案进行造价编制，并对各方案经济指标进行交叉剖析比较；综合其功能、标准、技术经济等要素，撰写造价剖析比较报告，并提出优化意见和建议；协助设计人员进行技术改进、优化设计。③初步设计概算的编制和审查。对比剖析与核批的投资总额的差异原因，并提出经济性合理化建议。④编制和审查施工图预算。对比剖析与核批的设计概算的差异原因，并提出经济性合理化建议。

二、建设项目工程造价招投标阶段审计重点及审计策略

建设项目招投标阶段是建设单位开展实质性工程建设的第一步，对整个项目的建设具有奠基意义。招投标阶段其审计重点是招标范围的完整性，招标流程的合理、合法性，评标、定标工作的公允性；施工招标文件的计价规则、合同条款的合规性，是否存在漏洞；根据设计说明及图纸着重核查分部分项工程量清单项目所列内容及数据计量是否完整、真实、准确；暂定价格材料或甲方提供材料的价格是否合理。做好招投标阶段审计，主要把握以下两点：

（1）审查招投标程序的合法性、合规性。审查招标项目是否完整，是否存在化整为零肢解建设项目现象，投标、开标、评标及定标等活动的开展是否符合《招投标法》和《合同法》，是否严格遵循“公开、公平、公正”原则。

（2）明确计价方式。招投标活动基于招标与投标双方的行为，事先明确计价方式，能够保证后续评标、定标活动的公平性和透明性，规避招投标双方因维护各自利益而导致的矛盾纷争。目前惯用的招投标计价方式主要有两种：定额计价和工程量清单计价。

这两种计价方式实施的基础、计量计价的方法和实质都有所差异，应当依照实际工程具体的成本控制思路，剖析利弊，拣选最符合工程实际的计价方式。尤为重要的是计价方式的拣选应遵循相应计价的规则配套执行，并严格划清界限，避免工程后期纠纷。按《建设工程工程量清单计价规范》的规定，全部使用国有资金投资或国有资金投资为主的工程建设项目，必须采用工程量清单计价。

三、建设项目工程造价施工阶段审计重点及审计策略

施工阶段审计重点主要包括核查进度款的真实性、准确性，是不是严格按合同支付，工程造价变化的依据是否合理，材料价格是否按照合同约定选取符合当期市场水平的信息价，分包工程是否考虑总包管理费，分包程序是否符合相关规定等。

（一）加强合同实施过程的动态监督和控制

中标人必须在合同约定期限内，按照投标文件中关于项目部人员资质、技术架构的配置组织人员、材料、机械进场完成主体结构施工，期间不得违法分包；负责施工总承包的中标人对于建设单位(业主)直接指定分包工程承包人的要求有权利予以拒绝；专项工程分包除在施工总承包合同中有约定外，必须经业主单位认可；建设单位一旦发现施工单位在合同履行过程中存在转包、违法分包的行为，应按合同约定及时予以制止；业主单位严禁与承包单位串通，任其转包、违法分包。

（二）加强设计变更的审查

施工阶段的设计变更对施工进度、质量管理和费用控制都有较大影响，是这一阶段工程造价控制的重要影响因素之一。因此加强设计变更的管理，对确保工程质量、工期和控制造价具有十分重要的意义。虽然设计阶段已经对设计采取了造价控制措施，但是由于实际施工过程中，因部分地质条件特殊、设备技术参数调整或结构功能性调整等因素，设计变更难以避免，但是应将因设计变更而产生的新增投资额控制在基本预备费 30% 以内。设计变更审查应注意以下几点：施工阶段的设计变更由监理会同建设、施工单位共同协商确认，需进行变更的部位确属原设计，不能保证工程质量要求、存在遗漏或差错而无法满足现场施工条件，并将会商结果报设计单位核准并出具变更通知。在考虑设计变更技术合理性的同时，还应当权衡比较因变更产生的效益与现场变更增加的费用和可能引起的索赔等所产生的损失。

设计变更必须注明变更原因，要坚决杜绝原因不明、内容不详实、变更流程不完备、资料不齐全的单纯调增材料用量的设计变更。严格执行设计变更审批流程，确保变更后总造价应在总概算的控制幅度内调增调减。对因必要的设计变更有可能超概算的情况，要审慎实施并报有关部门同意。

（三）严格现场签证的审查

监理人员应熟悉施工技术及造价控制知识，对施工单位填报的签证申请要求进行认真详实的审核，对不该签证的项目一律不予签批。严格审查现场签证的申请、审核、会签流程办理是否及时，是否存在施工单位先斩后奏、巧立名目、弄虚作假行为。严格审查低价中标者在施工过程中为保证利润空间，对包干工程偷工减料，对非包干工程大量签证的违规行为。

（四）把好结算审查关

采用工程量清单计价的工程，结算时的计量审核应以招标文件与施工合同所列工程量为依据，参照施工图纸、设计变更单等再次进行完整的工程量计算，针对现场签证工程量较大的分项工程，应进行重点核算。核对合同条款，对于采用定额计价的工程还必须依照合同约定或甲乙双方会商签认的单价对定额的套用和取费进行审查，计取合同规定的取费标准。

四、建设项目工程造价竣工决算阶段审计重点及审计策略

竣工决算审计的重点主要有审计竣工决算资料的完整性，编制依据的合规性；决算书的工程内容是否符合施工合同条件要求，计量是否准确，取费是否合理合规；费用、利润、税金的计提规则是否得当；合同变更价款的计算是否真实、准确；设备、材料价格和实际结算是否相符等。

1. 核定工程量。审定工程量是竣工决算阶段审计的重要环节，防止施工单位高估冒算，应当以核查所占投资比例较大的分项工程及容易被鱼目混珠的项目为重心，如轮结构施工项目，是否如实扣减交叉计量部分及门窗等体积。

2. 核定材料用量及价差。由于建设项目工期较长，市场材料种类繁多、价格不一且受市场、政策、经济环境等影响存在较大波动，对价差的核查控制，特别是对主要材料价差的调整能够有效地实现控制造价、降低成本的目的。材料价差应依照定额用量、实际消耗量和预算定额单价、实际单价剖析计算，做到不重不漏。

3. 核定工程定额的套用。审核决算书所列工程项目，特别是价高、量大或定额子目容易混淆的分项工程的定额套用是否合理合规，是否存在错套现象，审查定额套用时换算数据的准确性。

五、建设项目工程造价全过程跟踪审计的风险管理

建设工程造价审计风险，主要是指工程造价审计人员在完成预、结、决算审计工作，提交审计报告初稿，对审计报告初稿所表述肯定性结论的准确性应承担的风险，其贯

穿于项目决策、设计、施工、竣工验收和投资运营的全过程。审计结论所呈现的实质性内容准确度越高，审计风险越大，审计人员相应承担的法律责任越大。

（一）风险剖析

工程造价审计工作中，可能遇到的审计风险主要来自三方面：一是工程造价审计固有风险，即在操作中客观存在的风险，如项目复杂、法规不健全等；二是被审计单位的控制风险，指建设单位对工程所涉及的经济活动处理不当带来的风险；三是审计成员作业风险，是指当事人对审计项目未能客观公正地验证、测算、复核所应承担的风险。审计风险可用公式来表述：

审计风险 = 固有风险 + 控制风险 + 作业风险

由关系式可得出：审计风险的大小由固有风险、控制风险、作业风险共同决定，当固有风险、控制风险、作业风险都低时，审计风险才会最低。对具体项目而言，固有风险是常量无法降低或回避，而控制风险和作业风险则可以通过人为控制实现削减。如某建设项目，其结构越复杂、设计越繁琐、施工技术措施越不完备、施工时间跨距越长，其预决算准确性的固有风险就越高；若建设单位内控制度执行不力，施工现场的成本控制人员及监理工程师对造价知识掌握尚浅，那么被审计单位的控制风险就相对越高；若审计人员执业能力不足，不了解施工工艺与定额的关系，那么作业风险就会很大。加强建筑管理，健全内部监督机制；依法审计，加强培训提高人员素质，审计的风险就会从总量上得到控制。

（二）降低风险的途径

由于固有风险和控制风险的存在先于审计工作的介入，那么审计针对两者的风险防范所能采取措施就是认真做好审前调研筹备，基于对建设单位的内部控制制度和施工单位的参建行为的调查了解，找准症结有针对性地开展审计，从而达到降低风险的目的。

1. 落实好审计规范，严格审计工作程序。审计人员必须熟练掌握审计实务相关的实施规范和细则，依据被审计项目的基本情况，制订切实可行、详细周密的审计方案，收集充分性较强的审计证据，整理出内容完整、叙述清楚、签证齐全的审计工作底稿；作出客观公正的审计评价，使整个审计过程合法、合规，努力降低审计风险。

2. 采取全过程动态跟踪审计，客观反映审计事项。工程造价审计结果直接涉及建设、施工乃至监理单位的经济利益，从投资决策实施、招投标流程监管、合同金额核准、施工过程中的变更和签证的认定、隐蔽工程核证到竣工决算套价取费，都应进行全面剖析，真正从质量、进度、造价三方面对建设项目进行有效控制，因此应当尤其关注以下五个环节：

一是把好合同协议审核关。重点关注合同条款的合法性、合规性，避免出现权责不平等；关注补充协议与招标文件、母合同的一致性。

二是把好工程量计量关。施工单位通常会采取虚增冒算、重复计量等手段来增加工程造价。通过“全面盘查、重点审核、比对分析”的方法，对修饰过的工程量进行去伪存真的核减是降低工程造价的基本手段。通过查阅验收资料来证实隐蔽工程的真实性，通过现场施工变更资料的完整性、真实性和审批流程的合规性认定变更工程量，分析清其中责任关系及费用承担主体，同时复核计算方法是否正确、工程量是否属实、单价是否合理。

三是把好套用定额关。施工单位在套用定额时一般会通过高套定额子目、重复套用定额子目、调整定额含量和补充定额子目来提高工程造价。在审核套用预算单价时要注意以下几个问题：审核直接套用定额单价时，注意采用的项目名称和内容与设计图纸的要求是否一致，工程项目是否变相重复。审核换算的定额单价时，要注意换算内容是否允许换算，换算内容的范围是否一一对应，换算的方法是否正确。

四是把好材料差价审核关。合同及业主方现场签证是进行材料价格审计及调整的主要依据。对合同条款未做调整规定的，应不予调整，合同约定按施工期间信息价格调整的，应采用材料使用期间的平均信息价或签证认可的材料单价。对于信息价中没有发布的，或甲方没有签证的材料价格，须由三方一起进行市场询价确定。

五是把好取费标准审计关。取费应根据工程造价管理部门颁发的定额和相关规定，结合工程造价相关文件来确定费率。审核时应注意取费文件的时效性、取费标准的合理性、费率计算的准确性、人工费及材料价差调整是否符合文件规定等。

第六节　风险管理

一、存在风险

（一）审计风险的概念

审计风险是将风险理念和审计学有机的结合在一起，旨在使审计人员更好地把控审计工作。目前，国内外对于审计风险未形成统一的定义，但内涵基本一致。即审计风险是审计人员对于实际上存在错误的财务资料进行了错误的估计和判断，发表了与事实不符的审计报告的可能性。由基本内涵可以发现，审计风险是基于财务资料而言的。

（二）建设项目跟踪审计风险的概念

由于跟踪审计起步较晚，所以目前并没有对于跟踪审计风险的详尽描述。跟踪审计风险与传统的审计风险相比有很大的差异，建设项目的跟踪审计周期长，参与人员多、技术及专业性要求高，很多内容基本不涉及财务资料的审计，因此，传统的审计风险的描述模型和评估方法不适用于跟踪审计。建设项目跟踪审计风险是指审计人员出现审计评价和结论错误的可能性，这种可能性将会导致审计人员被追究责任。根据风险的形成原因，建设项目跟踪审计风险有如下内容：

1. 跟踪审计的环境风险。

（1）法律制度风险。依法审计是审计的根本。审计方面的相关法规停留在对于预决算的审计上，而跟踪审计作为审计方式的升华和创新，应用越来越广泛，但是却属于相关法律法规之外的内容，缺少法律的支持；随着跟踪审计应用的增加，各地区相应地出台了一些试行的操作规程，但是缺少适用于不同地区的指导性文件。综上所述，法律文件的缺少影响了跟踪审计的效果、地位和权威性，带来了风险。

（2）执业环境风险。建筑业对于国民经济的推动作用显著，每年在建筑业中产生的投资是庞大的，而由于我国的项目管理水平和监督制度的薄弱，贪污腐败现象屡见不鲜，据有关部门统计，建筑业的违法乱纪现象占到所有行业总和的 1/3。而建筑业的违纪现象又具有普遍性、隐蔽性，给跟踪审计监督带来了风险。

（3）政治环境风险。跟踪审计多为造价咨询公司代政府行使监督职能。但由于我国造价咨询行业起步晚、发展慢，并且多数咨询企业的发展都与政府部门的扶持有着密切的联系，这使得部分造价咨询企业由于受到政治因素的影响，在审计工作中无法保证其独立性、公正性和客观性。

（4）审计认识风险。社会对于审计的职能和作用认识不足，当对建设项目进行跟踪审计时，各参建方易将工作推脱给审计人员，以至于对审计人员产生依赖，导致跟踪审计失去意义，风险极大。

2. 跟踪审计工作风险。

（1）独立性风险。建设项目跟踪审计的根本作用是监督和评价，有时涉及服务。但为了收集审计资料和证据，审计单位需要长期在项目现场并参加项目例会，并发表相关的意见和建议，很容易陷入到项目管理中，失去独立性，带来风险。

（2）人员能力和介入时间风险。建设项目跟踪审计涉及项目建设全过程，理论上介入项目越早越好，但现有的审计人员多为财务和造价专业方向的，对于项目决策科学性、设计合理性的审计难以胜任，致使跟踪审计基本是从招投标阶段开始，带来审计介入时间滞后的风险。

（3）委托审计风险。由于审计机关审计力量的不足，跟踪审计多为委托中介机构实施。首先，审计中介的水平参差不齐，在中介机构的选择上就会带来风险；其次，中介人员并非审计机关人员，很容易对审计工作不够重视和负责带来风险；再有，长期的跟踪审计过程中，中介人员和各参建方的关系的发展也会对审计带来风险。

3. 项目内部管理风险。在政府投资建设的项目中，个别领导人素质不高，违反规定干涉项目招投标、材料设备采购、工程款支付等经济活动，造成资金损失；部分项目管理制度的不健全以及盲目指挥的管理方式在建设过程中随处可见；各参建方受到利益的驱动可能出现相互合谋、共同违规的情况。这些都是项目内部管理存在的审计风险。

4. 跟踪审计风险管理。通过对建设项目跟踪审计的不断摸索，有关部门应逐渐完善审计风险的识别，之后利用系统工程的方法建立跟踪审计风险分析的模型，评估风险发生的可能性和危害程度，合理确定跟踪审计的重要性水平，据此制定风险防范措施。但由于国家建设领域相关法律法规制定和发布是一个漫长的过程，因此，各个审计机关和审计机构要在内部形成基本的风险防范措施，保证审计质量。

二、建设工程项目审计风险的成因

（一）各利益主体对审计要求的多样性

建设单位要求提升工程项目的整体管理水平，尽量降低工程造价，突出工程项目的经济性和效益性；施工单位要求利益的最大化；行业监管部门则要求工程项目的社会效益和政治效益等。由于各部门对建设工程审计的出发点和着眼点不尽相同，导致审计的结论、审计的风险也不同。因此，各利益主体最终往往都将焦点问题都集中到审计部门和审计人员身上，这就产生了最突出而无法控制的风险。

（二）内部审计职能的扩展

过去人们对内部审计职能的理解是监督与评价，而内部审计经过发展，对建设工程审计不仅是从建设资金投入、使用、效果几个方面静态地评价、出具审计意见，而且对建设工程实施项目管理也开展全过程跟踪审计。在监督中，不仅是从造价和资金使用上，同时对建设工程的一切活动和建设过程中主要领导者的经济责任、项目的绩效情况等实施跟踪审计。审计内容随着审计职能的扩大也随之增大，因此审计人员对建设工程审计的风险也相应增大。

（三）审计环境的影响

工程项目不同阶段的审计包括工程技术审计、财务收支审计、建设管理审计等多项内容，涉及企业的众多部门。从外部环境看，现代企业面临激烈的市场竞争，参与建设工程的相关部门，受利润最大化驱动，不可避免存在着信息失实、错误甚至舞弊行为，增大了审计风险。同时，建设单位内的相关部门对建设工程审计制度遵守的程度、管理人员素质等因素都会对建设工程审计风险产生影响。

（四）审计人员的因素

工程审计工作体现了较强的技术经济综合性特征，因而从事工程审计的人员除了要具备一定的财务知识之外，还应具有深厚的工程技术知识，否则无法保证对工程建设的质量等技术性工作的审计。但目前有相当数量的审计人员不了解工程结构和施工要求，无法完成与施工技术内容有关的审计工作，致使工程审计难以达到应有的质量要求，增强了潜在的审计风险。此外，审计人员的敬业精神和工作责任感、职业道德，对工程审计结论客观、公正、真实反映建设工程状况相当重要，也会直接影响到建设工程的审计质量。

三、建设工程项目审计风险的防范措施

（一）设立若干互相牵制的岗位，实行基建项目全过程监督

一是工程监理的监督。工程监理是一个专业性的行业，其职责是对整个工程从立项到完工，利用其专业技术进行全过程的监督、检查。由于监理的独立性、公正性和专业性，为建设部门更好地完成建设工程项目提供了保障。在工程项目投资较大，技术性较复杂的情况下，进行工程监理，从工程立项开始，包括图纸的汇审、材料的选定、合同的修改和实施、施工过程的监督、结算的审核等。二是建设单位现场代表的监督。为协调好建设单位和施工单位的关系，建设单位需委派一名熟悉施工专业知识和预（结）算技术的人员（甲方代表）进行现场监督和管理。甲方代表监督施工合同的执行，及时协助监理处理日常事务、向建设单位领导汇报工作，对监理的签证进行现场监督，并且现场搜集资料，为日后的结算打下基础。三是内部审计部门的监督。在工程项目立项前，审计人员应会同有关部门对工程项目进行可行性测试，对拟邀请投标的监理单位和施工单位的资质、诚信度进行测试、评估。施工过程中，按照施工合同的要求，经常到施工现场进行突击检查，检查施工单位是否按质按量进行施工，材料购进是否符合合同要求，监理和甲方代表的签证是否属实，发现问题及时汇报有关领导，并及时进行纠正。四是基本建设工程的预（结）算在送审之前，各个部门必须事先进行审核，并有审核记录。一些单位在刚开展基建审计时，由于经验不足，主管基本建设的部门没有进行审核，审计部门在审计时，每个分项工程都必须进行审核、测量，每种材料都要调查核实，工作量非常大，审计效果也不好。往往一个工程经审计部门审计后，结算造价在施工单位报价的基础上减少 20%~60%。经过改革，要求监理和基建主管部

门利用其对工程较熟悉的有利条件先进行审核，审计科在其基础上再进行审计把关，审计人员的工作量大大减轻，审计风险也大大降低。

（二）安排零星工程进行工程招标

通过公正的招标（外部招标和内部招标），施工单位为了中标，必然会根据自己的实力与经济承受能力，比价格、比技术、比质量。工程造价会降到一个比较真实、合理的位置。招标的工程，审计人员只需在施工前把好合同关，施工中抽查合同的履行情况，完工后对增减和更改的工程进行审计，工作量减少了，审计风险降低了。对于用量较大、单价较高、没有当地信息价作为参考的主要材料、设备，以及进行高级装修而没有定额指导价的分项工程，施工前必须进行市场调查，确定双方都能认可的价格，这样，才能避免日后由于价格问题而争执不下，无法结算。

（三）重视审计调查与取证

进行基建审计的依据是工程图纸、甲乙双方认可的签证、现行预（结）算定额、现行费用定额及有关政策。一般情况下，可通过以上资料收集审计证据。但施工单位往往利用小型土建、水电安装、维修及装饰工程没有准确的施工图纸的特点，高估冒算、虚报工程量，审计人员必须进行现场测量，全面地、充分地收集审计证据。审计人员进行实地测量取证时，必须采取严谨、合法、公正的手段。测量时审计人员、建设单位委派的现场管理代表、施工单位委派的代表必须同时在场。测量的结果必须经三方代表签字认可。施工单位常常对施工用主要材料虚报价格，或者以次充好、以假乱真。审计人员必须实地查验，进行市场调查，以便取得该种材料的真实价格。

（四）实行社会审计作为有效补充

基本建设工程项目预（结）算审计的专业性、技术性要求审计人员必须掌握一整套的工程预（结）算技术，必须了解每种工程的施工特点、施工方法、核算方法，对于内部审计部门来说较为困难，要完成以上各种各样的审计任务，必然要冒较大的审计风险。而社会审计却拥有各种各样的人才。为了降低内部审计的风险，工程投资较大，资料较齐全，核算技术较复杂的工程项目，可以请社会审计进行审计。但此前基本建设单位应先进行审核，对比较容易发现的错误先行剔除，这样单位也可节约审计费用的支出。

第七节　信息管理

“工欲善其事，必先利其器”，孔子在两千五百年前已经指出合适的工具是高效工作的技术手段。内部审计是集团企业治理和内部控制的重要组成部分，承担对内部各项业务实施全面监督、评价和咨询服务的职能。由于企业处于规模快速扩张、业务量急剧膨胀，新的产品类型和服务种类不断推出的高速发展阶段，与有限审计资源矛盾正日渐突显。建设适合的信息化系统，是有效开展内部审计工作的先决条件。信息化的高速发展，给审计监督和管理工作带来了机遇，更带来了挑战；其不仅仅是审计技术和方法的变革，还是信息技术与审计业务的有机融合，更是一种审计思维的全面改变。

由于建设项目审计是由区域不同、部门不同、专业不同的人员配合，信息的收集、整理都必须通过各参建方人员的准确沟通传递来实现。本书拟应用互联网和数据库开发技术，参照类似的资源共享型的信息管理平台，构建一个建设项目踪审计信息系统，协助审计人员更高效地完成建设项目跟踪审计工作。具体意义如下：

（1）创新审计工作模式。随着信息系统全面整合不断推进，传统的跟踪审计方式已无法保证其审计结果和审计内容的质量，更无法应对互联网模式下的业务与数据信息化的挑战，因此实现审计处理流程的规范化、管理方式的科学化和工作手段的现代化，是审计工作的重大转型，也是实现企业最大限度地监控和防范经营风险一项基础建设工程。建立跟踪审计系统，可以使内部审计师有条件地将现场审计与实时在线审计、异地远程审计、跨部门联网审计有机结合。

（2）提高工作效率，保证跟踪审计质量。集团企业由于业务量庞大，审计人员通常由内部审计师和外聘专家组成，工作地点分布在集团总部、造价咨询公司、项目驻地，工作场所较分散。内部审计人员的从业经验与能力各异，审计项目完成质量存在较大差异。所以需要考虑对此进行统一的、规范化的管理，解决地域分散带来的信息传递不顺畅，确保信息在各参建方和审计人员间的高效、及时传递与共享。

（3）规范审计作业流程，提高内部审计师能力。借助信息化的工具，将过程资料自动梳理，实现自动取数、计算；节省了编写工作底稿的时间，而且工作底稿更加规范、统一。通过建立大数据下的分析比对功能，及系统智能学习、人机互动功能，扩大审计人员的视野，大大提高了内部审计师能力。

（4）降低审计风险。在开展建设跟踪项目审计过程中，为保证建设工程项目的合规性、合理性、造价的公允性，内部审计师需要在更大范围内掌握全过程的资料。由于工程施工过程中存在信息不对称，如工人工时谎报、错报，致使工程造价不合理等现象，需要借助信息化的手段还原施工现场真实信息，切实防范建设过程中出现的重大风险。

（5）审计信息集中归档，数据自动分类，方便查阅和对比分析。信息高度集中和充分共享是目前审计信息化的主要优势，建设项目审计平台将分散的审计信息集中在一个系统中进行集中式管理，根据工程类型和特征自动分类，进而达到资源共享和关联项目指标对比分析的目的。

一、国内外研究现状

（一）国外研究现状

1. 建设项目审计方面。道格拉斯·R·卡迈克尔等人所著的《审计概念与方法：现行理论与实务指南》一书中，通过对建设项目审计过程中的作业规范、审计风险点及技术方法的系统研究，并结合具体案例提示审计人员具体工作时需关注的重要事项，对建设项目审计应用提供了理论依据。拉斯金认为，工程建设项目管理以人为主，无法做到管理上的完美无缺，无法保障在项目管理上不出现任何问题。而且，管理者极易被外部环境影响，有可能歪曲实际的工程状况，进而做出错误的判断，导致建设项目综合质量控制的失败，因此，审计方在工程管理中发挥着无可替代的作用。英国对建设项目仍执行 3E 审计模式（绩效审计），即：项目相关的财务收支的完整性、合理性、公开性，资产负债表项目的存在性、估价及所有权，建设项目投资的经济性、效率性和效果性的效果评价。美国的建设项目审计是以对采购过程及资产购置效果的审查为重点，包括审查初步设计和详细设计，审查招投标及企业内部控制情况；另外对政府公共工程要延伸审计到建成的设备设施是否按项目的规划条件使用，以及投入使用后的工程营运效果方面。20 世纪末，随着发达国家的审计对象信息化和网络技术的发展，以及报告使用者对审计期间信息及时性和真实性的要求增加，持续审计模式应运而生。持续审计目的是增强审计工作查错纠弊、预防风险的能力，借助互联网等工具，持续加强对被审对象的关注程度，提高审计效率和时效，降低审计风险；从目标和意义上来说，持续审计和跟踪审计是契合的。

2. 审计信息化方面。国外特别是欧洲、北美洲等发达国家，前期的计算机和互联网普及率很高，因此很早就开始对计算机联网方面的研究，经验丰富。在德国，联邦审计院与财政部的联网系统通过严格的人员权限设定，及时完成信息共享，完成财政数据实时监控。在挪威，审计部门在对方财务系统里安装一个定时传输数据的软件，信息经过加密处理后，通过网络传回至审计部门的接收器上，通过数据捕获系统传送到独立运行的审计内网中。英国经过多年的研究，形成了较为完善的计算机辅助审计技术（Compute Assisted Audit Techniques，CAAT），并且已处于世界领先水平。

美国是世界上计算机技术发展最快的国家，也是大数据处理应用最为广泛的国家。自从美国学者提出“通过计算机审计”概念以来，该方面研究逐步受到重视且研究成果日趋繁茂。信息系统审计与控制协会在 1996 年制订了面向过程的信息系统审计和评价的标准，即 COBIT（Control Objectives for Information and related Technology），其是目前国际上公认的、权威的通用标准。

（二）国内研究现状

1. 建设项目审计方面。我国建设项目审计是由国家审计提出并实施的审计类型，初期是以事后竣工结算审计和财务收支审计为主，通过检查项目建设过程中的工程造价及财务收支相关的资料，作出合法性和真实性的审计结论，主要的工作量就是对建设项目的最终造价进行审定；后期大力推行全过程跟踪审计，目前初有成效，但相关机制还不健全。魏志红（2012）在其《土建工程造价中全过程跟踪审计方法初探》一文中指出，在目前的情况下，建设工程的审计工作缺乏全方位的管理，在工程设计、工程招投标、工程施工和竣工的各个阶段都存在问题，如工程造价不合理、监理失职、设计技术性的缺乏、竣工决算数据不准确等情况出现，同时审计部门在施工阶段缺乏对各个环节的监督，也影响审计工作的开展，针对上面的情况，造价单位提出了全过程跟踪审计的方法，使审计人员有效地利用自己的专业知识，对建设工程的整个过程进行全过程、全方位的跟踪审计，有效控制工程的资源、造价、风险和利润，使建设项目实施阶段的造价始终处于受控状态的管理活动。丁春梅在其《建筑工程造价管理控制》一文中创新性地引入价值工程概念，提出采用价值管理手段对建筑工程各阶段的工程造价进行管理控制，工程项目的功能要与投资目的有机结合，根据工程的现实情况，运用价值工程的理念，尽量提高成本与功能的比值，优化工程造价管理。曹明慧在 2006 年的《建设项目跟踪审计实务》中认为建设项目跟踪审计是建设项目跟踪效益审计的简称，是指采取跟踪审计模式进行的建设项目效益审计，是促进提高项目建设经济型、效率性和效果性的审计。

2. 建设项目审计信息化方面的研究。王军武，魏路（2004）对建设项目财务效益审计系统进行了分析与设计，围绕信息管理功能、数据计算、文档生成功能、模型管理功能进行了 6 大子系统的设计分析，随着信息技术的发展，建设项目审计必然向网络审计和远程审计发展。在架设好网络基础设施之后，构建可靠、功能强大的信息系统成为工作的重点。李飞，周和生（2013）在《建设项目全过程审计信息化的构想》中提出：要实现建设项目全过程审计的信息化，必须建立一个完整的信息化系统平台，该信息系统平台应包含三个模块：一是审计作业系统，主要用于辅助审计人员从事具体的审计工作；二是审计管理系统，主要是对审计工作进行归集、流转、汇总和管理；三是审计知识库系统，主要为审计人员提供相关法规和经验数据的查询。三个模块相辅相成、相互关联、紧密结合，审计知识库为审计作业提供经验数据，审计作业成果通过审计管理系统进行归集、流转，从而真正形成全过程、全方位的管理，并打破空间与地域的束缚。

随着互联网企业的兴起，信息化技术在建设项目审计领域得到了大力推广和广泛的应用，目前开发的以下产品已处于国际行业内的领先水平：

（1）AO（Auditor Office）现场审计实施系统，2002 年国家提出的“金审工程”主要由一个模式、三个转变、五个一工程组成。于是 AO 系统孕育而生，由审计署 2004 年底开发完成，是国家审计信息网络的重要组成部分，是审计人员开展计算机审计、优化项目管理模式、实现审计信息共享的作业平台，目前已成为全国 8 万政府审计人员现场审计的必备工具。

（2）广联达审核软件是广联达建设工程造价管理整体解决方案中一款审核产品。该软件以审核业务为核心完成业务需求分析及软件设计，支持送审基础上审核和对比审核两种模式、紧扣合同相关约定、海量数据分析、快速输出结果报告，帮助工程造价人员在建设工程各个阶段快速、准确完成审核工作。

（3）金马威造价咨询公司设计的“互联网+”下建设项目全过程投资管理及审计系统，以建设项目全生命期为过程，实施以工程成本控制为核心的项目管理与管理审计软件，把建设项目利益相关单位的管理链、业务链、资金链深度融合为超大 ERP 系统，实现有序的流通和信息共享。

虽然这些产品从根本上扭转了基层单位工程审计中信息处理手段落后的状况，为致力于推进工程审计管理信息化和高效化做出了贡献，但是由于大部分审计系统主要侧重于财务审计，建设项目管理和审计的通用产品极少，产业链有待完善，因此企业对专业的建设项目跟踪审计信息化产品存在着很大的需求市场。

曹明慧（2006）认为建设项目跟踪审计就是把建设全过程划分成若干阶段或确定若干重点建设事项，审计人员随着项目建设进程，及时对各阶段的审计事项或确定的重点建设内容进行审计，并及时作出审计意见和建议，供被审计单位纠正存在的问题，改进、完善建设工作，促使建设实施得以规范、有序、有效运行，取得最佳效益。建设项目跟踪审计的特点：

（1）持续性。传统的审计方式相比，跟踪审计最突出的特点就是其过程性，不仅仅是在项目竣工后所进行的竣工结算及决算审计，而是根据项目的类型及重要程度，在建设过程中，对关键时段持续性的监督，这正是跟踪审计持续性的表现。

（2）复杂性。由于项建设项目周期较长，从立项到竣工验收投产使用，少则

1~2 年，长则 3~5 年，审计人员在这么长的周期里既要与整个项目共进退，又要能不断地纠错防弊，难度很大。此外，由于被审主体较多，设计、监理、施工、材料商等参建单位鱼龙混杂，对审计质量影响很大。

（3）预防性。审计作为国家经济社会运行的“免疫系统”，发挥的应该是预防、揭露和抵御的功能，跟踪审计将关口前移，在事前、事中、事后三个阶段对被审计单位的项目建设实施情进行动态的审计。建设项目审计在项目进行过程中，可以促进被审单位边审边改，发现问题及时纠正或制止，可以避免更大的损失，为资金保驾护航。

（4）时效性。全过程跟踪审计是与建设项目同步进行的，如果发现的问题不随时处理，仍积攒到项目结束后处理，就失去了跟踪审计的效果和作用。因此，跟踪审计必须及时地作出审计意见和决定，增加审计工作的时效性。

二、审计信息化理论

《计算机审计技术和方法》中指出，审计信息化包括两个部分：一是审计实施信息化，二是审计管理信息化。审计实施信息化又分为计算机审计和联网审计两个部分；审计管理信息化指审计业务管理与办公管理相结合形成的综合业务系统。《现代企业内部审计精要》中认为，内部审计信息化，就是在内部审计工作中利用现代信息技术，建立支持审计作业、审计管理的审计系统，变革审计作业方式，充分开发和利用信息资源，为审计实施和决策提供及时有效的支持，提高信息技术在审计领域的推广应用水平，从而更好地发挥审计职能的综合过程。自从 20 世纪 90 年代开始实施信息化战略以来，我国企业内部审计先后经历了几个重要的转变阶段，分别是由手工审计转向计算机辅助审计，再由计算机辅助审计向审计信息管理阶段转变。虽然目前是全面的审计信息化时代，审计人员能够借助审计信息平台开展审计工作，并在实际工作中发挥了一定的作用，但仍存在以下两点的主要不足：

（1）功能不强。许多只是解决办公程序文书规范化问题，而且只有部分工具能实现计算机辅助审计功能。大多数软件对庞大的数据难以实施有效的审计分析，随着企业的深入发展及数据体量急剧增加，目前的审计信息化功能难以实现，通用审计软件产品无法应对。

（2）利用不足。目前企业集团大多数为封闭式，或项目组连接，或单机导入时，无法利用信息平台，分析组织风险，及时监审，为企业高管和董事会高效地提供审计服务。前端审计业务和后端服务及成果运用脱节，审计人员与审计客户脱节，企业各层级组织脱节，一方面是由于的审计软件功能缺乏，另一方面现有功能利用的积极性不高。

《面向对象开发方法与结构化系统开发方法的继承发展关系》中这样表述：结构

化系统开发方法是面向过程的程序设计的方法，是强调开发方法的合理性以及所开发软件的结构合理性的软件开发方法。结构是指系统内各个组成要素之间的相互联系、相互作用的框架。结构化开发方法提出了一组提高软件结构合理性的准则，如分解与抽象、模块独立性、信息隐蔽等。针对软件生存周期各个不同的阶段，结构化系统开发方法最先提出了将管理信息系统的开发划分为系统分析、系统设计和系统实施 3 个阶段：

（1）系统分析阶段（需求分析）。对企业进行详细调研，确定用户需求；了解业务流程，分析数据与数据流程、系统功能与数据之间的关系；借助流程图、文字说明等方法建立系统的逻辑模型。

（2）系统设计阶段。将系统逻辑模型转换为物理模型。包括总体设计（系统总体结构设计及层次模块结构设计），详细设计（模块功能及处理过程设计）、代码设计，数据库设计，输入输出设计等。

（3）系统实施阶段。在系统设计阶段建立了系统的物理模型之后，就进入到了系统的实施阶段，在系统实施阶段中主要包括程序设计及调试、系统转换及系统运行与评估等环节。这一阶段的成果除了最终实现的管理信息系统外，还包括有关的技术文档（如程序说明书、使用说明书等），这样整个管理信息系统的开发就基本完成。

第八节　合同管理

一、工程内部审计外包合同管理

工程内部审计外包合同与其他工程类合同一样，都是对合作双方权利和义务的约定，因此，对工程内部审计外包合同的管理是质量控制的重要环节。

（一）外包合同管理形式

目前工程审计外包合同管理方式有费用包干制、长短名单制和框架约定制等形式。上述三种开展方式最直观的区别在于合作单位的数量差异，第一种方式一般只与一到两家造价公司进行合作，第二种方式合作的造价公司数量较多（一般 10 家以上），第三种方式合作单位数量由实际开展工程的业务量确定（一般 4～8 家）。

1. 费用包干制。这种方式是通过委托单位向咨询公司，支付一定数量的审计费。咨询公司作为被委托单位，完成既定期间内的审计任务。通过委托单位，预估当年工程预算和工程结算审计的工作量，以邀请招标的方式，邀请几家咨询公司进行报价，同时要求其提供工程咨询资质、公司业绩以及为合作项目投入人力资源情况等。根据详细情况和报价金额确定最终合作单位。

这种管理方式的优势在于，合同管理方式相对简单。由于审计工作量与审计费用，在开展审计过程中无需进一步确认，审计费用的支付和审核的工作量小。所以这种管理方式对合同进行管理投入的资源和精力相对较少。

该合同管理方式的劣势在于，由于造价公司作为中介咨询公司，目的是通过提供咨询服务使客户满意，并赚取相应的利润。而在审计过程中，由于工程结算审减金额以及编制的工程预算造价，均与所收取的审计费用不能够建立关联度，那么在对数过程中，造价公司会缺乏积极性，会对模棱两可的部分缺少细细追究的动力，势必造成审计质量不高。

2. 长短名单制。开展审计项目前，由内部审计部门牵头，对当地知名咨询机构进行调查，并建立咨询公司长短名单库。组织建设有关部门和邀请的相关专家组成评审小组，按照统一的资质标准和审核程序评审确定入库咨询公司长短名单。同时，定期对入选高校内部中介备选库的社会审计机构的审计工作质量、审计过程质量、审计成果准确性及规范性、审计工作纪律等方面进行考核评分。对于审计结果与内部审计复核结果偏差较大的社会审计机构，将其情况按实记入信用档案，情节严重者从咨询公司长短名单中删除。建立咨询公司长短名单库，合作的单位数量相对不固定，合作单位的数量多，对于合作单位来说，项目是否能轮到自己做，并没有明确的把握。这样的方式，不利于合作单位针对委托公司的要求，从人力，资源方面进行积极的准备，使其缺乏工作积极性。

3. 框架约定制。通过招标确定一定数量的合作咨询单位，根据审计业务量，选取合作单位。邀请造价公司进行投标，要求其参考工程咨询服务收费标准，对拟委托审计业务进行自主报价，并依据规模、实力及以往合作情况，确定中标单位，就双方的责任和义务进行说明，签署框架协议。在框架协议下委托具体审计项目，针对所委托的项目单独签署业务约定书。

（二）框架约定制的动态管理

笔者认为，框架约定制是值得研究的一种机制，希望可以通过对这种机制的研究，实现对框架约定制的动态管理。

1. 框架约定制动态管理流程。框架约定制是从宏观上对合作单位进行管理，通过笔者在某公司进行的审计实践，提出框架约定制动态管理流程，动态体现在框架约定制合作期限的约定，每隔一段时间，重新筛选合作单位。

2. 动态管理的优势和难点。优势在于：框架约定制动态管理可使造价公司之间产生竞争压力，促使其主动认真地完成审计任务。因为不同造价公司业务能力和管理水平参差不齐，合作过程会陆续发现存在的问题，委托单位每两年以重新招标方式变换几家公司，不断发现和培养优秀合作单位，并将其作为一种淘汰机制。难点在于：合同管理工作量大，在前期为确定合作单位的准备工作、招标工作等工作量大，在中后期与造价公司合作时需经常对不同造价公司的合作态度、工作效率、工作质量和审计成果进行对比总结，为下次招标选型提供参考。

（三）框架约定制的标准化方案

对框架约定制的标准化管理，拟从招标选型、审计业务约定书、资料交接、定案表等方面，提出规范管理的方案。

1. 招标选型。招标选型可以依据需要开展项目的种类和规模，制定筛选标准，详细了解每个合作单位的特点、综合实力以及业绩、专长等，每一年或两年进行一次入围单位的选取。招标选型后签订框架合同，在开展具体项目前，先对双方的权利和义务进行总体约定，使合作双方的合作有据可依，彼此建立互信。在开展具体项目时，可以先按项目特点对项目进行划分。如按专业将项目划分为土建项目、安装项目、通信项目等；按规模将项目划分为大型项目、中型项目、小型项目等；依据重要程度将项目划分为重点项目、一般项目等。根据项目的特点结合不同合作单位人员的专业素质、沟通能力、工作效率等进行合作单位的选择。例如公司未来需要开展一个大型重点土建项目，需要进行预算审计，那么在选择合作单位的时候，就可以选具有大型基建项目预算经验，工作效率高的合作单位参与项目。

2. 审计业务约定书。审计业务约定书是委托单位与受托单位，就具体外包的审计项目，对权利和义务的约定。在选定具体项目的合作单位后，不可以与审计师直接签订合同，而应根据项目的特点，就审计具体事宜与合作单位签订合作协议——审计业务约定书。根据项目的不同可对审计业务约定书做出一定的改动，除项目名称和送审金额外，改动部分主要体现在，给合作单位审核资料时间，以及现场勘察后出具初审报告的时间，但对后期协调部分时间，不能够在审计业务约定书中体现，如项目需要对数协调，那么在对数后，多长时间内合作单位出具阶段性审计结果，被审计单位又要在多少个工作日内反馈意见，这些环节是审计过程的中间管控环节，需要根据经验，对过往项目的结算审计过程中发现具体问题来确定。

3. 资料交接。资料交接的环节易疏于管理，资料交接其实有两个环节。第一个环节是接到建设管理部门送审的预结算资料，需对资料明细罗列出清单，并做好清点移交手续；第二个环节是在委托审计时，要求合作单位清点并签收，业务约定书中注明以此为依据进行预结算审计。为了做好资料交接两个环节的衔接，有必要设计资料交接清单。

4. 定案表。定案表是被审计单位和审计单位，对审计结果正式认可的文件，其中结算审计定案表是业主支付工程尾款的主要依据，因此有必要对定案表进行标准化管理。

要求受托单位需按照委托单位对定案表的格式要求，在出具的审计报告中使用标准化的定案表。其中结算审计定案表需要将工程名称、送审金额、审减金额和审减率一一罗列，签章部分，必须有建设单位工程管理部门、建设单位内审部门、施工单位和审核单位（造价公司）分别盖章，相关负责人签字确认审计结果。

第九节　档案管理

（1）文件材料的收集由各部门或经办人员负责整理，交总经理审阅后归档，归档后由专人负责文件材料的管理。

（2）归档范围：重要的会议材料，包括会议的通知、报告、决议、总结、典型发言、会议记录等；本公司对外的正式发文与有关单位来往的文书；本公司的各种工作计划、总结、报告、请示、批复、会议记录、统计报表及简报；本公司与有关单位签订的合同、协议书等文件材料；本公司职工劳动、工资、福利方面的文件材料；本公司的大事记及反映本公司重要活动的剪报、照片、录音、录像等。

（3）归档要求：遵循文件的形成规律和特点，保持文件之间的有机联系，区别不同的价值，便于保管和利用；归档的文件材料种数、份数以及每份文件的页数均应齐全完整；不同年度的文件一般不得放在一起立卷；档案文件材料应区别不同情况进行排列，密不可分的文件材料应依序排列在一起，其他文件材料依其形成规律或特点，应保持文件之间的密切联系并进行系统的排列；案卷封面，应逐项按规定用黑色签字书写，字迹要工整、清晰。

（4）档案管理人员职责：按照有关规定做好文件材料的收集、整理、分类、归档等工作；按照归档范围、要求，将文件材料按时归档；工作人员应当遵纪守法、忠于职守，努力维护公司档案的完整与安全。

（5）档案的利用：公司档案只有公司内部人员可以借阅，借阅者都要填写《借阅单》报主管人员批准后，方可借阅；档案借阅的最长期限为两周，对借出档案，档案管理人员要定期催还，发现损坏、丢失或逾期未还，应写出书面报告，报总经理处理；

必须严格保密，不准泄露档案材料内容，如发现遗失必须及时汇报；不准拆卷及任意抽、换卷内文件或剪贴涂改其字句等；不得任意摘抄或复制案卷内容，如确有需要，必须经领导批准才能摘抄或复制；必须爱护档案，保持整洁，不准在档案材料中写字、划线或作记号等；用毕按时归还，如需延长借阅时间，必须通知档案管理人员另行办理续借手续。

（6）印证使用管理：公司印证由专人负责保管，保管人应妥善保管，按规定使用，不得遗失、损坏。未经总经理、总工许可，不得复印、外带、外借。所有证照复印件必须加盖复印无效专用章；报告盖章由专人负责，禁止其他人员接触印章；公司印证一旦遗失，应立即向总经理报告，并采取应急措施；公司公章、业务专用章、合同专用章用印必须登记于用印登记簿，用印登记由专人负责。

第十节　建设项目成本的动态管理

当代工程造价管理是企业建设成本控制的重要基础内容，是实现企业经济效益目标、增强企业经济实力的关键所在。针对现阶段工程造价管理的形势，应当积极采用动态工程造价管理模式以强化工程造价管理效果，最终达到工程造价控制的目标。

改革开放以来我国经济发展呈现上升趋势，尤其是近几年城市建设步伐越来越快，可以说当前国内发展已经步入高速发展的新阶段。建筑工程造价动态管理的作用重大，同时其管理也存在较高的复杂性，加之影响动态管理与控制的因素较多，且影响较大，尤其是某些内在因素对其产生的影响。在建设行业进步发展的同时，行业中对工程造价的重视程度明显提升，已经逐步发展成为工程项目中的重点内容，这也给动态管理与控制提供理论有利的条件。另外，工程造价动态管理与成本控制的效果，将直接关乎着工程项目的经济效益。

一、对建筑工程造价管理工作现状的分析

在当代建筑工程投标中，工程造价的控制，就是在优化设计方案的基础上，在建设程序的各个阶段，采取一定的办法和措施，把工程造价控制在适合的范围和核定的造价限额之内。工程造价作为权衡投标企业技艺、管理和成本控制的重要因素对施工企业有着十分重要的作用。在对工程建设施工企业工程造价管理在建筑工程中实践的研究中，能看出工程造价管理能够使建筑工程企业将工期、质量与造价统一起来，动态管理理论提高对建筑工程成本控制的效果。但是动态管理理论在我国仍处于初级阶

段，必须进行不断的完善，与现阶段建筑建设进程相适应。结合现代建筑事业的状况，与工作人员的经验，进行分析阐述建筑工程造价的动态管理，从而更好地进行控制管理。

二、建筑工程造价动态管理与成本控制

（一）可行性研究阶段

1. 确定建筑工程项目的规模。目前，有些建筑工程项目只追求规模而不追求经济效益，这些工程项目的最大特点就是不用对其进行经济评估，那么该工程的经济效益将会直线降低，同时这样也会影响到整个社会的效益。

2. 建设区域的选择。所有的建设工程项目都应该本着一个最基本的原则，就是尽可能让建设地点靠近施工原材料的产地，最次也要保证施工场地周围的交通质量。这样就可以大大降低施工原材料运输的成本，而且还能够缩减材料到场的时间，对建筑工程施工进度和经济流通都有着巨大的帮助。

（二）招投标阶段

为了给施工顺利开展提供有利条件，必须在项目开展前期就做好动态造价管理和控制工作。首先，在招投标的过程当中，要详细编制科学真实的工程量清单，保证有关合同价格规定的科学准确度，与此同时，也要对当前建筑市场的具体情况进行全面的调查和研究，从而使工程量清单更能够满足市场发展需求与施工的实际要求，保障相关价格的科学合理性，使各项资金都能得到合理的使用。其次，在定标决策阶段，要根据工程量清单进行相关工作，在符合工程量清单的条件下，保证招投标工作规范地进行，使定标决策更加具有科学性。最后，投标单位应严格规范自身行为，严格按照招投标管理制度进行工作，在参与招投标的期间，坚持公平、透明的原则，进一步实现招投标管理工作的目标，确保招投标阶段工程造价得到合理的控制。

（三）设计阶段

在建筑工程造价当中，设计阶段的设计造价费用占总投资的费用比例较小一般为1%，但是对整个建筑工程造价管理的影响程度却高达75%甚至以上，因此全面把控好设计阶段的建筑工程造价是提高工程建设整体造价水平的关键。在设计环节的工程造价管理和控制中必须突破传统的管理理念，不能单一地注重建筑施工过程从而忽视规划以及设计预算，同时也要逐步放开竞争，针对设计方案开展招标工作，利用竞争机制的选择规律优中选优，在对整个建筑项目进行全面分析的同时，也要具体测量建筑各项数据，逐步优化设计结构，最终形成一套完善的项目建设设计方案，这也是控制好设计阶段造价的重要举措。除此以外，必须保证建筑项目设计方案的深度，已经设计完成的方案不能够随意更改，当调控好各个因素并确定方案并开始实施后就需要

严格按照方案的各项规定严格执行，并把设计方案当成一套制度去贯彻落实，更不能因为建筑项目的规模以及材料使用而随意变更设计，必须提高限额设计的整体水平，在设计阶段就必须做好各个环节的资金分配，而如果随意变更设计方案，则会造成资金运转上的问题，严重者会带来资金链断裂的问题。施工单位的造价工程师需要对工程项目进行全面了解，并根据项目建设的实际需求，设计一套科学完善的造价管理和控制方案，确保这一方案在项目各个环节的渗透和执行，对资金进行有效分解和控制，并严格按照各项设计规范标准来实施。

（四）施工阶段

施工阶段是工程整体造价管理与成本控制最为关键的一项环节，也是造价控制中最需要重视的重要阶段，这一阶段的管理与控制工作对于最终的造价控制效果具有直接的影响。施工阶段造价控制中，要求对各项造价费用展开详细的划分与责任明确，并且要加大宣传力度，使施工项目中各部门人员都明确造价管理理念，同时施工阶段落实各岗位职责，以保证施工秩序与造价管理的全面落实。在实际构建施工组织期间，也同样需要开展科学的管理，以全方位地推动动态化管理。就目前工程项目来说，大部分施工周期较长，而且施工中包含的各类成本因素，如材料等价格会因市场变化而产生改变，为实现对施工期间的工程造价动态控制，就需要实现对市场价格变动形势进行研究和预测，并实施有计划的管理，把动态造价管理和控制的理念深入到施工各方面内容当中。施工期间还需对变更环节进行分析讨论，严格审核变更过程，特别是对于材料或是技术发生变更情况要生成全面的报告，同时记录预算价格的变化情况以及处理方式。此外，还要确保现场施工秩序，保证现场文明施工，降低资源浪费现象，倡导绿色环保施工理念，为造价控制提供有利条件。

（五）竣工阶段

建筑工程竣工后进行建筑工程造价的结算，这个阶段是工程造价控制的最后阶段，在此阶段要认真收集并整理好相关的工程结算资料，工程项目经济效益的好坏与最后阶段的工程结算编制完整、正确与否息息相关，特别是完整性。一般来说，由中标价加上各种变更及签证费用（包括索赔）形成最终结算额，要对工程量计算及对相应的取费标准认真审核，最终向建设单位提供结算前，项目部应组织有关人员进行一次成本分析，分析决算数是否大于财务成本、材料采购数量实际耗用量是否相符、采购价是否基本吻合，发现问题较大，要相互查明原因，确保取得足额的结算收入。对一些积极有益的经济技术资料要及时总结积累经验教训，这对于后续的建筑工程造价管理有很好的指导作用。

在社会经济建设步伐加快的同时，改革制度也在逐渐深化，具有中国特色的经济体系也在逐步确立，这将会对建设事业的进步产生积极的影响作用，也将带动建设行业朝着更高的方向前进。工程造价动态管理与成本控制模式的融入，将会对工程项目全方位的造价控制起到积极的影响，为施工成本的节约起到科学的指导作用。动态造价管理要全面落实到工程项目的各项环节中，这样才能在确保质量合格的前提下实现对造价的控制，以提升建筑企业的利润，增强企业综合实力。

第四章　设计概算编审工作方案

一、概算编制依据

（1）概算编制依据是指编制项目概算所需的一切基础资料。

（2）概算编制依据主要有以下方面：

①批准的可行性研究报告；

②设计工程量；

③项目涉及的概算指标或定额；

④国家、行业和地方政府有关法律、法规或规定；

⑤资金筹措方式；

⑥正常的施工组织设计；

⑦项目涉及的设备材料供应及价格；

⑧项目的管理（含监理）、施工条件；

⑨项目所在地区有关的气候、水文、地质地貌等自然条件；

⑩项目所在地区有关的经济、人文等社会条件；

⑪ 项目的技术复杂程度，以及新技术、专利使用情况等；

⑫ 有关文件、合同、协议等。

二、概算编制办法

（一）建设项目总概算及单项工程综合概算的编制

1. 概算编制。

（1）项目概况：简述建设项目的建设地点、设计规模、建设性质（新建、扩建或改建）、工程类别、建设期（年限）、主要工程内容、主要工程量、主要工艺设备及数量等。

（2）主要技术经济指标：项目概算总投资（有引进的给出所需外汇额度）及主要分项投资、主要技术经济指标（主要单位投资指标）等。

（3）资金来源：按资金来源不同渠道分别说明，发生资产租赁的说明租赁方式及租金。

（4）编制依据：见“四、概算编制依据”。

（5）其他需要说明的问题。

（6）总说明见附录表：

①建筑、安装工程工程费用计算程序表；

②引进设备材料清单及从属费用计算表；

③具体建设项目概算要求的其他附表及附件。

2. 总概算表。概算总投资由工程费用、其他费用、预备费及应列入项目概算总投资中的几项费用组成：

（1）工程费用；

（2）其他费用；

（3）预备费；

（4）应列入项目概算总投资中的几项费用：

①建设期利息；

②固定资产投资方向调节税；

③铺底流动资金。

3. 工程费用。按单项工程综合概算组成编制，采用二级编制的按单位工程概算组成编制。

（1）市政民用建设项目一般排列顺序：主体建（构）筑物、辅助建（构）筑物、配套系统。

（2）工业建设项目一般排列顺序：主要工艺生产装置、辅助工艺生产装置、公用工程、总图运输、生产管理服务性工程、生活福利工程、厂外工程。

4. 其他费用。一般按其他费用概算顺序列项，具体见“（二）其他费用、预备费、专项费用概算编制”。

5. 预备费。包括基本预备费和价差预备费，具体见“（二）其他费用、预备费、专项费用概算编制”。

6. 应列入项目概算总投资中的几项费用。一般包括建设期利息、铺底流动资金、固定资产投资方向调节税（暂停征收）等，具体见“（二）其他费用、预备费、专项费用概算编制”。

7. 综合概算以单项工程所属的单位工程概算为基础，采用“综合概算表（附表

B.0.5）”进行编制，分别按各单位工程概算汇总成若干个单项工程综合概算。

8. 对单一的、具有独立性的单项工程建设项目，按二级编制形式编制，直接编制总概算。

（二）其他费用、预备费、专项费用概算编制

1. 一般建设项目其他费用包括建设用地费、建设管理费、勘察设计费、可行性研究费、环境影响评价费、劳动安全卫生评价费、场地准备及临时设施费、工程保险费、联合试运转费、生产准备及开办费、特殊设备安全监督检验费、市政公用设施建设及绿化补偿费、引进技术和引进设备材料其他费、专利及专有技术使用费、研究试验费等。计算方法见附件“工程建设其他费用参考计算方法”。

2. 引进工程其他费用中的国外技术人员现场服务费、出国人员旅费和生活费折合人民币列入，用人民币支付的其他几项费用直接列入其他费用中。

3. 其他费用概算表格。

4. 预备费包括基本预备费和价差预备费，基本预备费以总概算第一部分“工程费用”和第二部分“其他费用”之和为基数的百分比计算；价差预备费一般按下式计算：

$$P=\sum_{t=1}^{n}I_t\left[(1+f)^m(1+f)^{0.5}(1+f)^{t-1}-1\right]$$

式中：P——价差预备费；

n——建设期（年）数；

I_t——建设期第 t 年的投资；

f——投资价格指数；

t——建设期第 t 年；

m——建设前年数（从编制概算到开工建设年数）。

5. 应列入项目概算总投资中的几项费用：

（1）建设期利息：根据不同资金来源及利率分别计算。

$$Q=\sum_{i=1}^{n}\left(P_{j-1}+A_j/2\right)i$$

式中：Q——建设期利息；

j-1——建设期第（j − 1）年末贷款累计金额与利息累计金额之和；

A_j——建设期第 j 年贷款金额；

i——贷款年利率；

n——建设期年数。

（2）铺底流动资金按国家或行业有关规定计算。

（3）固定资产投资方向调节税（暂停征收）。

（三）单位工程概算的编制

1. 单位工程概算是编制单项工程综合概算（或项目总概算）的依据，单位工程概算项目根据单项工程中所属的每个单体按专业分别编制。

2. 单位工程概算一般分建筑工程、设备及安装工程两大类，建筑工程单位工程概算按“3. 建筑工程单位工程概算”方法编制，设备及安装工程单位工程概算按“4. 设备及安装工程单位工程概算”方法编制。

3. 建筑工程单位工程概算。

（1）建筑工程概算费用内容及组成见建设部建标〔2003〕206 号《建筑安装工程费用项目组成》。

（2）建筑工程概算采用“建筑工程概算表”编制，按构成单位工程的主要分部分项工程编制，根据初步设计工程量按工程所在省、市、自治区颁发的概算定额（指标）或行业概算定额（指标），以及工程费用定额计算。

（3）以房屋建筑为例，根据初步设计工程量按工程所在省、市、自治区颁发的概算定额（指标）分土石方工程、基础工程、墙壁工程、梁柱工程、楼地面工程、门窗工程、屋面工程、保温防水工程、室外附属工程、装饰工程等项编制概算，编制深度应达到《建设工程工程量清单计价规范》（GB 50500—2003）规定的深度。

（4）对于通用结构建筑可采用“造价指标”编制概算；对于特殊或重要的建构筑物，必须按构成单位工程的主要分部分项工程编制，必要时结合施工组织设计进行详细计算。

4. 设备及安装工程单位工程概算。

（1）设备及安装工程概算费用由设备购置费和安装工程费组成。

（2）设备购置费：

定型或成套设备购置费＝设备出厂价格＋运输费＋采购保管费

引进设备费用分外币和人民币两种支付方式，外币部分按美元或其他国际主要流通货币计算。

非标准设备原价有多种不同的计算方法，如综合单价法、成本计算估价法、系列设备插入估价法、分部组合估价法、定额估价法等。一般采用不同种类设备综合单价法计算，计算公式如下：

设备费＝∑综合单价（元／t）× 设备单重（t）

工具、器具及生产家具购置费一般以设备购置费为计算基数，按照部门或行业规定的工具、器具及生产家具费率计算。

（3）安装工程费。安装工程费用内容组成，以及工程费用计算方法见建设部建标〔2003〕206 号《建筑安装工程费用项目组成》；其中，辅助材料费按概算定额（指标）计算，主要材料费以消耗量按工程所在地当年预算价格（或市场价）计算。

（4）引进材料费用计算方法与引进设备费用计算方法相同。

（5）设备及安装工程概算采用“设备及安装工程概算表”形式，按构成单位工程的主要分部分项工程编制，根据初步设计工程量按工程所在省、市、自治区颁发的概算定额（指标）或行业概算定额（指标），以及工程费用定额计算。

（6）概算编制深度可参照《建设工程工程量清单计价规范》（GB 50500—2003）深度执行。

5. 当概算定额或指标不能满足概算编制要求时，应编制“补充单位估价表”。

（四）调整概算的编制

1. 设计概算批准后，一般不得调整。需要调整概算时，由建设单位调查分析变更原因，报主管部门审批同意后，由原设计单位核实编制调整概算，并按有关审批程序报批。

2. 调整概算的原因：

（1）超出原设计范围的重大变更；

（2）超出基本预备费规定范围不可抗拒的重大自然灾害引起的工程变动和费用增加；

（3）超出工程造价调整预备费的国家重大政策性的调整。

3. 影响工程概算的主要因素已经清楚，工程量完成了一定量后方可进行调整，一个工程只允许调整一次概算。

4. 调整概算编制深度与要求、文件组成及表格形式同原设计概算，调整概算还应对工程概算调整的原因做详尽分析说明，所调整的内容在调整概算总说明中要逐项与原批准概算对比，并编制调整前后概算对比表，分析主要变更原因。

5. 在上报调整概算时，应同时提供有关文件和调整依据。

三、概算文件的编审程序和质量控制

（1）设计概算文件编制的有关单位应当一起制定编制原则、方法，以及确定合理的概算投资水平，对设计概算的编制质量、投资水平负责。

（2）项目设计负责人和概算负责人对全部设计概算的质量负责；概算文件编制人员应参与设计方案的讨论；设计人员要树立以经济效益为中心的观念，严格按照批准的工程内容及投资额度设计，提出满足概算文件编制深度的技术资料；概算文件编制人员对投资的合理性负责。

（3）概算文件需经编制单位自审，建设单位（项目业主）复审，工程造价主管部门审批。

（4）概算文件的编制与审查人员必须具有国家注册造价工程师资格，或者具有省市（行业）颁发的造价员资格证，并根据工程项目大小按持证专业承担相应的编审工作。

（5）各造价协会（或者行业）、造价主管部门可根据所主管的工程特点制定概算编制质量的管理办法，并对编制人员采取相应的措施进行考核。

附件 工程建设其他费用参考计算方法

1. 建设管理费。

（1）以建设投资中的工程费用为基数乘以建设管理费费率计算。

建设管理费＝工程费用 × 建设管理费费率

（2）由于工程监理是受建设单位委托的工程建设技术服务，属建设管理范畴。如采用监理，建设单位部分管理工作量转移至监理单位。监理费应根据委托的监理工作范围和监理深度在监理合同中商定或按当地或所属行业部门有关规定计算。

（3）如建设管理采用工程总承包方式，其总包管理费由建设单位与总包单位根据总包工作范围在合同中商定，从建设管理费中支出。

（4）改扩建项目的建设管理费费率应比新建项目适当降低。

（5）建设项目建成后，应及时组织验收，移交生产或使用。已超过批准的试运行期，并已符合验收条件但未及时办理竣工验收手续的建设项目，视同项目已交付生产，其费用不得从基建投资中支付，所实现的收入作为生产经营收入，不再作为基建收入。

2. 建设用地费。

（1）根据征用建设用地面积、临时用地面积，按建设项目所在省、市、自治区人民政府制定颁发的土地征用补偿费、安置补助费标准和耕地占用税、城镇土地使用税标准计算。

（2）建设用地上的建（构）筑物如需迁建，其迁建补偿费应按迁建补偿协议计列或按新建同类工程造价计算。

（3）建设项目采用“长租短付”方式租用土地使用权，在建设期间支付的租地费用计入建设用地费，在生产经营期间支付的土地使用费应进入营运成本中核算。

3. 可行性研究费。

（1）依据前期研究委托合同计列，或参照《国家计委关于印发〈建设项目前期工作咨询收费暂行规定〉的通知》（计投资〔1999〕1283号）规定计算。

（2）编制预可行性研究报告参照编制项目建议书收费标准并可适当调增。

4. 研究试验费。

（1）按照研究试验内容和要求进行编制。

（2）研究试验费不包括以下项目：

①应由科技三项费用（即新产品试制费、中间试验费和重要科学研究补助费）开支的项目。

②应在建筑安装费用中列支的施工企业对建筑材料、构件和建筑物进行一般鉴定、检查所发生的费用及技术革新的研究试验费。

③应由勘察设计费或工程费用中开支的项目。

5. 勘察设计费。依据勘察设计委托合同计列，或参照国家计委、建设部《关于发布〈工程勘察设计收费管理规定〉的通知》（计价格〔2002〕10号）规定计算。

6. 环境影响评价及验收费、水土保持评价及验收费、劳动安全卫生评价及验收费。环境影响评价及验收费依据委托合同计列，或按照国家计委、国家环境保护总局《关于规范环境影响咨询收费有关问题的通知》（计价格〔2002〕125号）的规定及建设项目所在省、市、自治区环境保护部门有关规定计算；水工保持评价及验收费、劳动安全卫生评价及验收费依据委托合同以及按照国家和建设项目所在省、市、自治区劳动和国土资源等行政部门规定的标准计算。

7. 职业病危害评价费等。依据职业病危害评价、地震安全性评价、地质灾害评价委托合同计列，或按照建设项目所在省、市、自治区有关行政部门规定的标准计算。

8. 场地准备及临时设施费。

（1）场地准备及临时设施费应尽量与永久性工程统一考虑。建设场地的大型土石方工程应进入工程费用中的总图运输费用中。

（2）新建项目的场地准备和临时设施费应根据实际工程量估算，或按工程费用的比例计算。改扩建项目一般只计拆除清理费。

场地准备和临时设施费＝工程费用 × 费率＋拆除清理费

（3）发生拆除清理费时可按新建同类工程造价或主材费、设备费的比例计算。凡可回收材料的拆除工程采用以料抵工方式冲抵拆除清理费。

（4）此项费用不包括已列入建筑安装工程费用中的施工单位临时设施费用。

9. 引进技术和引进设备其他费。

（1）引进项目图纸资料翻译复制费：根据引进项目的具体情况计列或按引进货价

（F.0.B）的比例估列；引进项目发生备品备件测绘费时按具体情况估列。

（2）出国人员费用：依据合同或协议规定的出国人次、期限以及相应的费用标准计算。生活费按照财政部、外交部规定的现行标准计算，旅费按中国民航公布的票价计算。

（3）来华人员费用：依据引进合同或协议有关条款及来华技术人员派遣计划进行计算。来华人员接待费用可按每人次费用指标计算。引进合同价款中已包括的费用内容不得重复计算。

（4）银行担保及承诺费：应按担保或承诺协议计取。投资估算和概算编制时可以担保金额或承诺金额为基数乘以费率计算。

（5）引进设备材料的国外运输费、国外运输保险费、关税、增值税、外贸手续费、银行财务费、国内运杂费、引进设备材料国内检验费等，按照引进货价（F.0.B 或 C.I.F）计算后进入相应的设备材料费中。

（6）单独引进软件，不计关税只计增值税。

10. 工程保险费。

（1）不投保的工程不计取此项费用。

（2）不同的建设项目可根据工程特点选择投保险种，根据投保合同计列保险费用。编制投资估算和概算时可按工程费用的比例估算。

（3）不包括已列入施工企业管理费中的施工管理用财产、车辆保险费。

11. 联合试运转费。

（1）不发生试运转或试运转收入大于（或等于）费用支出的工程，不列此项费用。

（2）当联合试运转收入小于试运转支出时：

联合试运转费＝联合试运转费用支出－联合试运转收入

（3）联合试运转费不包括应由设备安装工程费用开支的调试及试车费用，以及在试运转中暴露出来的因施工原因或设备缺陷等发生的处理费用。

（4）试运行期按照以下规定确定：引进国外设备项目按建设合同中规定的试运行期执行；国内一般性建设项目试运行期原则上按照批准的设计文件所规定的期限执行。个别行业的建设项目试运行期需要超过规定期限，应报项目设计文件审批机关批准。试运行期一经确定，各建设单位应严格按规定执行，不得擅自缩短或延长。

12. 特殊设备安全监督检验费。

按照建设项目所在省、市、自治区安全监察部门的规定标准计算。若无具体规定，在编制投资估算和概算时可按受检设备现场安装费的比例估算。

13. 市政公用设施费。

按工程所在地人民政府规定标准计列；不发生或按规定免征项目不计取。

14. 专利及专有技术使用费。

（1）按专利使用许可协议和专有技术使用合同的规定计列。

（2）专有技术的界定应以省、部级鉴定批准为依据。

（3）项目投资中只计需在建设期支付的专利及专有技术使用费。协议或合同规定在生产期支付的使用费应在生产成本中核算。

（4）一次性支付的商标权、商誉及特许经营权费按协议或合同规定计列。协议或合同规定在生产期支付的商标权或特许经营权费应在生产成本中核算。

（5）为项目配套的专用设施投资，包括专用铁路线、专用公路、专用通信设施、变送电站、地下管道、专用码头等，如由项目建设单位负责投资但产权不归属本单位的，应作无形资产处理。

15. 生产准备及开办费。

（1）新建项目按设计定员为基数计算，改扩建项目按新增设计。

按设计定员为基数计算：

生产准备费＝设计定员 × 生产准备费用指标（元／人）

（2）可采用综合的生产准备费用指标进行计算，也可以按费用内容的分类指标计算。

第五章　施工图预算编审工作方案

不论电力建设行业建筑工程，还是地方工业民用建筑工程，施工图预算的工程量计算都占整个预算工程量的60%以上。应用微机对建筑工程施工图预算进行编审，自然要先进得多，但客观上有很多因素尚不能普及。在编制方法上，不管采用顺时针计算法、横竖计算法、编号计算法，均不外乎规律法和经验法2种常规计算。建设单位、建设银行的审核，不管采用分解对比还是经验、重点及全面审核等方法，首先要审查的是工程数量。采用统筹法进行编制或审核建筑工程量的计算，与上述各种方法相比，具有一定的优越性。

一、统筹法优点

统筹法基于“三线一面”的原理。特点是：统筹程序，合理安排；利用基数，连续计算；一次算出，多次使用；结合实际，灵活机动。因此，具有快速、准确、简便的优点。如对预算定额相当熟悉，可使施工图预算的编审工作时间大大缩短，不仅提高了工作效率和计算质量，而且完全统一了定额的分部分项工程的排列顺序，使人感到清晰、明了，便于抽查核定。

二、统筹法方法

（一）基数计算（主体分部参数）

“三线”是指施工图的外墙外边线、外墙中心线、内墙净长线。分别以L外、L中、L内作为代号；“一面”是指施工图底层的建筑面积，代号为S_1。利用“三线一面”的原理，首先要掌握基数计算法，这不仅为下一步分部分项计算奠定了基础，而且一般建筑工程项目也不会离开这些范畴。计算如下：

1. 线、面、高、层。

$L_{外}$——外墙外边线，建筑物平面图外围周长的总和，据图示计算，或：$L_{中}$+墙厚×4；

$L_{中}$——外墙中心线，图示尺寸，分段汇总后的总长度，墙厚不同分开计列；

$L_{里}$——外墙内净长，图示尺寸，据图示计算，或：$L_{中}$－（墙厚×4－接点墙厚

× 接点数）；

$L_{内}$——内墙净长线，图示尺寸，建筑物平面图所有内墙长度总和，墙厚不同分开计列；

S_1——底层建筑面积，图示尺寸，底层平面勒脚以上外围水平投影面积；

$S_{中}$——底层外墙中心线面积，据图示计算，或：$S_1-(L_{外}+L_{中})\div 2\times$（墙厚/2），或：$S_1-(L_{中}\times$ 墙厚/2＋墙厚 2）；

h——总高度，图示尺寸（指外墙）；

Z——层数，按图实计；

h_z——层高（指内墙），楼板结构按规定减去平均板厚；

S——建筑总面积 $S_1\times Z+YT$（或增加其他需计的面积，如柱、雨蓬等）。

2. 门窗、孔洞数量统计。图示量，见表 4-5-1。

3. 墙体埋件数量统计。图示量，见表 4-5-2。

完善的基数计算，预示着工程量计算已完成一半，基数的准确与否至关重要，因此，要经认真校核后方可进行下一步的分部分项工程量计算。

表 4-5-1　门窗、孔洞数量统计

门窗编号	洞口尺寸（外围）/m		每樘面积 /m²	樘数	合计面积 /m²	1 层		2 层	
	高	宽				$L_{中}$/cm	$L_{内}$/cm	$L_{中}$/cm	$L_{内}$/cm
小计									
孔洞									
小计									
合计									

注：（1）层数、门窗、孔洞视图设定格数；（2）L 中、L 内下面空格填写墙厚；（3）“其中”栏内填写合计后的各种墙厚面积需扣量。

表 4-5-2　墙体埋件数量统计

构件名称	编号	混凝土标号	根数	合计面积 /m²	合计体积 /m³	1 层		2 层	
						$L_{中}$/cm	$L_{内}$/cm	$L_{中}$/cm	$L_{内}$/cm
小计									
其他									
小计									
合计									

注：（1）层数、构件种类视图设定格数；（2）其他同表 4-5-1。

（二）工程量计算

分部分项的工程量计算虽然很复杂，但由于各基数均有结果，可以任取使用，简化了计算。计算时一定要按照相应定额的分部工程项目编号顺序依次排列，逐项进行，尽量直接引用基数数据。从下列公式中可以看出，基数使用正确与否取决于相应定额的计算规则，灵活运算、熟练掌握，即可达到快、准、简的目的。

例 1：外墙装饰工程（单项）

预算定额 =$L_{外} \times h$ －表 4-5-1 合计栏中的数值＋门窗侧壁

综合预算定额 =$L_{中} \times h$ －表 4-5-1 合计栏中的数值＋门窗侧壁

例 2：楼地面工程（单项）

预算定额 = 建筑面积－结构面积

综合预算定额 =$S_{中} \times$ 折算系数（按建筑物名称、外墙厚度确定系数）

（三）主体分部工程量计算常用公式（按综合预算定额次序排列）

1. 土石方

①场地平整 = $L_{外} \times 2 + 16 + S_1$

②地槽挖土 = $L_{中} \times$ 槽系数（断面积）＋ $L_{内} \times$ 槽系数（断面积）

③回填土方 = ② × 系数（或：②－基体）

④余土外运 = ②－③（或：基础体积）

⑤槽底夯实 = $L_{中} \times$ 槽底宽＋ $L_{内} \times$ 槽底宽

2. 基础

基础垫层 =$L_{中} \times$ 宽 × 层厚＋ $L_{内} \times$ 宽 × 层厚

基础体积 =$L_{中} \times$ 基断面＋ $L_{内} \times$ 基断面

地圈梁 =$L_{中} \times$ 梁断面＋ $L_{内} \times$ 梁断面

基础防潮 =$L_{中} \times$ 防潮宽＋ $L_{内} \times$ 防潮宽

墙身防潮 = $L_{中} \times$ 防潮高＋ $L_{内} \times$ 防潮高 ×2

3. 墙体

外墙体 = $L_{中} \times h$ －表 4-5-1 合计栏数值－表 4-5-2 合计栏数值

内墙体 =$L_{内} \times h_z \times Z$ －表 4-5-1 合计栏数值－表 4-5-2 合计栏数值

勒脚 =（$L_{中}$－门洞宽）× 勒脚高

外墙裙 =（$L_{中}$－门洞宽）× 墙裙高

腰线面层 =$L_{外} \times$ 展开高度

外墙装饰 = $L_{中} \times h$ －表 4-5-1 合计栏数值＋门窗侧壁

圈梁面层 =$L_{外}$× 外露面 × 道数

砖挑檐面层 =$L_{外}$× 展开高度

外墙面勾缝 = $L_{中}$× 勾缝高度

顶棚装饰线 =（$L_{中}$+ $L_{内}$×2）×Z

踢脚板（普通）=（$L_{中}$+ $L_{内}$×2 －门洞）× 板 ×Z

踢脚板（高级）=（$L_{里}$+ $L_{内}$×2 －门洞）× 板高 ×Z

内墙裙（普通）=（$L_{中}$+ $L_{内}$×2 －门洞）× 裙高 ×Z

内墙裙（高级）=（$L_{里}$+ $L_{内}$×2 －门洞）× 裙高 ×Z

刷浆（或涂料）=（$L_{中}$+ $L_{内}$×2）×h_z×Z +山墙尖

内墙面勾缝 = 刷浆（或：刷浆－内墙裙）

内墙面面层 = 刷浆（或：内墙面勾缝－表 4-5-1 合计栏数值）

软间壁 =$L_{内}$×h_z +山墙尖－表 4-5-1 合计栏数值

4. 梁柱（可直接按表 4-5-2 有关值）

圈梁 = $L_{中}$× 梁断面 × 道+ $L_{内}$× 梁断面 × 道

过梁 =（门、窗宽+ 50cm）× 断面 × 根数（或：按图设计值）

5. 门窗（可直接按表 4-5-1 有关值）

钢门 = 按表－实计

钢窗 = 按表－实计

木门 = 按表－实计

木窗 = 按表－实计

窗台板 =（窗宽+ 10cm）× 宽 × 樘数

窗帘盒 =（窗宽+ 30cm）× 宽 × 樘数

窗帘槽 =（窗宽+ 30cm）× 宽 × 樘数

6. 楼地面

①室内回填土 =S_1

②地面防潮层 =$S_{中}$× 折算系数

③地面运填土 = ② × 土厚

④地面挖运土 = ③

⑤地面垫层 = ②

⑥楼梯面积 = 层投影面积 ×（Z － 1）

⑦栏杆扶手 = 层投影长度 ×1.15×（Z － 1）

⑧楼地面面层 = ② $\times Z$ －⑥

⑨楼板 $=S_{中}\times Z$ －⑥

⑩吊顶棚面层 = ⑧（或：建筑面积－结构面积）$\times Z$ －⑥

⑪板底抹灰 =10 ＋⑥底面积＋（阳台雨蓬等）

⑫现浇阳台 = 水平投影面积（墙外）

⑬现浇雨蓬 = 水平投影面积（墙外）

⑭台阶 = 水平投影面积

⑭坡道 = 水平投影面积

⑮明沟 $=L_{外}$＋（墙边到沟距离 ×8）

⑯散水 =（$L_{外}$＋坡宽 ×4 －台阶长）× 坡宽

⑰井式密肋板面层 = ⑧＋梁侧

7. 屋盖

钢筋混凝土面板 $=S_{中}$

隔气层 $=S_{中}$

保温层 $=S_{中}$

防水层 $=S_{中}$

架空隔热层 $=S_{中}$

找平层 $=S_{中}$

现浇檐沟 =（$L_{外}$＋檐沟宽 ×4）× 展开檐宽

现浇檐板 =（$L_{外}$＋檐沟宽 ×4）× 檐宽

屋面面层 $=S_1$ ＋现浇檐板

封檐板 $=L_{外}$－（山墙长＋檐宽 ×4）

屋面木基层 = 屋面面层 × 坡度系数

铁皮排水沟 $=L_{外}\times$ 展开系数

屋面板制作 = 屋面木基层

铁皮屋面 = 屋面木基层

瓦屋面 = 屋面木基层

8. 架子

外墙脚手架 $=L_{中}\times \mathrm{h}$

内墙脚手架 $=L_{内}\times \mathrm{hz}\times Z$

砖石柱脚手 =（柱周长＋ 3.6m）× 柱高

满堂脚手架 = 基础底面积

建筑工程施工图预算的工程量计算规则，国家曾有统一的规定，目前各行业部门和各省市的建筑工程预算定额，虽局部有些区别但总体上大同小异。因此计算过程均离不开这些计算公式的范围。如按综合预算定额编审计算，则会更为方便，不仅步骤少，而且项目也明显减少。

三、说明

（1）统筹法的应用重在灵活。基数和常用项目的计算必须针对图纸的设计结构编列，需要则计算，不需要则不必计算。

（2）预算定额不同，常用公式中的基数取定也不同，一定要使计算公式与定额中的计算规则相对应。如外墙装潢项目，有的定额规则按外边线长度计算，则计 $L_{外}$，有的定额规则按外墙中心线长度计算，则取 $L_{中}$。

四、加强建设单位施工图预算的编审工作

建设单位和施工企业的经济利益矛盾，焦点主要在施工图预算的编制上。施工图预算是确定工程造价的具体文件，也是建设单位和施工单位结算工程费用的依据。但是，有的施工企业不从自身建设、提高管理水平上下工夫，而是在编制施工图预算时，用高估冒算、提高工程造价的方法来达到增加企业收入的目的，增加了甲乙双方矛盾和结算的困难，甚至影响项目的完成和交接。我们在某项基本建设过程中，加强了建设单位自己编制工程预算的工作，以此为依据审查施工单位编制的施工图预算，收到了较好的效果。好处是：

（一）提高了施工图预算的准确性。

由于施工图预算是由建设单位和施工单位分别编制后双方共同比照进行审定的，总括了双方的各种因素，因此，能够比较客观地反映出工程的真实造价，节约投资。

（二）掌握了控制工程造价的主动权。

建设单位在编制预算过程中，对每个项目，特别是容易出现争议的地方都做了调查研究，做到了胸中有数。因此，审查施工单位预算时就能马上发现问题，提出问题，并提出解决问题的办法，改变了过去在审查时的被动局面。

（三）提高了建设单位预算员的业务水平。

只有精通业务才能编制出高标准的预算，只有高标准的预算才能说服施工单位。建设单位的预算员通过编制预算和审查施工单位预算，并在预算实施过程中，深入现场，了解实情，处理问题，既提高了业务水平，又为工程结算的编制掌握了第一手资料。因此，

每完成一项工程，从施工图预算到工程结算，预算员全过程参加，对系统地掌握业务和提高水平就大有裨益。

五、编审施工图预算及加强管理应注意的几个问题

（一）详细了解项目

了解工程建设项目的功能和成本的构成，是编审施工图预算的基础。因此，首先要审读施工图及说明，看懂、看细，对工程项目的功能、规模、大小、结构、施工要求等有详尽的了解，对其中的疑难问题应解决在编审预算之前，为保证预算编审的完整、准确打好基础。

（二）准确计算工程量

工程量计算的准确与否直接影响工程造价。“工程量的计算规则”是计算工程量的统一标准，应当认真学习、熟练掌握。在审查施工单位预算时，工程量是其中审查的重点。有的施工单位无视“规则”，对预算的子目，擅自加大工程量，提高造价。因此，审查预算时，应对每个子项都要严格把关，不能采取“超出的量不大就忽视”的做法，因为每个子项累计起来的造价预算是相当可观的。据相关资料统计，因工程量加大而提高工程造价 5% ~ 10% 的预算占大多数。有的是明显地有意加大工程量，有的则是对“规则”学习不够而理解错误。如楼梯投影面积的计算，部分预算员是按楼梯间的面积计算加大了工程量。

（三）认真分析定额

应对定额单价的组成仔细分析，查找有否高套、重套、乱套。建筑安装定额是编制预算的重要依据。套定额单价准确与否直接影响工程造价。因此，必须对定额单价的组成、内容、计量单位、允许调整的范围等充分了解，以判断选用是否合理。例如，选用定额单价时应当注意以下几点：

（1）避免对定额组成分析不够，就按图纸设计的顺序列出项目，造成重套定额。如图纸上水磨石地面做法为：素土夯实、砂石垫层、1 ∶ 3 水泥砂浆找平、1 ∶ 2.5 白石子浆；由此列出素土夯实、砂石垫层、水泥砂浆找平层、水磨石地面四项。但按规定砂石垫层中包括了素土夯实，水磨石地面中包括了水泥砂浆找平。又如，金属构件的防锈漆一道包括在构件制作项目内，综合了高度在 3.6m 以下的脚手架搭拆的人工、材料和机械。诸如此类，极容易造成子项重列。

（2）防止定额中的计量单位或给出的内容，与设计图纸标出的不一致而出现高套或乱套定额。这种现象经常出现在安装工程预算上。因为安装工程定额中，往往给出同一项目的几个子项供选用。如设备安装在定额中按吨位的大小列出几项，而设计图

纸上并不标明这个技术指标，因此，施工单位在套用定额时就宁多勿少，有的甚至选用比实际高出好几倍的单价。例如，沐浴器的安装定额应套用钢管组成而却套用了铜管制品等。

（3）消除工程量计量单位和定额计量单位不一致出现的差错。这是常见的毛病，但只要认真、细致地审核，完全可以避免。例如，在某项工程的预算中，定额中楼梯是以 $10m^2$ 为单位的单价，而施工单位却以 $1m^2$ 的单价列出，只此一项就核减多出的金额 162331 元。

（4）纠正换算出现的造价高算。由于设计标准不同，应用预算定额时，有的需要按规定进行换算，如断面、标号、厚度和含量等。换算定额单价属于较为繁琐的工作，必须耐心、细心。例如，定额中的混凝土是按碎石和 425# 水泥配制的单价组成，而实际上施工用的水泥有多种标号，一般情况下，钢筋混凝土工程用高标号水泥，因此必须换算。由于水泥标号高，用量就少，导致高低水泥标号之间存在量差。例如某项工程中，钢筋泥凝土工程全部用的是碎石和 525# 水泥配制，而施工单位编制的预算按 425# 水泥用量 ×425# 水泥与 525# 水泥单价差进行价差计算，由此引起造价提高 45879 元。

（5）加强材料价格的审查。主要是对定额中允许调价的材料，如灯具、阀门等以及还没有列入预算定额的新型建筑材料的审查。这些材料在市场上五花八门，部分施工单位存在高估冒算的行为，因此必须进行市场调查，掌握行情价格，选择既符合设计要求、又经济实用的材料。

（四）正确选择取费标准

取费标准除了按施工企业的级别和工程类别选用外，还应对费用具体内容充分了解，不然就会在预算中重复出现。如现场临时排水沟费用已包含在临时设施费中，冻土增加费已包含在冬雨季施工费中，就不应在预算中另外列取费。

（五）深入现场掌握第一手资料

深入现场掌握第一手资料十分必要。这是做好编审预算、特别是审编竣工结算的依据，应当注意以下几项工作：

（1）现场调查。预算中有些项目，如土质类别、土方运输、预制构件的运输、排水等项目必须到现场调查后才能确定。如某施工场地宽阔，小型预制构件均可以在 150m 以内的现场制作。按规定不应列预制构件运输，但施工单位预算中都列有该项预算。如果没有现场调查的确切资料，就会增加不必要的项目预算。

（2）现场核实。调查实际用的材料质量与数量与预算上列的材料是否相符，是否存在以次充好、以无充有现象。如水磨石地面的白石子是否以小八厘代大八厘；管道施工中是否用焊接代法兰相接等。如某公寓工程卫生间通风道设计为 PVC 管 200，经现场实测发现，施工单位用 160，就核减造价 45264 元。

（3）细查、严查。工程漏做、少做现象时有发生，常常出现在被人忽视的地方。如楼梯防滑条、屋面烫一道沥青、伸缩缝等漏做，油漆少刷一道或漏刷等。

（六）加强部门之间、工种之间的联系与沟通

加强部门之间的联系和沟通，不仅使预算、结算更加准确完善，而且有利于各部门共同控制工程造价。例如，同计划部门联系，了解施工合同的内容，检查预算中有没有与合同出入的地方；同技术部门联系，了解图纸变更情况、技术措施等情况；同施工现场管理人员联系，了解现场处理情况、施工组织设计情况；同材料部门联系，了解材料品种，质量、规格、价格及用量；同财务部门联系，可以了解项目实物进度与投资完成情况，有利分析和控制造价。加强工种之间的联系和沟通，主要是避免土建、给排水、暖通、电气等工种的预算重复或漏项。如电气工程的避雷措施，往往在土建图和电气图上同时标出，民用工程中水池在建图和给排水图中同时标出，因此，容易两个工种在预算中重复。

六、积累资料，不断提高工程预算管理水平

每完成一项工程应对结算书整理造册存档，作为资料以备查用；对每项工程的技术指标、主要材料的消耗指标进行分析，作为以后工程的设计方案及经济分析的参考。为了不断提高工程预算管理水平，预算员应该深入现场，调查研究、搜集、积累基础资料，分析预算编制和执行情况。特别是对同类标准的工程进行分析比较，找出造价高低的原因，总结预算管理的经验、教训，为以后的工程预算编审和改进管理指明努力和提高的途径。

第六章　工程量清单编审工作方案

一、工程量清单编制

（一）编制原则

（1）编制应遵循客观、公正、科学、合理的原则；

（2）认真细致逐项计算工程量，保证实物量的准确性原则；

（3）认真进行全面复核，确保清单内容符合实际、科学合理的原则；

（4）确保控制价完整性的原则；

（5）确保控制性与招标文件一致性的原则。

（二）编制流程

根据设计图纸、相关规范、各种相关技术文件及标准图集进行工程量计算、控制价编制，具体流程如下：

（1）熟悉图纸；

（2）根据施工图纸，相关资料及文件计算工程量；

（3）根据工程量及现行定额编制预算控制价；

（4）根据质量管理规定进行四级复核；

（5）提交成果资料。

（三）工程量清单及控制价编制阶段的相关事项

（1）根据项目特点和投资额度提出合理控制方案，审核设计概算；

（2）完成一期工程全套设计施工图的工程量清单、控制价编制工作，经比选人认可后出具工程量清单及招标控制价全套书面报告；

（3）对工程量清单及招标控制价的准确性、合理性、合法性负责；

（4）业主临时安排的其它工作，在合理或业主要求的时间内完成。

（四）服务方案

工程量清单、招标控制价的编制工程量清单是招标文件的重要组成部分，是反映工程承包价格的最主要的依据，工程量清单编制质量的好坏将直接关系到施工阶段投资控制工作的开展，也将对工程项目的总体投资控制目标的实现带来影响。

在编制过程中，需要做好以下的工作，抓住本阶段造价咨询的关键点。

1. 编制原则的确定。严格按照国家的相关规定及贵公司提出的要求执行。

2. 工程量清单的编制。工程量清单的计算必须准确，减少给乙方带来的工程量方面的风险；工程项目的特征描述力求清晰准确，利于投标方正确报价；清单的项目保证完整，杜绝缺项、错项，措施项目和其他项目要设置合理，反映工程的真实情况。

3. 控制价的编制。控制价的编制应严格按照相关造价部门的要求，遵循《建设工程工程量清单计价规范》的规定，如实反映材料、设备、人工的市场平均价格水平，并参照市场行情变化适当考虑风险因素，做到计算准确，定价合理，有利于业主选择综合实力强、管理水平高的工程承包商。同时，按照本工程投资控制的总体目标，控制价是业主掌控建设投资直接依据，应该与确定投资控制目标值相对应，在合理的范围内，对整个工程的投资控制发挥独特的作用。

4. 做好清单编制的澄清、答疑等相关工作。

5. 提供完善的清单及控制价包括造价编制说明、预算书、工程量计算底稿、钢筋工程量计算底稿（提供广联达或斯维尔算量软件的电子版）、单体工程建筑技术经济指标或室外工程建筑技术经济指标（含工程概况、设施及装修标准、编制依据、主要经济指标、每平方米主要材料消耗量、每平方米实物工程量、主要材料价格等项内容）以及工程量指标表。

6. 工作时间安排。为保质保量完成工作，在业主要求合理时间内（收到施工图后15个日历日内）完成清单及控制价编制工作，根据工程实际情况合理安排，在必要的情况下增加工作技术力量，以确保在规定的时间向业主提交相应成果文件。工程量清单及控制价编制阶段各项工作时间严格按以下要求执行：

（1）编制项目工程量清单及招标控制价，在收到施工图后15个日历日内完成。

（2）复核项目工程量清单及招标控制价，在收到编制单位工程量清单后3个日历日内完成。

（3）工程设计概算审核，在收到送审概算后5个日历日内完成。

（4）业主临时安排的其他工作，在合理或业主要求的时间内完成。

二、项目全过程控制审计工作方案

（一）全过程控制审计方式

1. 现场跟踪的方式

现场跟踪是施工阶段造价控制的基础工作，根据项目的特点，确定以下跟踪方式：

审计人员从控制工程造价的角度，在施工合同履行的整个时期对现场进行跟踪核查、记录。将适时地派驻有关建筑、结构、装饰、给排水、电气、暖通等各专业的造价师对各专业所用的材料规格、数量与施工图、设计变更单及工程实物进行对照核查，通过现场测量、取证、拍照等方式，做好备查记录，作为变更签证计价和结算审计的真实造价依据。特别对隐蔽工程部分或有可能索赔或反索赔等方面，在现场跟踪过程中应特别关注。

（1）专业造价师及时跟踪现场；

（2）做好跟踪日志，记录每天发生的与造价相关的事件，作为处理造价管理的基础资料；

（3）参加本工程有关造价管理的会议；

（4）对于索赔事件，要重点记录与跟踪，派专家把关，成果坚持三级复核。

2. 现场跟踪主要内容

（1）现场跟踪的准备阶段。

①熟悉本项目施工图纸等设计文件及工程施工招、投标文件，施工合同补充协议等有关计价的其他文件。

②协助业主对设计方、监理方、施工方的沟通协调，对作为工程结算依据的相关设计变更、现场签证有效性提供咨询。

③参加业主、监理组织的图纸会审工作，对其中因变更而增加的费用部分进行咨询准备。

④提供非承包商原因所致设备或材料未及时送达引起的误工费用、工期延误等索赔的咨询。

⑤提供应业主要求承包商采取非常规施工措施而增加费用的评估咨询。

（2）施工合同跟踪——跟踪工程实施阶段。

①参加与工程造价及合同相关的会议，并作好记录。

②审核的施工合同主要包括：施工总承包合同以及合同额大于 10 万元的甲方直接分包（或委托）合同。

③主要审核：合同主体的合法性，合同内容的完整性，结算及价款调整条款的内容表述是否准确、完整。

④总价或单价包干合同的包干总价或包干单价须事前审计。

⑤对现场设计变更及签证进行造价咨询。

⑥工程进度款审批的造价咨询。

⑦竣工验收及工程索赔咨询。

（二）设计变更、现场签证的审核与管理

工程实施阶段，业主的工作重点在于过程的有效控制，使设计变更、签证等得到有效的掌控；我公司作为中介方，工作重点在于协助业主利用自己的专业知识对变更、签证、索赔进行有效的审核。

对工程签证等管理实行量价分离的二级约束机制，规定现场监理工程师仅对签证事件的真实性和工程量数据的准确性确认，对其可能引起的费用变化或工期变化要求承包商另行填写费用洽商申请表或工期临时延期申请表，由我方造价工程师独立审核，形成了二层次管理，相互制约的机制，最大限度地降低了工程签证可能带来的工程造价失控风险。

1. 设计变更的审核工作程序

（1）设计变更的审核程序。

①设计变更的必要性审核：对影响工程造价的设计变更、签证，应从专业技术需要的角度，提出合理化建议方案，供业主选择。

A. 工程设计变更按其影响造价的程度，可分为 a、b、c 三类。

a 类变更：这类变更不涉及变更设计原则，不影响质量与安全经济运行，且不增加或减少工程费用（或合同价款）。

b 类变更：这类变更工程内容有变化，造价有增减，但变更价款在合同规定的承包商包干费用范围内。

c 类变更：这类变更涉及变更设计原则，变更设计方案及主要结构和布置，修正主要尺寸及主要原材料和设备代用，且变更价款在合同规定的可追加或减少费用的范围内。

B. 各类工程变更的处理程序：

a 类变更：由监理工程师签认，但需向造价工程师备案。

b 类变更：必要时（合同结算规则要求按分项、分部工程计算费用；或业主要求提供考核设计变更增加的费用），造价工程师要对工程变更申请表的估算费用进行核查，并记入《核查记录》，同时按分项、分部工程进行统计。否则，与 a 类变更的处理方法相同。

c 类工程变更：由施工方提出申请估价和提交变更价款预算单，由我方造价工程师核查并协助业主与承包商协商后确定价款，填写《核查记录》，同时按分项工程进行统计。

对于通过设计变更扩大建设规模，提高建设标准的，要看是否有原审批部门的批准；运用价值工程理论，对变更的技术可行性、经济合理性进行必要的论证与综合评价后再决定进行变更。

②设计变更的合规性审核：审核设计变更手续是否合理合规，是否符合甲乙双方的事前约定。根据变更引起造价变更的数额实行分级审批制，明确审批权限，加速变更工作的进展。同一原因引起的、数额较大的变更项目不能肢解为多个变更项目申报而逃避审批。

A. 必要的变更应先作工程量和造价的增减分析，经业主同意，设计单位审查签章，出具相应的图纸和说明方可发变更通知。

B. 对不符合程序的口头变更、便条变更的工程量不予认可。

C. 监理公司发现设计图中的问题，需要进行变更时，必须征求业主和设计单位的意见。对监理公司和施工单位擅自更改设计图的，不予认可。

③设计变更的真实性审核。

A. 审核设计变更是否真实存在。为分析变更的原因，明确责任，应对变更进行分类管理，一般可以分为施工类、设计类、业主管理类，并制定相应的奖罚措施。

a. 由于施工不当，或施工错误造成的变更，监理工程师应注明原因，此变更费用不予处理，由施工单位自负，若对工期、质量、投资效益造成影响的，还应进行反索赔。

b. 由设计部门的错误或缺陷造成的变更费用，以及采取的补救措施，如返修、加固、拆除所产生的费用，这部分费用按 c 类变更处理后由监理单位协助业主与设计部门协商是否对设计部门索赔。

c. 由于监理部门责任造成损失的，该部分费用按 c 类变更处理后应扣减监理费用。

B. 审核变更中涉及的其数量及计价的真实性。

a. 审核设计变更部位的工程量增减是否正确，是否得到如实反映。

b. 审核变更部位的定额套用是否合理。

设计变更应视作原施工图纸的一部分内容，所发生的费用计算应保持一致，并根据合同条款按国家有关政策进行费用调整。材料的供应及自购范围也应与原合同内容相一致。

c. 审核设计变更计算过程是否规范。

审核工程量的计算是否按合同中约定的计量规则进行计算，有无高估冒算。

（2）洽商签证的审核与管理。

①洽商签证的必要性。

A. 签证对造价的影响程度，洽商签证与设计变更相同，按其对造价的影响程度，亦分为 a、b、c 三类。

a 类签证：这类签证不涉及设计原则的变化，不影响质量和安全运行，且不增加或减少工程费用（或合同价款）。

b 类签证：这类签证涉及工程内容，造价有增减，但变更价款在合同规定的包干费用范围之内。

c 类签证：这类变更涉及合同约定的工程内容变化，或属合同约定的范围之外的工程内容，且变更价款在合同约定的追加或减少费用范围之内。

B. 各类签证的处理方法。

以上 a、b、c 各类签证的处理方面同各类工程变更的处理方法。

②审核洽商签证的真实性。

A. 审查洽商签证的程序是否规范。审查程序是否符合甲乙双方事先约定的签证程序。审查洽商签证手续是否齐全。洽商签证必须分别由监理公司、业主单位、施工单位共同签字确认，如果只有一方签字或缺少某一方签字，说明洽商签证的手续不全，也必然影响洽商签证的真实性。

B. 审核材料签证的市场调查。涉及材料价格的签证应在业主组织下，造价公司会同承包方赴市场，确定本工程所监控主要建筑材料的品种、规格和单价。

C. 审查洽商签证内容与竣工图、隐蔽工程记录和完工项目的内容是否一致。如果不一致，说明洽商签证的内容存在虚假情况，必须纠正。

③审查洽商签证的有效性。

A. 审查开始后，必须封存施工单位移交的所有资料，包括洽商签证，不允许施工单位补办任何洽商签证，特别是隐蔽工程项目的洽商签证，凡是审查开始后补办的洽商签证一律无效。

B. 审查施工日记、监理日记、值班日记与洽商签证的时间是否一致。如果不一致，说明洽商签证的时效性存在问题，必须进一步查清。

C. 审查洽商签证的内容有无重复，尤其要注意工程项目整体办理洽商签证后，是否存在以单项办理洽商签证。预算中包含的项目不得进行签证，已签证的工程量，应予扣除；

④审核洽商签证的正确性

A. 审查洽商签证的数量，包括个数、面积、体积、重量的计算是否正确。

B. 审查洽商签证的单价、金额计算是否正确。

C. 结合业主与施工单位签订施工合同的内容，特别是洽商签证的一些优惠条款，查洽商签证是否可以列入工程结算。工程变更与工程现场签证审核的依据应充分，设计变更手续、签证程序应齐全，内容与实际情况应相符，所选用的计价方式应合理并符合施工合同规定。工程设计变更及现场签证价格的审核与确定应由相关的专业造价工程师签发。

（三）工程量签证的造价审核程序与内容

签证审核的步骤分三步：真实性审核、合理性审核、实质性审核。

1. 真实性审核。

（1）一般签证书面材料中应有甲方现场代表、乙方、监理工程师的签字盖章。

（2）签证有无双方单位盖章，印章是否伪造，复印件与原件是否一致等是真实性审核的重要内容。

（3）签证是甲方与乙方之间在工程实施过程中对已订合同的一种弥补或动态调整，与主体合同具有同等法律效力，因而在形式上应该是双方签章齐全真实。

（4）审核时复印件应与原件核对，签证的印章应与投标书中印章相比对，以保证签证形式合法、内容翔实合理。以防止签证上虚增材料数量、工程量、费用等。签证真实性的审核要重点审查签证单所附的原始资料。

（5）对签证中的数量一定要现场核实。现场核实工作量要求甲方、乙方、中介方三方同时到场，咨询单位审核人员一般安排 2 人以上参加，认真测量并做好勘测记录。勘测记录由甲、乙方和审核人员签字认可，作为调整结算的依据，并与结算书等一并归档备查。

2. 合理性审核。一些乙方为了中标，在招标时采取压低造价，在施工中又以各种理由，采取洽商签证的方法想尽办法补回经济损失。所以对乙方签证的合理性必须认真审核。

3. 实质性审核。对于工程量的签证，审核时必须到现场逐项丈量、计算，逐笔核实。特别是对装饰工程和附属工程的隐蔽部分应作为审核的重点。因为这两部分往往没有图纸或者图纸不很明确，而事后勘察又比较困难。在必要的情况下，审核人员在征得甲方和乙方双方同意的情况下，进行破坏性检查，以核准工程量。

（四）材料价格签证的审核程序与内容

一般来说，设计图纸对一些主材、装饰材料只能指定规格与品种，而不能指定生产厂家。目前市场上伪劣产品较多，即使是正规厂家，不同的厂家和品牌，价格差异比较大，特别是一些高级装饰材料，施工方以劣充优，以国产品牌冒充进口品牌，若业主签字确认之后会给结算审核造成麻烦。

材料签证的造价跟踪主要注意以下几个方面：

1. 注意签证的时间

市场经济条件下，价格信息是时时刻刻变化的，掌握价格变动规律，审核中关注签证材料的购买时间，是一个很重要又容易忽视的问题。

2. 材料价格签证确认的方法

相对于其他签证来说，材料价格签证的确认是比较难的。客观上，各地区《价格信息》对普及性材料有明确指导价，而对装饰材料的价格没有明确指导，由于其品种、质量、产地的不同，导致了价格的千差万别，甲方也不能清晰、具体地提供材料的详细资料。比较可行的办法是：组织双方人员，走向市场，寻求最接近实际情况的价格，以有力的事实证据取得双方的一致认可。

（1）调查材料价格信息的方法。

①市场调查。

②电话调查。

③上网查询。

④当事人调查。

（2）取定材料价格的方法。调查取得价格信息资料后，就要对这些资料进行综合分析、平衡、过滤，从而取定最接近客观实际并符合审价要求的价格。

①应考虑调查价格与实际购买价格的差异。

②参考其他价格信息。取定材料价格时还应综合考虑下面几种价格资料：

A. 参考信息价。

B. 参考发票价。参考乙方的购货发票，虽然可能存在假、虚、空等问题，但在市场调查的基础上，可作为参考的依据之一。

C. 参考口头价。由于口头价格并不准确，作为参考依据更应慎重取舍。

D. 参考定额价。定额价格是加权平均价，具有较强的指导作用，一般来说土建材料与市场差异不大，但许多装饰材料则可能出入较大，应分别对待。

E. 其他工程中同类建材价格。在同期建设的工程中，已审定工程中所取定的材料价格，可作为在审工程材料价格取定参照，甚至可以直接采用。

（五）综合单价签证的管理与审核

1. 清单计价方法下，单价的使用原则。一般，在工程设计变更和工程外项目确定后7天内，设计变更、签证涉及工程价款增加的，由乙方向甲方提出，涉及工程价款减少的，由甲方向乙方提出，经对方确认后调整合同价款。变更合同价款按下列方法进行：

（1）当投标报价中已有适用于调整的工程量的单价时，按投标报价中已有的单价确定。

（2）当投标报价中只有类似于调整的工程量的单价时，可参照该单价确定。

（3）当投标报价中没有适用和类似于调整的工程量的单价时，由乙方提出适当的变更价格，经与甲方或其委托的代理人（甲方代表、监理工程师）协商确定单价；协商不成，报工程造价管理机构审核确定。

2. 清单计价方式下，单价的报审程序。在工程实施中，难免出现材料调整，如面砖的规格调整，在定额计价模式下，只要进行子目变更或换算即可，但在清单模式下，特别是固定单价合同，单价的换算必须经过报批。

（六）主要材料及设备价格的审核与管理

1. 内容

（1）招标文件中对主要材料和大型设备没有明确“厂家、规格”，但材料单价已明确的，在进场使用前由施工单位提供“厂家、规格、单价”，业主现场代表、监理工程师和乙方共同对“厂家、规格、单价”进行核实，如果实际价格低于投标价格以上的 5%，由业主现场代表、监理公司、乙方和施工单位共同定价和洽商确认。

（2）招标文件中没有确定的材料、设备以及暂估价，定价方式同材料价格签证确认的方法第 2 条。

（3）建设单位供货或指定材料，由乙方协助业主询价后共同确定。

（4）施工单位自行采购的材料和设备，未经确认已使用在本工程，业主现场代表和监理工程师有权要求现场剥离检查，对剥离所发生的费用由施工单位承担，价格由四方派代表到市场询价，按市价的低价结算。

2. 工作程序

（1）对符合“主要材料及设备价格审核与管理”内容的材料及设备，由施工单位提供材料品种、规格、质地、生产厂家、供应单位报价及拟采用的单价等相关资料。

（2）业主、监理单位、施工单位对材料的用量、质量、价格与设计图要求进行初步确认审核，并填写“材料价格洽商单”，经三方签字后提前 7 天送乙方进行审核；乙方 7 天内将审核（询价）结果书面反馈给业主。

（3）实施公开招标的材料，我公司可参与全过程并提供咨询意见。

（七）工程进度款的审核与管理

1. 内容

跟踪审核过程中密切注意实际进度与计划进度的偏差，分析由此引起的对工期及工程造价的影响。

2. 工作程序

（1）施工单位应按合同专用条款约定的时间，提交当月（或节点）完成进度，监理公司、业主有关部门在规定的时间内核实已完工程量。对合同范围内的工程量和变更的工程量分别洽商认可。

（2）施工单位根据工程量检验认可的证明，编制当月的工程量完成统计报表（按合同要求）及工程价款结算书，报项目管理公司初审后送给乙方复审。

（3）乙方对工程价款进度结算书进行审核，首先对工程量核定确认，然后审核洽商记录的真实性、合法性；审核工程子目综合单价是否与清单报价一致；实物工程量与图纸不符、施工情况与施工合同不符、施工用料发生变化必须获取必要的洽商，审核时据实调整。

（4）审核的结果由乙方在规定的时间内出具审核意见，并填写工程项目进度付款建议表。

（八）索赔费用的审核与管理

1. 索赔费用的管理

施工索赔是在施工过程中承包商根据合同和法律的规定，对并非由于自己的过错造成的损失或承担了合同规定之外的工作所付的额外的支出，承包商向业主提出在经济或时间上要求补偿的权利。

（1）乙方协助业主及时、快速地处理索赔纠纷，通过收集的记录、照片、录像等证据，帮助业主把索赔损失减少到最小。

（2）阶段性地、及时地收集因施工方原因造成工期、质量违约的证据，协助业主进行反索赔，以维护业主利益，提高自身防范能力。

2. 索赔的内容

（1）业主没有按合同规定的时间交付设计图纸数量和资料，未按时交付合格的施工现场等，造成工程拖延和损失。

（2）工程地质条件与合同规定、设计文件不一致。

（3）业主或监理工程师变更原合同规定的施工顺序，扰乱了施工计划及施工方案，使工程数量和施工困难有较大的增加。

（4）业主指令提高设计、施工、材料的质量标准。

（5）由于设计错误或业主、工程师错误指令，造成工程修改、返工、窝工等损失。

（6）业主和监理工程师指令增加额外工程或指令工程加速。

（7）业主未能及时交付工程款。

（8）物价上涨、汇率浮动，造成材料价格、人工工资上涨，承包商蒙受较大损失。

（9）国家政策、法令修改。

（10）不可抗力因素等。

3. 索赔的分类（略）

4. 索赔的程序（略）

5. 索赔的依据

（1）合同。

（2）证据：①现场记录；②项目往来函件；③照片、录音、录像等；④权威部门的资料；⑤公开发布的信息；⑥财务上的有关索赔依据及证明；⑦其他与索赔相关的报告、复函、记录等。

（3）计算方法与要素：①数量；②价格；③时间。

6. 索赔方案的确定

（1）定性；

（2）定量；

（3）途径。

（九）全过程造价控制阶段各项工作时间安排及控制

1. 对清单、控制价进行核查，在收到编制单位工程量清单后 3 个日历日内完成。

2. 材料、设备等认价手续，必须在收到详细资料后 2 个日历日内提供书面报告。

3. 预付款、进度款、变更、索赔的审核，在 2~5 个日历日完成审核并提供书面报告。

4. 每月 25 日前提供造价咨询月报，阐述已完成的造价工作成果、进行造价分析、提示可能的造价风险并提供解决预案。

5. 对清单控制价之外的造价变化，实行一单一算，资料齐备后 2 个日历日完成。

6. 按工程档案管理要求，及时完成整个项目造价资料的收集、整理、存档、备份工作。

7. 业主临时安排的其他工作，在合理或业主要求的时间内完成。

三、质量保证措施

质量是企业的生命，对于咨询服务行业更是如此。造价咨询作为建设过程中必不可少的重要环节之一，更需要以其热情的服务态度、超前的服务意识、专业的服务水平为委托人的建设管理工作带来极大的便利。为此，乙方特制定以下措施，保证造价咨询过程中各项服务工作能够快捷、周到、有效的完成，既要满足委托人在时间上的要求，又要保证委托人对服务质量的要求。

（一）程序化管理保障措施

为了提高委托造价咨询服务的质量，乙方规范了委托咨询服务工作程序，包括成本指标估算程序、概算编制或审核程序、预算编制及审核程序、工程量清单及标底编制与审核工作程序、变更洽商审核程序、重计量对审程序、结算审核工作程序、资料管理归档程序等等。同时，为了保证资料的适时准确，规范了工作联系函标准格式，内容包括：工作任务单、标准信函格式、文件接收单，文件审批程序、文件审批单、任务审核单、会议签到薄、交接记录、工作报表、存档文件统计表、各种台账表等。

（二）制度化管理保障措施

为了保证程序文件的落实，乙方配套建立了一系列制度，包括管理制度、工作计划制度、工作协调制度、文档管理制度、工作审核制度、岗位责任制及绩效考核制度等。

1. 职业道德规范制度

乙方制定了员工职业道德规范，对员工的职业道德标准进行了规定，保证委托造价咨询工作的公平、公正、科学、合理。乙方强调职业道德规范的重要性，并通过领导的示范、品评教育、监控等进行观念强化。乙方建立了职工道德档案，对违反直接道德规范的员工，制定了处理的制度和程序，并对违反职业道德规范的行为及其处理结果进行登记。

2. 回避制度

为保证委托咨询服务的工作质量，乙方特拟定了回避制度，设置防火墙。凡与委托咨询服务项目的相关利害人（包括专家）均不得与该项目有直接或间接的公或私的联系，凡有关系人员均实行回避制。同时，要求执业相关人员间签署独立性政策和程序的书面确认函，确保遵守独立性政策。

3. 客户回访和后期服务制度

项目完成后，乙方将定期组织客户回访。同时，根据委托方需要，我司将为委托方提供后续服务，发挥乙方的专业优势，对其余项目中遇到的问题提供咨询意见，以更好地为经济建设服务。

（三）严格的成品文件审核措施

为了提高各阶段的委托造价咨询成果的质量，乙方制定了严格的内部审核制度，通过从员工自检、组内互审、专业负责人审核、项目经理审核、公司总工审核的多级审核制度，大大减少了错误的出现，保证了委托咨询服务成果的质量，为项目的顺利实施奠定了坚实的基础。首先由各专业组成员编制各阶段委托咨询服务成果文件，编制完成后在组内进行互相交叉审核，发现问题、提出建议、修改文件，然后交专业负责人、审核人进行全面把关，形成初稿，经专业审核人审核后提交给项目经理审核，项目经理审核同意后交公司总工审核成稿，

分别从不同方面、分重点进行审核，经过逐级内部审核程序后，最终形成完整阶段性的委托咨询服务成果文件。对于每一阶段所形成的委托咨询服务成果文件，均严格按照内部审核程序执行，同时为了能按时向委托人提供委托咨询服务成果文件，先把各级审核程序按提交时间进行倒排，这样既保证了工作效率，又能高质量完成委托方交给的工作任务，为工作的顺利进展、有效控制工程造价提供了制度上的保障。

（四）人力资源保障措施

项目部的组成人员是委托咨询服务的具体执行者，是圆满完成任务的首要决定因素。作为委托咨询服务机构必须充分考虑项目的具体情况和公司人力资源状况，要严格按照委托人对进度、质量的要求，充分挖掘乙方内部资源，组成高素质的项目部队伍，确保项目的顺利完成。为此，乙方组成了由专业搭配合理的项目部，形成了由项目经理负责，各专业配合的互动结构，在时间要求紧迫情况下可以从乙方技术后台迅速对人员进行补充，保证按时、保质、保量完成委托方交给的任务。

完善的人力资源保障制度为提供高质量的委托咨询服务提供了人力资源上的保障。公司在人力资源上提供了一系列的保障措施：

1. 完善的岗位管理、资质管理、工程管理、档案管理、设备管理、形象管理、行政管理等各项制度和规定。公司各部门分工明确、奖罚分明、管理到位。为保证工程咨询服务顺利、有序进行提供有力的组织保障。

2. 良好的企业文化和管理制度，激励机制以及各项制度规范，是决定员工稳定性的最重要因素。

3. 为骨干员工提供了广阔的发展平台，使其展示自身才智，体现自身价值。有完善的职业规划和培训计划，对员工的吸引力是巨大的，也是决定员工稳定性的重要因素。

4. 重视团队协作精神的培养，经常开展工作、技术交流活动，通过培训、座谈的形式提高业务水平，形成良好的学习氛围；不定时地进行拓展训练、组织体育竞赛，增强团队的凝聚力及协作精神。

5. 为了保持核心员工的相对稳定性，制定了相应制度保障人员稳定，通过把好招聘关、规范管理制度、合理薪金待遇、劳动保障体系，很好保证了人员的稳定性。

第七章　招标控制价编审工作方案

一、一般规定

（1）工程造价咨询企业应在其资质规定的范围内接受招标人的委托，独立承担可胜任专业领域的招标控制价的编制与审查。

（2）工程造价咨询企业接受招标人的委托编制或审查招标控制价，必须严格执行国家相关法律、法规和有关制度，认真恪守职业道德、执业准则，依据有关执业标准，公正、独立地开展工程造价咨询服务工作。

（3）工程造价咨询企业应依据合同约定向委托方收取咨询费用，除当地或行业建设行政主管部门有具体规定外，严禁向第三方收取费用。

（4）工程造价咨询企业签订工程造价咨询合同时，应考虑满足合理的工作周期和编制质量的要求，并应认真履行合同义务，在合同约定的时间内完成招标控制价的编制或审查。

二、招标控制价的编制

（一）编制依据

1. 招标控制价的编制依据是指在编制招标控制价时需要进行工程量计量、价格确认、工程计价的有关参数、率值的确定等工作时所需的基础性资料。

2. 招投标控制价编制的主要依据包括：

（1）国家、行业和地方政府的法律、法规及有关规定。

（2）现行国家标准《建设工程工程量清单计价规范》（GB—50500）。

（3）国家、行业和地方建设主管部门颁发的计价定额和计价办法、价格信息及其相关配套计价文件。

（4）国家、行业和地方有关技术标准和质量验收规范等。

（5）工程项目地质勘察报告以及相关设计文件。

（6）工程项目拟定的招标文件，工程量清单和设备清单。

（7）答疑文件，澄清和补充文件以及有关会议纪要。

（8）常规或类似工程的施工组织设计。

（9）本工程涉及的人工、材料、机械台班的价格信息。

（10）施工期间的风险因素。

（11）其他相关资料。

（二）编制程序

1. 招标控制价编制应经历编制准备、文件编制和成果文件出具三个阶段的工作程序。

2. 编制准备阶段的主要工作包括：

（1）收集与本项目招标控制价相关的编制依据。

（2）熟悉招标文件、相关合同、会议纪要、施工图纸和施工方案相关资料。

（3）了解应采用的计价标准、费用指标、材料价格信息等情况。

（4）了解本项目招标控制价的编制要求和范围。

（5）对本项目招标控制价的编制依据进行分类、归纳和整理。

（6）成立编制小组，就招标控制价编制的内容进行技术交底，做好编制前期的准备工作。

3. 文件编制阶段的主要工作包括：

（1）按招标文件、相关计价规则进行分部分项工程工程量清单项目计价，并汇总分部分项工程费。

（2）按招标文件、相关计价规则进行措施项目计价，并汇总措施项目费。

（3）按招标文件、相关计价规则进行其他项目计价．并汇总其他项目费。

（4）进行规费项目、税金项目清单计价。

（5）对工程造价进行汇总，初步确定招标控制价。

4. 成果文件出具阶段的主要工作包括：

（1）审核人对编制人编制的初步成果文件进行审核。

（2）审定人对审核后的初步成果文件进行审定。

（3）编制人、审核人、审定人分别在相应成果文件上署名，并应签署造价工程师或造价员执业或从业印章。

（4）成果文件经编制、审核和审定后，工程造价咨询企业的法定代表人或其授权人在成果文件上签字或盖章。

（5）工程造价咨询企业需在正式的成果文件上签署本企业的执业印章。

（三）编制方法与内容

1. 编制招标控制计价时，对于分部分项工程费用计价应采用单价法。采用单价法计价时。应依据招标工程量清单的分部分项工程项目、项目特征和工程量，确定其综合单价，综合单价的内容应包括人工费、材料费、机械费、管理费和利润，以及一定范围的风险费用。

2. 对于措施项目应分别采用单价法和费率法（或系数法），对于可计量部分的措施项目应参照分部分项工程费用的计算方法采用单价法计价，对于以项计量或综合取定的措施费用应采用费率法。采用费率法时应先确定某项费用的计费基数，再测定其费率，然后将计费基数与费率相乘得到费用。

3. 在确定综合单价时，应考虑一定范围内的风险因素。在招标文件中应通过预留一定的风险费用，或明确说明风险所包括的范围及超出该范围的价格调整方法。对于招标文件中未做要求的可按以下原则确定：

（1）对于技术难度较大和管理复杂的项目，可考虑一定的风险费用，并纳入到综合单价中。

（2）对于设备、材料价格的市场风险，应依据招标文件的规定，工程所在地或行业工程造价管理机构的有关规定，以及市场价格趋势考虑一定率值的风险费用，纳人到综合单价中。

（3）税金、规费等法律、法规、规章和政策变化的风险和人工单价等风险费用不应纳入综合单价。

4. 建设工程的招标控制价应由组成建设工程项目的各单项工程费用组成。各单项工程费用应由组成单项工程的各单位工程费用组成。各单位工程费用应由分部分项工程费、措施项目费、其他项目费、规费和税金组成。

5. 招标控制价的分部分项工程费应由各单位工程的招标工程量清单乘以其相应综合单价汇总而成。

6. 招标工程发布的分部分工程量清单对应的综合单价应按照招标人发布的分部分项工程量清单的项目名称、工程量、项目特征描述，依据工程所在地区颁发的计价定额和人工、材料、机械台班价格信息等进行组价确定，并应编制工程量清单综合单价分析表。

7. 分部分项工程量清单综合单价的组价，应首先依据提供的工程量清单和施工图纸，按照工程所在地区颁发的计价定额的规定，确定所组价的定额项目名称，并计算出相应的工程量；其次依据工程造价政策规定或工程造价信息确定其人工、材料、机械台班单价；同时，按照定额规定，在考虑风险因素确定管理费率和利润率的基础上，按规定程序计算出所组价定额项目的合价［见式（4-7-1）］，然后将若干项所组价的定额项目合价相加除以工程量清单项目工程量，便得到工程量清单项目综合单价［见式（4-7-2）］，对于未计价材料费（包括暂估单价的材料费）应计入综合单价。

定额项目合价＝定额项目工程量 ×[∑（定额人工消耗量 × 人工单价）+∑（定额材料消耗量 × 材料单价）+∑（定额机械台班消耗量 × 机械台班单价）+价差（基价或人工、材料、机械费用）+管理费和利润]　（4-7-1）

工程量清单综合单价 =[∑（定额项目合价）+ 未计价材料费]/ 工程量清单项目工程量　（4-7-2）

8. 措施项目费应分别采用单价法、费率法计价。凡可精确计量的措施项目应采用单价法；不能精确计量的措施项目应采用费率法，以“项”为计量单位来综合计价。见式（4-7-3）。

某项措施项目清单费＝措施项目计费基数 × 费率　（4-7-3）

9. 采用单价法计价的措施项目的计价方式应参照分部分项工程量清单计价方式计价。

10. 采用费率法计价的措施项目的计价方法应依据招标人提供的工程量清单项目，按照国家或省级、行业建设主管部门的规定，合理确定计费基数和费率。其中安全文明施工费应按国家或省级、行业建设主管部门的规定计价，不得作为竞争性费用。

11. 其他项目费应采用下列方式计价：

（1）暂列金额应按招标人在其他项目清单中列出的金额填写。

（2）暂估价包括材料暂估价、专业工程暂估价。材料单价按招标人列出的材料单价计入综合单价，专业工程暂估价按招标人在其他项目清单中列出的金额填写。

（3）计日工：按招标人列出的项目和数量，根据工程特点和有关计价依据确定综合单价并计算费用。

（4）总承包服务费应根据招标文件中列出的内容和向总承包人提出的要求计算总承包费，其中：招标人仅要求对分包的专业工程进行总承包管理和协调时，按分包的专业工程估算造价的 1.5% 计算；招标人要求对分包的专业工程进行总承包管理和协调并同时要求提供配合服务时，根据招标文件中列出的配合服务内容和提出的要求按分包的专业工程估算造价的 3%~5% 计算；招标人自行供应材料的，按招标人供应材料价值的 1% 计算。

12. 规费应采用费率法编制。应按照国家或省级、行业建设主管部门的规定确定计费基数和费率计算，不得作为竞争性费用。

13. 税金应采用费率法编制。应按照国家或省级、行业建设主管部门的规定，结合工程所在地情况确定综合税率并参照式（4-7-4）计算，不得作为竞争性费用。

税金 =（分部分项工程量清单费＋措施项目清单费＋其他项目清单费＋规费）×综合税率　（4-7-4）

三、招标控制价的审查

（1）招标控制价的审查依据包括本规程第二节规定的招标控制价的编制依据，以及招标人发布的招标控制价。

（2）招标控制价的审查方法可依据项目的规模、特征、性质及委托方的要求等采用重点审查法、全面审查法。重点审查法适用于投标人对个别项目进行投诉的情况，全面审查法适用于各类项目的审查。

（3）招标控制价应重点审查以下几个方面：

①招标控制价的项目编码、项目名称、工程数量、计量单位等是否与发布的招标工程量清单项目一致。

②招标控制价的总价是否全面，汇总是否正确。

③分部分项工程综合单价的组成是否符合现行国家标准《建设工程工程量清单计价规范》（GB 50500）和其他工程造价计价依据的要求。

④措施项目施工方案是否正确、可行，费用的计取是否符合现行国家标准《建设工程工程量清单计价规范》（GB 50500）和其他工程造价计价依据的要求。安全文明施工费是否执行了国家或省级、行业建设主管部门的规定。

⑤管理费、利润、风险费以及主要材料及设备的价格是否正确得当。

⑥规费、税金是否符合现行国家标准《建设工程工程量清单计价规范》（GB 50500）的要求，是否执行了国家或省级、行业建设主管部门的规定。

四、质量和档案管理

（一）质量管理

1. 工程造价咨询企业应建立相应的质量管理体系，在质量管理体系中明确质量目标，质量改进措施。对其承担的招标控制价编制、审核工作作出具体的质量规定。

2. 发包工程的招标控制价应在已确定的设计概算范围内。工程造价咨询企业编制的招标控制价超出设计概算的，应提醒发包人停止招标，并分析其原因。

3. 招标控制价的成果文件应由相关责任人进行审定。招标控制价文件的编制、复核、审定人员应在招标控制价成果文件上签署注册造价工程师执业印章或造价员从业印章。

4. 工程造价咨询企业招标控制价文件质量应符合国家或行业工程计价的有关规定、标准、规范的要求。招标控制价编制精度应符合行业的有关规定或工程造价咨询合同约定。

（二）档案管理

1. 招标人或工程造价咨询企业应依据《中华人民共和国档案法》的有关规定，建立、健全档案管理制度。

2. 工程造价咨询企业应对其承担的招标控制价编制工作建立工作档案，归档文件中除包含招标控制价的最终成果文件外，还应包含编制招标控制价时的材料询价记录等过程文件和资料。

3. 招标控制价编制成果文件及编制过程材料询价记录等过程资料应分类归纳整理存档。

4. 招标控制价编制成果文件自归档之日起保存期应为10年，编制过程文件应为5年。

5. 归档的招标控制价编制成果文件应包含纸质原件和电子文档。

第八章　工程投标价审核工作方案

一、做好投标的可行性研究

首先对已获得的招标信息先进性筛选，选择合适的投标项目投标。在可行性研究中主要进行以下方面的研究：一是研究本企业如进行该项目实施是否有足够的技术力量、财务能力可以投入；二是该项目是否会带来期望的经济效益；三是通过该工程的投标是否会给企业带来潜在的市场份额和社会效益。可行性研究应从投标承包条件、公关条件、投标竞争形势、投标风险等方面进行。

二、做好信息资料的收集研究工作

信息资料的收集研究工作主要包括收集技术经济信息和业主信息。投标报价涉及多方面的技术和经济问题，其收集工作应是经常性的和长期性的。主要包括：一是各种资源的市场价格情况，最好通过长期分析了解价格变动情况；二是掌握了解当地惯用的施工方法、采用的新技术、新工艺的应用程度；三是研究工程的性质和特点、工程业主愿意接受的价位区间，最后根据经验报价。

三、认真参加现场考察和标前会议

参加现场考察的目的是掌握工程现场的场地环境、交通状况、地理地形、周围建筑影响、各种资源的供应情况和价格等现场资料，为工程报价最大程度地符合该工程的特点，达到合理、可行、经济的目的。

认真准备参加标前会议，针对招标文件中出现的差异和不清楚的地方进行积极准备，同时以便利用这个机会获得业主方面的和投标单位的必要信息。标前会议提出问题时应注意以下三个方面：

（1）对合同和技术文件中不清楚的地方应提前说明，但不要表示或提出改变合同和修改设计的要求。

（2）提出问题时应注意防止其他投标单位从中了解到本单位的投标机密。

（3）不宜在会上表现出过高的积极性。

四、认真做好工程预算工作

工程预算是投标报价的基础性工作，在投标报价中起着十分重要的作用：一是准确、正确的预算编制能使投标人做到心中有数，二是给领导决策提供准确的参考基数，三是可以提高推测业主标底的准确度。确保预算成果合理与准确的对策：

1. 做好调查研究工作。主要是各种资源的市场价格、当地有关的政策性规定、认真领会设计意图和规范标准、熟练掌握和应用工程量计算规则、熟悉定额的工作内容和适用范围等。

（1）掌握施工要求与计量支付内容。在编制投标报价之前，应阅读招标文件的合同条款、技术规范，掌握施工要求、计量与支付内容，工程量清单的编制体系和方法；单价的费用组成，搞清清单项目和细目的含义；各种费用列入报价的方法，如税金、保险费等是计入单价还是单列按总值报价。

（2）准确计算工程量。深入了解设计图纸与细目工程数量的关系，做出正确的理解。随后列出分项工程数量、清单细目中工程数量，这是为投标报价约定的一个计价基准数，不能随意更改。但对应细目的某些分项工程数量，如钢护筒、钢围堰、水泥及沥青混凝土拌和楼、大型预制构件底座、现浇支架、缆索吊装设备等工程量，都是工程的先行工序，与设计意图、施工方案密切相关，所占费用比较大（尤其是特大桥施工标段），需要认真对待、准确计算。重点核对土（石）方工程、桥梁工程的细目工程量、准确计算土石方调配运距和运量、各部位砼钢筋数量等。核对和计算工程量的目的，就是为了避免混淆、出现错误。清单工程量以招标文件和补遗书、修正书的项目和工程量为准。投标人不得对项目和工程量做丝毫的变动，否则容易导致废标。若清单工程量与计算不一致且业主没有修正，可按清单给定按比例分配调整。

2. 与施工组织设计方案紧密配合，采用经济合理的施工方法。比如公路工程中路基土石方调配，一是要考虑好取弃土场设置引起的运距和占地费用问题，二是要安排好机械组合的合理搭配，比如 $1m^3$ 挖掘机配 15t 汽车就不合理、装载机装石方现场施工不可行等问题均需要预算人员充分考虑。再比如，在某地铁投标中，洞内运输施工组织设计均安排 1t 翻斗车运输，但定额全部为有轨运输，如果不分析定额的适用性和与施工方案的协调配合，盲目的套用定额，其预算肯定不合理。

3. 做好有关费用的分摊和估算工作。经常发生的情况是，招标文件规定的格式或要求与按编制办法编制的预算并不一致，往往存在费用分摊和估算措施性费用的问题。比如，公路工程投标报价中的临时设施费，其处理方法一般是先按正常费率计算出编制办法规定的费用，再根据施工组织设计计算实际需发生的费用后将剩余部分分摊到其他项目综合单价中。地铁及市政工程由于场地狭窄而引起的材料二次搬运费的估算，需要根据招标工程的特点，有针对性地进行合理估算等等。

4. 大量采用计算机应用软件，进行预算编制工作，提高预算工作的准确性。

5. 形成预算编制的编制集体，坚持预算编制的评审和复核工作，发挥集体智慧作用，确保不重不漏。

五、做好成本估价工作

成本预测工作主要从以下几方面进行：

（一）预算定额消耗修正法

运用预算定额，根据企业自身的实际，联系所参投工程的现状，研究对比预算价格，经技术分析后进行估价。其所反映的内涵应是完成该工程全部工程量所需的费用。

工程估价＝完成该工程量的各类消耗＋管理费

1. 各类消耗的定额修正

由于各个企业完成各项工程的人力、材料、机械消耗的水平不同，所以不能用统一的预算定额来进行计算，要对现行的定额进行修正，如果没有建立企业定额，则现实的做法是对预算定额进行修正，即分析研究定额工作内容，根据所掌握的情况，将预算定额中不合理、不科学的材料设备等消耗进行修正，以达到符合实际施工情况。

2. 管理费

各个企业由于机构设置、管理层次、工作效率、人员素质的不同，管理费的开支也不尽相同，所以要对所投标工程视规模大小、结构难易、资源投入等因素，确定管理费计算方法和标准。

（二）总费用估算法

总费用估算通俗地说就是算总账，就是将构造工程成本的工、料、机、现场管理费、企业管理费、社会事业费等进行单列计算汇总得出成本价。

1. 人工费。由于预算人工费单价与实际人工费单价相差较大，故预算人工费不能真实反映工费实际成本。通常的做法是根据施工组织设计的劳动力动态图计算的总用工量和估算的平均工日单价计算出估算工费总额，一般情况下实际大于报价中的工费含量。

2. 材料费。按预算材料费，根据类似工程的主要材料节约率水平进行测算；材料取价分析，对报价中的材料单价是否取定合理，采取与调查直供价比较，计算出可能发生的材料取价价差，测算最低的材料成本。

3. 机械费。根据施工组织设计的机械投入量（设备原值），分机械折旧费、经常修理费、预提大修理费等汇总计算。

4. 管理费。对工程的其他直接费和间接费进行分析。由预算分析得出直接费和间接费总额，根据以往的经验和工程的技术复杂程度，拟投入的管理人员及管理设施的数量，测算管理人员的薪金总额、交通和办公设施的使用和维修费用、办公消耗品、差旅费、处理各种关系的招待费、投标费用、上级管理费的摊销等间接费支出范围的总和，即估算实际间接费的支出总额和报价中间接费用进行比较，估算实际可能发生的其他直接费用与报价中的其它费用的比较。

5. 社会事业费。主要是指“三金”的估算，以估算人工费减去民工费为基数，一般应占到工资的 45% 左右。

6. 从工期要求和外部条件对工程成本的影响分析。若工期紧急需要加大施工力量的投入，采用一定的赶工措施，如加班、高价进料、增加周转材料、高价雇用劳务和租用设备，势必加大工程成本，因此，工期紧的项目应计算工期对成本的影响。工程周围的自然和社会环境条件较好可使成本降低，当地有廉价的劳务和充足的可利用的工程资源，可降低工费和材料费，相反则会加大成本。

7. 报价（或预算）是按常规的施工方法编制，改进施工方案可降低成本。多研究施工方案，尽可能使其合理、经济，用更先进的施工方案或更有效的设备来改进方案，用替代材料来降低成本，以此挖掘降低成本的潜力。

（三）分项单价类比法

首先，报价人员要注意不断积累类似工程的成本资料，建立成本资料可用于：快速测定总造价；施工组织设计中优化方案的经济比较；在报价策略中指导合理的不平衡报价。通过对已完成或在建类似工程进行询价的方式积累成本资料（比如询问包工队的承包价和利润水平），要去除受地区和市场价影响较大的因数进行比较，如钢筋工程要扣除钢筋的购买价，混凝土工程扣除水泥、砂、石子的消耗。

六、投标策略和标价确定原则

投标策略和标价确定原则如下：

（1）分析竞争对手，如果对手任务不足，可能会采取低报价，保本投标，相反则可能会采取高报价。

（2）分析本企业目前的状况及市场开发情况，如果目前任务比较充足，或者本企业具有较其他单位无法比拟的优势，如技术特长、专业优势和特殊机械设备、公共关系条件等，利润率可确定得高一点；如果企业想开拓投标工程所在地的工程建设市场，面对地区保护、行业保护比较严重的实际情况，要想提高投标竞争力，可取低利润率或不取。

（3）根据工程特点，对那些工程技术简单、施工难度小、管理难度和投入也较小，同时工程量又比较大的项目，可降低利润率，利用本企业熟练的施工和高产量来取得利润；对那些技术复杂、施工难度大、管理难度和投入也比较大的项目，可提高利润率。

（4）对亚行、世行贷款建设的工程项目，大都是低价中标原则，只有投低标才有中标的可能，在投标时确定低利润率。这往往需要决策者的胆识、勇气和魄力。

（5）要结合本企业的施工任务饱和程度进行确定，如施工任务严重短缺，存在大量息工人员和闲置设备，与其坐吃山空，不如采用保本甚至略微亏损的标价争取中标。

七、报价技巧

投标报价就是根据投标项目具体工程情况，通过对工、料、机、费率及现场的各种调查，应用预算定额编制出来的基本价，再在结合企业成本核算、成本预测的基础上，考虑适当利润及投标策略确定出来的价格。投标报价的技巧就是如何通过计算分析，确定工程总报价，确保工程中标；或在控制投标总报价不变，不影响中标，调整清单报价，获取更高的工程利润；或为了增大中标机会而降低总报价，但在不影响计划利润的前提下，运用投标策略和报价技巧，来达到既能中标又能赢利的目的，并最大限度地获取中标工程的经济效益。

投标报价技巧是建立在对造价编制人员对预算定额、施工定额及招标文件中工程计量的准确理解、对设计文件及施工现场的充分理解、对现阶段招投标工作中问题的理解、以及长期从事造价管理工作经验积累的基础上，其包括总价报价技巧和清单报价技巧。

（一）总价报价技巧

总报价的确定依靠投标小组对具体工程项目评标方式及参加投标单位报价心理的正确分析，通过计算分析总价下浮的幅度确定总报价。

最佳报价公式：目前大多数国内标均采用复合标底，复合标底的计算公式一般为：

复合标底 = 业主招标概算 × 标底下浮 %× 标底权重＋施工单位报价平均数 × 权重，以复合标底下降一定百分比为最优报价数。应用代数计算不难导出最优报价的计算公式：

$$C = n \times A \times a \times g / [n - (n - b_1 - b_2 - b_3 \cdots - b_n) \times (1 - g)]$$

式中：C——最优报价值；

n——投标单位个数；

A——业主招标和概算；

a——业主标底下浮比例；

b_1、b_2、b_3、b_n——投标单位相对于复合标底下浮的估计%；

g——业主标底权重。

（1）对于铁路招标工程，式中 n、A、g 均为已知，a 通过公关手段一般可知，b 通过历次报价掌握八九不离十，所以最优报价测定一般情况下准确度较高。

（2）对于路外工程 n、g 均为已知（或干脆假定 2 家投标单位），A 需要通过公关手段和根据预算资料推测业主标底，a、b 需要根据历次开标记录的数据整理及类似工程类比进行试算和估计。所以最优报价的准确度取决与施工预算的准确性、公关程度和对竞争对手的深入研究，从理论上可行，但从实际操作上易受人为因数的影响，经常的做法是以此作为报价的大致参考值，最终决策需根据报价人员的经验确定。一旦作出决定后不要轻易改动，坚决相信自己，不要轻易受临时得到的信息所干扰。

（二）最低报价的确定

利用世界银行贷款的工程项目，按 FIDIC 条款要求，工程采用低标或合理低标中标，对最低报价，可以利用单价报价技巧项目来降低报价作为低标价控制，也可以根据成本＋利润确定最低报价。

（三）单价报价的技巧

1. 不平衡报价法。不平衡报价法是控制投标总价不变，在单价合同中综合单价分析合理（即不违反招标文件中评标办法规定和适度调整，否则有可能废标）的情况下，调整工程量清单中的分项报价，使清单报价最有利于工程施工计量及工程结算。其特点是：使正常报价中标的工程，在施工中能够获取最大限度的利润；使保本报价、无利润报价、亏损报价而中标的工程也能获取预计的利润。其报价原则是：调整后的报价必须等于确定报价；调整报价后的综合单价必须在合理的范围内，不违反招标文件要求。其目的是一为早收钱，二为多收钱。不平衡报价法在采用初步设计文件进行招标的工程应用最为广泛，分为以下几种情况。

（1）利用工程量变化进行报价调整。

①通过对设计文件工程量计算，确认实际工程量大于清单项目工程量，单价在合理范围内尽量提高；实际工程量小于清单项目工程量，单价可适当降低；清单项目工程量不可能发生，单价可尽量降低。

②通过现场勘察，预计实际工程量大于清单项目工程量，单价可适当提高；实际工程量小于清单项目工程量，单价可适当降低。

③设计不合理或清单项目错误，估计施工时会增加工程量的项目可提高单价，会

减少工程量的项目可降低单价。

④工程量变化超过规定报价法。

FIDIC 合同条款 52.2 款规定以下两种工程量变化超过规定的情况可以根据定额确定新单价（确定的原则是：增加工程量新单价应降低，减少工程量新单价应提高）：

A. 变更工程涉及金额超过合同价 2%。

B. 工程量变化超过工程量清单中该项目工程量的 25%。

通过对设计文件的审核及工程量复算，具体报价分为几种情况对待：

A. 工程量低于该项目清单工程量的 75%，尽量降低单价。

B. 工程量在该项目清单工程量的 75%~125%，若低于 100%，可适当降低单价或正常报价；若大于 100%，可正常报价或适当提高单价。

C. 工程量大于该项目清单工程量的 125%，若超出范围很小，可适当提高单价；超出范围大，则不宜提高单价。

工程量变化超过规定报价法对于技术复杂，并采用初步设计文件进行招标的项目应用最广，效益最明显。

（2）利用设计文件连续性与标段划分独立性之间的矛盾进行报价。这是一个普遍存在的问题，比如公路工程招标时路基土石方调配在设计文件中作为一个整体进行平衡调配，但在标段划分时，往往是一个标段必须到另外一个标段取土，计价土石方计算原则：

计价土石方＝挖方＋借方

土石方作业的挖、装、运、卸四道工序均计入挖方或者借方单价，填方只计算压实单价，但实际的施工组织难以实现这一目标，因为一个标段难以指挥另外一个标段按照质量和进度要求进行填土，这对保证工程质量和确保工程进度十分不利，建设单位和监理单位为了克服这一问题，将施工过程的计价土石方计算变为：

计价土石方＝填方＋弃方，从而造成挖方和填方单价的改变，精明的投标单位应在投标报价时压低外调土石方挖方单价。

（3）暂定项目的报价。所谓暂定项目报价是指没有设计文件，没有设计工程量，但在工程施工过程可能会发生的工程项目进行的报价，计日工清单报价可列入暂定项目报价范围，暂定项目报价法分为两种情况对待：

①暂定项目报价总价参与评标时，名义工程量可少报，单价可提高；名义工程量已经设定，确定一定发生的项目单价可提高，确定不发生的项目单价可降低。

②暂定项目报价总价不参与评标时，名义工程量可合理假定，单价可提高。

（4）选择性低标报价法。这种报价法针对取低标中标的项目，为了获取中标必须控制投标总报价，使报价低于正常预算价。可采用选择性低标报价的项目有：可能分包的工程项目、可能修改设计的项目、可能取消或暂缓施工的项目以及可以采用不平衡报价的工程项目等。

（5）依靠先进性报价法。这种报价法是投标单位依靠自身的经济实力，先进的施工技术、机械设备和管理手段，通过先进性的施工组织设计方案，提出合理化的建议来降低工程造价的报价方法，这是投标竞争中获取胜利的最有效办法。比如上海地铁的投标报价，就是在对原设计方案进行优化后降低报价。

八、其他需注意的问题

（一）报价编制说明的编写

报价编制说明编写时力求简明扼要，除写明报价参考的编制依据外，主要应简述编制过程中一些费用的处理、分摊，与主要施工方案的配合等需要补充说明的问题，不易太细，要提纲挈领。

（二）投标让利的理由和采取的技术措施

目前，许多招标文件要求投标人在投标书中定量地、详细地列出优惠让利的理由及所采取的技术保证措施。所以报价人员要做到理由符合客观实际、措施具有可行性，数据计算用表格形式简单明了。切记：以周转材料多余、机械设备不提折旧等为投标让利的理由是不被业主接受的。

（三）项目相关费用的调整

人工费：人工费是可以降价的，但一般不能低于当地上年度平均工资。

材料费、机械费：材料单价可以调整（甲供料除外），构成工程实体的材料一般不降，辅助性材料根据情况适当降价。

管理费：是竞争性费用，可以针对工程情况，提出具体的工期提前、机构设置等措施降低费用。

业主指定价：不能降。代收代交性质的费用：如税金、市收规费、定额测定费是不能降价的。

劳动保险费：实行劳保统筹的地方不可以降价，不实行的可以考虑降价。

文明施工措施费：许多地方不允许降价。

（四）投标澄清

在评标过程中，如评委对投标报价方面有不明确的地方，需要投标人澄清时，在回答前要仔细领会招标人提出问题的精神，回答时要简明扼要、要有针对性，通常的回答应是“是、确认、否、包括”等。同时，真诚希望报价人员在编标过程中一定做好编制记录，对工程量计算、定额套用与换算、费用分摊、成本估算要保存好原始底稿，以便澄清时能说得清楚。比如，某地铁投标澄清时，业主就要求提供定额套用、成本分析资料等。

第九章　工程计量与价款支付的工作方案

一、投资控制的任务

工程投资控制的任务是使工程费用在不影响工程进度、质量和生产操作安全的条件下，不超出合同规定的计划范围，保证每一笔支付的公正性和合理性。目前监理投资控制的范围仅限于施工进程中的计量和支付，其主要职责是：

审查中标单位编制的施工组织设计，施工进度计划、现金流量计划及年度计划，签发预付款通知书，核实已竣工工程的合同工程量清单，签发相应的付款通知书，审查工程变更及引起的工程量变化，核算施工单位提交的因政策需调价等因素而提出的工程费用变化清单，报请建设单位审批，对施工单位责任造成的工程损失进行测算，报请业主提出反索赔，协助业主编写竣工决算。

为了有效地进行投资控制，监理工程师将对费用目标进行分解，分项目控制，以达到总目标的实现。在招投标阶段要仔细审核标价的合理性，并经谈判，最后核实准确合理的合同单价。

要严格控制工程变更，如增减工程量，更改设计，更改施工顺序等，要防止或减少因勘测资料不足，设计考虑不周，提高设计标准，施工安排不合理，质量不合格等原因导致工程变更，突破费用控制目标。

工程费用监理的主要工作内容是：

（1）高级驻地监理工程师按合同规定签发动员预付证书，报总监办审批后方能支付。

（2）按合同规定，现场计量核实合同工程量清单规定的任何已完工程且质量合格的数量和价格报总监办审批，驻地监理对计量数量的合理性、真实性和准确性负责。

（3）按合同规定审查、签发中期（终期）支付证书及任何款项的支付证书，报总监办审批。对不符合合同文件要求的工程项目费用，有权暂拒支付，直到上述项目的施工质量和必备资料达到要求。

投资控制的任务主要包括：工程量清单的管理、工程计量、工程支付等内容。

二、投资控制监理的主要方法

投资控制目标：严格将投资额控制在施工合同的总价范围内，努力节约投资，严格现场计量及技术签证制度。

（一）费用控制依据

1. 业主与承包人签订的施工承包合同文件，主要内容包括合同条件、工程量清单及其说明、合同图纸、合同协议书等。

2. 质量检验评定标准和施工技术规范。

3. 业主批准的施工变更协议或工程变更。

4. 国家和省市有关法规、规定。

5. 市场价格信息及概（预）定额、取费标准；

（二）费用控制原则

1. 总原则：总体控制、重点把握、周计量、月汇总、完工结算、交工结账，对应的记录是清单核算成果表、中间计量单、月计量汇总表、分项完工结算单和交工结账单；

2. 合同原则：费用控制必须依据合同文件规定的内容、方法、程序进行。

3. 技术原则：优选合理的施工和处理方案，降低技术成本。

（三）中期支付证书的审核

1. 监理和业主审核和批准中期支付的前提条件是：

（1）申请支付的工程项目已确实完成；

（2）所完工程项目经监理验收质量合格；

（3）所报工程数量计量准确；

（4）支付的依据和证书准确可靠；

（5）相关监理工程师指令得到执行，且执行结果令监理工程师满意。

2. 承包人提出中期支付的申请后，编制中期支付证书，包括财务支付月报、月计量汇总表、清单支付月报和变更支付月报等，详细载明本月应支付的工程项目的数量及金额，送总监办审核。

（四）工程投资控制工作要点

1. 熟悉设计图纸和设计要点，标底标书、分析合同价构成因素。明确工程费用容易突破的环节，从而确立投资控制重点。

2. 加强设计交底和施工图会审工作，把问题解决在施工之前。

3. 审核施工组织设计或施工方案，合理组织施工。

4. 建立合同价、预算价、实发生价对比台账，对完成的工程进行实物计量或复核。

对各分部分项工程进行评价，控制直接费。

5. 审核各类工程款，控制不合理费用支出，以合同为依据，严格按照工程款支付程序签发付款证明，定期向总监、业主提供投资控制表。

6. 检查、监督各方执行合同情况，促使各方全面履约，减少出现索赔情况。对发生的索赔事宜，做好调查分析，以合同为依据，严格按照索赔处理程序办理。

7. 加强计量工作的管理，健全计量手续，保证计量工作的准确度，严格按图纸复核已完工程实物量，严格进行审核后签发，计量范围、原则、方式如下：

（1）计量范围：

①工程量清单和工程变更清单的内容；

②合同文件规定的各项费用支付。

（2）主要计量依据：

①招标文件；

②合同条款；

③技术规范；

④项目主任批准的施工图；

⑤修订的工程量清单及工程变更令；

⑥工程量清单及说明；

⑦费用索赔审批书。

（3）计量原则：

①按实际完成工程量的计量原则计量；

②合同事宜按合同所规定的方法计量；

③监理工程师按项目划分比例计量。

（4）计量方式：

正常计量：工程达到计量单位，监理工程师要求承包商提供计量的基础资料，并派人参加。监理工程师对计量结果做出准确的文字记录。并将计量记录的副本抄送给承包商或其代表，对承包商或其代表在接到核计量记录的 48h 内提出的异议，宜重新计量。

监理工程师要求增加计量：监理工程师可根据合同要求及工程特殊情况进行额外计量，但应提前 3 天向承包商发出通知，写明监理工程师何时对何工程进行何种计量。

承包商申请增加计量：监理工程师对承包商申请增加的计量，应要求其提前 3 天，填写计量申请单，写明要求计量的原因、工程部位和希望计量的时间。

严格按工程支付的规定办理前期支付、中期支付、最终支付，审核承包商提交的工程结算书。

①前期支付：工程有工程预付款时，按合同规定签发工程预付款。无工程预付款时，监理工程师在收到并确认承包商提供的履约担保或银行保函后，经业主代表批准，按合同规定签发承包商应得到的相当履约担保金一定比例金额的支付证明。按合同规定审验承包商的各项保险证明。

②中期支付：监理工程师对中间计量审查无误后，初签中期支付证明，报业主代表审批；监理工程师可根据实际需要，报业主代表审批后，发出动用暂定金额的指令；监理工程师认为必要或可取，报业主代表批准，可指令按计日工完成任何变更工程或附加工程；监理工程师可以工程变更令及其清单为依据，签发变更工程支付证明；按规定办理扣留和返还保留金，监理工程师可依据书面索赔申请书，向业主代表签发索赔的期中支付证明。

③最终支付：监理工程师在处理完有关工程和合同方面的一切遗留事宜，澄清工程各阶段的计量与支付后，审核承包商的最终财务报告及其结算单，遇到与监理工程师的计算出入较大，或有监理工程师不同意，不能够确认的费用，应及时通知承包商，并要求其提供所需的进一步资料与证明。

（五）计量工作守则

1. 施工完毕且经检验质量合格的工程项目才允许计量。承包商申报工程计量，工程项目必须是经批准开工的项目，必经过自检质量合格，监理工程师抽检质量合格，且由监理工程师签发中间交工证书（中间交工证书由驻地办编写，总监办签发）。具备以上资料后，根据业主要求，业主、监理、承包商三方联合对已完成工程量进行检测，现场确认，确认的工程量一式三份，每方各执一份。由承包商填报“工程量计量证书”进入造价管理系统，在系统中由被授权者逐级审核，由业主最终审批并支付。

2. 工程计量的项目必须是工程量清单中的工程项目，计量方法必须会同条款中规定的或工程量清单计量支付说明中的方法，保证计量工作有据可查。

3. 计量过程中出现问题要逐级追查，并严肃处理。

4. 计量支付与质量监理是互相联系的计量支付是控制质量的一种有效手段，对于质量意识高，施工质量好的承包商优先计量支付，对于质量意识差，施工质量差的承包商要暂缓计量支付，以计量与支付作为调控手段，改善和提高工程质量。费用控制是监理工程师项目监理的主要目标之一，费用控制的目的是工程造价在不影响工程质量、进度、安全操作的前提下保证每一笔支付都是公正合理的。费用控制的关键是计量与支付，其主要包括以下工作：

（1）按照合同规定，对已完工的工程质量进行检查验收并核实工程数量，给承包人签发中间计量证书，作为计量支付的依据。

（2）按合同办理计量支付的审查工作，向业主提交支付报表。

（3）当工程费用发生增减时，监理工程师在与业主和施工单位协商后，经过计算控制，合理确定新的价格或予以调整后支付。

（六）为抓好费用控制的工作，采取以下方法：

1. 工程费用监控的中心工作是计量支付，计量支付的依据是技术规范及工程量清单，因此在进行计量支付工作以前，必须熟悉规范及工程量清单说明，并对工程量清单进行一次全面核查，报业主批准以后作为计量的依据。

2. 为便于计量工作，防止计量中项目遗漏及核对工作量，对工程的各项目进行工程编号，便于查对、核实。

3. 工程量清单进行调整时，应对工程变更项目中发生变更的清单内容进行修正。

4. 抓好计量工作，为便于工程计量预定了一套工程计量程序软件，利用微机进行管理。对于施工单位提出的计量首先由驻地工程师审核并签发计量证书报总监办，由总监办审核予以确认。加强对计量的审核工作和防止计量权力过分集中。

5. 抓好工程的支付工作。工程的支付工作主要包括三个方面：

（1）前期动员预付款的支付。承包人与业主签定了合同协议书并提交了履约保函，并提供了业主认可银行提供的预付款保函；开工预付款款额、提供担保银行（一般在专用合同条款中规定）。

（2）中期支付。包括工程款、暂定金、材料设备预付款、工程变更、索赔、价格调整、迟付款利息、对指定分包人的支付、合同终止后的支付、工程交工支付。其主要是对已完工程量经计量审核核实以后进行支付。在支付中按合同规定要求扣保留金和按比例扣动员预付款。每月进行支付时，监理工程师在收到计量申请以后必须在 14 天以内签发中期支付证书；

（3）工程的最终支付。承包人必须经监理工程师确认承包人的遗留工作已完成并已获得工程缺陷责任终止证书，且与工程有关的工程变更、费用索赔、价格调整等工作完毕以后进行最终支付。

最后支付应具备的条件是：①有关工程和合同方面的遗留事宜处理完毕。②承包人提交的最后结账单已经审查批准。③收到承包人抄送给监理工程师的书面结账单。

三、计量支付核查

（一）核查的内容

计量部分主要核查计算原始数据、计算公式、计算方法、成果汇总的正确性，开工申请是否得到批准，验收质量是否合格，清单单价中包含的其他工作是否完成。

支付部分核查重点是工程支付月报。核查其中间计量表的真实性、监理工程师签认齐全、无私自涂改等。清单单价的使用计算正确，按合同规定应扣回的款项是否已经扣回等。

（二）核查阶段

计量支付的核查按时间可分三个阶段：①进场核查：一般是对开工预付款的核查。②中间核查：在工程实施过程中对工程计量支付的核查。③最终核查：根据工程计量限界，对已计量进行逐项核查，若出现不符现象需重新核对计量限界，与逐月计量情况进行对比核实，多退少补。

（三）核查方法

1. 计量支付核查的方法按工作性质可分为内业、外业两部分。外业是对工程现场的勘察，内业部分是核查计算资料。

2. 对承包人的支付月报通常按清单支付和合同支付两类审查，包括中间计量表和使用的清单单价是否正确。

（四）核查中应注意的问题及处理方法

计量支付核查内容多、工作量大，监理人员应熟悉合同法、工程预算、计算机等工作，并配备与工作适应的人数，确保在短时间内完成工程计量月报核查，发现的问题得到及时修正，保证核查的质量。

工程计量与支付工作的计算量大，许多数据重复使用，在实际工作中使用计算机，以提高工作效率，减少差错，保证工作质量。

第十章　工程价款调整工作方案

工程实施过程中，由于建设周期长，工程量大等因素，还有法律法规的变化，合同制定不完善等，经常会导致一些价款的调整。

一、合同价款应当调整的事项及调整程序

发生以下合同价款应当调整的事项，发承包双方应当按照合同约定调整合同价款：

（1）法律法规变化；

（2）工程变更；

（3）项目特征描述不符；

（4）工程量清单缺项；

（5）工程量偏差；

（6）计日工；

（7）现场签证；

（8）物价变化；

（9）暂估价；

（10）不可抗力；

（11）提前竣工（赶工补偿）；

（12）误期赔偿；

（13）施工索赔；

（14）暂列金额；

（15）发承包双方约定的其他调整事项。

二、合同价款调整程序

（1）出现合同价款调增事项（不含工程量偏差、计日工、现场签证、施工索赔）后的 14 天内，承包人应向发包人提交合同价款调增报告并附上相关资料，承包人在

14 天内未提交合同价款调增报告的，视为承包人对该事项不存在调整价款请求。

（2）出现合同价款调减事项（不含工程量偏差、施工索赔）后的 14 天内，发包人应向承包人提交合同价款调减报告并附相关资料，若发包人在 14 天内未提交合同价款调减报告的，视为发包人对该事项不存在调整价款请求。

（3）发（承）包人应在收到承（发）包人合同价款调增（减）报告及相关资料之日起 14 天内对其核实，予以确认的应书面通知承（发）包人，如有疑问，应向承（发）包人提出协商意见。发（承）包人在收到合同调价款调增（减）报告之日起 14 天内未确认也未提出协商意见的，视为承（发）包人提交的合同价款调增（减）报告已被发（承）包人认可。发（承）包人提出协商意见的，承（发）包人在收到发（承）包人的协商意见后 14 天内即不确认也未提出不同意见的，视为发（承）包人提出的意见已被承（发）包人认可。

（4）如发包人与承包人对合同价款调整的不同意见不能达成一致，只要不实质影响发承包双方履约，双方继续履行合同义务，直到其按照合同约定的争议解决方式得到处理。

（5）经发承包双方确认调整的合同价款，作为追加（减）合同价款，应与工程进度款或结算款同期支付。

三、法律法规变化

（1）招标工程以投标截止日前 28 天，非招标工程以合同签订前 28 天为基准日，其后国家的法律、法规、规章和政策发生变化引起工程造价增减变化的，发承包双方应当按照省级或行业建设主管部门或其授权的工程造价管理机构据此发布的规定调整合同价款。

（2）因承人原因导致工期延误，且上述规定的调整时间在合同工程原定竣工时间之后，合同价款调增的不予调整，合同价款调减的予以调整。

四、项目特征描述不符

（1）发包人在招标工程量清单中对项目特征的描述，应认为是准确的和全面的，并且与实际施工要求相符合。承包人应按照发包人提供的招标工程量清单，根据其项目特征描述的内容及有关要求实施合同工程，直到其被改变为止。

（2）承包人应按照发包人提供的设计图纸实施合同工程，若在合同履行期间，出现设计图纸（含设计变更）与招标工程量清单任一项目的特征描述不符，且该变化引起该项目的工程造价增减变化的，应按照实际施工的项目特征按规范相关条款的规定重新确定相应工程量清单项目的综合单价，调整合同价款。

五、工程量清单缺项

（1）合同履行期间，由于招标工程量清单中缺项，新增分部分项工程量清单项目，应按照变更价款确定方法确定单价，调整合同价款。

（2）新增分部分项工程量清单项目后，引起措施项目发生变化的，应按照计价规范的规定，在承包人提交的实施方案被告发包人批准后，调整整合同价款。

（3）由于招标工程量清单中措施项目缺项，承包人应将新增措施项目实施方案提交发包人批准后，按照计价规定调整合同价款。

六、工程量偏差

工程量偏差是指承包人按合同工程的图纸（含经发包人批准收承包人提供的图纸）实施，按照现行国家计量规范规定的工程量计算规则计算得到的完成合同工程项目应予计量的工程量与相应的招标工程量清单项目列出的工程量之间出现的量差。

（1）对于任一招标工程量清单项目，如果因本条规定的工程偏差和工程变更等原因导致工程量偏差超过 15%，调整的原则为：当工程量增加 15% 以上时，其增加部分的划等号的综合单价应予调低，减少后剩余部分的工程量的综合单价应予调高。

（2）如果工程量出现变化，且该变化引起相关措施项目相应发生变化，按系数或单一总价方式计价的，工程量增加的措施项目费调增，工程量减少的措施项目费调减。

七、计日工

计日工是指在施工过程中，承包人完成发包人提出的工程合同范围以外的零星项目或工作，按合同中约定的单价计价的一种方式。

（1）发包人通知承包人以记日工方式实施的零星工作，承包人应予以执行。

（2）采用记日工计价的任何一项变更工作，承包人应在该项目变更的实施过程中，按合同约定提交以下报表和有关凭证送发包人复核：

①工作名称、内容和数量；

②投入该工作所有人员的姓名、工种、级别和耗用工时；

③投入该工作的材料名称、类别和数量；

④投入该工作施工设备型号、台数和耗用工时；

⑤发包人要求提前完工的其他资料和凭证。

（3）任一计日工项目持续进行时，承包人应在该工作实施结束后的 24h 内，向发包人提交有计日工记录汇总的现场签证报告一式三份。发包人在收到承包人提交的现场所签证报告后的 2 天内予以确认并将其中一份还给承包人，作为计日工计价和支付的依据。发包人逾期未确认也未提出修改意见的，视为承包人提交的现场签证报告被发包人认可。

（4）任一计日工项目实施结束，承包人按照现场确认的计日工现场签证报告核实该类项目的工程数量，并根据核实的工程数量、标价工程量清单中的计日工单价计算，提出应会价款；已标工程量清单中没有该类计日工单价的，由发承包双方按变更价款的确定方法商定计日工单价计算。

（5）每个支付期末，承包人应按规定向发包人提交本期间所有计日工记录的签证汇总表，以说明本期间自己认为有权得到的计日工金额，调整合同价款，列入进度款支付。

八、物价变化

工程建设项目中合同周期较长，经常要受到物价浮动等多种因素的影响，其中主要是人工费、材料施工机械费、运费等的动态影响。因此应把多种动态因素纳入到工程价款结算过程中加以计算，对工程价款进行调整，使其能够反映工程项目实际消耗费用。

合同履行期间由人工、材料、工程设备、机械台班价格波动影响合同价款，根据合同约定的方法（如价格指数调整法或造价信息差额调整法）计算调整合同价款。承包人采购材料和工程设备，应在合同中约定主要材料、工程设备价格变化幅度，如没有约定，则材料、工程设备单价变化超过 5%，超过价格应按照价格指数调整法或造价信息差额调整法计算材料、工程设备费。

合同工程工期延误的，应按照下列规定确定合同履行期应予调整的价格。

（1）因发包人原因导致工期延误，则计划日期后续工程价格，采用计划进度日期与实际日期两者的较高者；

（2）因承包人原因导致工期延误，则计划日期后续工程价格，采用计划进度日期与实际日期两者的较低者。

九、暂估价

暂估价是指招标人在工程量清单中提供的用于支付必然发生但暂时不能确定价格的材料、工程设备的单价以及专业工程的金额。

（1）发包人在招标工程量清单中给定暂估价的材料、工程设备属于依法必须招标的，由发承包双方以招标的方式选择供应商，确定其价格并以此为依据取代暂估价，调整合同价款。

（2）发包人在招标工程量清单中给定暂估价的材料和工程设备不属于依法招标的，由承包人按照合同约定采购，经发包人确认后以此为依据取代暂估价，调整合同价款。

（3）发包人在工程量清单中给定暂估价的专业工程不属于依法招标的，应按照工程变更价款的确定方法确定专业工程价款，并以此为依据取代暂估价，调整合同价款。

（4）发包人在招标工程量清单中给定暂估价的专业工程，属于依法招标的，应当由发承包双方依法组织招标选择专业分包人，并接受有管辖权的建设工程招标代理机构的监督。

十、发承包双方按照合同约定调整合同价款的若干事项

发承包双方按照合同约定调整合同价款的若干事项，大致包括五大类：

（1）法规变化类：主要包括法律法规变化事件。

（2）工程变更类：主要包括工程变更、项目特征不符、工程量清单缺项、工程量偏差、计日工等事件。

（3）物价变化类：主要包括物价波动、暂估价事件。

（4）工程索赔类：主要包括不可抗力、提前竣工（赶工补偿）、误期赔偿、索赔等事件。

（5）其他类：主要包括现场签证以及发承包双方约定的其他调整事项。

经发承包双方确认调整的合同价款，作为追加（减）合同价款，应与工程进度款或结算款同期支付。

（一）法规变化类合同价款调整事项

因国家法律、法规、规章和政策发生变化影响合同价款的风险，发承包双方应在合同中约定由发包人承担。

1. 基准日的确定。对于实行招标的建设工程，一般以施工招标文件中规定的提交投标文件的截止时间前的第 28 天作为基准日；对于不实行招标的建设工程，一般以建设工程施工合同签订前的第 28 天作为基准日。

2. 合同价款的调整方法。施工合同履行期间，国家颁布的法律、法规、规章和有关政策在合同工程基准日之后发生变化，且因执行相应的法律、法规、规章和政策引起工程造价发生增减变化的，合同双方当事人应当依据法律、法规、规章和有关政策的规定调整合同价款。但是，有关价格的变化已经包含在物价波动事件的调价公式中，则不再予以考虑。

3. 工期延误期间的特殊处理。如果由于承包人的原因导致工期延误，在工程延误期间国家的法律、行政法规和相关政策发生变化引起工程造价变化，造成合同价款增加的，合同价款不予调整；造成合同价款减少的，合同价款予以调整。

（二）工程变更类合同价款调整事项

1. 工程变更。

（1）工程变更的范围。工程变更的范围和内容包括：

①增加或减少合同中任何工作，或追加额外的工作；

②取消合同中任何工作，但转由他人实施的工作除外；

③改变合同中任何工作的质量标准或其他特性；

④改变合同工程的基线、标高、位置和尺寸；

⑤改变工程的时间安排或实施顺序。

（2）工程变更的价款调整方法。

①分部分项工程费的调整。

A. 已标价工程量清单中有适用于变更工程项目的，且工程变更导致的该清单项目的工程数量变化不足15%时，采用该项目的单价。

B. 已标价工程量清单中没有适用但有类似于变更工程项目的，可在合理范围内参照类似项目的单价或总价调整。

C. 已标价工程量清单中没有适用也没有类似于变更工程项目的，由承包人根据变更工程资料、计量规则和计价办法、工程造价管理机构发布的信息（参考）价格与承包人报价浮动率，提出变更工程项目的单价或总价，报发包人确认后调整。承包人报价浮动率可按下列公式计算：

实行招标的工程：承包人报价浮动率 L=（1－中标价/招标控制价）×100%；

非招标的工程：承包人报价浮动率 L=（1－报价值/施工图预算）×100%

注：上述公式中的中标价、招标控制价或报价值、施工图预算，均不含安全文明施工费。

D. 已标价工程量清单中没有适用也没有类似于变更工程项目，且工程造价管理机构发布的信息（参考）价格缺价的，应由承包人根据变更工程资料、计量规则、计价办法和通过市场调查等取得有合法依据的市场价格提出变更工程项目的单价，报发包人确认后调整。

②措施项目费的调整。工程变更引起措施项目发生变化，承包人提出调整措施项目费的，应事先将拟实施的方案提交发包人确认，并详细说明与原方案措施项目相比

的变化情况。应按照下列规定调整措施项目费：

A. 安全文明施工费，按照实际发生变化的措施项目调整，不得浮动。

B. 采用单价计算的措施项目费，按照实际发生变化的措施项目按前述分部分项工程费的调整方法确定单价。

C. 按总价（或系数）计算的措施项目费，除安全文明施工费外，按照实际发生变化的措施项目调整，但应考虑承包人报价浮动因素，即调整金额按照实际调整金额乘以承包人报价浮动率（L）计算。如果承包人未事先将拟实施的方案提交给发包人确认，则视为工程变更不引起措施项目费的调整或承包人放弃调整措施项目费的权利。

③删减工程或工作的补偿：如果发包人提出的工程变更，非因承包人原因删减了合同中的某项原定工作或工程，致使承包人发生的费用或（和）得到的收益不能被包括在其他已支付或应支付的项目中，也未被包含在任何替代的工作或工程中，则承包人有权提出并得到合理的费用及利润补偿。

2. 项目特征描述不符。

（1）合同价款的调整方法。承包人应按照发包人提供的设计图纸实施合同工程，若在合同履行期间，出现设计图纸（含设计变更）与招标工程量清单设计图纸（含设计变更）和招标工程量清单任一项目的特征描述不符，且该变化引起该项目的工程造价增减变化的，发承包双方应当按照实际施工的项目特征，重新确定相应工程量清单项目的综合单价，调整合同价款。

3. 招标工程量清单缺项。

（1）合同价款的调整方法。

①分部分项工程费的调整。施工合同履行期间，由于招标工程量清单中分部分项工程出现缺项漏项，造成新增工程清单项目的，应按照工程变更事件中关于分部分项工程费的调整方法，调整合同价款。

②措施项目费的调整。由于招标工程量清单中分部分项工程出现缺项漏项，引起措施项目发生变化的，应当按照工程变更事件中关于措施项目费的调整方法，在承包人提交的实施方案被发包人批准后，调整合同价款；由于招标工程量清单中措施项目缺项，承包人应将新增措施项目实施方案提交发包人批准后，按照工程变更事件中的有关规定调整合同价款。

4. 工程量偏差。

（1）工程量偏差的概念。工程量偏差是指承包人根据发包人提供的图纸（包括由承包人提供经发包人批准的图纸）进行施工，按照现行国家计量规范规定的工程量计算规则，计算得到的完成合同工程项目应予计量的工程量与相应的招标工程量清单项目列出的工程量之间出现的量差。

（2）合同价款的调整方法。如果合同中没有约定或约定不明的，可以按以下原则办理：

①综合单价的调整原则。当应予计算的实际工程量与招标工程量清单出现偏差（包括因工程变更等原因导致的工程量偏差）超过 15% 时，对综合单价的调整原则为：当工程量增加 15% 以上时，其增加部分的工程量的综合单价应予调低；当工程量减少 15% 以上时，减少后剩余部分的工程量的综合单价应予调高。

②措施项目费的调整。当应予计算的实际工程量与招标工程量清单出现偏差（包括因工程变更等原因导致的工程量偏差）超过 15%，且该变化引起措施项目相应发生变化时，如该措施项目是按系数或单一总价方式计价的，对措施项目费的调整原则为：工程量增加的，措施项目费调增；工程量减少的，措施项目费调减。

5. 计日工。

（1）计日工费用的确认和支付。任一计日工项目实施结束，承包人应按照确认的计日工现场签证报告核实该类项目的工程数量，并根据核实的工程数量和承包人已标价工程量清单中的计日工单价计算，提出应付价款；已标价工程量清单中没有该类计日工单价的，由发承包双方按工程变更的有关规定商定计日工单价计算。

（三）物价变化类合同价款调整事项

1. 物价波动。因物价波动引起的合同价款调整方法有两种：一种是采用价格指数调整价格差额，另一种是采用造价信息调整价格差额。

（1）采用价格指数调整价格差额主要适用于施工中所用的材料品种较少，但每种材料使用量较大的土木工程，如公路、水坝等。

①价格调整公式。因人工、材料、工程设备和施工机械台班等价格波动影响合同价款时，根据投标函附录中的价格指数和权重表约定的数据，按相关公式计算差额并调整合同价款：

承包人应得到的已完成工程量的金额；此项金额应不包括价格调整、不计质量保证金的扣留和支付、预付款的支付和扣回；变更及其他金额已按现行价格计价的，也不计在内。

价格指数应首先采用工程造价管理机构提供的价格指数，缺乏上述价格指数时，可采用工程造价管理机构提供的价格代替。

②工期延误后的价格调整。由于发包人原因导致工期延误的，则对于计划进度日

期（或竣工日期）后续施工的工程，在使用价格调整公式时，应采用计划进度日期（或竣工日期）与实际进度日期（或竣工日期）的两个价格指数中较高者作为现行价格指数。

由于承包人原因导致工期延误的，则对于计划进度日期（或竣工日期）后续施工的工程，在使用价格调整公式时，应采用计划进度日期（或竣工日期）与实际进度日期（或竣工日期）的两个价格指数中较低者作为现行价格指数。

（2）采用造价信息调整价格差额，主要适用于使用的材料品种较多，相对而言每种材料使用量较小的房屋建筑与装饰工程。

①人工单价的调整。人工单价发生变化时，发承包双方应按省级或行业建设主管部门或其授权的工程造价管理机构发布的人工成本文件调整合同价款。

②材料和工程设备价格的调整。材料、工程设备价格变化的价款调整，按照承包人提供主要材料和工程设备一览表，根据发承包双方约定的风险范围，按以下规定进行调整。

A. 当果承包人投标报价中材料单价低于基准单价，工程施工期间材料单价涨幅以基准单价为基础超过合同约定的风险幅度值时，或材料单价跌幅以投标报价为基础超过合同约定的风险幅度值时，其超过部分按实调整。

B. 当承包人投标报价中材料单价高于基准单价，工程施工期间材料单价跌幅以基准单价为基础超过合同约定的风险幅度值时，或当材料单价涨幅以投标报价为基础超过合同约定的风险幅度值时，其超过部分按实调整。

2. 暂估价。

（1）给定暂估价的材料、工程设备。

①不属于依法必须招标的项目。发包人在招标工程量清单中给定暂估价的材料和工程设备不属于依法必须招标的，由承包人按照合同约定采购，经发包人确认后以此为依据取代暂估价，调整合同价款。

②属于依法必须招标的项目。发包人在招标工程量清单中给定暂估价的材料和工程设备属于依法必须招标的，由发承包双方以招标的方式选择供应商。依法确定中标价格后，以此为依据取代暂估价，调整合同价款。

（2）给定暂估价的专业工程。

①不属于依法必须招标的项目。发包人在工程量清单中给定暂估价的专业工程不属于依法必须招标的，应按照前述工程变更事件的合同价款调整方法，确定专业工程价款，并以此为依据取代专业工程暂估价，调整合同价款。

②属于依法必须招标的项目。

A. 除合同另有约定外，承包人不参加投标的专业工程，应由承包人作为招标人，但拟定的招标文件、评标方法、评标结果应报送发包人批准。与组织招标工作有关的费用应当被认为已经包括在承包人的签约合同价（投标总报价）中。

B. 承包人参加投标的专业工程，应由发包人作为招标人，与组织招标工作有关的费用由发包人承担。同等条件下，应优先选择承包人中标。

（四）工程索赔类合同价款调整事项

1. 不可抗力。

（1）不可抗力的范围。不可抗力是指合同双方在合同履行中出现的不能预见、不能避免并不能克服的客观情况。

（2）不可抗力造成损失的承担（谁的损失谁承担，工程本身发包人承担）。

①费用损失的承担原则。因不可抗力事件导致的人员伤亡、财产损失及其费用增加，发、承包双方应按以下原则分别承担并调整合同价款和工期：

A. 合同工程本身的损害、因工程损害导致第三方人员伤亡和财产损失以及运至施工场地用于施工的材料和待安装的设备的损害，由发包人承担。

B. 发包人、承包人人员伤亡由其所在单位负责，并承担相应费用。

C. 承包人的施工机械设备损坏及停工损失，由承包人承担。

D. 停工期间，承包人应发包人要求留在施工场地的必要的管理人员及保卫人员的费用由发包人承担。

E. 工程所需清理、修复费用，由发包人承担。

②工期的处理。因发生不可抗力事件导致工期延误的，工期相应顺延。发包人要求赶工的，承包人应采取赶工措施，赶工费用由发包人承担。

2. 提前竣工（赶工补偿）与误期赔偿。

（1）提前竣工（赶工补偿）。

①赶工费用。发包人应当依据相关工程的工期定额合理计算工期，压缩的工期天数不得超过定额工期的 20%，超过部分应在招标文件中明示增加赶工费用。

②提前竣工奖励。发承包双方可以在合同中约定提前竣工的奖励条款，明确每日历天应奖励额度。一般来说，双方还应当在合同中约定提前竣工奖励的最高限额（如合同价款的 5%）。提前竣工奖励列入竣工结算文件中，与结算款一并支付。

（2）误期赔偿。发、承包双方可以在合同中约定误期赔偿费，明确每日历天应赔偿额度。一般来说，双方还应当在合同中约定误期赔偿费的最高限额（如合同价款的 5%）。误期赔偿费列入进度款支付文件或竣工结算文件中，在进度款或结算款中扣除。

3. 索赔。

（1）索赔的概念及分类。

①按索赔的当事人分类。

A. 承包人与发包人之间的索赔。

B. 总承包人和分包人之间的索赔。

无论是发包人的原因还是总承包人的原因所致，分包人都只能向总承包人提出索赔要求，而不能直接向发包人提出。

②按索赔的目的和要求分类。

A. 工期索赔。

B. 费用索赔。

③按索赔事件的性质分类。

A. 工程延误索赔。

B. 加速施工索赔。

C. 工程变更索赔。

D. 合同终止的索赔。

E. 不可预见的不利条件索赔。

F. 不可抗力事件的索赔。

G. 其他索赔。

（2）费用索赔的计算。

①索赔费用的组成。

A. 人工费：数量增多、人工价格上涨、人员窝工。

B. 材料费：数量增多、材料单价的上涨。

C. 施工机具使用费：如果机械设备是承包人自有设备，一般按台班折旧费、人工费与其他费用之和计算；如果是承包人租赁的设备，一般按台班租金加上每台班单价分摊的施工机械进出场费计算。

D. 现场管理费：其索赔包括承包人完成合同之外的额外工作以及由于发包人原因导致工期延期，期间的现场管理费，包括管理人员工资、办公费、通信费、交通费等。

计算公式为：现场管理费索赔金额 = 索赔的直接成本费用 × 现场管理费率

E. 总部（企业）管理费：其索赔主要指的是由于发包人原因导致工程延期期间所增加的承包人向公司总部提交的管理费。

F. 利息：双方在合同中明确约定，没有约定或约定不明确，可以按照中国人民银行发布的同期同类贷款利率计算。

①费用索赔的计算方法。

A. 实际费用法。

B. 总费用法。

C. 修正的总费用法。

修正的总费用法是对总费用法的改进，即在总费用计算的原则上，去掉一些不合理的因素，使其更为合理。修正的内容如下：

a. 将计算索赔款的时段局限于受到索赔事件影响的时间，而不是整个施工期。

b. 只计算受到索赔事件影响时段内的某项工作所受影响的损失，而不是计算该时段内所有施工工作所受的损失。

c. 与该项工作无关的费用不列入总费用中。

d. 对投标报价费用重新进行核算，即按受影响时段内该项工作的实际单价进行核算，乘以实际完成的该项工作的工程量，得出调整后的报价费用。

（3）工期索赔的计算。

①工期索赔中应当注意的问题。

A. 划清施工进度拖延的责任。

B. 被延误的工作应是处于施工进度计划关键线路上的施工内容。只有位于关键线路上工作内容的滞后，才会影响到竣工日期。

②工期索赔的计算方法。

A. 直接法。

B. 比例计算法。

C. 网络图分析法。

③共同延误的处理。在这种情况下，要具体分析哪一种情况延误是有效的，应依据以下原则：

A. 首先判断造成拖期属于哪种原因最先导致发生的，即确定“初始延误”者，其应对工程拖期负责。在初始延误发生作用期间，其他并发的延误者不承担拖期责任。

B. 如果初始延误者是发包人原因，则在发包人原因造成的延误期内，承包人既可得到工期延长，又可得到经济补偿。

C. 如果初始延误者是客观原因，则在客观因素发生影响的延误期内，承包人可以得到工期延长，但很难得到费用补偿。

D. 如果初始延误者是承包人原因，则在承包人原因造成的延误期内，承包人既不能得到工期补偿，也不能得到费用补偿。

（五）其他类合同价款调整事项

现场签证的价款结算：与进度款同期支付，只有“提前竣工奖励和误期赔偿”与结算款一起支付。

(1) 现场签证的工作如果已有相应的计日工单价，现场签证报告中仅列明完成该签证工作所需的人工、材料、工程设备和施工机具台班的数量。

(2) 如果现场签证的工作，没有相应的计日工单价，应当在现场签证报告中列明完成该签证工作所需的人工、材料、工程设备和施工机具台班。

第十一章　材料、设备及工程暂估价的工作方案

2007年发布的九部委56号令《中华人民共和国标准施工招标文件（2007年版）》（以下简称56号令）中第1.1.5.5款首次出现暂估价的概念。之后，《建设工程工程量清单计价规范》（GB50500—2008）（以下简称08清单）和《建设工程工程量清单计价规范》（GB50500—2013）（以下简称13清单）又进一步对概念进行明确："暂估价指发包人在工程量清单或预算书中提供的用于支付必然发生但暂时不能确定价格的专业分包工程、服务、材料和工程设备工作的金额。"总结上述文件，暂估价的主要特征有3点：一是招标人提供，构成合同内容的一部分；二是招标时可确定发生项目但不确定价格；三是暂估价是单价或一笔款项。

一、暂估价项目列项四大原因

（一）设计深度不足，设置暂估早招标

因设计深度不足、工期要求紧张等情形而暂定某些专业服务或材料的价格，以利承包人进行组价投标。例如：黑臭水体治理过程中的清淤工程、排水工程等需根据现场条件具体设计，在招标时以暂估项目列入。

（二）材料设备规格档次不定，设置暂估巧招标

为避免不平衡报价和承包人之间的恶意竞争，对设计和招标文件不能明确规格、型号和质量要求的材料设备，或同等品牌、规格、型号产品的市场价格悬殊、档次不一的材料设备设置暂估。例如：泵站工程的水泵采购在招标文件中一般只需标注扬程、功率和流量，立式还是卧式，确定进口、合资、国产的具体类型。但实际采购时产品功能参数应满足现场实际要求，比方说增加污泥泵防堵塞的功能，会导致单台成本增加4000余元，而水泵在泵站工程设备投资中占相当大的比重，故此类情况一般设置暂估。

（三）特殊要求的材料，设置暂估稳招标

工期较长的项目中使用的主要建材，如大宗水泥、钢材等；所需材料的种类特殊

且不宜长期保管，如雷管、炸药等火工材料，需要向提供厂商进行招标投标，保证长期供货；建设单位对材料使用或工程措施所提的特殊但合理的要求，例如：旧电梯利用等，以及部分“四新工程”（四新指新技术、新材料、新设备、新工艺）缺少计价依据与市场信息等情况，可在招标时以暂估项目列入。

（四）总包资质受限，设置暂估不招标

专业技术较强，设计、施工的技术要求高，而总包单位缺少相应资质，需通过分包给专业公司进行二次设计后，才可以确定工程规模和施工程序的特殊专业工程，常设置暂估项目。例如轻钢结构、幕墙工程、智能工程等。

二、暂估价在应用中存在的五大问题

暂估价在实际应用中有利于招标人对暂估价项目的质量控制，防止投标人恶意低价竞标，选择到合理的投标报价。同时“甲控乙购”有效削减了承包人在采购过程中的活力，避免投标单位恶意不平衡报价，有利于控制结算超支，为工程变更提供便利，在保证工程质量的基础上有效控制造价。但由于法律法规的缺位以及规范制度的不健全，暂估价在应用中仍存在很多问题。

（一）对抗性利益关系下干扰最优分包人的确定

按照 13 清单计价规范的要求，依法必须招标的工程暂估价应当由发承包双方依法组织招标选择专业分包人。发包人旨在选择质优价廉、实力更强的分包人，而承包人则重点关注价格因素。由于暂估价通常以仅调整价差和相应税金的方式进行结算，在投标报价时已计取了部分措施项目费、规费等相关费用的暂估项目，若中标确定的价格高于招标工程量清单确定的金额，发包人在一定程度上避免了多余部分计取措施费、规费等。按照“对价原则”，发包人的获益即是承包人的损失，承包人更倾向于以较低的价格将专业工程分包出去。两者利益的对抗性使得双方不能更好地确定对项目最为有利的分包人。

（二）共同招标背景下的不合理质量连带责任

依法必须招标的暂估价由发、承包双方共同确定分包人，这种做法在一定程度上属于指定分包。但分包人又是承包人参与确定，专业暂估价列入了总承包范围，这就要求总承包单位对中标单位具有分包管理职责。工程分包不减轻或免除承包人的责任和义务，承包人和分包人就分包工程向发包人承担连带责任。在工程实践中，由于发包人的强势地位，暂估价部分常常成为发包人可以自由控制的项目，承包人只是跟着付款。另根据 13 清单对于总承包服务费的规定，承包人的服务费收取内容主要有 3 项：专业工程发包、甲供材以及竣工资料整理等，并没有包含承包人对分包人实施分包工

程的管理费用，工程的不确定性因素又给本就无利可图的承包人加重了责任负担。

（三）一言堂格局下违法行为的滋生

暂估价项目在工程建设过程中的控制权主要集中在发包人一方。有部分招标方在工程建设中将普通的分部分项工程与建筑材料也作为暂估价计价暂时计入工程总承包价格，事后另行分包，这些做法易成为滋生腐败的源头。同时，由于暂估价规范性文件的缺位，暂估项目设置范围、设置类别没有统一规定，导致发包人在总承包项目招标过程中，可随意设置暂估项目并不必承担任何风险，以此降低投资总额规避招标。而在发、承包人共同确定分包人的过程中，发包人负责对招标文件的审批，并参与确定中标人。发包人在分包人确定上的话语权容易产生发包人与分包人之间的暗箱操作，发包人以苛刻的条件迫使承包人选择某分包人的隐形指定分包行为。

（四）据实结算规则下物价波动风险的单向转移

暂估价的设置在一定程度上增强了发包人对暂估项目的控制权，但材料价上涨的风险全部转移到发包人身上。建筑产品是“先销售后生产”产品，具有生产周期长、规模大、造价高的特点。由于设计深度、材料特殊要求、资质等级等原因设置的暂估价常常要迟于总包项目，项目开工至暂估项目实施这一期间所有材料价格的波动风险都转移到发包人身上。暂估项目在结算是按照实际发生的计入并调整支付总包合同价款，在这样的结算规则下发包人承担了物价波动的全部风险，与合同订立的风险分担原则相违背。

（五）管理规范漏洞下结算纠纷的产生

56 号令规定：“经监理人确认的材料、工程设备的价格与工程量清单中所列的暂估价的金额差以及相应的税金等其他费用列入合同价格”“经估价的专业工程与工程量清单中所列的暂估价的金额差以及税金等其他费用列入合同价格”。13 清单规定：“材料、设备经发包人确认价格后取代暂估价，调整合同价款”“专业工程暂估价以变更或者中标价取代专业工程暂估价，调整合同价款”。对于暂估项目的金额确定并没有明确且一致的规定，暂估项目在调整合同价款时是否计取除税金外的其他费用，暂估价中的材料暂估价和专业工程暂估价在结算时往往都会存在差价，而差价部分的结算涉及相关总承包合同价格、措施费、规费、税金的计取，当前的规范性文件或总承包施工合同中普遍缺少相应条文或条款约定，致使工程结算时产生大量争议。同时，材料暂估价是包含在综合单价中已计取一定的措施项目及规费等，专业工程暂估价也计取了一定的规费，在进行暂估项目结算时不可避免会产生因措施项目费及规费多计或少计的不合理风险分担。除此之外，暂估价在实际工程运用中还具有定价周期较长、过程繁琐、消耗的人力物力成本较多的特点，且易出现“发包人—承包人—暂估项目分包人”三者之间的相互扯皮的现象。

三、暂估价在应用中的相关建议

暂估价在实际使用中虽然能够增加发包人的控制权，使得发包人对项目的质量、成本等更有把握，但从上述论证中可以看出暂估价在使用中仍然存在诸多漏洞。这些漏洞的存在使得发包人在与承包人的博弈过程中往往事与愿违，同时由于承包人需对暂估工程项目承担责任或连带责任，承包人会对分包人百般苛刻而影响工程实施的效率和质量。鉴于此，对暂估价在实际中的使用提出如下建议。

（一）完善暂估价引起的价款调整条款

13 清单中“9. 10 暂估价”规定了暂估价引起合同价款的调整方法，但仅给出了调整的原则而无具体的调整措施，常引起纠纷的出现。为避免此问题，可在合同条款中明确暂估价引起合同价款调整的具体方法。例如，依法必须招标的专业工程暂估价，以中标价取代专业暂估价，同时调整规费、税金项目。不属于必须招标的专业工程暂估价，依据变更估价原则确定分部分项及措施项目费，并在此基础上调整规费、税金项目。对于材料、设备暂估价，依法必须招标的材料、设备暂估价以中标价替代暂估价；不属于必须招标的材料、设备暂估价由承包人提供采购的事实凭证经发包人确定后替代暂估价，同时相应调整以分部分项或以材料、设备费为基数计算的其他相关费用，如组织措施费、规费、税金等。

（二）扩大总承包服务费的收费范围

暂估价的设置使得业主能尽最大可能地选到质优价廉的供应商，总包单位在暂估项目上除进行必要的配合外，仍需对暂估项目承担质量安全的连带责任，违背了 13 清单风险合理分担的原则。为平衡风险分担的天平，可扩大总承包服务费的收取范围，增加对暂估项目收取总承包服务费。此举措一方面有利于调动总包在协调管理上的积极性，同时实现总包对暂估项目连带责任与暂估项目分包管理权利的权责对等。另一方面，总承包服务费在实际操作中虽然一般都是分包单位向总包单位提交，但此部分费用也包含于分包合同的合同价款内，最终支付人仍然是业主，因此对暂估项目收取总承包服务费也会在一定程度上限制业主设置暂估项目的比例，使暂估项目真正因工程需要而设，充分利用暂估项目解决相关问题的优势。

（三）限制暂估项目设置的比例和范围

为保证工程相关采购活动的竞争性，实现资源配置的最大效率，同时避免招标人通过设置暂估规避招标及其他方面的腐败行为等，可建立完善的法律法规制度，设置暂估项目的比例上限和范围，严格审批并进行监管。目前，北京市、上海市、湖南省、浙江省、江苏省、安徽省等地区对暂估价的设置比例和范围均进行了规定。如江苏省南通市的《关于印发建设工程暂估价及发包人供应材料和设备采购管理办法（试行）的通知》，以及湖南省岳阳市财政局《关于印发岳阳市财政投资项目暂估价预算评审管理办法的通知》等。

（四）做好物价风险的预控和二次转移

暂估价的设置使此部分物价波动风险完全由业主承担，但与暂估价相关的合同除总包合同外还有暂估项目的采购合同，虽然在总包合同中暂估项目包含的物价风险完全由业主承担，但仍然可以通过暂估项目的采购合同实现此部分风险的二次转移。可以建立供应商库，巧妙设计采购合同条款，分担暂估项目的物价波动风险。对于由总包实施部分的暂估项目可融合“成本加酬金”与“合同能源管理模式”的优点，激励总包在实施暂估项目时实施主动控制。同时，为了使业主更精确地进行项目的投资控制，也应注重暂估项目的前期询价和市场预测工作，并加强采购的管制。

（五）合同条款补漏，避免纠纷产生

对于规范缺位的问题，应在签订合同时明确约定结算方式和调整办法，以避免纠纷的产生。

第十二章　工程签证咨询管理方案

工程现场签证是施工合同的补充部分，工程签证是对施工过程中遇到的某些特殊情况签定的书面依据，由此发生的价款也成为工程造价的组成部分。工程签证往往是施工企业加钱的多，减钱的少。有的施工企业千方百计地进行变更签证，有的甚至故意变更工程作法、提高材料档次，造成工程成本无法控制。工程现场签证错综复杂，审计人员很难保证其真实性，从而加大了审计风险。随意乱签证加大了工程成本。

下面对目前工程施工阶段现场签证存在的问题进行归纳和分析：

一是工程签证存在随意性。由于对签证的项目并没有明确的规定，且部分现场签证人员造价管理意识薄弱，对签证工作敷衍了事，未经核实就随意签证，由此造成不必要的经济损失。还有些现场签证人员业务素质不高，不了解定额费用的组成，导致重复计价。

二是签证方式不规范。许多签证建设单位仅仅只是签上“同意”“属实”等字，没有附图与详细资料，无法核实确定具体工程量与定额子目。现场签证一般情况下需要建设单位、监理、施工单位三方共同签字、盖章才能生效。施工过程中，存在施工企业只找某一方签字的现象，但是缺少任何一方都属于不规范的签证，不能作为结算的依据。

三是工程签证缺少原始资料。无法提供相关的证明文件，如现场照片、视频、录像等。

四是签证时间与实际不相符合。签证时间是签证的基本要素之一，也是签证准确度的基础。有的业主现场代表不负责任，当时不办理签证，口头答应，事后靠追记补办，甚至在结算审计过程中还在补办签证手续，以致在结算审计时双方代表还争吵扯皮，影响了现场签证的严肃性，也影响了审计判断与工作效率。

五是建设单位或建设单位委托的驻工地代表不重视现场签证，缺乏现场签证价款控制意识。如某工程额外增加的垫层厚度为150mm，但签证却是300mm，很显然签证管理人员没有到现场核实。甚至有些签证资料记载不详，用词模棱两可，导致计算费用的依据不足，无法计算应发生的费用。

六是存在虚假签证。个别现场管理人员利用职位之便谋取私利，出现行贿受贿等违法行为。施工单位巧立名目，弄虚作假，有意扭曲规定的界限；甚至由于现场业主代表对签证相关事宜不熟悉，存在以少签多、高估冒算等现象。

七是现场管理人员专业知识欠缺。对招标文件、合同、投标函等造价知识和有关规定不熟悉，被施工单位牵着鼻子走。虽然审计人员努力做到对签证进行仔细判断，核减不合理的签证以尽可能减少损失，但对一些涉及隐蔽工程的签证，审计有时也显得无能为力。

因此应重视工程项目现场签证管理存在的问题，针对以上问题，提出以下建议：

一是建议工程现场主管部门出台工程签证方面的法规、规章，规范工程签证，杜绝工程签证的随意性，做到工程签证有据可依。

二是提高工程现场签证管理人员的业务素质。

三是建设单位可以在工程开工前与相关责任单位及责任人约定处罚条款，加大对虚假签证的处罚力度，或公开通报有关情况，从制度上遏制这种不良行为等。

为确认合理的工程变更与签证程序，严格控制工程变更与签证的费用，规范工程建设的现场变更与签证管理工作，使现场变更与签证程序有章可循，特制定以下制度。

一、工程变更

（1）工程部对施工图纸中存在的较大设计问题，及时上报公司项目主管，由项目主管召集设计、工程、预算等人员，分析问题原因并确定变更措施。为第一时间解决问题，对一般性问题，工程部可以直接确定变更措施。

（2）工程部委托设计院出设计变更或发出工程变更指令。

二、现场签证

（1）工程施工单位应严格按工程施工图组织施工，不得任意更改。发生合同中约定可以变更的情况或非施工单位原因造成的工程内容及工程量的增减经批准后，方能实施签证。

（2）现场签证必须一事一单，并且内容完整、具体、准确，一般应包括工程变更项目名称、编号、原因、工程量或产品规格、有关各方签章和签证时间等。现场签证必须实事求是，对不合理的签证内容必须坚决抵制，无正当理由不得拒签。已发生的签证，若最终被确认为违反招标书、合同书或预算取费原则的，予以废除。现场签证应有三方（施工单位、监理单位、工程管理部门）签名盖章的原件，一方面引起工程管理部门重视，另一方面减少送复印件可能出现的同一签证重复计算的现象，并按所提交的结算资料列出资料交接的清单。

（3）施工单位、工程监理和工程部现场管理人员必须仔细审核工程施工现场签证并到现场核实签证工程量及详细说明施工工艺及实施情况，然后签字确认，严禁事后补签。涉及工程价款变更的还需由工程预、结算管理人员和科室负责人审核，报监理或造价咨询单位审核后方能签证。现场管理人员应随时深入施工现场，掌握签证资料的真实性和必要性，对其中不实之处和不合理性加以严格审查。根据定额、合同等文件来判定该签证内容是否允许调整，及调整的幅度和范围。

（4）现场签证必须在确保工程技术标准和质量标准保持不变的前提下，方能实施签证。

（5）在工程签证中原则上不认点工形式。如有特殊原因需发生点工且数量较大时，必须由项目主管同意后方可进行施工。

（6）签证确认必须实事求是，并附简图，标明几何尺寸、标高、面积或体积、工程量计算式等，不得笼统签注工程量。

（7）应在合同中约定的，不能以签证形式出现，如人工浮动工资、材料价格涨跌、议价项目等。没有合同约定的，应以补充协议的形式取代。

（8）凡涉及现场费用支出的停工、窝工、停水、停电、机械台班签证及甲供材供应不及时等造成的签证经认真核实后签认工程量。

（9）已纳入施工组织设计和投标文件的内容和措施，不能作签证处理，如：临设的措施、塔吊台数、机械数量、挖土方式、钢筋搭接方式、混凝土搅拌方式、脚手悬挑方式等。

（10）对周转性材料一般只签认摊销费或租赁费，不认材料费。

（11）材料价格确认要分清采购价和预算价，避免保管费的重复计取。

（12）签证单一式四份（至少四份）由监理、工程管理人员及部门经理三人共同签认，并加盖部门公章确认。

（13）工程签证的所有程序完成，原则上不超过 10 天（特殊情况除外）。

注：项目负责人和监理工程师必须明确掌握工程招标书、施工合同及预算书所确定的工程范围、承建方式和造价、取费原则等资料。以“守法、诚信、公正、科学”为活动准则，使现场签证准确无误，如实反映工程的实际。

在签证过程中要求坚持四个原则：

一是准确无误原则。工程量签证要尽可能做到详细。不能笼统含糊其辞，以预算审批部门进行工程量计算方便为原则。

二是实事求是原则。严格把握，实际发生多少签多少，不得将其他因素考虑进去以增大数量进行补偿。

三是现场跟踪原则。为了加强管理，严格投资控制，凡涉及费用数额较大的签证，在费用发生之前，施工单位应与现场监理人员以及造价审核人员一同到现场察看。

四是要求注意签证单上的内容与设计图纸、定额中所包含的内容是否有重复之处，若有重复项目内容必须予以剔除。

第十三章　工程索赔的管理

索赔是指在合同履行过程中，对于并非自己的过错，而是应由对方承担责任的情况造成的实际损失，向对方提出经济补偿和时间补偿的要求。工程索赔是双向的，包括施工索赔和业主索赔两个方面，一般习惯上将承包商向业主的施工索赔简称“索赔”，将业主向承包商的索赔称为“反索赔”。

在现代工程中，承包方的索赔要求通常为：工期的延长和费用的补偿。工程索赔是工程承包中经常发生的正常现象，对施工合同双方而言，工程索赔是维护双方合法利益的权利，其与合同条件中的合同责任一样，构成严密的合同制约关系。工程建设是索赔多发区，这是由建筑产品、建设生产过程、建筑产品市场经营方式决定的。随着我国建筑市场的逐步开放，逐渐与国际市场接轨，在工程建设项目管理中，我们必须认真对待工程索赔，设专职人员负责索赔管理工作，将索赔管理贯穿于工程项目全过程、工程实施的各个环节和各个阶段，以此带动施工企业管理和工程项目管理整体水平的提高。

1. 工程索赔起因（或机会）。承包商要认真细致地寻找和发现索赔机会，索赔机会常常表现为具体的干扰事件，干扰事件是索赔处理的对象，事态调查、索赔理由分析、影响分析、索赔值计算等都针对具体的干扰事件。

在承包工程中，常见的可以提出索赔的干扰事件有：

（1）业主没有按合同规定的要求交付设计资料、设计图纸，没按合同规定的日期交付施工场地、交付行驶道路、接通水电，使承包商的施工人员和设备不能进场；没按合同规定的时间和数量支付工程款、供应材料，或供应材料不合格，延误工期。

（2）工程地质情况与合同规定的不一样，出现异常；合同条款不全、错误，文件不完备或文件之间矛盾、不一致；招标文件不完备，业主提供的信息有错误。

（3）业主或业主的工程师指令工程停建、缓建，指令增加、减少或删除部分工程，提高装饰标准，提高建筑五金标准等，把删除工程委托转给其他人完成。

(4)由于设计变更、设计错误，业主作出错误的指令、提供错误的数据、资料等造成工程修改、报废、返工、停工、窝工等，业主拖延图纸批准、拖延隐蔽工程验收，拖延对承包商问题的答复，不及时下达指令、决定，造成工程停工，或要求加快工程进度，指令承包商采取加速措施。

(5)物价大幅度上涨，造成材料价格、人工工资大幅度上涨；货币贬值，使承包商蒙受较大的汇率损失；国家法令的修改，如提高工资税，提高海关税，颁布新的外汇制度等。

(6)不可抗力因素，如反常的气候条件、洪水、革命、暴乱、内战、政局变化、战争、经济封锁、禁运、罢工和其他无法预见的任何自然力作用等使工程中断或合同终止。

(7)在保修期间，由于业主使用不当或其他非承包商责任造成损坏，业主要求承包商予以修理；业主在验收前或交付使用前，擅自使用已完或未完工程，造成工程损坏。

2. 工程索赔依据任何索赔事件的成立，其前提条件是必须具有正当的索赔理由。索赔必须有理有据，事实要清楚、依据要完善。工程索赔必须以合同为依据，注意在实际工作中收集和积累与索赔有关的资料，做到处理索赔时以事实和数据为依据。工程索赔依据包括：

(1)招标文件、工程合同及附件，发包方认可的施工组织设计、工程图纸、各种变更、签证、技术规范等。

(2)工程各项会议纪要、往来信件、指令、信函、通知、答复等。

(3)施工计划、现场实施情况记录、施工日报、工作日志、备忘录，图纸变更、交底记录的送达份数及日期记录，工程有关施工部位的照片及录像等，工程验收报告及各项技术鉴定报告等。

(4)工程材料采购、订货、运输、进场、验收、使用等方面的凭据；工程停送电、停送水、道路开通封闭等干扰事件影响的日期及恢复施工的日期；工程现场气候记录，有关天气的温度、风力、雨雪等。

(5)国家、省、市有关影响工程造价、工期的文件、规定等。

(6)工程材料采购、订货、运输、进场、验收、使用等方面的凭据；工程预付款、进度款拨付的数额及日期记录；工程会计核算资料等其他与工程有关的资料。

3. 工程索赔程序当索赔事件发生以后，甲乙双方应按照合同有关条款的规定及时、合理地处理索赔事件。要处理好工程索赔，不仅要善于发现和把握机会，更重要的是要遵循相关的法律程序。

我国建设工程施工合同文本规定：甲方未能按合同的规定履行自己的各项义务或

发生错误及应由甲方承担责任的其他情况，造成工期延误或向乙方延期支付合同价款及乙方的其他经济损失，乙方可按下列程序以书面形式向甲方索赔：

（1）索赔事件发生后28天内，向工程师发生索赔意向通知。

（2）发生索赔意向通知后28天内，向工程师提出补偿经济损失和延长工期的索赔报告及有关资料.

（3）工程师在收到乙方递交的索赔报告和有关资料后，于28天内给予答复，或要求乙方进一步补充索赔理由和证据。

（4）工程师在收到乙方递交的索赔报告和有关资料后28天内未予答复或未对乙方作进一步要求，视为该项索赔已经认可。

（5）当该索赔事件持续进行时，乙方应当阶段性向工程师发出索赔意向，在索赔事件终了后28天内，向工程师送交索赔的有关资料和最终索赔报告。索赔答复程序同上3）、4）。

乙方未能按合同约定履行自己的各项义务或发生错误给甲方造成损失，甲方也按以上各条款确定的时限向乙方提出索赔。在索赔事件发生后，按照上述程序，承包方必须分阶段准备好如下索赔文件：

（1）索赔意向通知。发现索赔或意识到存在的索赔机会后，承包商必须快速反应，首要任务就是将自己的索赔意向书面通知给工程师（或业主）。意向通知标志着一项索赔的开始，事先向工程师（或业主）通知索赔意向，这不仅是承包商要取得补偿的必须遵守的基本要求之一，也是承包商在整个合同实施期间保持良好的索赔意识的最好办法。递交索赔意向通知必须在规定的时限内，超过时限，工程师和业主有权拒绝承包商的索赔要求，即使是合理的索赔要求，也是无效的。

索赔意向通知，通常包括以下4个方面的内容：①事件发生的时间和情况的简单描述；②合同依据的条款和理由；③有关后续资料的提供，包括及时记录和提供事件发展的动态；④对工程成本和工期产生不利影响的严重程度，以期引起工程师（或业主）的注意。

（2）证据资料。索赔的成功很大程度上取决于承包商对索赔作出的解释和具有强有力的证明材料。因此，承包商在正式提出索赔报告前的资料准备工作极为重要，这就要求承包商注重记录和积累保存各方面的资料。这些证据资料必须真实、全面、及时、与干扰事件关联，并具有法律证明效力。

（3）索赔报告是承包商向工程师（或业主）提交的一份要求业主给予一定经济（费用）补偿和延长工期的正式报告，承包商应该在索赔事件对工程产生的影响结束后，在规定时限内向工程师（或业主）提交正式的索赔报告。

编写索赔报告应注意以下几个问题：

①索赔报告的基本要求。第一，必须说明索赔的合同依据，即基于何种理由提出索赔要求。一种是根据合同条款规定，承包商有资格因合同变更或追加额外工作而取得费用补偿和（或）延长工期；另一种是业主或其代理人任何违反合同规定给承包商造成损失，承包商有权索取补偿。第二，索赔报告中必须有详细准确的损失金额及时间的计算。第三，要证明客观事务与损失之间的因果关系，说明索赔前因后果的关联性，要以合同为依据，说明业主违约或合同变更与引起索赔的必然性联系。

②索赔报告必须准确。其中包括责任分析应清楚、准确，索赔值的计算依据要正确，计算结果要准确，措辞要婉转和恰当。

③索赔报告的形式和内容。应简明扼要，条理清楚。便于对方由表及里、由浅入深地阅读和了解，注意对索赔报告形式和内容的安排也是很有必要的。索赔报告编写完毕后，应及时提交给工程师正式提索赔。索赔报告提交后，承包商不能被动等待，应隔一定的时间主动向对方了解索赔处理的情况，因业主（或工程师）通过对报告的仔细阅读审查，会对不合理的索赔进行反驳或提疑问，这时承包商应根据所提出问题进一步做资料方面的准备，或提供补充资料，尽量为工程师处理索赔提供帮助、支持和合作。

4. 工程索赔费用计算索赔事件发生后，如何正确计算索赔给承包商造成的损失，直接牵涉承包商的利益。

工程索赔费用包含了施工承包合同中规定的所有可索赔费，具体哪些费用可以得到补偿，必须通过具体分析来决定。对于不同原因引起的索赔，其费用的具体内容有所不同，有的可以列入索赔费用，有的则不能列入，这是专业从事造价与合同管理必须熟悉的工作范围，必须针对具体问题具体分析、灵活对待。

第十四章　工程竣工结算管理工作方案

建筑工程项目的竣工结算是整个工程管理中的重要环节，在工程竣工结算环节中，每一个细小的环节都会关系到大量的资金，任何疏忽都会造成大量的资金流失或资源的浪费，对工程的经济效益和工程的质量控制，带来十分严重的影响。但是，目前，我国的工程竣工结算管理中，存在着很多问题，不仅仅使得整个工程造价的整体成本上升，更使得基本建设的投资管理出现漏洞，工程造价不合理，影响到工程的质量，大大降低了工程资金的利用效率，降低了工程的经济效益。因此，做好工程的竣工结算管理，对整个工程结算的管理，有着十分重大的现实意义。

一、建设项目工程竣工结算中出现的问题分析

（一）合同条款不清晰导致的理解不一致

由于目前建筑市场是一个典型的业主方主导的市场，很多建筑工程合同不是在平等协商的基础上签订的，而且很多合同内容十分简单或者概括，发生争议事件后很难在合同中找到可操作的解决办法。

（二）变更签证索赔等施工过程事件造价管理混乱

施工过程中的签证、变更等事件发生后，由于工期紧任务重，很多涉及造价的工作都被推后到结算时再考虑，由于人员变化和时间的推移，很多事件到结算时已经很难让双方达成一致。

（三）工程量的争议

由于对施工工艺和计算规则的理解问题以及不同造价人员的计算习惯，工程量的争议必然会存在，“对数”成了大家在结算时无法回避的问题。

（四）结算依据收集整理问题

在结算时合同文件、中标报价文件、基准日之后的政策法规变化、施工中的变更单、索赔单、材料认价单等等都是结算的直接且重要的依据，施工单位往往由于各种原因

不能提供完整合法的依据。不完整主要体现在单据原件的丢失、缺少相关当事人的签认、单据中的事实描述不清等。

二、加强建筑工程项目竣工结算的控制措施探讨

（一）要加强对各种工程资料的收集整理

现在的工程大量使用新工艺、新材料、新技术，很多没有现成可以套用的定额子目。编审人员收集有关新工艺、新材料、新技术施工的基础资料，测算与此相关的人工、材料、机械的用量，编制补充预算定额，是做好编审工作的前提条件。

（二）要加强对工程造价预结算人员的素质提升

首先，要加强竣工结算管理人员的专业素质的提升，加深对工程造价管理的理论的基本了解，熟悉各种工程造价结算管理和控制技巧，并能根据工程造价的实际情况作出合理的选择。其次，要提高竣工结算管理人员的职业道德，要本着公正客观，严格严肃的结算管理态度，作出结算控制和管理。

（三）认真审阅合同内容

认真分析招标文件中的合同条款，理解其中涉及造价的所有内容，区分造价调整、支付等条款，根据自己的工程经验，形成项目造价管理检查表。检查表中明确合同有可操作处理办法的造价争议事件和无处理办法的事件清单，同时形成自己的处理意见方案，以备在合同谈判或者工程中发生时及时发现问题并提出自己的方案，避免到结算时产生分歧无法解决。

（四）定时对数据汇总分析

按一定的时间段进行造价数据的汇总分析，测算项目的可结算造价，为公司和项目经理决策提供数据资料，同时也不断提醒管理层强化结算的意识。

（五）建立规范的施工过程造价管理方法

施工项目的造价管理目前没有统一的方法，每个人都有自己的工作习惯，不管采用什么样的管理方法，都需要能达到快速、清晰分析数据，快速形成结算数据的目的。

（六）养成良好的自我管理习惯

在众多的工程实践中发现，结算时的很多争议往往是由于在施工中的单据不完整或是没有及时处理导致结算时事实不清而引起的。这些争议的解决除了需要规范的造价管理方法之外，造价管理人员养成良好的自我管理习惯也非常重要。

（七）加强对结算的重视和监督

企业领导、单位工程承包人对工程结算全过程的严格监督与充分重视对做好竣工结算工作起关键作用。领导重视相关工作，工程竣工结算准备过程中相关人员工作起

来必会更加认真、卖力，结算工作开展的每一步也必然准确、深入、可靠。并且企业领导、单位工程承包人在结算的过程中能利用好一切可以协调的社会关系，能组织配合好参与工程施工的相关人员，能确保工程结算工作在一个融洽的气氛环境下顺利进行。

（八）加强建筑工程竣工结算的审核管理

1. 充分做好审核前的准备工作。工程竣工结算的审核是一项很细致复杂的工作，必须做好各种审核之前的准备，保证审核的全面性和准确性。首先，要收集齐全各种与结算相关的资料，将施工合同、招标投标文件等相关的各种资料收集、分类、详细整理，以做全面的了解。其次，要熟悉竣工图纸，这是工程造价结算审核的关键性依据，要对所有的工程图纸进行核对，清点，并一一认真审读，减少失误。

2. 加强工程计量和套用单价的审核。首先，是工程量计算审核。由于工程在实际勘察测量过程中，容易出现各种误差，会出现设计图纸和实际施工不相符合，出现漏洞项目等情况，因此，要在结合图纸的基础上，严格遵守工程计量规则进行工程量的审核。一是要明确审核工程量计算的范围和计算的限制范畴，比如基础与墙身划分以设计室内地坪为界。二是要保证计算尺寸和图纸的尺寸相一致，防止因为疏忽而出现工程计算量的审核失误。三是要严格依照标准计算方式计算，加强调研，规范审核。

其次，是套用单价的审核。工程造价具有很强的规范性和法律性，对各种指标都有着十分严格的规定，必须要遵守相关法律规定和套用单价的审核标准。一是要做好直接套用单价的审核，在检查审核项目名称、单位、日期等基础上，对材料的规格、类型、材料的等级做出审核；二是要审核是否具有反复套用的现象。

3. 逐项审查法。逐项审查法是工程造价预结算审核的重要方法之一。要按照预算定额顺序或者是施工的前后顺序，对每个环节的工程造价都一一核对，进行审查。要据相关的法律规定和工程量计算标准计算工程量，将审核人员的工程量计算结果和审核对象进行严格对比，同时，根据定额或单位估价表逐项核实审核对象的单价。虽然这种方法比较全面细致，工程造价的结算误差小，但是工作量大，不适合快速审核的情况。

4. 分组计算审查法。分组计算审查法是一种加快审查工程量速度的方法，把预算中的项目划分为若干组，并把相邻且有一定内在联系的项目编为一组，审查或计算同一组中某个分项工程量，利用工程量间具有相同或相似计算基础的关系，判断同组中其他几个分项工程量计算的准确程度。

5. 相关项目、相关数据审核法。结算项目数十、数百，数据成千上万，这些项目数据之间有着千丝万缕的联系。要认真总结、仔细分析，摸索出其中的规律。利用这些规律审核竣工图结算，找出不符合规律的项目及数据，如漏项、重项、工程量数据错误等，然后针对这些问题进行重点审核。相关项目、相关数据审核法实质是工程量计算统筹法在结算审核工作中的应用。应用这种方法，可使审核工作效率大大提高。

（九）建筑工程竣工结算的纠纷处理

在进行建筑工程竣工结算过程中，很多时候容易出现各种问题和纠纷，在进行纠纷处理过程中，施工单位一定要坚持效益至上的原则，从多方面协调处理好施工单位、监理单位、审计单位等主体之间的关系，当遇到一些有争议的问题时，施工单位要本着客观公正的态度，明确地表明本单位的立场，客观公正，实事求是。在处理一些纠纷和争议的过程中，可以将这个过程看做是一个互相交流、沟通、学习的机会，在一些纠纷上可以坚持求同存异，和平共处的原则。在进行竣工结算时候，要能够始终如一，不能够虎头蛇尾，当工程竣工的结算值在多方面的商讨研究下达成共识之后，可以迅速地办理结算的报告，并进一步完善三方的签章手续，如此，可以使得工程的款项能够得到回收的保障。

第十五章　招标采购管理工作方案

一、招标采购管理的重要性

（一）招标采购管理是规范企业采购的重要措施

招标采购在提高采购物资质量的基础上，能最大限度地避免企业采购暗箱操作现象的发生。既使得各供应商公平竞争，从而达到采购成本最大的效果，又可以增大对采购过程的监督力度，杜绝影响采购质量的各种外界因素，有效地保护了计采人员。招标使采购的各个程序都走向了公开，监督、管理都有的放矢，而且更重要的是把以往的事后审计、检查，变为事前预防，从被动管理，变为主动参与。

（二）招标管理可以使成本大幅度降低

招标采购是利用市场经济价值规律这只无形的手来发挥作用，使原材料成本向其真实价值靠拢。其剔除了人为的因素，靠价值杠杆单独发挥作用。投标过程中，很多供应商认真仔细地计算自己的供应成本，标定利润差额，谨慎地填写标书，真实反映其最低线。中标与否决定于产品质量、产品价格、企业信誉以及售后服务的情况，这些都客观具体，无可通融。

二、招标采购工作的过程管理

（一）招标方案的策划

为了能够实现投标目标以及建设意图，在进行招标之前，应结合项目管理的相关要求，进行招标策划文件的编制。在招标方案的策划文件中，应首先介绍相关的法律、法规，进而介绍相关的招标事项，运行程序以及相关代理单位的工作内容，同时还要设计较为合理的承发包方式、计价模式、合同方式、供应方式以及利弊分析等。

（二）确定相应的投标单位

1. 进行投标单位的资格审核。作为项目采购管理的重要组成部分，在进行投标单位选择时应做到公平、公正。要承包商以同等公平的竞争机会，一方面是为了充分发挥市场的作用，另一方面则是对相应的采购成本进行合理控制，充分保证项目工程的施工质量。应根据项目的具体情况，建设的具体要求，以及采购的内容制定较为合理的资格条件。

2. 投标单位的选择方式。目前，应用较为广泛的投标单位选择方式有资格预审和全部抽取两种方式。资格预审方式：这种方式是指在进行物资投标的初始阶段对投标单位进行预审，通过预审的单位，才能发放招标文件。这种选择方式能够选择出一些具有雄厚实力的承包单位，同时能够淘汰大批实力较弱的单位，减少了大量的评标工作。但这种方式的缺点是耗费了大量的人力和物力。全部抽取方式：这种选择方式为，在相关部门的监督之下，随机抽取相应的投标单位。优点为：减轻了投标前的工作量，缺点为随机抽取，不能对投标单位进行深入了解。

三、编制招标文件

招标文件一方面是投标文件的编制依据，另一方面是签订相关合同的基础，具有较强的约束力。因此招标文件的编制应遵循公平、合法、互利的相关原则，做到文字规范、合理、周到、严谨，同时还要符合相应的规范和要求。

项目管理单位在进行招标文件的编制过程中，应与工程建设的质量控制、进度控制以及投资控制等工作有效结合。在进行招标文件编制过程中应注意以下几个方面：一是，对工程总承包的范围、中标单位具有的施工范围、一些另行发包工程范围等进行界定。对于另行发包的工程，中标人可以收取相应的总包配合费；对于招标人特别认可的一些分包工程，中标单位可以收取相应的总包管理费以及总包配合费。这样做能够有效避免投标人在施工过程中出现界限不清的局面。二是，招标文件中应对工程的质量、工期、安全等内容进行明确规定和阐述，这样能够促使投标单位编制合理的施工方案以及投标报价。三是，按照《建设工程工程量清单计价规范》的相应要求，进行工程量清单的编制，详细描述相应的报价依据、价格组成以及相关的原则。在清单编制过程中，应与整个项目的采购管理工作进行充分结合，另行采购的分包工程的材料以及设备可以作为暂定价格列入。

四、投标的评标标准和方法管理

为了能够确保质量，公平、公正选取中标单位，需要制定合理的招投标的评标标准以及评标方法。工程中较为常用的评标方法有综合评标法和最低价法。最低价法顾名思义即为选择报价最低的中标企业。这种评标方式在材料采购以及设备采购中有着较为广泛的应用。综合评标法，在实施过程中会根据相应投标文件，对企业的相关要素进行打分，选择得分较高的企业作为中标单位。这种评标方式在工程采购以及服务采购过程中有着较多应用。

在施工招标采购过程中，运用综合评估法。商务标与技术标分别占一定的分值，这样能够将技术方案与工程管理进行有效结合，有助于选择价格合理，技术水平良好的中标单位。而在货物采购过程中，可以采用最低价法。在实物工程量招标法的基础上，将标价作为评标定标的唯一依据，推行合理低标价者中标，包干施工。具体做法是：招标单位在招标文件中颁布实物工程量，投标单位根据市场情况、企业现状等确定投标策略进行报价评标时，先对投标单位的财务状况、商业信誉、施工经验等进行审查，以鉴别其履约能力，不能通过审查者不能进入下一轮的标价竞争。合理低标价者中标不一定是最低标价者中标，这不是简单的总价比较，必须由评标小组按照招标文件上的评标办法经过从行政上、技术上和商务上的全面鉴别、比较，排除一些错误的不合理的报价，最后得出既有效又经济合理且能保证工程质量的投标价作为中标价。凡以低于行业最低成本进行报价者属不正当竞争，应作为无效标价。这种合理低标价中标法与国际惯例是相一致的，和市场经济规律也是相吻合的，而且有利于降低工程造价，应作为招投标改革的一个发展方法，大力推广。但从我国实际情况看，由于其属于包干施工，实行起来难度较大。可以考虑先在造价低、工期短、工程不复杂的工程招投标中实行，取得了一定经验后再加以推广。当然，在一些工期长、造价高、技术难度大，不宜实行大包干的工程招投标，还应选择百分制综合评标定标法，但要尽可能做到同类型的工程评标因素和权重基本固定不变，不能随心所欲地改变以保证公平性。另外，尽可能选择一些易量化的因素，而对一些随意性大、易受外界影响的因素尽可能不选用，以保证客观性。

在项目管理过程中，应该根据采购项目内容的不同选择相应的评标方法。例如：设计招标的评审形式以及内容上与传统的物资招标不同。在评标过程中应遵循的依据为：设计方案的工艺水平、投入产出进度以及信誉状况。在进行评标时，可以邀请一批专家进行评价和讨论，最终对方案进行表决。

第十六章　建设项目全过程跟踪审计的后评价

建设项目跟踪审计是运用审计的方法对建设项目决策、设计、施工、竣工结算等全过程的技术经济活动和固定资产形成过程中的真实性、合法性和有效性进行审计监督和评价，对工程造价的审计又是其中至关重要的一部分。目前，部分审计人员对于工程造价审计的理解仍停留在工程预结算上，尤其是对工程造价的审计主要侧重于事后核算。因此，审计人员应把握立项、设计、施工、竣工、结算等各个阶段的特点，切实做好全过程造价跟踪审计服务，以促进在项目管理方面获得良好的经济效益与社会效益。

一般来说，建设项目全过程造价的跟踪审计主要分为事前、事中、事后三个阶段，在具体实施中又可把三个阶段转化为项目决策与设计阶段、招投标与施工阶段、竣工结算与后评价阶段。

一、项目决策与设计阶段

一是注意投资估算指标的积累。投资估算指标是确定和控制建设项目全过程各项投资支出的技术经济指标，具有较强的综合性、概括性，是编制建设项目建议书、可行性研究报告等前期工作阶段投资估算的依据，在固定资产的形成过程中起着投资预测、投资控制、投资效益分析的作用，是合理确定项目投资的基础。审计人员在审计工作中就要注意收集并积累投资估算指标数据，熟悉类似建设项目的投资估算指标，并且能够根据实际情况进行修正。

二是关注投资估算是否全面、准确、合理。投资估算是项目建议书和可行性研究报告的重要组成部分，当可行性研究报告被批准之后，其投资估算额就作为建设项目投资的最高限额，不得随意突破；同时设计概算不得突破批准的投资估算额，投资估算一经确定，即成为限额设计的依据，用以对各设计专业实行投资切块分配，作为控制和指导设计的尺度或标准。因此，审计人员要注意投资估算的编制是否充分估计出项目建设过程中及建成后的收益与风险，并提出应对及防范的措施，尽可能地做到全面、准确、合理。

拟建项目一经决策，设计就成了工程建设和投资控制的关键。工程设计阶段的跟踪审计工作是整个审计环节的重要一环，审计主要关注以下两点：一是对于设计方案的审计，要注意是否存在边设计边施工的现象，如发现这种情况应及时提出意见，这是审计工作的重点。二是注意审查设计概算、施工图预算的调整情况，在审查初步设计概算时，要分析初步设计概算与批准的投资总额偏差原因；施工图预算时，分析施工图预算与批准的初步设计概算偏差原因。

二、招投标及施工阶段

招投标阶段所确定的工程报价、计价规则、运作方式等，对以后的施工以至于工程竣工结算都有着直接的影响，跟踪审计主要从以下方面入手：

一是重视招标文件和投标文件的审查。招标文件的编制应当严密而准确，以免引起纠纷及争议，也可有效地避免过多索赔事件的发生。同时，从合同法的角度来看，投标书是施工单位、建设单位均以投标书（或其主要内容）为准制作并签订的施工合同。

二是审查工程合同是否严谨规范。要重点审核工程价款、工程质量和施工工期等对合同双方利益有重要影响的合同条款，注意是否存在内容不全面、条款不规范、语言不缜密，重要条款约定不清等情况；审查合同是否与招标文件相一致，注意在招投标过程中形成的书面答疑、澄清文件和承诺书等是否作为合同的组成部分；合同价款是否与投标文件相一致，是否另行订立了与合同实质内容不一致的其他协议。

在施工阶段，审计人员应根据审计实施方案，在施工阶段注意影响工程造价的各种因素，及时在施工现场获取第一手资料，做好原始资料的积累。在这个过程也要求审计人员具备一定的敬业精神和负责的态度，做到“严”“细”“准”。“严”是严把签证关，建设工程的施工周期长，变更签证是对施工过程的记录也是最终工程价款结算索赔的依据，审计人员应严格控制工程变更及变更程序，及时到施工现场取证，做到对工程变更签证及时审核，防止施工单位巧立名目、以少报多，遇到问题不及时解决、结算时候搞突击。“细”是要求审计人员细致认真，在现场勘查时，对有关工程量所涉及的尺寸、部位、数量要认真审核，必要时可以依靠影像记录等手段，做到实事求是并防止漏项、错算。“准”是要求审计人员准确地审查监理日志、施工月报、签证数量、索赔价款，在结算时少留“活口”。把基础工作做扎实，就会在竣工结算阶段事半功倍，避免造价失控。

三、竣工结算与后评价阶段

竣工结算是工程造价合理确定的重要依据，造价双方都十分重视工程价款的审核结算。同时竣工结算的审核也是控制投资的最后一个环节。跟踪审计工作在这个环节都积累了较为成熟的经验，无论是工程量计算、合理套用定额、取费合理性的审查，还是变更签证、索赔条款、不可抗力因素的分析等，都能做到严格、合理、公平。除了上述内容还有做好两点：一是审计报告；二是审计过程中复核应落实具体，不能流于形式。

项目后评价是投资项目全过程管理的重要内容，是对整个建设项目的综合性评价。建议根据项目的特点，相应建立具有审计特色的造价评价数据库，增加对工程项目造价控制的量化评价。包括：一是注重数据资料的积累、分析和整理归类。审计人员应科学合理地分析、筛选，找到影响工程造价的因素。有条件的可建立相关数据库，为以后其他工程的造价审计做好基础工作。二是充分重视建设、施工、监理、设计等各方的意见和建议，集思广益，分析造价控制在各环节如何有效衔接，如何有效防范价格风险等，真正做到工程造价由被动控制向主动控制转化。三是重视总结，一方面总结在整个项目建设全过程中造价的跟踪审计的经验方法；另一方面分析在工作中的不足，找出影响因素，在后续的工作中进行改进。通过建设项目的后评价，做到对全过程造价跟踪审计的有始有终。

总之，跟踪审计要按照全方位、全过程的审计要求，做到关口前移、全程监控，在全面全过程的审计中找准工程建设中的薄弱环节，以规范工程建设行为，提高工程建设管理水平，促使工期、质量、功能和投资效益的最佳化。

第五篇

工民建项目审计管理的案例分析

第一章　工民建项目审计管理现状分析

第一节　A 地工民建跟踪审计实践情况

一、A 地工民建跟踪审计项目背景

近年来，A 地党委政府不断加强城市建设工作，下大力气加大旧城改造力度，推进基础设施项目的大规模建设，其中房屋征收（搬迁）项目（以下简称“拆迁项目”）成为 A 地推进城乡一体化发展，保障、改善民生，以及推进招商项目大突破的关键工作，受到当地党委政府关心、人民群众广泛关注，社会影响力大。但由于以往城建工作的一些遗留问题和拆迁工作的制度不完善、监管不到位等原因，拆迁项目中存在着不规范、不透明、补偿价畸高以及违法违规行为等诸多问题，导致拆迁项目推进难、推进慢、矛盾大，对城建工作的推进产生较大的消极影响。针对此情况，当地党委政府要求审计机关（以下简称 S 局）加强对房屋征收拆迁项目的审计监督力度，变事后的补偿资金审计为拆迁现场全过程的跟踪审计，保障拆迁项目的规范、高效、阳光地运行，财政资金的安全高效使用以及老百姓的合法权益。

二、项目开展基本情况

（一）跟踪审计项目的实施计划和工作量情况

根据同级党委政府的部署要求，S 局坚持围绕中心、服务大局，在跟踪审计项目的年度计划安排上，做到突出重点、集中力量，充分调动全局审计资源，紧紧围绕政府工作中心，实现对 A 地所有拆迁项目的全覆盖。该全覆盖具体体现在两个方面：一是年度实施项目的全覆盖。自 2014 年 4 月起实施跟踪审计以来，S 局每年实施的跟踪审计项目数量均保持在二十多项，分别为 2014 年 20 个项目，2015 年 25 个项目，2016 年 26 个项目，此外，在 A 地 2017 年的城建项目计划中排定了 57 个棚户区改造项目，涉及被征收（搬迁）户 17029 户，总面积 279 万 m^2，按照本级政府要求，S 局也将全

面推进 2017 年度拆迁项目的跟踪审计。二是实施项目过程的全覆盖。由于拆迁工作的特殊性，毁灭性的拆除会导致事后开展审计难寻踪迹，无从下手，因而 S 局采用现场驻点的工作方式，从入户调查、勘查评估、补偿安置金额的计算、协议的签订等全过程对拆迁项目的具体实施进行跟踪。图 5-1-1 为 S 局 2014 年至 2017 年拆迁项目跟踪审计的项目数量。

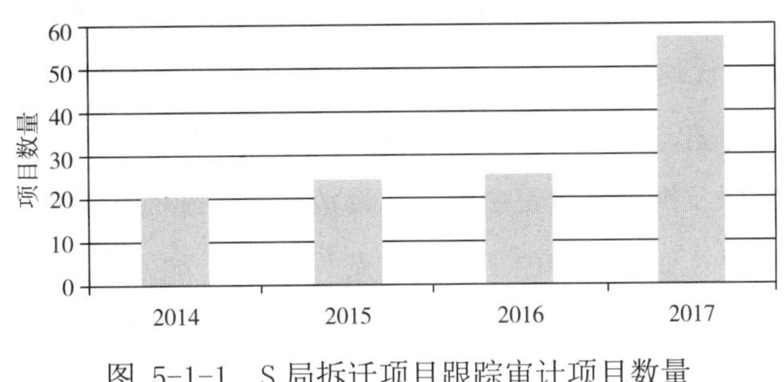

图 5-1-1　S 局拆迁项目跟踪审计项目数量

据了解，由于跟踪全覆盖的实施，S 局对于拆迁项目是否实施跟踪审计缺少选择权，并且由于是跟踪审计，其在项目的开展实施上必须与拆迁项目同步开展，同样导致项目实施时间主动权的缺失，所有跟踪项目的实施时间均须跟随拆迁项目的开展时间，保持紧密衔接。因此，跟踪审计的计划安排与城建拆迁项目的计划安排必须保持一致，实施从形式上而言，一般以政府委托通知为准，即在接到委托后随即开展对拆迁项目的跟踪审计，但实质上，跟踪项目的安排必须熟悉城建项目的计划安排和拆迁工作的具体部署，否则极易造成跟踪审计工作上的被动和低效。

因此，上述情况的存在对跟踪审计项目绩效水平将产生一定的影响：一是同级政府对项目全覆盖的要求，S 局项目自主选择权的缺失容易导致审计项目的部署谋划难以区别项目风险的高低，产生耗用或低效使用审计资源低的情况。从管理角度而言，项目规模小、风险低的项目可以通过加强项目管理，依靠内部控制机制保障项目的顺利实施，从而不实施或降低实施跟踪审计的压力，减少审计资源的占用；二是 S 局的拆迁项目跟踪审计任务量巨大，缺乏自主选择权和调节权，这将对具体项目的开展，以及审计人力资源、时间资源的统筹安排提出一定的挑战。

（二）工民建项目工作现场的组织构架及审计职能定位情况

根据相关要求，拆迁项目现场须成立指挥部，并根据项目属地原则，由项目所在地镇街园区的分管负责人共三人分别担任指挥长和副指挥长。指挥部下设工作组，分别由实施单位和相关职能部门组成，其中：实施单位由镇街园区的业务部门牵头，组织接受委托的征收服务中心和房屋拆除企业实施具体工作。相关职能部门中：征收办负责项目现场业务指导、政策解答等工作，在政府作出征收决定后，负责组织实施房屋征收、补偿以及档案资料管理工作；规划局负责项目现场的规划红线，根据航拍图以及相关资料对合法或违章房屋进行认定；产监部门负责对现场被拆迁房屋的产权所有人、房屋面积等情况进行认定；市场监管局负责对涉及停产停业的被拆迁户的经营年限、工商营业执照以及经营现场进行审查认定；国土局负责对房屋占用土地性质、“地大于房”面积等涉及土地方面的问题进行认定；公证处负责处理拆迁现场需要进行公证的析产析权、委托代理等事项。此外，专业评估机构负责对被拆迁房屋、装饰装潢、附属物、机器设备等资产价值进行评估，并提供有效评估报告；项目融资平台公司负责项目资金的筹集以及拆迁补偿资金的具体发放；审计部门在拆迁现场所承担的职责则基于上述实施单位及职能部门的工作，重点关注各个单位所承担的职能、实施的具体工作以及对补偿结果可能产生影响的事项，跟踪监督现场的实施过程以及补偿结果的真实、合法和效益。

根据拆迁项目现场工作方案，在工作架构上，S 局所派出的审计组加入各现场指挥部，并且职能设置定位在现场工作组，形成将审计部门纳入现场工作组的组织架构。之所以出现这样的情形，主要是由于本级政府及相关部门等审计信息使用者对审计独立性概念的模糊和审计风险的忽视，他们往往更加注重审计在项目实施过程中所产生的显性的“免疫系统”功能，从而保障项目的平稳、顺利推进，而并不在意实施过程中可能对审计部门自身有所影响，并且隐藏于审计部门内部的独立性风险。在实际跟踪时，审计组应当保持实质上和形式上的独立性，如果未能在组织架构上确保独立性，则应当采取恰当措施确保工作程序和操作上不受指挥部所施加的影响，并努力消除因审计独立性问题所带来的审计风险。

（三）拆迁项目跟踪审计的组织分工情况

组织分工上，针对跟踪审计项目任务量大、审计人力资源匮乏的情况，S 局首先争取同级政府的支持，经批准于 2014 年底在局机关成立了跟踪审计办公室，以局内业务骨干的调配和专业人员的招录来充实审计力量，组成专门从事跟踪审计的 6 名主力。同时，于 2015 年 4 月成立中介机构库，坚持选优配强的原则，通过资格预审、考试筛选、现场考察等程序，选取业绩佳、实力强的中介机构协助参与跟踪审计项目，补充跟踪现场的审计量，并最终形成了由 18 家专业机构、142 名专业技术人员组成的跟踪审计中介机构库，确保大规模拆迁项目开展时存在充足可用的审计人力资源，保障跟踪审计及时、有效发挥监督作用。第三，采用以局机关人员为骨干，中介机构专业人员为补充的审计方式，由局跟踪审计办公室负责人担当 A 地所有现场的跟踪审计第一责任人，对所有项目现场总把关；跟踪审计办公室全体工作人员驻点现场，担当现场审计组组长，承担项目的直接责任，负责项目现场的具体审计事项；协审中介机构工作人员组成现场审计组，并由经验丰富的业务人员担当项目主审，形成一级对一级负责，一级对一级检查的跟踪审计责任网。通过上述方式，有效地弥补了审计力量不足的矛盾，一定程度上减轻了拆迁项目跟踪审计全覆盖的压力，较好地推进了跟踪审计的实施。

（四）跟踪审计项目经费情况

拆迁项目跟踪审计的成本主要为人员经费，因 S 局在编 6 名工作人员的经费是固定的，而且项目在当地实施，并不产生住宿用车等相关费用，因而对成本的评价应当主要考虑中介机构人员的聘用经费。根据本级政府对项目实施经费的审批文件，审计部门的经费标准按每平米 12 元的定额计算，略均低于其他现场工作单位，与评估机构、征收服务中心等在拆迁工作现场全过程参与项目的单位相比，费用标准比为 1.2 ∶ 1.5 ∶ 2。虽然费用标准相较低，但是实际支出成本的考量缺乏相应的评价指标，是否满足经济性要求，无法使用具体的标准进行准确衡量。这也导致在实际评价中无法体现对项目成本费用的控制。

三、项目开展具体情况

（一）跟踪审计目标设定情况

总体而言，实行跟踪审计是为了促进拆迁工作程序的规范操作、依法依规、阳光透明，监督征收拆迁补偿安置政策的落实，维护征收拆迁补偿资金的安全，保障被征收（搬迁）对象的合法利益。具体而言，主要围绕以下四方面内容的真实、合法、效益，展开征收拆迁现场的跟踪审计工作，分别为：征收拆迁补偿资金的筹集、管理和使用情况；征收拆迁补偿事项的调查、评估、计算情况；征收拆迁补偿安置政策、法律法规的执行情况；征收拆迁实施现场的进度、安全、质量等各项管理情况。

（二）跟踪审计实施过程

S 局根据拆迁项目跟踪审计的具体业务特点，制定出台了《拆迁项目跟踪审计流程制度》《跟踪审计注意事项》等文件，对审计人员需要熟练掌握的各项法律法规、政策依据、审计流程等方面作出了明确的说明，并要求审计人员严格执行。在实施审计前，审计人员需要熟练掌握房屋征收拆迁相关的法律法规和规范性文件，并以此作为审计揭示问题、整改问题的定性依据。同时，为进一步规范程序，将现场跟踪审计的实施过程明确为四个阶段，在各个阶段审计人员需要按照要求从评估公司、征收服务中心、产监部门、规划部门等相关单位收集相关资料并实施相关程序。重点需要对入户调查情况、认定结果、评估结果、变更事项、补偿安置计算书、补偿安置协议、交房验收证明和补偿安置协议的结算实行跟踪审计。

在入户调查阶段，为确保充分掌握第一手原始资料，S局审计人员与评估公司、征收服务中心以及相关单位工作人员同步入户调查。通过同步跟踪，对现场工作相关法律法规及政策的遵照执行情况进行监督，并实现对被拆迁房屋的现状、面积、结构、檐高、装饰装潢及附属物等资产情况的掌握，同时按户按日期建立入户调查跟踪审计的取证资料。

在评估对接阶段，审计人员的重点工作是结合入户调查阶段的工作成果，对评估公司提供的分户数量对接报告、初评分户评估报告进行审计。检查房屋评估报告中房屋面积、重置价、修正系数、成新率、装饰装潢、附属物等事项的数量及取价是否符合实际，相关标准是否准确。在发现存在差异的事项后，及时与相关单位进行沟通，一同重新跟踪入户勘察、复核、取证，在对变更事项进行审计确认的基础上，督促落实相关单位整改，并要求在规定期限内将整改情况回馈给审计组。在此阶段出现的各类情况，即使已经整改完毕，审计人员仍被要求进行及时、完整、准确的记录，以如实反映跟踪审计工作情况。

在协议签订阶段，审计人员分别对以下三项内容进行审计，一是获取评估公司提供的正式评估报告汇总报告及分户报告，对于依然存在增补事项的情况，审计组和相关单位工作人员进行现场确认、取证，在现场审计人员核实的基础上由相关单位另行出具变更表并盖章，最后交指挥部认定；二是对征收服务中心根据入户调查结果和评估报告填写的补偿安置计算书进行审计，对计算书中出现的差误及时要求相关工作人员整改，并做好审计记录，检查无误后签字并交征收中心与被拆迁人商谈补偿事宜；三是对补偿安置协议进行审计，根据前期获取的审计证据及记录，以及补偿相关资料进行审计，检查协议内容的真实、准确，在审计无误后盖章并由融资平台凭此办理结算，支付相关补偿款或办理产权置换。

在报告阶段，审计组需汇总前期的相关资料，作出审计结论，形成审计报告。虽然审计部门在拆迁工作现场会对相关工作进行公示，并监督其他部门的资料公示情况，但是审计报告内容的透明度并不高，社会公众对审计部门是否发现了问题，进行了监督整改以及整改效果并不得知，因而一定程度上限制了社会监督的力量，未能以审计促进社会公众参与到该事项的监督管理中，也无法促进拆迁现场各个被审计单位的问责性的提升。这也是绩效评价时应当关注的事项。通过上述对跟踪审计各个阶段的说明，可以看出：在实施跟踪审计的过程中，极容易出现审计人员“越位”的现象，即过度参与但现场管理工作中，如补偿安置计算书须经现场审计组审计确认后，才能与被拆迁户进行洽谈；补偿安置协议须经审计通过后，才能进行结算；所有变更事项，经现场审计组核实后，才能由现场指挥部审批认定等等。此类现象的产生容易带来几项问题，在进行绩效评价时应当予以充分关注：一是跟踪审计过程中对各类事项所谓的“审计确认”“审计通过”“审计核实”，其实执行的是复核工作，即审计承担了管理职责，而管理职责的承担最终会形成“自我评价”对审计独立性产生影响，对最终形成审计结论可能会造成不利影响。二是过多的承担管理职责不利于项目自身内控机制的完善，并导致相关部门的问责性降低。在此情况下，工作人员会产生对审计的依赖，凡事最终有审计把关，审计部门确认无误则工作完成，如果出现差错就是审计部门的责任。三是导致审计工作过于琐碎，因为如果实施单位的工作人员素质较高、业务能力较强，则审计工作毫无成果，并可能被视为无效的重复劳动，导致审计资源的使用绩效水平较低。

（三）质量控制措施

S 局不断加强审计质量控制，营造以审计质量为核心的单位文化，修订出台了《S 局审计项目质量考评制度》《S 局审计质量检查制度》《S 局政府投资项目审计质量内部审核办法》等一系列规章制度。针对跟踪审计选聘中介机构和人员数量多的特点，以及项目跟踪现场可能出现的中介机构人力安排不足，人员专业胜任能力不足，甚至廉政风险等情况，S 局出台了《S 局关于聘请外部机构和专业人员参与房屋征收（搬迁）跟踪审计工作管理办法》《S 局关于聘请外部机构和专业人员参与房屋征收（搬迁）跟踪审计工作考核办法》，针对中介机构如何参与 S 局跟踪审计项目，以及审计项目的组织管理、审计项目成果、审计项目的规范程度、审计工作纪律和廉政建设等方面对中介机构及其工作人员进行考核，并提出了实行一票否决的三种情形，即发生被查属实违反“八不准”要求的，隐瞒发现问题或与相关单位（人员）串通、弄虚作假的，经复核正、负误差超过 2% 或金额达到 30 万元的情况。并根据量化得分进行排名，对排名垫底的中介机构实行末位淘汰。除制度管理的手段外，S 局坚持常态化的组织审计人员学习现场操作的政策、案例以及相关廉政要求，以培训和提升审计人员在审计一线的业务能力、协调能力、应变能力和廉洁意识。通过对跟踪过程的重视以及相关制度制定和执行，跟踪审计质量得到一定的保障，同时，也激发了审计方式的创新，摸索出了“3+3”跟踪审计方法，出台了《跟踪审计操作流程》制度，进一步推动了跟踪审计程序的规范化。

（四）实施跟踪审计工作成果

跟踪审计开展以来，最为显著的成果即各方满意度较高。审计工作较好地满足了政府的需求，回应了社会的关注，一定程度上打消了被征收人观望等待担心先签吃亏的心理，维护了现场各项规定、制度执行的刚性，推动了拆迁项目的规范、高效、稳定开展实施，拆迁工作基本步入了“市场评估、成本合理、公开透明、规范高效”的新常态。S 局因此受到本级党委政府的高度评价和表扬，并荣获年度特殊业绩贡献奖，上级审计机关、周边兄弟单位前往调研交流，学习跟踪审计实施过程中的相关经验和技术方法。同时，跟踪审计在推进房屋征收现场工作方面也起到一定的作用。一是执行政策更加严格，征收现场的统一执行《土地管理条例》、省政府 95 号文以及《国有土上房屋征收与补偿办法》，同时推动 A 地征收办等部门完善了一系列制度，推动政府颁布了《征收现场工作十项规范》，进一步规范了现场操作；二是补偿资金成本降低，由于政策的严格执行，以往对政策规定变动执行、走“后门”的现象不复存在，加上补偿金额由市场评估，与以往相比大大降低了补偿成本；三是现场工作进度加快，改变了以往项目现场一拖几年的情况，规模较小的拆迁项目一个月即完成全部签约，结束现场工作。

第二节　A 地工民建跟踪审计绩效评价情况

S 局在对项目进行评价时主要从审计质量角度出发，并未从完全绩效的角度去评价跟踪审计的开展和实施，一定程度上缺少对审计工作经济性与效率性的关注。在进行评价时，以年度质量考核的形式展开，基本组织方式分为 S 局法制部门牵头组织项目质量考评和上级机关的审计业务质量检查。虽然评价的实施主体不同，但评价的目的、内容是基本一致的。执行项目质量评价，主要是为了通过对审计项目的质量评价，重点揭示影响审计项目质量的薄弱环节和存在的主要问题，同时深入分析原因，提出进一步改进和提高的意见和建议，促进提高审计质量。

根据 S 局《审计项目质量考评制度》的相关规定，项目评价的具体内容分为审计方案、审计程序、审计证据、审计工作底稿、审计报告、审计决定和移送处理以及审计档案 6 项内容，同时，每项内容根据国家审计准则的具体要再细分 16 项评分标准，每项评分标准均量化得分，总分合计 100 分。以审计程序为例，可以看出评价内容过于偏向基础性与原则性，同时与跟踪审计的实务联系不够密切，因此在实际的评价中难以真实地反映出拆迁项目跟踪审计的真实情况。此外，由于对中介机构的管理考核进行单独的评价，同时项目质量评价仅对项目业务情况进行考评，因此评价时缺乏对审计人力资源管理的足够关注，无法从项目评价中得知相对匮乏的审计人力资源的配置、调用和管理情况，因此也无法促进对后续项目的绩效水平的提升。

第二章　工民建项目审计管理存在的问题及影响因素

第一节　A 地工民建跟踪审计绩效评价存在的问题

根据对 A 地工民建跟踪审计的详细描述，以及综合 S 局在实施评价的情况，可以得知 S 局在所实施的项目质量评价与绩效评价的差距较大，同时还存在诸多问题。

（1）对跟踪审计成本控制的评价不足。跟踪审计的方式决定了其在时间的耗费、人员的占用、经费的投入等审计成本显著高于传统事后审计方式，其中全过程现场驻点的跟踪审计方式进一步提高了审计人员的执审频率。而 S 局在评价中未能体现对跟踪审计成本的耗用考虑，对采取驻点跟踪的成本、效率关注存在盲区。

（2）对跟踪审计独立性的评价不足。根据本篇第一章对 A 地拆迁项目跟踪审计的描述，S 局在跟踪执审的过程中除了在工作组织架构上存在影响独立性的情形，并且一定程度上承担了不应当承担的管理职责。虽然通过审计工作保障了拆迁工作的质量，提高了同级党委政府的满意度，但是带来的审计风险却无法回避。S 局在项目评价中缺乏对独立性，以及独立性与满意度关系的考虑，从而导致对实际工作中独立性的保障力度不够。

（3）对跟踪审计结果信息透明度评价不足。拆迁项目的社会关注度高，并且每年审计项目的数量较大、影响面广，项目的推进情况如何，应当充分、及时地回应社会公众的关切，提升参与项目的各单位的问责性。审计结果公告应当是反映这一成果的重要信息，但实际中拆迁项目审计结果公告缺乏披露，且在项目评价中没有对该项内容的评价。

（4）对审计人力资源管理情况评价不足。审计人力资源是跟踪审计实施过程中的关键事项，但 S 局在进行项目评价时未重视对审计人力资源管理的评价，一旦出现审计组人员不够稳定、各个项目现场人员频繁交叉调动的现象，或现场不能足额配备专业知识结构合理的审计人员，或对聘用的中介机构审计人员管理、监督不够等情况，都将对跟踪审计产生消极影响，不但影响审计的绩效水平，甚至埋下了较多的审计风险，削弱审计监督的威慑力。

第二节　工民建跟踪审计绩效评价指标设计

构建客观、准确的评价指标体系，是正确地反映工民建跟踪审计绩效水平的基础。而指标体系的基础应当建立在问题导向的基础上，针对目前存在的问题进行指标设计，同时，在进行具体指标的设计时，还需要从宏观上对指标设计总体把握，即明确绩效评价的基本逻辑、相关原则和设计依据，从而保证指标及体系内容的科学、合理，实现跟踪审计项目绩效水平的真实、准确反映。

一、工民建跟踪审计绩效评价的基本逻辑

工民建跟踪审计绩效评价的基本逻辑问题是实行绩效评价的基础问题，即实行工民建跟踪审计绩效评价为了什么、评价什么以及如何评价。

（一）跟踪审计绩效目标的明确

明确绩效评价的目的是开展好绩效评价工作的第一步。借鉴目标管理理论，可以这样理解绩效评价的目标，即并非在进行绩效评价后才有了目标，而是有了目标才能确定工民建跟踪审计绩效评价的具体工作。但绩效评价的目的不是实施绩效评价本身，而是应当通过绩效评价实现有效反馈，并作用于审计项目的管理和实施，进一步促进审计计划的充实完善、审计程序的优化实施、审计资源的合理配置以及审计成果的扩大，从而保障审计“免疫系统”功能的发挥更加具有经济性、效率性、效果性，从根本上维护好审计机关的威信和形象。相反，如果绩效评价目标设置不正确，不但会导致绩效评价本身的信息毫无价值，而且可能会错误地引导审计项目开展，形成审计资源的浪费，甚至审计风险的产生。对于工民建跟踪审计而言，应当针对跟踪审计项目的信息需求明确目标，并围绕目标开展具体绩效评价，确定具体的绩效评价方式和评价内容，并获得有效的绩效评价信息。

（二）跟踪审计绩效评价内容的明确

在实施绩效评价时，最关键就是确定被评价的内容，包括指标及指标体系。具体而言，可分为以下几个方面：

1. 项目经费支出方面。由于工民建跟踪审计周期长、参与人员多、涉及范围广，虽然项目支出的内容相对固定，但成本费用的总量相对于事后审计项目明显增加。同时，项目经费支出背后反映的是审计资源配置合理性的实质。如组织分工不恰当，则可能

会造成审计人力资源的浪费；如项目方案设计不科学，不能与工程项目特点紧密关联，则可能造成审计程序和审计工作量的增加；如审计人员配置不合理，胜任能力不够，则可能造成人员费用的增加和项目周期的延长，如此种种情况，最终均会导致成本费用的无效支出。

2. 项目实施效率方面。跟踪审计所具有的及时性特点，既是优势同样也是客观形势的需要。因为工程建设项目的实施过程是一次性的，不会因为审计工作的不及时开展而推倒重来，如果跟踪审计的效率不高，无法跟进工程具体的建设进度，或者在重点事项上没有把准介入时点，审计的视角就会转“过程”为“结果”，削弱跟踪审计及时性的特点和“免疫系统”功能的发挥；如果因审计而影响了现场实施的进度，则容易造成现场矛盾的增多，更加损害审计威信和形象，难以保证审计成果。

3. 项目取得成果方面。审计项目成果和业绩质量是目前进行审计质量考核和业绩评价的主要内容，在进行绩效评价时也应当予以重点关注。特别是跟踪审计尚无审计准则规范指导现场工作，跟踪审计的实施具有一定的自由性，并且不少学者提出了影响审计机关绩效水平的因素主要是技术和管理的无效率，因此，对审计风险的规避和审计质量控制的关注尤其重要，这是保证审计成果的重要措施。同时，工程跟踪审计将问题消灭在萌芽状态的特点，决定了在进行绩效评价时更要注重隐性审计成果，而降低显性成果的评价比重。

4. 项目结果公开透明度方面。审计效果的好坏不是审计机关、审计人员的主观感受，而是需要满足包括社会公众在内的审计信息需求者、使用者的满意度。因此，当跟踪审计项目结果透明度不高时，工民建及其跟踪审计的相关信息就不能及时、有效被社会公众所知晓，消除信息不对称的问题，同时也无法体现审计的成果，更加不便于社会公众参与到工民建相关事项的公共管理、决策和监督的过程中，进一步提升政府及部门的服务表现和问责性。

（三）跟踪审计绩效评价方式方法的明确

1. 需要明确绩效评价的方法。常见的绩效评价方法有：目标管理法、关键绩效指标法、平衡计分卡法、层次分析法、模糊综合评价法等。但由于并没有专门的审计项目绩效评价方法，因此在进行具体评价时需要充分结合审计项目类型的基本特征，并同时兼顾考虑相关评价方法的优缺点，选择适用的一种或综合多种方法进行评价，发挥评价方法的最大效用。

2. 需要明确绩效评价的方式。审计机关对自身绩效进行评价，通常以内部人——通常是由法制科（处）等部门承担审计项目绩效评价的职能，但目前而言，审计机关自身评价较多注重于审计质量方面，即审计成果方面，而对审计项目的经济性、效率性关注不够，同时这种来自内部的评价实际使用价值不高，即可信度方面存在问题；由上级审计机关进行评价，这种评价方式由于评价者独立于被评价者，且存在上下级的监督、指导关系，同时评价者自身还具有一定的专业能力，因而评价的结果更加具有可信性和有效性；此外，还有同级政府的效能机构进行评价，中介专业评价机构评价、邀请社会公众以“万人评机关”的调查打分方式进行评价等等。但不论采用何种方式，均应当注意评价方对被审计事项的了解、审计业务的熟悉以及评价方法的掌握，特别注意评价时还需广泛综合各类审计信息使用主体的需求，不能从主观或从单个使用者的角度出发。

第三节　工民建跟踪审计绩效评价指标设计的原则

指标体系的构建不是随意安排的，只有遵循恰当的原则，才能有效构建适用于工民建跟踪审计的绩效评价指标体系。指标体系应当既符合所有指标设计的基本原则，同时充分结合工民建跟踪审计的具体特点，遵循具体的、针对性的原则。

一、跟踪审计绩效评价指标设计的一般原则

美国管理专家德鲁克在《管理的实践》中提出了绩效评价指标构建的“SMART”原则，即绩效指标必须是具体的（Specific），不能模棱两可、模糊不清；必须是可以衡量的（Measurable），不能是无法定性、定量的主观描述或臆断；必须是可以达到的（Attainable），通过一定手段可以实现的，而不是无法达到、不切实际的高标准；必须是具有一定的相关性（Relevant），在评价过程中能够与其他目标相关联，与实际工作相关联，具有现实可操作性；必须具有明确的截止期限（Time-bound），不能毫无限制，不分轻重缓急。

二、跟踪审计绩效评价指标设计的具体原则

（一）系统性原则

工民建跟踪审计绩效评价指标体系本质上是以跟踪审计工作绩效为总目标进行分解组成的若干数量的绩效评价指标，各个指标既相互独立又相互作用，并共同构成一个指标体系。在具体指标的构建过程中，必须把握住跟踪审计项目的全面性和整体性，注重个别事项目标与共性事项目标的统一、短期目标与长期绩效战略的协调、财务指标与非财务指标的配比、内部与外部因素相互影响等等，从而有助于清晰地把握跟踪审计工作整体的绩效情况；此外，在统一的同时，各个指标由于工作的环境、重点、难易程度

等不同而存在差异，需要科学分配权重，形成不同的层次，确保指标设计的准确性。

（二）定量与定性相结合原则

跟踪审计实施过程中，会出现复杂多样的情况，部分情况如揭示违法违规问题、减少损失浪费方面可以用金额量化，易于反映和评价审计结果。同时，还存在诸多的事项无法只在数量和质量上进行单方面的考量。因此，采取数量与质量评价相结合的方法，综合定量与定性分析，才能进行全面、客观的评价，取得更好的绩效评价效果。所谓定量分析就是采用数理统计等方法，实现对被审计事项的精确反映；所谓定性分析就是在无法实现量化的情况下，综合考虑各方面情况，利用专家判断、模糊评价等方法去评价被审计事项。

（三）职能导向原则

职能导向性原则是指绩效评价指标体系的构建必须立足于工民建项目实际，服务于地区城建工作大局。根据指标体系构建的逻辑框架，跟踪审计的绩效评价受到政府需求、公共期望、法定职责以及具体类型审计的目标等多因素的影响，不能超然独立于这些因素而自建评价体系，因此在具体的指标设计上既要考虑到指标体系质量，也要充分结合“客户满意论”，综合各方面的目标，从而保障以跟踪审计的绩效评价促进跟踪审计自身绩效目标的实现，以高绩效水平的审计监督服务促进工民建项目的目标实现和绩效提升。

（四）有效反馈原则

跟踪审计绩效评价的目的不是以完成绩效评价工作为目标，而是为了更有效地完成和提升跟踪审计工作。如果绩效评价的结果不能以积极有效的方式作用于被评价事项——跟踪审计工作，那么绩效评价指标体系的构建也就失去了意义。因此，指标体系构建必须考虑到绩效评价的结果对跟踪审计工作的有效反馈，即在构建指标体系时必须考虑到如何确保有效体现评价结果的价值，并且及时、准确、有效反馈其具有建设性、指导性的评价信息和结果。

三、绩效评价指标设计的依据

指标体系的构建需要有足够的依据，应当综合包括党委政府的需要、社会公众的期望、审计的职能定位、审计机关总体的战略目标等在内的多项因素，绩效评价指标设计的依据建立在逻辑框架的基础之上，具体分为以下三个层面。

（一）国家审计的本质要求

国家审计产生于公共受托责任，实现公共受托经济责任的履行和落实是审计机关的首要责任。这一责任具体而言就是履行法定职责，围绕政府工作中心，服务经济社会发展大局，有效促进实现国家良治。同时，审计资源是有限的，科学合理地配置审计资源，提高审计绩效水平，是国家审计参与国家治理、推进实现国家良治的重要保证。因此，回应社会公众需求、完成政府工作要求以及履行国家审计的法定职责是否具有经济、效率、效果性是评价审计机关工作的重要依据。绩效评价的内容必然是审计机关完成上述职责的情况，工民建项目跟踪审计亦是如此。

（二）审计机关战略目标的要求

审计机关的战略目标是国家审计本质的重要体现。战略目标的制定需要围绕审计工作现实需求与审计资源的具体实际，如国家各级审计机关制定的五年规划及相关长期计划安排，而相关计划实现的重要载体就是具体审计项目。战略目标的实现情况、具体项目的实施情况，可以反映出审计工作实际绩效水平，同时通过有效的评价反馈，作用于实现审计战略目标的后续管理中，不断推进审计工作绩效水平的提升。

（三）工民建跟踪审计的要求

作为以审计业务工作为主的审计机关，具有明显的“项目型”特征，具体审计项目的完成情况是其主要工作成果和工作绩效水平的重要体现，是评价审计机关工作绩效的基本单位；同时，相比较其他审计项目类型，工民建跟踪审计项目都具有较强的特殊性，二者的结合对科学、准确完成绩效评价提出了更加具体的要求，在进行绩效评价时不能依靠或套用其他类型审计项目的绩效评价指标，需要构建符合其具体特征和要求的指标体系。因此，工民建跟踪审计的各项要求是绩效指标设计的直接依据。

第四节　工民建跟踪审计绩效评价指标体系

一、平衡计分卡原理

（一）平衡计分卡的核心内容

平衡计分卡的核心内容就是基于组织战略和愿景，将组织目标逐层转化分解，并在传统财务指标基础上加入能够体现未来财务业绩的指标，构建财务、客户、内部业务流程以及学习与成长四个维度的指标体系，形成系统性的战略行动和反馈流程，能够有效地提升组织的绩效水平。

四个维度的主要内容为：①财务维度：希望在财务方面取得成功，需要取得哪些成功（向股东展示什么）；②客户维度：希望要达到组织愿景，需要向客户展示什么；③业务流程维度：为了满足客户和股东，必须在什么方面有卓越表现；④学习与成长维度：为了实现组织愿景，是否具备关键战略内部流程所需的特殊能力和特征。

（二）平衡计分卡原理应用的可行性

虽然平衡计分卡是基于企业的绩效管理体系，但早已广泛应用于政府等非盈利组织，在跟踪审计的绩效评价方面同样具有较强的适用性和可行性。

首先，两者理念相同。审计源于公共受托责任，实施跟踪审计的过程体现的是一种公共受托责任的层层分解，由审计机关的战略目标，分解为具体项目目标，再具体到审计程序目标，层层目标相互关联，形成因果联系。这与平衡计分卡对组织战略目标的层层分解形成因果关系的链条具有相同的模式。有效地实现对跟踪审计的绩效评价，不但有助于跟踪审计项目的绩效提升，并且对机关组织的绩效管理也有促进作用。

其次，两者均体现了系统性的理念。通过平衡计分卡的四个维度可以看出，组织实现战略目标的过程，必然要求实现组织外部与内部衡量、短期目标和长期目标、目标与成果的因果联系、定量与定性评价之间系统的平衡；在对跟踪审计的评价中也可以看到，跟踪审计绩效水平的提升，必然也要求实现审计机构与外部审计结果使用者、项目目标与审计机关年度目标、审计项目目标与审计程序、审计措施之间的系统性的统一与平衡，某一方面的不足，都不能体现出高度绩效水平。

第三，两者均体现了对过程的要求。由于工民建跟踪审计本身持续性、广泛性等特点，担负着全过程参与工民建项目实施的免疫系统功能的职责和使命，因此不能仅以审计工作的“结果”反映整个跟踪审计的绩效水平。跟踪审计实施过程中所实施的相关审计程序、措施以及建议等都应当作为绩效评价的对象，从而保障跟踪审计绩效评价充分有效的反馈作用。而平衡计分卡符合了跟踪审计绩效评价对过程性的把握要求，其在综合了传统绩效评价注重结果考评思路的基础之上，注重对过程的控制，融合了对动因性、驱动性因素的评价与反馈，突破了唯结果视角实施绩效评价的传统模式，实现了过程（领先指标）和结果（滞后指标）之间的平衡。

（三）结果维度——审计投入产出指标

1. 项目经费成本情况。经济性是绩效评价的重要衡量标准之一，对于周期长、参与人员多、涉及范围广的跟踪审计项目而言，经济性指标的重要性较事后审计项目更加明显，更应当对开展跟踪审计项目的经费成本进行评价。评价时应当围绕包括审计人员的经费、外聘专家的费用、交通住宿的费用、专用设备的费用等支出在内的项目，对是否细化跟踪审计项目经费预算、项目预算执行情况对进行评价。

2. 查出损失浪费、违规问题资金以及案件线索情况。该指标易于计量，是审计工作的显性财务成果，是最直接体现审计工作成果的指标。但对于跟踪审计而言，由于提前介入且发挥“免疫系统”功能的作用，揭示此类问题资金的占比应当较低，甚至为零。当出现大金额的损失浪费、违规问题金额以及案件线索时，应当注意对跟踪审计风险的防范，准确反映审计绩效。

3. 揭示风险隐患情况。揭示风险隐患情况是审计“免疫系统”功能的重要体现，更是跟踪审计前移关口强化监督的应有之义。应当将跟踪审计审计报告、审计信息、现场管理建议书等材料中揭示和反映的工民建项目风险隐患在工程质量、资金安全、项目管理等方面予以体现。

（四）客户维度——审计结果使用者指标

1. 政府及其部门等委托单位的评价情况。出于独立性的考虑，有人提出“被审计单位的满意度”“本级人民政府行政首长的满意度”等指标也不应作为绩效考核指标。但从目前审计体制实际出发，我国各级审计机关均在同级党委政府的领导下开展审计工作，特别是工民建审计项目，相当一部分来自政府及住建等部门的委托，如果审计机关不能有效降低“独立性”这一审计机关的内部风险，发挥审计有利的建设性作用，将难以得到同级党委政府的信任与支持，也就不可能提升审计机关的审计影响力，树立在各部门中的威信，影响后续审计工作的开展。因此，绩效评价中不能忽略政府及其部门等委托单位的满意度，注重考虑“满意度”的实质，对有违反审计独立性并形成不利影响的，应当降低绩效评价得分。

2. 上级审计机关的考评情况。按照中央《关于加强审计工作的意见》《中共中央关于全面推进依法治国若干重大问题的决定》等文件精神，审计系统将加强审计机关上下级领导和管理工作，更多审计项目将纳入到上级审计机关指导、监督、复核和评价中去。加强上下级领导，将有助于保障跟踪审计的独立性，同时会更加专业、准确地反映跟踪审计项目中审计机关的业务能力、项目成果、人力资源等多方面的情况，具有更加直观绩效体现。

3. 被审计单位及人员的评价情况。在客户维度指标中，上述两项指标注重“满意度”方面的评价，而出于“独立性”考虑，此项指标对于被审计单位及人员的“满意”评价应视为次要的辅助评价信息。在使用该指标时，首先应当注重“负面”信息，即有无对审计组违反相关规定的监督举报，综合负面信息对跟踪审计的绩效进行评价。

4. 社会反响情况。工民建项目本身的特点决定了其涉及民生领域多、社会关注多，同时，根据公共受托责任理论，社会公众委托审计机关对工民建项目进行审计监督，其对审计工作的满意度是审计工作绩效水平的重要体现。目前，跟踪审计相关的信息主要通过审计结果公告对外公布审计信息，由于结果公告的信息承载量有限，未必能有效满足社会公众的需求，因此，在跟踪审计实施过程中、项目完成后审计情况的公开、透明性是提升审计成果的重要指标，有效反映审计的绩效水平。

5. 跟踪审计揭示的问题、提出的建议以及采纳整改情况。在跟踪审计过程中，通过对问题的及时揭示，很多都被解决在萌芽状态，因而该指标相对难以评价。但审计建议的数量以及得到采纳的情况反映了审计工作质量，是审计发挥建设性作用的重要手段。通过向被审计单位提出科学合理、有建设性作用的审计建议，可以推动工民建项目进一步完善管理、提升效率，降低违规事件发生的概率。在进行评价时应当结合对“审计记录”的评价，注重对该指标的评价，全面体现审计“免疫系统”功能。

6. 揭示民生问题维护群众利益情况。工民建涉及范围广、影响面大，与民生、社会问题紧密相关。应当对审计过程中、报告中所反映的损害人民群众利益的重大民生问题，以及生态环保等其他社会敏感问题予以关注。这一指标与客户维度的社会反响指标密切相关，注重对民生、社会问题的发现与揭示，但这更加注重对“满意度”的衡量，属于同一类型问题的两个维度。此外，该指标还能够反映审计机关公共受托责任的履行情况。

7. 推动完善制度情况。工民建项目的建设、管理不能完全依靠审计监督发现问题、解决问题，更重要的是能够依靠体制机制实现规范、有限运行。因此，跟踪审计应当注重挖掘深层次问题，从体制机制层面揭示问题、提出建议，发挥体制机制本身的“防腐剂”作用。在进行绩效评价时，应当注重区分不同层级，对根据审计查出问题和建议所制定、修改、废止的有关规定或者政策措施按上级、同级和下级党委、人大、政府等层次分别进行评价。此外，由于制度完善具有一定的滞后性，在进行绩效评价时应当进行综合考虑，确保准确反映审计工作绩效。

（五）业务流程维度——审计过程管理指标

1. 审计项目的实施方式选择情况。不同类型工民建项目具有各自特点，审计机关应当根据具体项目类型和特征，结合审计目标、审计资源选择恰当的跟踪审计实施方式，如分阶段实施的工程项目，可以选择在关键时点实施审计跟踪；定期实施的项目，可以选择按一定周期进行跟踪；对于特殊性强、要求高的项目，还可以采取驻场审计的方式，全程跟踪工程项目，实现全面监督。但具体方式需要结合具体项目类型和特征，不恰当的实施方式将影响审计绩效水平。

2. 项目实施方案的编制和执行情况。审计方案的编制应当贯穿项目跟踪的全过程。这并不是指审计方案的编制可以拖延，而是指审计方案要注重结合现场情况适时调整、增加审计内容。工民建项目跟踪过程中，应当充分结合项目周期、项目特点在方案中对现场的分工协作、进度管理等事项进行明确，并加强现场管理，根据实际执行情况进行恰当的调整。

3. 跟踪审计的独立性情况。与事后审计不同，跟踪审计由于监督关口前移、执审频次增加，审计工作与管理职责贴近，审计人员容易忽略独立性，发生承担管理职责的情况，如对工程项目进行变更、结算等资料的审核，此阶段的审核对下阶段的审计监督就形成了影响，审计人员往往无法克服“自我评价”因素的影响而导致独立性受损。因此，绩效评价不能回避独立性问题，加强对独立性的保障才能确保审计绩效，提升审计影响力。

4. 中介机构人员的管理情况。工民建跟踪审计对审计人员数量、专业能力等都有较高要求，需要有相对稳定、专业知识结构合理的审计人员，因此大多数审计项目均会聘用中介机构人员参与跟踪审计工作。审计机关应当加强对参与跟踪审计的中介机构人员的现场监督管理，严格控制中介机构审计质量。

5. 审计记录情况。由于跟踪审计的“免疫系统”功能，大部分问题因及时通报给被审计单位，并解决在萌芽状态，难以留下审计成果的痕迹。因此，审计人员应当加强对跟踪过程中发现的问题、提出的建议、被审计单位的反馈、整改落实等情况的详细记录，并收集、形成证据，为审计绩效的评价留下依据。

（六）学习与成长维度——审计人力资源建设指标

1. 审计人员在项目中的职责分工与落实情况（工作安排、分工、考核）。审计机关应但根据实施方案以及跟踪审计的具体方式，配备能够胜任的专业审计人员，并按照被审计对象、被审计事项对审计人员进行合理配置，做到合理分工、专业互补，如在项目主体结构施工阶段，应安排土建工程师进行跟踪；在水电设备安装时，应当安排水电工程师参与审计。在跟踪所处的不同阶段，根据工作实际情况，及时、适当对人员进行考核、督查，检查工作落实情况，确保审计工作的平稳推进。

2. 审计人员的新技术、方法的应用及创新情况。跟踪审计周期长、工作量大，相比较传统事后审计项目，审计人员应当注重提高审计效率。这要求审计人员在对工程项目数量、质量、性质等事项进行现场踏勘、检测时，更应当注重使用新技术、方法，以确保审计工作质量、提升审计工作的效率。

3. 审计人员在项目中的沟通、讨论、培训情况。工民建项目涉及面广，加之跟踪审计出于现场一线的特点，对审计人员各方面的能力提出了较高要求，不光需要审计人员拥有工程造价方面的专业知识，还需要审计人员在法律、金融、财政、计算机、协调管理等多方面知识都有所涉猎，因此，在跟踪过程中应当加强审计组人员的沟通、交流，以及有针对性的培训，提升审计人员的专业胜任能力。

第三章　工民建项目审计管理优化

第一节　工民建跟踪审计绩效评价方法

一、绩效评价的理论基础

工民建跟踪审计绩效事项具有明显的模糊特点，审计成果方面，由于跟踪审计的特点，能够以货币等单位进行量化的审计成果较少，而隐性成果的比重虽远多于显性成果，但却难以定量测量；客户满意度方面，大多事项属于反映审计信息使用者对审计工作期望值的符合程度，易于定性，但难以量化评估；业务流程方面，无论是具体业务执行还是质量控制程序，均主要以好坏优良、质量高低来衡量，能量化的指标较少；学习与成长方面同样如此。因此，使用符合跟踪审计的具体特征的评价法，有助于反映真实绩效水平，模糊综合评价法恰解决这样的问题。

模糊综合评价法（Fuzzy Comprehensive Evaluation Method，FCEM）是 1965 年美国著名的数学家 L.A. Zadeh 在“模糊集合论”的基础上提出的。这种方法的基本思路是在模糊数学理论的基础上，以隶属度代替属于或不属于，将模糊信息定量化，从而较好地解决模糊的、难以量化的问题，并从多因素对被评价对象进行综合评价、决策，具有结果清晰，系统性强的特点，对解决各种非确定性问题有较大的作用。

在运用模糊综合评价法的过程中，需要计算出各指标的权重，而相关指标权重计算的方法有多种。根据跟踪审计绩效评价指标体系的多维度多层次的内容及特点，较适合使用层次分析法来计算指标权重。层次分析法（Analytic Hierarchy Process，AHP）是美国运筹学家 T.L.Saat 教授于 20 世纪 70 年代提出的一种简便、灵活而又实用的层次权重决策分析方法，具有定性和定量分析相结合、系统化、层次化的特点，特别适用于那些难于完全定量分析的问题。该方法将与决策相关的各个元素分解为目标层、准则层和方案层等层次，采用两两比较的方法确定决策方案的重要性，得到决策方案相对于目标层的重要性的权重，从而获得比较满意的决策。

二、绩效评价的流程设计

运用模糊综合评价法主要步骤为：首先，确定评估因素集与评估集；第二，根据层次分析法计算出的指标权重，建立因素集与评估集的模糊关系矩阵；第三，进行模糊综合评估，在该跟踪审计绩效评价指标下还需分层进行评价，并进行归一化处理得出评价结论。通过以模糊综合评价法对跟踪审计绩效进行评价，能够较好地通过专家评分量化一些难以直接进行考核评分的审计事项，并能最终实现符合实际的定性评价，得出清晰的评价结论。但该结论依旧存在一定局限性，根据绩效评价的结果，同时对比 A 地跟踪审计实践的实际，可以得知：因客户维度的满意度较高，审计独立性对最终绩效评价的负效应体现并不明显，因此，在跟踪审计的实际中，审计机关还应当注重对独立性风险的防范。一方面，应当保持审计信息使用者的满意度水平，不宜以独立性风险而拒绝承接审计委托事项，须避免因回避独立性风险而导致审计项目承接的减少，进而引起审计机关业务的萎缩，甚至在政府部门中地位的下降；另一方面，应加强与同级党委政府的沟通，积极主动应对项目委托和工作安排，同时充分整合、合理配置审计资源，并强化对审计准则的遵守执行，加强审计工作的指导、监督和复核。

第二节　绩效评价指标内容方面

一、审计项目绩效评价体系的顶层设计需要进一步加强

首先，随着省以下审计机关人财物统一管理的推进以及审计体制改革的不断推进，审计“垂直”管理的大环境也客观上需要建立统一、分层的绩效评价、绩效管理体系；同时，目前而言，我国审计体制为行政型，审计机关在分为中央、省、市、区（县）四级的同时，也在同级政府的领导下开展各项工作，因此各层级的审计机关或存在各自不同的需求，其项目绩效评价可能还需要更加细化、个性化的指标设计。在上述情况下，任何单一的项目指标体系并不能符合或满足多种审计项目类型的特征和需求，其绩效评价的结果更不能有效作用于被评价的审计项目，因此，还有必要进一步健全分项目的绩效评价体系，覆盖各类审计项目，从而能够推动审计机关整体的绩效水平。

二、审计成果的衡量指标应当细化

尽管在指标设置上对审计发现损失浪费、违规问题资金、案件线索做了说明，但指标设置与跟踪审计特殊性矛盾未能充分有效解决，依旧容易造成显性成果的指标衡量隐性成果。因此，在指标设计上还需要进一步细化，确保被消灭在萌芽状态，被及

时揭示、整改的问题能够有效通过绩效指标反映出来，能够体现为业务成果。

三、处理好审计影响力与审计独立性的关系

在具体的审计项目开展中，提请政府对组织实施、经费结算、人员管理等环节独立性予以保障，明确各部门的职责与分工，让相关单位明白审计工作的“为”与“不为”，保障审计更好地履行职责。一是在项目计划安排上做到划分类型，明确具体参审项目类型，对可能涉及审计部门“自我评价”的项目，采取购买中介审计服务的措施，规避审计独立性风险；二是在项目组织实施上做到明确职责，准确定位审计部门的职能及具体分工，避免将审计部门的角色与管理者、决策者角色混淆；三是在项目经费来源上做到专项保障，明确审计经费计量标准，并纳入审计部门的预算，避免在被审计单位项目成本中列支审计经费。

四、绩效评价的指标体系构建须持续更新

绩效评价并非一劳永逸，随着工民建项目的不断发展以及跟踪审计工作的不断向前推进，绩效评价还需要不断地与工作实际相结合，不断地拓展和优化指标体系，保障绩效评价真实、准确地反映审计项目实情，从而有效地反馈并作用于审计项目管理和实施，促进审计工作更好地发挥“免疫系统”功能，服务国家治理。

第三节　绩效评价方法方面

一、跟进绩效评价理论的前沿，不断创新绩效评价方法

绩效评价理论是指导和推进实际工作的有利武器，国外在绩效评价领域起步早，经验丰富，审计理论与实践者都应当加强对理论的研究，将经典理论、前沿理论充分与我国审计实践的特点结合，不断促进绩效评价指标体系的健全、内容的完整，以及方式方法的创新，使绩效评价的信息能够有效地作用于审计项目，推进绩效水平的提升。

二、加强对可量化审计工作指标的记录、统计

定性的评价受一定的主观影响，其评价结果的准确程度可能会影响不同项目的横向比较。因此，应当健全业务、财务等各类评价指标的记录、统计，实现审计统计软件和 AO 软件的数据采集汇总，建立有效的评价指标内容数据库；同时在跟踪审计过程中，应当提高“审计留痕”意识的评价，督促对跟踪过程中执行的审计程序、发现的风险隐患、提出的建议、解决的情况予以详细记录，确保有据可循。

三、引入外部评价机制

随着社会民主化进程的不断推进，社会公众参与公共管理意识的不断增强，审计机关对自身绩效水平的自评可能无法满足问责性的要求，因此在不断健全完善绩效评价指标系统的基础上，应当适时引入外部绩效评价机制，利用外部机构的专家对政府审计的绩效水平进行客观、公正的评价，并予以阳光透明的公告，从而不断提升审计机关的问责性，促进审计绩效水平的不断提高。

第四节　审计管理方面

一、加强审计实施方案编制

应编制严密详实的审计实施方案。A 地工民建项目跟踪审计在审计进点前就详细编制了审计实施方案，该方案从 A 地工民建项目的审计实际出发，着重考虑了其相比与其他公路工程清单中比较特殊的部分，如堆载预压相关施工内容。该审计实施方案做到了目标明确、可操作性强、审计时间点安排合理等，在内容上基本涵盖了公路工程的内容，重点突出。在跟踪审计进点会上，A 地工民建项目工程审计组向建设单位详细介绍了审计实施程序，并提醒相关参见单位予以支持和配合，审计实施方案主要根据模版确定了六块内容，明确了跟踪审计重点及方法，主要分为项目的概况、审计的目标、审计的内容范围、审计注重的重点、审计进度安排、审计组人员分工等，在跟踪审计过程中时时参照，若有不合适的地方，及时进行修改，做到真正适合 A 地工民建项目审计管理。

A 地工民建项目工程审计实施方案主要关注：一是对一些原始数据，如原地面标高、清淤后标高，软土换填深宽度等关键部位关键环节坚持四方进行联合测量，并将现场数据及时上传审计管理平台。二是对道路施工过程中的计量数据进行实时控制，如水泥稳定土的厚度及时进行测量，检测其是否达到图纸的设计厚度，并在上报的月度计量中查看是否合适公路工程计量规则。三是检查进入施工现场的回填土、钢筋、圆管涵等施工材料，要求施工单位必须按照施工图进行采购，要求建设单位必须按照设计图纸进行计量，并督促建设单位认真履行质量管理的职责。根据审计实践节点，对监理实验室进行抽查等。四是及时审计现场变更签证，及时要求建设单位办理相关手续，及时提交审计组，若有专题的变更协调会，审计人员也尽量能参加，最后在实施过程中，审计人员共同参与变更工程的收方签字，一般提前半天通知审计组，审计组抽调人员前往施工现场，在签字确认后，7 天内监理单位上报审计组进行审核。五是对建设单位等现场管理人员进行督促检查，主要检查施工单位项目的到岗到位情况，施工单位专业计量工程师的到岗到位情况，监理单位总监的到岗到位情况，建设单位项目负责人的到岗到位情况。六是审计组坚持现场审计，在跟踪审计过程中，自备 A 地工民建项目工具，对关键的施工部位及时拍照留存，针对施工中一些不规则的部位，如 A 地工民建项目的起点及终点部位的水稳及沥青混凝土计量时，选用横断面法测量土方量时，加密控制点，以及对比分析后，对一些施工中做的不到位的地方及时发出审计意见单，供建设单位研究执行。

二、健全 A 地工民建项目工程审计规章、制度

（一）及时制订审计监督实施办法

审计局及时向上争取，用好地方性法规来促进 A 地工民建项目工程审计管理工作的规范化，各级政府相应出台本行政区的审计监督实施办法，如江苏省出台了《江苏省审计机关政府投资项目跟踪审计实施办法（试行）》（苏审发〔2008〕168 号），及时出台了《政府建设项目审计监督办法》（宜政发〔2015〕38 号），这些办法中明确了将政府投资项目审计监督以合同条款的方式写入建设合同中，明确了政府投资建设各方的法律责任，建设单位作为建设项目的主体，应对项目建设全过程管理负责，审计机关应履行监督职责，而不直接参与项目决策与管理。

同时加强 A 地工民建项目工程审计人员的培训。加强培训是一种以人为本的措施，特别是对基层一线审计人员的专业能力培养，从不同的侧面促进审计人员能力的提升，理论联系实践，在审计实践取真知。其他可能考虑的形式就是人才的引进，做到引得进，待得住，对既懂工程造价又懂财会审计的复合型人才应该提高其薪酬，增加对其的吸引力。还有就是注重对体制内审计人才的培养，通过创造条件，增加专业培训机会，提升内部审计人员的能力水平，以适应当今审计管理面临新形势的需要。采取一些奖励，鼓励自学，如达到某个专业资格证书，就由审计局给予一定的物质奖励；最后是整合人力资源。通过各种形式来参审的中介机构，在审计合作过程中，及时挑选出能力强、素质高的造价咨询专家，建立稳定的合作关系，特别在重点审计项目中直接邀请其参与审计工作。加强 A 地工民建项目工程审计人员政治素质教育，规范审计执法行为。审计局加强对 A 地工民建项目审计组一线审计人员的培训，严把审计纪律关，做“廉”审计管理。一是对审计人员政治素质教育。无论是国家机关的审计人员还是外聘的中介机构审计人员都应牢固树立正确的价值观，筑牢防腐拒变的思想防线，在与施工单位的相处中，审计人员要抵制住对利益的诱惑，严守“审计八不准”规定。

二是编制相关规章制度及审计操作指南并进一步进行完善，规范审计执法行为，明确审计的权力和责任，审计人员严格按照相关操作规程与程序开展审计，减少自由裁量权，严格遵守审计新八不准的规定，及时与局党组签订廉政责任状，做到警钟长鸣。同时定期到建设单位进行审计监督回访，对审计人员在审计过程的廉洁审计方面进行督查，若发现廉政问题，绝对执行廉洁审计一票否决制，确保无违反廉政纪律的行为发生。三是在审计工作正式开始前，要求建设单位及时整理完善财务决算资料，并附真实性承诺书，在审计过程中尽量不进行补充签证资料。四是加强外部监督。将审计八不准向社会媒体公布，同时发放给建设单位、施工单位，并设立廉洁举报电话，公布举报邮箱等，及时接收来自社会各界的意见及反馈，自觉接受来自社会的监督，通过不断改进审计工作的态度，不断改进审计工作的作风，使审计效能上一个新的台阶。

（二）建立三级复核和第三方监督制度

A 地工民建项目工程审计管理中，严格执行审计三级复核及推行第三方监督制度。在 A 地工民建项目在结算审计管理中，严格执行审计三级复核程序，三级复核程序是筑牢工程结算审计质量防线。三级复核是指对于中介协审机构提交的初审报告，首先由协审机构的总工程师或者技术负责人进行一级复核把关，接下来是由审计局指派相关专业技术人员进行进一步复核。第一级复核的主要工作是判断 A 地工民建项目工程主要工程量计算是否存在差错，工程现场签证是否真实，与实际情况是否相符，采用的材料价格是否较高，套用的定额是否合理，最后的汇总计算是否正确无误等。第二级复核则为一般性复核，对 A 地工民建项目工程造价的核增疑点部分给予重点审核。第三级复核为重点复核。重点审计程序是否到位，重大事项是否有会议纪要并经集体商量决定。通过三级复核程序，强化了对协审单位的监督管理，推动了价款结算审计工作的顺利实施，为节约财政资金把好了关口。

在 A 地工民建项目工程审计三级复核过程中，重点是对报告和各类工作底稿中的单价分析表、询价记录、查询单和各类工作函等进行复核审查。对工程变更联系单中新增子目的工程数量及单价进行着重分析核实。对于材料、人工补差和一些相关费用的计取，审查协审报告中是否严格按照相关文件的条款和原则，并结合工程实际情况进行执行。对于复核中发现的问题，及时发送协审单位相关审核人员，督促其回复整改。同时在协审单位的年终考核中，对其予以扣分。在强化三级复核制度的同时，还应该严格把握项目资料接收和移交等关键环节，科学合理地安排分配审计项目，对审计资源进行有效整合，委托专业性和业务能力强的中介机构人员参与审计工作，并及时要求其通报审计工作进度和难点，与审计局保持密切沟通。实行三级复核制度以来，各协审报告的审计结果误差率不断降低，各类工作底稿不断完善，在协审报告中进行问题分析和提出建设性意见的能力也不断增强。在A地工民建项目道路路基的审计三级复核过程中，复核人员发现施工过程中土方单价（含土资源费、挖运费）过高，偏离土方单价实际，建议协审单位对土方单价做出相应调整。最终，甲乙双方签订了协商记录，协审单位进行参照执行，土方单价按独立费29元/m^3计算，仅此一项节约建设资金约8万元。

在A地工民建项目工程中实施三方监督制度，也是一种创新举措，进一步发现遗漏问题并及时纠正工作偏差。A地工民建项目在审计管理中，积极创新积极推行第三方监督制度，一是推行第三方监督加强该项目审计组执法权力运行，建立第三方监督长效管理机制，聘请外地的中介机构，确保其独立开展工作，不受本地中介机构的影响，有效发挥谁来监督审计的作用，对树立责任意识、主人翁意识都有不错的作用。二是做到整合审计资源，对现有审计人员难以解决的专业技术问题，可聘请相关专家进行咨询，这样做可以避免聘请的中介机构因其本身的专业业务水平而出现的审计质量不高的现象，一定程度上也规避了这部分审计风险。因为基层审计局的审计人员一般还是比较紧缺，受制于基本固定的人员编制，聘请中介机构专家服务成为一种普遍的现象，而聘请的中介机构人员一般签订委托合同，合同中写明双方的责权利，委托的中介机构及时到施工现场进行测量收方等工作，并参与四方量测，起到现场见证的作用，对解决跟踪审计的固有矛盾是有好处的。这种模式克服了跟踪时间跨度长，工作量大的需求矛盾，对现场出现的各种争议扯皮现象能及时地进行化解处理，在跟踪审计中充当了审计机关的“一只眼”。

采用A地工民建项目跟踪审计中相互监督的模式，聘请的中介机构代表了审计局行使审计监督的职能，建设单位是被监督的对象。但由于中介机构的能力和素质参差不齐，采用三方相互监督，将A地工民建项目工程建设单位也放到监督者的位置，监督中介机构的到岗到位情况，及处理审计发现问题的能力等，审计局在审计近点时就将此情况告知建设单位，在跟踪审计过程中采用积极审计回访的形式，了解跟踪审计中介机构的工作情况，提高建设单位现场管建设管理水平的同时，也同时监督受委托的中介机构的跟踪审计成果，若存在问题，在过程中及时的进行整改，审计人员在监督建设单位的同时，也同时被建设单位监督，形成了相互监督，相互制约的良性循环。在这样的形势下，三方将审计管理工作更加顺畅，更加规范地推进下去，在后面的结算审核中，可以不采用跟踪审计这家中介事务所，而引入另一家中介机构，形成交叉复核的机制，把好结算投资审计的最后一关。

对于实施第三方监督的A地工民建项目工程，专家的确定遵循一定的流程。首先，审计局建立抽复审审计专家库，根据第三方监督的要求，对专家库人员进行分类，并对中介机构专家库人员按照专业进行分类，在确定第三方监督的项目后，在专家库中随机进行抽取，看抽到的专家是否满足审计项目的要求，专业资质与水平是否达到审计项目要求。其次，看选中的专家是否跟被监督的中介机构存在利害关系，确保其能够公正客观地履行第三方监督职能。第三，其复核内容主要包括：关键工程量的复核计算，对于疑点的问题进行现场踏勘，对新增单价的定额套用，看“三个一致”，投标清单与工程实际情况相一致，工程竣工图与现实际情况相一致，现场签证与施工事实相一致。审计局对复审机构的审计底稿加强把关，要求第三方监督机构填写复审情况表，最终签字确认。第三方复审中介机构过程中的选择是随机的，只受审计局委托，只对审计局负责，交叉的复核机制对提升审计质量有着很大的帮助。

三、完善工民建项目工程审计流程管理

（一）跟踪审计阶段管理

1. 分析并准确把握审计介入点。本次审计过程考虑了宜兴是A地工民建项目，是新建公路工程，并且是重点工程项目，其审计要求相对较高，并得到了领导的关注，审计组对施工合同、招投标清单以及补充答疑材料等在在审计进点前进行重点审核，同时对发改委关于A地工民建项目的立项情况，对其概算情况准确掌握，对以及A地工民建项目建设资金的来源和到位情况进行审查，经核查其建设资金都由财政局筹集并落实到位，确定在施工实际开工时间开始审计介入。

2. 坚持审计独立性，力求审计监督不走样。审计人员始终坚持依法独立审计，绝不做建设单位的内审机构，也不听命相关参建单位，按照审计法的规定独立行使审计监督职责和例行使用自己的审计建议权，对发现的计量控制不到位的情况进行及时的纠正，但也不到建设单位指手画脚，避免进入建设单位的项目管理之中。这样既可以防范审计风险，又可以不被项目管理中的琐屑事务牵连其中，审计建议也只局限于建议，最终决定权在建设单位，这样在审计管理中避免了不必要的麻烦与纠纷，至该公路跟踪审计结束也未发生不愉快的争执事件。审计人员在A地工民建项目桩号k2+450—k2+575现场测量时，见证隐蔽工程量验收，保持独立性，采取经监理测量后进行抽测，并及时保留现场原始影像资料备查，在审计踏勘中，测量发现施工单位在路管涵软基处理中，不按照实际土质情况增加开挖面和开挖深度，及时对增加工程量进行纠正和核减，扣减挖淤泥105m^{3}和碎石土回填工程量105m^3，最终管涵造价降低约1.5万元；附近河塘路段独立审计过程中，施工单位针对该路段软基层厚、软基地段较多，不按

设计控制线要求增加开挖断面，不顾实际土质情况增加开挖深度挖除符合设计要求土层，审计人员及时阻止施工单位超深超宽开挖，并对计量结果进行校核纠正，扣减挖淤工程量3120m^3，减少回填灰土工程量2580m^3，减少素土回填540m^3，一举节约财政建设投资20万元。

3. 审计人员坚持现场跟踪审计。跟踪审计小组在A地工民建项目项目部设立审计办公驻点，但与施工单位的办公室分开，并保持与建设单位建立定期沟通机制，及时召开审计计量会议，要求建设单位、监理单位、施工单位等进行会议协商，讨论前一阶段审计情况，对前一阶段审计发现的问题，及时督促建设单位进行整改落实。在由建设单位牵头召开的工程例会中，审计人员也积极参与，及时深入施工工地现场，与施工单位等人员一道在施工现场办公，对一些过程中的施工资料及时进行归集，如立项批复、可行性研究、施工图设计文书、招投标文件、施工合同、监理合同等，以便用于后面的结算审计及财务审计。及时了解施工单位的施工工艺，不懂的及时向中介机构专家进行咨询。审计过程其实也是一个不断学习的过程，只有自己懂了才能提出有分量的审计意见，才能赢得建设单位管理人员的尊重。

A地工民建项目跟踪审计过程中，审计组人员及时深入现场查看从灰土施工到路面施工及桥涵施工各类涉及量价的施工过程，督促施工单位规范施工，其中纠正了部分圆管涵偷工减料及清淤超挖超填现象，发现该问题及时发出意见单，及时与建设单位负责人进行沟通分析，最终建设单位认定施工单位偷工减料，并处以双倍的罚款作为惩罚。在一处非路段开挖后，发现施工单位将非适用材料挖除后，继续向下挖除了部分原状好土，并且已经开挖结束，由于该路段为填方路段，施工单位这种行为既增加了挖方量又增加了回填量，如正常计量就会造成不必要的造价增加。审计组及时会同业主、监理及施工单位协商后作出了超挖部分不予计量、超挖部分按规范要求回填量也不予计量的意见，施工单位也意识到了其中存在多计的问题，在分期计量中按审计意见做出了调整，且在以后的施工中起到了很好的警示作用。在跟踪审计过程中，A地工民建项目审计组对原地面标高、河塘清淤底标高、河塘回填后标高、借土超运距等关系到计量的核心内容进行了重点关注，及时把现场签证拍照留存，在结算审核中仔细比对其中的标高原始数据，特别是隐蔽工程，在施工完毕后将无法再次测量，施工单位也常常在这里做文章，审计人员经常深入现场进行复核测量，保证了工程现场原始签证资料真实有效。

4. 跟踪审计过程中注重造价控制。A地工民建项目审计管理一进驻现场，审计组就开展招投标文件和施工组织的熟悉工作，同时对施工单位的施工组织设计进行了详细的研读，发现一些不合理的地方及时与建设单位进行沟通，提升其项目管理水平。后面主要做到，一是在该公路跟踪过程造价控制的过程中，首先对施工图与工程造价预算审核，预估审计工程项目与现场不符的施工方案变更，在跟踪过程中，对工程价款结算、工程量计算、合同外新增项目的综合单价进行重点审计，对于一些已经进场和将要进场的钢筋、圆管涵加强质量检验单的查看，防止施工单位采用规格小的建筑材料代替使用。二是对现场签证进行重点督查，特别是 A 地工民建项目工程施工过程中的软基处理施工，对其开挖的深度宽度等进行详细的记录，防止施工单位超计，多计工程量。三是对监理履职情况进行监督，督促其将加强质量安全、进度造价等方面的现场管理，A 地工民建项目监理人员在现场基本履职到位，也未发现监理人员吃拿卡要的情况。四是根据 A 地工民建项目实施推进速度，及时要求建设单位上报月度计量，要求其财务月度报表清晰、详实、签字齐全，审计人员及时对其进行阶段性审核，并出具阶段性审核报告。

在该公路新增单价审计管理中，审计人员及时对变更单价进行审核，对某标段上报的水稳定土、箱涵及 A 地工民建项目红绿灯等几份变更单价的审核中，发现施工合同中让利率较高，而实际申报价未进行让利，监理单位的审核价也未进行让利，审计人员在审核时发现该问题并及时告知施工单位和监理单位合同上关于价格调整的条款，施工单位及监理单位都未仔细研究合同条款，造成造价疏漏，审计组建议在以后的变更价格申报时都要按规定进行申报，从而挤掉了 25 万元的价格水分。

5. 审计过程中积极沟通协调。在 A 地工民建项目跟踪审计中，在对审计中发现的问题进行分析和处理中，及时与建设单位管理人员进行沟通，了解其对此问题的说明与解释。若其解释比较合理，则把建设单位的意见写入审计底稿，以备今后审计项目结束后备查；若其解释不合理，或明显违反规定，审计组书面填写《政府建设项目跟踪审计意见单》及《审计快报》，及时报送建设单位促使其进行整改。审计管理工作的顺利推进，离不开建设单位的理解和支持，所以在 A 地工民建项目审计中主要还是采用沟通协商的处理原则，能不发审计快报就不发审计快报，在整个公路的跟踪审计与 A 地工民建项目局项目负责人及时交换意见，有问题迅速进行反馈，对确定要整改的问题及时进行纠正。对于特别重大的审计问题，审计组召开全体人员专业业务协调会议进行充分讨论，必要时向上一级主管单位进行问题反应。在 A 地工民建项目桩号 K0+360—K0+560 跟踪审计中，经过积极与设计代表进行沟通，建议原设计石方开挖路段石方开挖后需做 4 层 80cm 厚灰土的设计做法，改为只做 2 层 40cm 厚灰土，这样因地制宜，相应开挖石方可以减少破除 40cm 厚，灰土又可以少填筑 40cm，既大大缩短了施工时间又节约了工程造价，通过此方案的优化，一举节约造价约 9.8 万元。

（二）结算审计阶段管理

1. 把好工程结算资料的接收送审接收关。A 地工民建项目审计小组在施工单位最初提交工程结算资料时，就进行严格审查。若 7 天时间内发现不完整的，应及时与建设单位联系，告知其缺失的审计资料；若整改后仍达不到要求，及时原路退回。由此使得不合格的送审资料挡在了审计的门外，对账过程中因资料不全而无法推进的情况将大大减少，这样做不仅提高了审计的实效，也变相地提高了审计的质量。同时加强年初审计计划编制的管理，根据审计中心新实施的《审计局关于加强政府建设项目审计计划管理的规定》，对下一年的跟踪、工程结算、竣工决算项目提前建立计划表，要求建设单位提前上报报送结算资料的时间计划，由中心统筹安排，明确分工，促进审计资源的合理分配，提高审计人员的工作积极性，从而更好地保障审计质量，进一步提升审计工作的效率。在 A 地工民建项目审计过程中，审计组及时做好资料的收集和整理的工作，审计组始终坚持审计资料就是审计工作最底层、最基础的依据，完整的一套施工资料，足以反应施工的全过程，审计组对其充分重视，及时收集文件、招投标清单、中标通知书、施工合同、施工竣工图纸、设计变更联系单、工程量计量凭证、工程量签证记录、协商会议记录和相应内控管理制度等。在 A 地工民建项目具体操作过程中，建设单位对审计需要的结算资料一次报齐，并编制责任承诺书，承诺如果工程结算资料漏报则承担相应不利的后果，审计组接收资料时填写资料交接清单，注明交接的相关人员，签字并留存。

2. 注重工程结算审计工程量的审核。对 A 地工民建项目工程道路及桥梁的造价审计管理，主要以相关文件为依据。在 A 地工民建项目结算审计过程中，按照公路计量规则进行审核上报结算，而繁杂的工程计量凭证是工程审计管理的一个难点，因施工单位分段进行施工，施工上报桩号可能存在重复、交叉的现象。A 地工民建项目审计组及时进行台账整理，对此部分不合理计量扣除，对于 A 地工民建项目的变更工程，审计组采用现场踏勘的方式进行调查取证，回来后与施工竣工图进行比对及时发现不合理的申报。在该公路桩号 K2+010—K2+070 位置，严格测量隐蔽工程，细致审核工程签证，全程参与现场四方联合测量，见证监督隐蔽工程收方，并保留现场原始清淤影像资料备查，对于沟塘清淤底标高、碎石土顶标高多报计量及时发现，经过与施工单位核对查证，最终在财务月报进行剔除，在路面工程 10% 灰土、水泥稳定碎石签证单审核中，审计组通过对 A 地工民建项目按计量编号分类汇总，发现部分桩号多计，经全面核对后，扣减了多计工程量 2806m^2，共核减建设资金约 7.38 万元，从而控制工程造价。

3. 严格审核工程计量，同时关注施工质量。在A地工民建项目工程跟踪审计过程中，在审核工程量的同时，审计组发现部分路段管道砂护管未按照图纸施工，审计组及时将该情况反馈给建设单位后，通过建设单位会同设计单位、监理单位、施工单位进行现场踏勘会商认为，该施工工序未严格按照设计图纸进行施工，但因为其为零星工程，基本不影响工程使用，未要求施工单位返工。审计组提出处理意见，按实际施工情况予以计量，此项直接核减工程造价2万元。在雨水管涵的施工过程中，砂垫层的作用是加强对雨水管的保护以及减少不均匀沉降对管道的影响。审计人员发现砂回填的厚度不足，不能充分发挥砂垫层的作用，影响雨水管道的施工质量。按审计组建议按施工实际做法进行计量计价，后该做法获得了建设单位的认可，减少建设投资约5万元。

4. 关注审核计价的合理性。在A地工民建项目结算审计过程中，对变更工程的新增单价部分进行重点审核。审计组主要采取以下三种方式进行控制：对于招投标清单中已明确的子目，直接采用该子目的单价；对于招投标清单中并没有的新增单价，但有类似子目的，参考类似子目，在合理范围内进行调增调减；对于招投标清单中并没有的新增单价，也没有类似子目的，统一由甲乙双方协商解决，审计单位也一并参与询价工作，询价结果供建设单位参考。通过对施工新增材料的询价与同类项目进行比对，在工程审计过程中对新增材料及时定价，审计人员积极配合建设单位开展参建各方参与的询价，审计组通过召开专题会议进行比较，并将询价结果及时提供建设单位作为决策依据。在结算审核中严格审核工程变更。控制工程造价的过程中，审计组对设计变更、签证进行造价核算，分析其对工程造价的影响，并发意见单建议建设单位对造价进行调整结算，从而节约政府建设资金。

在A地工民建项目花岗岩人行道板砖和桥梁花式栏杆材料单价的询价中，由审计人员进行牵头，在建设单位的积极配合下，建设单位现场代表、监理单位、施工单位共同对材料进行了询价，经过四方多次去某地石材市场和桥栏杆生产厂家调查摸底，最终以比较合理价格进行确定，询价过程中节约2万元。在该公路基础开挖时，某路段约300m道路部分路基土质不好，施工单位要求路基底回填50cm毛片垫层，再按照设计图进行灰土施工。审计组收到施工单位提交变更方案后，参与现场核实土质情况，论证变更的必要性与合理性。经过实地勘查及工地现场会议讨论，最终否定该施工方案，业主单位确定仍按原设计施工，直接节约工程造价约6万元。

5. 利用计算机技术，提高工程结算效率效果。在A地工民建项目结算审计的过程中，审核台账的建立始终是审计组所重视的问题，核心工程在于结算审计计算，对比分析其实是一项繁杂而充满挑战的工作，当然这部分审计工作的确也是结算审核的核心工作。随着计算机技术的广泛运用，工程造价行业也普遍采用造价审核软件。如工程造价软件中共料机分析可以由计算机直接生成，把审计人员从繁琐计算中解脱出来，既减轻了工作量，又提高了精度。当然还应该坚持既要懂造价算法，又要会用软件的原则，防止出现知其然而不知其所以然，造成对计算原理不掌握。在A地工民建项目桥梁新建工程结算审计中，根据上报的月度计量凭证，统一归类汇总，对于疑点部位及时涂上不同颜色，并加注审核备注，对于一些计算错误及时指出，防止时间长了忘记扣减原因。在A地工民建项目桥梁新建工程结算审计中，关于施工围堰的长度签证问题，施工单位与建设单位产生了计量争议，双方各自保留自己的观点，但双方都未能提供当时施工的影像资料。当审计人员在某地图软件上找到了这一工程在围堰未拆除时的图片后，顺利解决了双方争议问题，快速推进了工程结算审计进度。在某地图软件上，点击工具栏下的标尺工具，就可以进行距离测量，两点之间的直线距离即直接可以读取。在某道路工程结算审计过程中，审计发现签证的运土及回填的运距比预想长，监理有关单位已经签字确认，现场已无法用车辆现场运距核实，通过各个地图路径工具测量，通过利用工具栏中“标尺 – 线条”功能，用鼠标将项目区内点击出需要测量的两个点，快速可以核实实际距离，核减虚报工程造价。若需要测算的运距不止两个时，可以通过运用工具栏中“标尺 – 路径”功能，测量多点之间的距离，其“长度”处会自动显示所选路段长度，从而快速确定道路、管涵、绿化带等长度，为确定审计工程量提供依据。

（三）财务审计阶段管理

A地工民建项目财务审计组主要审计建设资金的流向，并对其分析研究，并以其为主线，详细核查工程财务资料，查看各项支出是否合理，工程款的拨付是否符合相关文件的拨付规定，严格防止工程款超付现象，以及查看财务审计过程是否有违反财经纪律的问题，同时在审计过程中，及时与工程审计人员进行联络，对财务上发现的工程审计中的疑点和问题逐一核对。财务审计组在审查A地工民建项目财务资料审计中，严格按照招标文件和合同条款规定进行审核计量，注意到当时招投标时无相关工程量清单及核定清单单价，因此审计组把严控各项清单单价作为要点和重点，通过与工程审计人员协商，对于何时的问题及时写入审计报告予以披露。在该公路财务账套中确定预算材料价格过程中，发现疑点及时与工程人员进行核对，发现桥梁伸缩缝价格偏高，通过共同努力，对工程造价信息中并没有确定的材料价格多次进行市场询价，提供询价结果，最终建设单位严格按照合同条款，采纳了审计人员意见，执行低的信息价。在该项目工程款流向的拨付审核中，工程中和财务中重复取安全文明施工费，通过对公路定额计价规范和取费依据比对，多次咨询省A地工民建项目定额站，取得上级部门的答复与解释，在安全文明施工费率的取定、定额组价费率取费取定中，扣减相关申报重复套取费用，节约建设资金约3.5万元。

（四）审计报告的撰写

审计报告是审计机关分析数据、归纳现象、表述结论、提出建议的文书，是审计工作的总结性文字，对写作及逻辑能力都有较高的要求。

1. 精炼审计用语。注意提炼审计语言，力求用最规范的语言文字，在制作审计底稿的过程中，注意原始证据上的原始表述，编写审计报告的过程中力求贴近原始证据，表述上注重公正、客观，不带个人色彩和个人情绪，做到审计证据的思路真实有效、准确规范。在撰写审计报告的过程中，注意审计用语的简明扼要，表达的审计意思到位、不偏不倚，完整反应审计的全过程，当然表达的审计语言也不能过于繁杂，使阅读者产生畏惧感，最终达到审计报告条理清楚、意思明白、重点突出。

2. 做好审计取证记录。A地工民建项目审计组对审计取证记录工作也特别重视，努力在资料的准确性、规范性和完备性上下功夫，动脑筋，主要是做好以下几点：一是在审计取证记录中，力求言简意赅，表达出审计意见，让阅读者即时不在现场也能身临其境，遇到复杂的长句，一般将其剖解变成几个小句子，在审计达意方面，注重行文意思的条理清晰、逻辑分明、重点突出。二是将审计取证进行分类，如对A地工民建项目原地面标高测量全部进行集中整理、分类、加以说明并编制分类目录，以便今后的查阅，也可以根据项目部位特点进行分类，或进行两者有机的结合使用。三是对计量会议纪要及时进行整理，对审计过程中集中商讨的审计发现的问题，详细记录建设单位相关意见、施工单位相关意见，一般以叙事性的文章为主体。四是做到了及时记录取证建设单位对审计意见的反馈，记录中力争做到完整陈述相关争议问题的各方观点及最后的处理意见。以上审计取证都由审计人员及时进行签字和记录取证时间，最后将其作为审计工作最基础的资料，为今后撰写审计报告提供充实的依据。

3. 将审计发现问题归类统一。在A地工民建项目审计过程中，发现的问题比较小，也比较琐碎，这就需要进行归类归纳。审计报告并没有采用单个罗列的办法，因为这样的表述割裂了问题之间的联系，在表述过程中将审计问题归类，集中深入地揭示问题和剖析问题形成的原因，并针对相关问题提出好的审计对策和建议。该项目审计报告将问题归类处理，又要注意其中具备的逻辑性，避免了重复或交叉的现象，避免了造成月度审计报告的领导思维混乱，最终取得领导对审计报告的认可，并对最后分析得出的审计建议产生共鸣。

4. 考虑实际情况有针对性地提出建议。在 A 地工民建项目跟踪审计过程中，注重使建议落到实处，就突出有明显的针对性。审计报告最怕无病呻吟，最怕内容空洞而不着边际，被审计单位读了之后，不知所云，直接当作废纸处理，不会产生任何促进的效果。所以审计报告一是针对具体对象，向相关责任单位直接提出建议；A 地工民建项目审计报告针对具体问题，即针对报告中提出的问题及问题产生的原因，具体指出如何完善制度及加强可操作性的管理意见及建议，促使相关单位落实审计整改。审计人员特别指出，及时建议建设单位，加强道路工程中土方借方的管理，因为该项目土方为按实结算，且灰土施工基本为借方，借方运距需要进行实测，而且施工单位有多个土源点，测距采用相对较远的，实际运输采用较近的，就存在运输费用计算偏差问题，建议在今后的 A 地工民建项目工程土源运距管理上，由建设单位直接提供，如有施工单位提供，在开工前应对工程周围土源点进行踏勘，各方在摸清情况前提下协商确定合理的借方包干价，避免结算时产生纠纷。

四、加强 A 地工民建项目审计信息化管理

如今信息技术日新月异，在 A 路审计管理信息化过程中，原先手工手写的计量凭证，目前基本实现了电子化，对审计信息化管理大有好处，审计在发展过程中需要创新，信息化管理就是一个创新点，审计技术已经迫切的需要信息化方式的管理，不然就会被计算机信息化时代所淘汰，对于新型的审计项目无法开展，信息化平台管理势在必行。建立 A 地工民建项目工程审计信息化平台，主要有审计项目基本数据库、审计造价审计数据库、审计考核数据库，现场互联网办公系统，在审计管理工作中，实现互联网或手机 4G 等远程查询运用数据，已将审计方式慢慢转化成动态模式。

（一）建立审计项目基本数据库

A 地工民建项目审计组建立了项目基本数据库，陆续录入了 A 地工民建项目的立项批复、审计通知书、施工及监理合同等等，实现了计算机远程查询的基本功能，在项目决算完成时，统一打包存档备查，大大节约了查询的时间，通过查询对审计报告、审计发现问题、审计结论进行数字转化、存储。今后有类似项目，可以直接调取 A 地工民建项目各项造价指标，方便两个项目的对比分析，极大提高了审计管理的效率。

（二）建立造价审计数据库

A 地工民建项目审计组建立了项目造价审计数据库，可以供今后的审计项目借鉴参考。现在公路造价审计软件的数据库带有输出功能，及时将更新的 A 地工民建项目的结算书导入到审计信息管理平台，直接实现查询工料机的信息价，利用造价软件与

造价结算书进行链接，审计人员可以形象直观地刷选需要的造价数据，在分析工程量时可以用软件自带的对比分析，大大提高了审核效率，软件处理的造价数据经过加工后就可以直接运用，最终目的是计算机计算代替手工计算，实现审计效率的大飞跃。

（三）审计考核数据库

A地工民建项目审计组在审计信息化管理平台中，加入了审计考核数据库。参审的中介机构按照审计局的要求每周上传审计工作日报，在跟踪审计过程中及时上传现场审计资料，审计组组长及时对其上传的内容进行考核，考核分数同步上传信息系统，中介机构人员也能看到扣分原因，对促进中介机构协审人员规范审计管理工作起到促进作用，使其养成及时收集审计资料的好习惯。最后考核分数自动汇总，并与审计收费相链接，扣分多的中介机构直接扣除相应的审计费，同时考核分数为领导选择优秀中介机构及人员提供有效的参考依据。

（四）现场互联网办公系统

A地工民建项目审计组创新推广使用现场互联网办公系统，在施工先完成审计时，手机拍的是施工现场照片可以直接上传审计信息系统，并实现自动生成GPS地理位置和拍摄照片北京时间，现场签证拍照后及时上传，项目的实施进展情况就能很方便地呈现在审计人员及审计局领导面前，也有效避免了以后审计对账工作的争议扯皮现象。同时由于只能在施工现场上传施工图片，中介机构若没有前往工地现场，就无法上传照片，从系统中就直接可以知晓中介机构的到岗到位情况，有效督促了中介机构参与审计项目的审计质量。

五、强化A地工民建项目工程审计绩效管理

（一）构建审计人员考核评价标准

A地工民建项目审计管理积极构建中介机构协审考核评价标准。在跟踪审计过程中，进一步完善中介机构及人员的选聘方式，定期对中介机构库进行更新，及时将有违规记录的单位清理出库。外聘中介机构和人员应执行审计机关的操作规程，不能擅自处理审计发现的问题，现场勘察、工程量核对、争议问题的处理等重点实施环节，应由审计机关工作人员参与，并形成书面记录备查。在审计署发布的新的《国务院关于加强审计工作的意见》中，购买审计服务实际上就是政府面向社会中介机构进行公开采购，购买其中介机构造价咨询服务，使中介机构人员一道参与到A地工民建项目工程审计管理中来，但是中介机构参审人员能力水平不尽相同，有高有低，这时一个科学的中介机构考核评价体系就变得十分必要。目前，相关的考核体系仍处在初级阶段，

没有一个标准的考核体系可以照搬照抄。为响应审计署文件的精神，推动审计方式的创新，优化配置好审计资源，达到审计机关的统筹协调发展，需要积极探索向社会购买审计服务这种模式，最终达到国家治理的规范化。目前，审计工作还有很长的路要走。审计中心主要做到以下几点：一是通过对中介机构的考核来规范协审机构参与审计工作的行为，聘请中介机构参与A地工民建项目工程审计是大势所趋，也是审计署进一步进行明确的工作内容，但是对协审人员的管理和考核慢慢摆上了日程，协审机构的收费采用核减额的5%进行收取。所以说，核减越多，审计收费越高，中介机构的利益也最好。由于经济利益的刺激，这种情况其实过犹不及，只关注核减额将丢失许多审计内容，对审计的全覆盖，审计对象的合法合规性检查就会减弱，对审计人员的沟通能力，档案归集水平就会缺乏必要的关注，审计局及时对此情况进行了修正，以上内容都占据考核分值的一部分，让中介机构不得不重视。二是对中介机构的对账过程进行督查。审计局对中介机构的初审结果进行审查，对其工作认真程度进行判断，合格就进入下一道程序。在比选中介机构的过程中，也将监督过程写入招标文件条件范围，引起中介机构的充分重视，经一段时间的运作，资质满足条件、协审水平高、专业能力素质等过硬的中介机构就浮出水面。在中介机构考核体系中，及时加入每月督查扣分考核内容，与审计核减额进行联动，极大减少其出现违规操作的可能性。中介机构审计收费也是A地工民建项目审计管理的一个重要内容。现在中介机构的收费费率比较固定，而中介机构也是由市招投标中心通过公开招投标的形式进行确定的，公正评标，遴选的中介机构也是预选库的成员。审计水平、能力、招标分数由造价咨询公司的资质等级、以前做过跟踪审计相关审计项目的业绩、审计人员自身造价专业技能等级等因素决定。同时也对A地工民建项目审计组国家审计人员加强了绩效考核。审计项目绩效管理应不断完善绩效考评制度，细化分解责任，激发审计人员奋勇争先的工作热情，着力营造争先进、创一流的氛围，加快推进审计项目实施。一是做到科学设定考核内容，坚持注重实绩的原则，充实日常考核内容，合理设置考核指标，将考核指标进行细化，科学设定每个分值，形成以履职尽责情况为内容的审计人员绩效考评体系。二是做到全方位运用考核结果。坚持考评结果与年度评优评先、干部任用挂钩，对工作态度不端正、绩效考评成绩较差的审计个人，视情况作出书面检查、通报批评等惩罚处理，确保实现奖惩激励效益最大化。

（二）适时进行审计绩效评价

审计组通过跟踪审计与结算审计，结合建设单位的管理对A地工民建项目做绩效评价。A地工民建项目是提升人民的出行便利而立项修建，其建设的目的是公益性的，

A 地工民建项目的建成通车极大提高两乡镇与宜兴的通行能力，是一件民生工程。建设单位、施工单位精心编制施工方案，严格控制施工节点，并制定了详细的质量、安全、投资及工期等内控制度，建设单位及相关参建单位与跟踪审计小组配合很好。一是建设单位管理制度基本健全，质量安全管理较好。A 地工民建项目新建工程参建各方建设管理制度总体执行较好，现场监理在施工过程中监理基本到位，特别是施工现场安全、质量管理比较到位，施工安全和质量总体可控。在跟踪审计过程中未发现重大施工质量问题。建设单位建立了严格的财务管理制度，在审计过程中未发现资金被挪用等违规问题。二是工程进展较快，投资控制基本到位。建设单位积极组织征地拆迁工作，保证了工程进度。通过优化施工组织设计，A 地工民建项目新建工程如期交工通车（除沥青上面层外）。驻场监理对工程计量进行认真审核把关，避免出现重复计量情况。三是建设单位对跟踪审计过程中审计提出的意见和建议能及时地回复，保证了有效沟通，及时解决问题。A 地工民建项目工程审计实践促进了审计管理体系不断的发展，A 地工民建项目工程审计管理水平仍存在较大的提升空间，通过科学的审计管理，在取得良好的经济效益的同时，不断扩大了审计人的社会影响，提升了审计局的信誉。

总而言之，通过对 A 地工民建项目审计管理的分析和总结，针对 A 地工民建项目跟踪审计和结算审计的实际情况，提出了提升审计管理水平的对策，并得出如下结论：

（1）结合 A 地工民建项目审计项目，在进行审计实践的基础上，编制了跟踪审计流程图、结算审计流程图，财务审计流程图，生动说明了审计管理中的关键环节，对提升审计管理水平具有指导作用。

（2）通过对 A 地工民建项目的严格跟踪及结算审计，减少财政建设资金支出 106 万元，并在跟踪审计过程中，通过提高建设单位管理水平，产生了大量过程中节约额。

（3）建议对 A 地工民建项目工程审计管理进行效益审计的尝试，从一般的真实合法性审计向效益性审计的方向进行转换。主要从事前审计、事中审计和事后审计三个阶段进行摸索，事前搞清该 A 地工民建项目工程的必要性，事中做好跟踪审计管理，事后对 A 地工民建项目工程的经济指标、运行参数进行项目后评价，全面考量 A 地工民建项目工程的投资效果，从宏观上来对建设过程中存在的问题进行审视和分析。

在审计工作的社会关注度越来越的情况下，审计管理的要求也相应越来越高。随着政府开始精简职能、提高办事效率的转变，对 A 地工民建项目工程审计除传统的监督与服务的职能外，应更加注重审计效率的提升，不断创新科学的审计理念与方法，加快审计管理的信息化建设，充分发挥审计免疫系统的功能作用。

参考文献

[1] 朱静．“节点控制”审计模式在推进政府投资审计“全覆盖”中的应用探索 [J]．江苏审计，2015，06：35-39.

[2] 尤琪蒋璐．尽心竭力严把政府投资项目结算关 [J]．浙江审计，2016，06：25-26.

[3] 曹慧明．建设项目跟踪审计 [M]．中国财政经济出版社，2005（4）.

[4] 刘德运．工程造价咨询与审计 [M]．山东人民出版社，2006（9）.

[5] 张小坤．政府审计风险及其控制 [J]．江苏审计，2013，09：22-25.

[6] 徐卫华．国家审计信息化发展影响因素实证研究 [J]．江苏审计，2013，10：10-13.

[7] 姚玉信．浅议基层审计机关构建野大审计冶格局 [J]．江苏审计，2013，10：17-18.

[8] 赵珊．浅析我国政府投资审计存在的法律问题 [J]．中国审计，2007（9）：24-26.

[9] 朱红章．工程项目审计 [M]．武汉：武汉大学出版社，2010.

[10] 周三多．管理学 [M]．第 3 版．北京：高等教育出版社，2010.

[11] 蔡茂生．管理学基础 [M]．广州：广东高等教育出版社，2011.

[12] 上海市审计科学研究所课题组．外聘人员参与国家审计的审计质量控制研究 [J]．上海审计，2016，04：22-26.

[13] 徐山青．县级政府投资项目建设管理中存在的问题及对策 [J]．江苏审计，2015，06：40-41.

[14] 朱琴．审计思路和审计模型的完美结合 [J]．上海审计，2016，04：45-46.

[15] 周菲．当前政府投资项目跟踪审计的风险及对策 [J]．江苏审计，2016，04：24-26.

[16] 尤建新．企业管理概论 [M]．第四版．北京：高等教育出版社，2010.

[17] Stephen P.Robbins．组织行为学 [M]．北京：中国人民大学出版社，2012.

[18] 邵力强．跟踪审计存在问题及对策 [J]．江苏审计，2013，8：41-42.

[19] DanielA.Wren．管理思想史 [M]．北京：中国人民大学出版社，2012.

[20] 埃文斯．质量管理与质量控制 [M]．北京：中国人民大学出版社，2012.

[21] 天职（北京）国际工程项目管理有限公司．建设项目跟踪审计实务 [M]．北京：中信出版社，2013.

[22] 赫尔曼·阿吉斯. 绩效管理 [M]. 北京：中国人民大学出版社，2013.

[23] 陈向东. 打造卓越团队的九大黄金法则 [M]. 北京：中信出版社，2010.

[24] 王毅珏. 坚持创新驱动推进政府投资项目审计新发展 [J]. 江苏审计，2013，10：36-37.

[25] 打造高绩效团队. 打造高绩效团队 [M]. 北京：北京联合出版公司，2012.

[26] 全国造价工程师执业资格考试培训教材. 建设工程造价管理 [M]. 第六版 . 北京：中国计划出版社，2013.

[27] 姜爱贵. 借助第三方审计监督冶防范审计风险提升审计质量 [J]. 江苏审计，2013，10：34-35.

[28] 杰. 工程造价管理 [M]. 南京：东南大学出版社，2006.

[29] 上海市审计局固定资产投资审计一处. 发挥投资审计的保障和监管作用 [J]. 上海审计，2015，03：18-19.

[30] 孙琳. 政府投资项目跟踪审计人员自我心理调适探析 [J]. 江苏审计，2013，11：39-40.